| IQ·EQ 박사 | 현용수의 쉐마교육 시리즈 7 |

유대인을 모델로 한 최초의 아버지 교육학 제2권

하브루타식
4차원 영재교육의 비밀

현용수 지음

도서
출판 쉐마

IQ·EQ 박사 현용수의 쉐마교육 시리즈 ⑦

하브루타식 4차원 영재교육의 비밀

초판	1쇄 (도서출판 쉐마, 2021년 7월 1일)
지은이	현용수
펴낸이	현용수
펴낸곳	도서출판 쉐마
등록	2004년 10월 27일
	제315-2006-000033호
주소	서울시 강서구 공항대로71길 54
	(염창동, 태진한솔아파트 상가동 3층)
전화	(02) 3662-6567
팩스	(02) 2659-6567
이메일	shemaiqeq@naver.com
홈페이지	http://www.shemaIQEQ.org
총판	한국출판협동조합(일반)
	생명의말씀사(기독교)

Copyright ⓒ 현용수(Yong Soo Hyun) 2021
본서에 실린 자료는 저자의 서면 허가 없이 복제를 금합니다.
Duplication of any forms can't be published without written permission.

ISBN 978-89-91663-91-6

값 25,000원

도서출판 쉐마는 무너진 교육을 세우기 위한 대안으로
인성교육과 쉐마교육의 원리와 실제를 연구하여 보급합니다.

유대인은 자녀들이 스스로 성경을 공부하여 가족들 앞에서 발표하도록 하고, 발표가 끝난 다음 아버지와 다른 가족이 그 아들에게 계속 질문함으로써 내용을 습득시키는 학습법을 쓰기도 한다. 사진은 유월절날 한 유대인 아들이 자신이 준비한 '유월절을 지키는 이유'에 대하여 설명하는 모습

유대인은 대학 졸업 전 후, 사회에 나가기 전에 토라와 탈무드를 집단적으로 배우는 대형 예시바에 가서 몇 년씩 공부한다. 최종적으로 평생을 살아가는 데 필요한 지혜, 슈르드 및 IQ를 계발하기 위함이다. 이것이 유대인의 놀라운 파워 엔진이다.

유대인 아버지는 자녀에게 엄한 아버지가 아니라 자애로운 아버지로 기억된다. 위 사진은 정통파 유대인 아버지가 유월절 식사 시간에 아들을 다정히 무릎에 앉히고 성경을 하브루타식으로 가르치는 모습.

정통파 유대인은 자녀가 많다. 안식일 가정식탁예배에서 아버지는 성경 본문 말씀에 관해 질문을 하고 답변을 하는 토론에 모든 자녀들이 함께 즐겁게 참여하도록 유도해야 한다. 사진은 쉐마목회자클리닉 미국 제3차 체험 학습 학기에 유대인 가정식탁예배에 참석한 한인 목회자들이 그들의 성경 토론 방법을 관찰하고 있는 모습.

정통파 유대인 랍비 에들러스테인이 초막절에 성경에 나타난 초막절의 유래에 대해 설명을 할 때 맞은 편에 있는 딸이 질문을 하기 위해 손을 들어 표하는 모습

저자는 유대인의 안식일 절기를 한국형 주일가정식탁예배에 적용했다. 유대인에 없는 두 가지, 기독교인의 정체성(복음)과 한국인의 정체성(한복이나 한국 예절 등)을 첨가했다. 아래는 저자가 두 가지를 첨가하여 인도한 동상제일교회 조수동 목사 가정의 주일가정식탁예배 장면이다.

미드라쉬의 집에서 아버지가 아들과 '탈무드식 논쟁'을 벌이며 아들에게 탈무드를 가르치고 있다

중학생 어린이들이 '탈무드식 논쟁'을 하고 있는 모습

유대인은 현대에도 회당에서는 서기관이 양피지에 쓴 두루마리 토라를 사용하고 있다. 사진은 두루마리 성경을 잡고 저자에게 토라에 대해 설명하고 있는 서기관 랍비 크레프트(Kraft) 씨

유대인은 현재도 두루마리 토라를 서기관이 양피지에 펜으로 써서 복사를 한다. 사진은 서기관 랍비 크레프트 씨가 양피지에 성경을 필사하는 모습을 지켜보는 김진섭 박사 일행과 저자

유대인은 질문과 토론이 생활화되어 있다. 사진은 안식일에 랍비 에들러스테인 씨와 성경을 토론하는 저자.

정주영 전 현대그룹 회장은 초등학교 출신이지만 그의 지혜는 세계인을 놀라게 했다. 최고 대학에서 IQ교육을 받은 이들보다 문제 해결을 더 잘 했다. 그리고 매사에 슈르드하여 그를 잡으려는 악인의 올무도 잘 피해 다녔다. 13세 이전에 배웠던 한국인의 수직문화 교육(서당교육) 덕분이다.

Shema Education Series ⑦

Havruta
4 Stages to Develop IQ

By

Yong Soo Hyun (Ph. D.)

Presenting
Modern Educational Problems and
It's Solution

2021

Shema Books
Seoul, Korea

차 례

서평 · 추천사

- 이영덕 전 총리 : 무너진 교육을 바로 세울 수 있는 최상의 대안 · 25
- 김의환 박사 : 기독교 2000년 만에 발견한 개혁주의 교육의 획기적 쾌거 · 27
- 고용수 박사 : 기독교교육의 새로운 패러다임이며 대안이다 · 29
- 랍비 마빈 하이어 : 유대인을 연구한 많은 학자들이 있지만 현 박사처럼 유대인 생존의 비밀을 정확히 지적한 경우는 의외다 · 31

저자 서문: 들어가면서 · 33

제1권 서문, *하브루타, 왜 아버지가 나서야 하는가* · 34
제2권 서문, *하브루타식 4차원 영재교육의 비밀* · 39

IQ-EQ 총서를 발간하면서 · 44

제3부
노벨상 30%의 비밀
유대인의 4차원 영재교육

제1장
한국 교육의 문제점과 대안

Ⅰ. 비효율적인 교육에 매달리는 한국 교육 · 56

Ⅱ. 좌파 A박사의 문제제기와 현용수의 반론 · 58
  1. 영재교육의 4단계 · 58
  2. 높은 단계부터 낮은 단계로 가르치라 · 60

Ⅲ. 기존의 하부루타와 서울교대 하부루타 교육 강좌의 차이점 · 62

제2장
제4차원 영재교육: 지혜교육

I. 지혜란 무엇인가 · 69

  1. 지혜를 뜻하는 5가지 히브리 단어들 · 70

    A. 호크마(חָכְמָה, 지혜) · 70

    B. 비나(בינה, 명철) · 71

    C. 아름(ערם, 슈르드, 교활한, 현명한) · 72

    D. 투시야(תושיה, 하나님께 답을 구하는 지혜) · 73

    E. 다스(דעת, 지식) · 75

  2. '지혜교육과 슈르드 교육'을 분리하는 이유 · 76

  3. 지식과 지혜의 차이: '무엇이냐' vs '어떻게 대처하느냐' · 77

II. 유대인은 왜 지혜를 구하나 · 80

  1. 다윗이 솔로몬에게 지혜를 구하게 한 이유 · 80

  2. 솔로몬이 지혜를 구한 원인과 이유 · 83

  3. 독수리 민족이 돼야 하는 2가지 이유: 머리를 써라 · 85

    첫째, 개인의 생존을 위한 입장(모든 것을 잃을 때의 생존법):

      머리 쓰는 직업을 가져라 · 86

    둘째, 국가의 안보적 입장(거대한 적국에 포위당한 이스라엘의 생존법):

      독수리 민족이 되어라 · 88

    * 쉬었다 갑시다: 즉효 약 · 91

III. 유대인이 지혜를 얻는 방법 · 92

  1. 성경과 탈무드에서 지혜를 얻어라 · 92

A. 지혜의 출처는 하나님의 말씀, 즉 성경이다 · 92

　　　B. 유대인이 토라와 탈무드에서 지혜를 얻는 방법 · 97

　　　　1) 유대인의 탈무드 교육의 9가지 유익

　　　　〈유대인이 매일 탈무드를 읽는 이유〉· 97

　　　　2) 기독교인 성경 교육의 2가지 유익 · 101

　2. 고난에서 지혜를 얻어라 · 104

　　　A. 책에서 지식을 얻고, 인생에서 지혜를 배운다 · 104

　　　B. 부족함이 최고의 선물이다 · 105

　　　C. 유대인은 박해 속에서 지혜를 터득한 민족이다 · 108

　　　D. 실수를 줄이기 위해 눈의 흰자위가 아닌 검은자위로 세상을 보라 · 111

　3. 수직문화에서 지혜를 얻어라: 지혜는 지식을 담는 그릇이다 · 113

Ⅳ. 유대인이 지혜를 배우는 기본 장소 · 117

　1. 유대인 교육의 센터는 가정이다: 유대인 공동체에서 노인 한 사람이 죽으면 도서관 하나를 잃는 것과 같다 · 117

　2. 아버지가 교육에 열심이면 모두 성공하는가 · 122

　　　A. 다윗은 모든 자녀교육에 성공했는가 · 122

　　　* 랍비 강의: 바위와 부자(父子) · 126

　　　B. 아버지 교육의 열정보다 교육 방향이 더 중요하다 · 127

　3. 한국의 젊은이들이여, 백발에게 배우라 · 131

　　　A. 업신여겨지는 한국 노인들의 축적된 지혜 · 131

　　　B. 판사에 필요한 두 가지 능력 · 133

　　　* 랍비의 지혜: 엉터리 소리는 집어치우시오! · 136

Ⅴ. 지혜는 칼보다 강하다 · 137

1. 위기를 넘긴 유대인의 예 · 137

    A. 위기를 넘긴 유대인의 지혜1: 권총강도 만난 유대인 경리직원 · 137

    B. 위기를 넘긴 유대인의 지혜2: 달아난 이유 · 140

    C. 위기를 넘긴 유대인의 지혜3: 누가 닭을 훔쳤나 · 141

    D. 지혜로 남의 땅을 향유하는 유대인 · 143

2. 위기를 넘긴 저자의 예 · 149

    A. 절박한 위기에서 취직에 성공한 예: 구직원서는 쓰레기통에 · 149

    B. 골리앗을 맞이한 위기 극복기 · 153

    C. 포악한 깡패들을 맞이한 위기 극복기 · 157

VI. 요약 및 결론 · 160

제3장
제3차원 영재교육: '슈르드' 교육

I. '슈르드' 교육이란 무엇인가 · 164

1. 슈르드의 정의 · 164

2. 슈르드한 바리새인과 예수님의 차이 · 170

II. '슈르드' 교육의 내용과 방법 · 175

1. '슈르드' 교육의 내용: 토라와 탈무드 · 175

2. 왜 악한 유대인이 있는가: 율법(IQ) vs. 은혜(사랑, EQ) · 180

3. 유대인의 파워를 생산하는 청소년들의 집단촌 · 180

4. 한국인의 수직문화에도 지혜와 슈르드가 있다 · 186

5. 슈르드의 예화: 이야기의 효용 · 186

III. 슈르드하지 못한 순진함의 위험성 · 189

   1. 슈르드하지 못한 순진함의 2가지 사례 · 189

   2. 슈르드하지 못한 것도 죄인가 · 191

IV. 요약 및 결론 · 194

제4장

제2차원 영재교육:
질문식과 하브루타(탈무드 논쟁식) IQ계발

I. 하브루타(탈무드 논쟁식) 교육이란 · 198

   1. 하브루타의 목적이 인성이 먼저인 이유 · 198

   2. 하브루타가 개인이 하나님 그리고 이웃 사랑 관계를 형성하는 이유 · 203

II. 코헨 씨 가정의 질문식 영재교육법 · 209

   1. 가정 성경공부는 언제 어떻게 하나 · 209

      첫째, 언제 성경을 가르치나 · 209

      둘째, 성경공부를 하는 마음의 자세 · 210

      셋째, 성경공부를 하는 외형적 자세 · 211

   2. 귀납법 성경공부와 IQ계발 · 215

      A. 아버지와 아들의 1:1 하부루타 방법 · 215

      B. 아버지가 10명의 자녀들과 하는 하브루타 방법 · 219

   3. 일반 학습도 질문식으로 IQ계발 · 222

      A. 자녀에게 답을 빨리 안 주고 질문만하는 유대인 · 222

      B. 답을 빨리 주는 학원에서 공부한 자녀들의 참담한 유학생활 · 224

III. 질문의 기술 · 227

　1. 질문의 여섯 단계: 낮은 수준에서 높은 수준의 질문 · 227

　　　A. 호기심 · 의문 · 질문이 많은 아이가 영재다 · 227

　　　B. 낮은 수준과 높은 수준의 질문 구별 방법 · 229

　　　C. 프레임의 법칙(Frame Law) · 233

　2. 질문의 기술 개발하기 · 235

　　　A. 구약성경 본문으로 질문 만들기 연습1 · 236

　　　　1) 육하원칙(六何原則, 5W1H)으로 질문 만들기 · 236

　　　　2) 미움과 다툼에 관한 질문들 · 238

　　　　3) 사랑과 허물에 관한 질문들 · 240

　　　　4) 미움과 다툼 그리고 사랑과 허물에 관한 질문들 · 244

　　　B. 신약성경 본문으로 질문 만들기 연습2 · 246

　　　　1) 요 3:16a구절에 대한 질문들 · 246

　　　　2) 요 3:16b구절에 대한 질문들 · 248

　　　　3) 아웃트라인 설교의 예 · 250

　　　C. 유학(儒學) 본문으로 질문 만들기 연습 · 252

　　　　1) 육하원칙(六何原則, 5W1H)으로 질문 만들기 · 252

　　　　　에피소드 1: 법을 어긴 링컨의 반격

　　　　　에피소드 2: 두 얼굴을 가진 이중인격자

　　　　　에피소드 3: 대통령은 남의 구두만 닦아줘야만 합니까?

　　　　　에피소드 4: 내가 웃지 않고 살았으면 이미 죽었다

　　　　2) 다양한 더 어려운 질문 만들기 · 253

　　　　* 통이 큰 덕 있는 지도자의 실례: 미국의 16대 대통령 아브라함 링컨 · 255

　　　D. '현용수의 인성교육 노하우' 저서 본문으로 질문 만들기 연습 · 259

　　　　1) 육하원칙(六何原則, 5W1H)으로 질문 만들기 · 261

2) 더 어렵고 다양한 질문 만들기 · 261
     3. 2가지 관찰법과 질문법: 맥크로이즘과 마이크로이즘 · 264
     4. 질문의 달인이 되는 법: 북 스마트 vs 스트리트 스마트 · 267
     5. 질문의 열매 소개: 저자가 개발한 두 가지 학문의 영역 · 268
         A. 질문 중에 개발한 새로운 인성교육학 · 268
         B. 질문 중에 발견한 역사적인 구약의 지상명령 · 275

IV. 질문으로 가르치는 유대인의 율법교육 · 278
     1. IQ + 인성을 동시에 계발하는 질문식 율법교육 · 278
     2. 질문식 율법교육의 사례 · 279
         사례 1: 옆집 장미 꺾은 아들에게 질문으로 훈계하는 아버지의
               인성교육 방법 · 279
         사례 2: 도둑질 하지 말라는 계명을 가르치는 방법 · 286
         사례 3: 남의 물건을 주었을 경우 가르치는 방법 · 289
     3. 한국인과 유대인의 법사상 차이 · 292
         A. 인성교육의 내용(율법)과 방법이 빈약한 한국 · 292
         B. 법과 멀었던 한국인 vs. 법과 친밀한 유대인 · 294

V. 유대인 학교의 그룹 토론식 IQ계발 · 297
     1. 유대인 학교의 그룹 토론 참관기 · 297
     2. 랍비의 성적 산출법과 '마 아타 호세브' · 303
         A. 랍비가 학생에게 하는 질문, '마 아타 호세브' · 303
         B. 랍비의 탈무드 강의 성적 산출법 · 305
         C. 랍비가 원하는 학생의 공부: 창의적인 독서술이란 무엇인가 · 307
         * 랍비 강의: 질문과 호기심의 인간 · 309

VI. 하브루타식(탈무드 논쟁식) IQ계발 · 311

1. 탈무드 논쟁 방법 · 311

   A. 좋은 토론자의 자격 · 311

   B. 하브루타 체험기 · 319

   C. 하브루타 실력 순으로 줄 세우는 유대인 사회 · 325

   D. 하브루타는 자신과 타인을 시험하는 도구다 · 327

      1) 하브루타는 자신의 실력을 드러낸다 · 327

      2) 하브루타 실력으로 권위를 세우는 유대인 아버지 · 328

2. 탈무드 논쟁에 정답은 없는가 · 331

   A. 하브루타는 왜 진리를 찾는 도구여야 하는가 · 331

      1) 이방인 토론의 위험성(인성교육학적 입장) · 331

      2) 유대인 토론의 장점(인성교육학적 입장) · 334

   B. 하브루타를 통해 진리를 찾은 3가지 예 · 337

      예) 주제1: 지도자의 비극 · 338

      예) 주제2: 노인 · 338

      예) 주제3: 토라의 연구와 행동 중 어느 것이 중요한가 · 339

   C. 정답이 없는 토론도 있다 · 340

3. 탈무드 논쟁의 효과 · 340

   * 랍비의 유머: 탈무드란? · 344

4. 탈무드 논쟁의 위력 · 346

   A. 유대인은 어떻게 전 영역에서 노벨상을 석권하나 · 346

   B. 유대인은 어떻게 새로운 기업을 많이 창안하나 · 349

      1) '남을 이겨라' 대신 '남과 다르게 되라'(창의력 개발 측면) · 349

      2) 남을 뛰어넘지 말고 자신을 뛰어넘어라(의지력 개발 측면) · 353

C. 유대인은 어떻게 예술·예능, 스포츠계의 학문도 석권하나 · 356

　　D. 유대인 밑에서 연구하는 하버드대 한인 교수의 슬픈 고백 · 359

VII. 제4장 요약, 결론 및 적용 · 361

　1. 제4장 요약 및 결론 · 361

　2. 까다로운 유대인 덕분에 성공한 이정남 씨 이야기 · 366

　3. 유대인은 왜 정확한 암기에도 능한가 · 370

제5장
제1차원 영재교육과 제4차원 영재교육 요약

I. 제1차원 영재교육: 일반 학교교육 · 374

II. 이스라엘의 일반 학교교육도 한국과 다르다 · 376

III. 유대인의 4차원 영재교육 요약 · 378

제6장
한국의 수직문화와 지혜교육

I. 한국인의 수직문화에도 지혜와 슈르드가 있다 · 382

　1. 한국에도 까다로운 율례와 법도 및 지혜서가 있었다 · 382

　2. 왜 할머니가 어머니보다 더 지혜로운가 · 386

II. 사업가 정주영 회장이 받은 한국식 지혜 및 슈르드 교육 · 388

　1. 정주영 회장은 언제 어디에서 지혜 및 슈르드 교육을 받았나 · 388

　2. 2가지 예화: 박사 엔지니어를 능가하는 정주영 회장의 지혜 · 391

예화 1: 아산만 간척지 공사의 난제를 푼 지혜 · 391

예화 2: 소양강 다목적댐 공사의 난제를 푼 지혜 · 393

III. 민족의 지도자 안창호 선생이 받은 한국식 지혜와 슈르드 교육 · 395

   1. 안창호 선생의 업적 · 395

   2. 안창호 선생의 간추린 약력 · 397

   3. 민족 개조를 위한 안창호 선생의 교육 사상 · 399

   4. 안창호 선생이 받은 인성교육과 4차원 영재교육 · 402

IV. 결론 · 407

   1. 한국인도 수직문화를 교육시키면 지혜자가 된다 · 407

   2. 도덕과 윤리적 입장에서 본 안창호 선생과 정주영 회장 비교 · 410

제7장
제3부 (유대인의 4차원 영재교육)
요약 및 결론

I. 작은 민족 큰 나라, 이스라엘 교육의 힘 · 414

II. 유대인과 한국인 교육의 비교 · 417

   1. 유대인과 한국인 교육의 내용 비교 · 417

   2. 유대인과 한국인의 학습 방법 비교 · 421

   3. 이스라엘 대사 부인 인터뷰 · 426

III. 결론 · 430

   1. 유대인 종교교육에서 답을 찾아라 · 430

2. 한국인의 수직문화에도 지혜와 슈르드가 있다 · 431

  IV. 한국인 기독교인에 적용 · 431
    1. 구약성경을 믿는 유대인과 기독교인, 왜 생활방식이 다른가 · 431
    2. 유대인과 기독교인, 생활방식을 같게 하는 방법 · 436
        A. 신약교회가 간과했던 3가지를 바꾸어야 한다 · 436
        B. 저자의 책은 어떤 면에서 탈무드를 대신할 수 있는가 · 437
    3. 왜 유대인을 모델로 한 저자의 모든 책을 읽고 실천해야 하나 · 441
        A. 기독교교육에 유대인 교육이 필요한 당위성 증명 · 441
        B. 구약의 지상명령 발견: 유대인의 삶의 목표는 구약의 지상명령 성취다 · 441
        C. 구약의 지상명령 성취를 위한 새로운 인성교육학 이론 개발 · 442
        D. 구약의 지상명령 성취를 위한 가정신학 정립 · 444
        E. 구약의 지상명령 성취를 위한 아버지 신학 정립 · 445
        F. 구약의 지상명령 성취를 위한 경제 신학 정립 · 446
        G. 구약의 지상명령 성취를 위한 효신학 정립 · 446
        H. 구약의 지상명령 성취를 위한 어머니 신학 정립 · 447
        I. 구약의 지상명령 성취를 위한 성신학 정립 · 447
        J. 구약의 지상명령 성취를 위한 고난의 역사교육신학 정립 · 448
        K. 구약의 지상명령 성취를 위한 한국형 주일가정식탁예배 예시서 발간 · 449
        L. 구약의 지상명령 성취를 위한 정치신학 정립 · 450
        M. 유대인의 탈무드적 사고를 알기 위한 탈무드 시리즈 편역 발간 · 451
        N. 결론 · 451
    4. 성경적 교육은 바로 이것이었습니다! 다른 대안은 없습니다! · 453
    5. 쉐마교육을 잘 실천하는 이들의 특징 · 457
    6. 요약 및 결론 · 460

부록

부록 I: 쉐마지도자클리닉 참석자들의 증언 · 462

- 교회가 앞장서서 가정을 파괴했다는 것을 알게 되니
  가슴이 너무 아픕니다 - 정필도 목사님 - · 463
  - 조우영 목사 (부산 남부주영교회)

- 청년의 때에 이런 귀한 말씀을 들을 수 있다는 사실이 기적이다 · 466
  - 주봉규 청년 (전남대학교 영어영문과 재학)

- 충격, 보수의 뿌리인 교회가 오히려 진보 아이들을 키워내는
  역기능 역할을 했다 · 472
  - 김성목 해외집회부 팀장 (부산 수영로교회)

- "누가 이 백성을 바른 국가관이나 충성심도 없는
  존재로 만들었을까?" · 474
  - 선우미옥 교수 (성균관대학교 삼성창원병원 영상의학과 교수)

- 신앙생활의 궤도 수정을 가져 오게 한 쉐마전문직클리닉 · 479
  - 황흥섭 교수 (부산교육대학교)

부록 II: 우리의 각오: 쉐마교사대학 졸업생 선언문 · 484

참고자료(References) · 486

LA 타임즈 현용수 교수 특집 보도

Los Angeles Times

SATURDAY, JULY 13, 2002 — Religion

'We have to learn the secrets of the Jews.'
The Rev. Yong-Soo Hyun

The Rev. Yong-Soo Hyun, left, who has immersed himself in the study of Orthodox Judaism, meets with Rabbi Yitzchok Adlerstein at a Shabbat meal.

Taking a Cue From Jews' Survival

Judaism by Example

Koreans study Jewish family values, traditions and history as secrets to longevity.

by JULE GRUENBAUM FAX, Senior Writer

Thirty-five Korean ministers and professors visited the Los Angeles Jewish community last week, sitting in on high school Torah classes, attending morning prayers, joining a Shabbat meal and studying Jewish texts with local rabbis.

All devout Christians, these students of Judaism hailed not only from South Korea, but also from Korean communities in Russia, China, South America, Canada and across the United States.

They were not interested in converting to Judaism or in proselytizing Jews, but rather were here to learn the secret to Judaism's survival.

"Jews successfully conveyed the Torah, the traditions, the history — especially the history of suffering — and the family values based on Torah for 3,000 years with no generation gaps," said the group's leader, Yongsoo Hyun. "The Christian people lost the value of how to raise children who are holy. We are recovering that history to spread it all over the world."

Hyun, 62, is a Presbyterian minister and professor who moved to the United States in 1975, has spent the last 18 years studying the Jewish community and spreading his Jewish gospel from his Mar Vista-based Shema Education Institute.

This is the ninth annual tour of Los Angeles Hyun has led, the culminating event of a three-semester course attended by 400 students each year at locations around the world. Hyun says 3,000 Koreans have graduated his class, paying $350 a semester, and he believes about 3 million people have been affected by his teachings through seminars led by his disciples or by reading one of his 22 books on Judaism, which have sold hundreds of thousands of copies in South Korea.

Hyun focuses on family, jumping off the biblical idea of keeping three generations together — as in Abraham, Isaac and Jacob, or the Torah's refrain of "you and your children and your children's children."

But some Jews might not recognize the Judaism Hyun teaches. He speaks of a Judaism with intact families and no faulty transmission lines between parent and child. He speaks of Jewish Nobel laureates gaining their wisdom through Jewish studies, though most did not have a Jewish education.

Yongsoo Hyun

His understanding of Judaism derives almost exclusively from observance of Orthodox families and studying with traditional rabbis. He believes the father is primarily responsible for transmitting texts and traditions to children, with the mother being responsible for the family's emotional well-being and helping the father.

"I don't get high grades in modern feminist literature, but I don't think this division of labor is clear cut. Both parents contribute appreciably to both the intellectual and the emotional training of their children," said Rabbi Yitzchok Adlerstein, who has been Hyun's mentor. "It is partially Dr. Hyun's reaction coming from a very man-centered society, where these divisions of labor still exist, and he thinks he spots them in traditional Judaism, but I don't see them in my home or in my community."

Adlerstein, a professor of Jewish law and ethics at Loyola Law School, said Hyun is as loyal a friend as the Jewish community and Israel will find, as well as a personal friend. Hyun pursues Jewish knowledge assiduously, and he knows more about Jewish texts and traditions than most Jews.

The visitors to Los Angeles, many of whom brought their families, toured the Museum of Tolerance, Beth Jacob Congregation in Beverly Hills, the Skirball Cultural Center, American Jewish University and YULA Boys High School and went on a shopping spree at 613 The Mitzvah Store before participating in a commencement ceremony at the JJ Grand Hotel in Koreatown at the end of their weeklong stay.

Koreans often compare themselves to Jews — a beleaguered people from a small country surrounded by enemies, which is, like ancient Israel, divided in two. Their brothers in North Korea are persecuted, while millions of Koreans in the Diaspora — and even those in the increasingly westernized South Korea — struggle to maintain their traditions and a standard of excellence for their children.

Hyun's interest in Judaism began in 1990 while working toward his Ph.D. in education at Biola University, a Christian school in Orange County. As part of his studies, he was moved by what he saw as the God-centered nature of Jewish education, compared to the student-centered nature of classical American education.

He started taking classes at the University of Judaism (now American Jewish University), but was turned off by the liberal approach he found there. He switched to Yeshiva University of Los Angeles and, after some persistent nudging, ended up talking with Adlerstein, who was teaching there at the time.

Adlerstein, currently director of interfaith affairs at the Simon Wiesenthal Center, invited Hyun to his home for Shabbat dinner. Now Hyun and his wife — and often dozens of Hyun's guests — regularly attend Adlerstein's Passover, Rosh Hashanah and Shabbat meals.

Hyun set up the Shema Education Institute in 1992, and has since become something of a cult figure among his followers in South Korea and in the Korean Diaspora.

"We have had great leaders like Moses, and Paul in the New Testament, and Dr. Hyun's discovery of the secret of Jewish survival is one of the greatest discoveries in human history," said Yeong Pog Kim, with Hyun translating.

Kim has 2,000 members at his Presbyterian Church of Love and Peace near Seoul, and he said he is slowly introducing them to Jewish family values and educational methods.

He believes the Jewish give and take between teacher and student can revolutionize staid Korean classrooms. And it will make families stronger, as husbands learn to respect their wives and spend more time with their children.

Like many of Hyun's students, Chi Nam Kim, a pastor in Toronto, has modified how he observes the Lord's Day. Now, his wife lights candles every Sunday, and he says a prayer over the wine and the bread, and blesses his children and wife, all dressed in their best traditional clothes.

Chi Nam Kim explains this commitment by quoting Rabbi Abraham Joshua Heschel's observation, "More than the Jews have kept the Sabbath, the Sabbath has kept the Jews."

One student, Jin Sup Kim, prays three times a day, reciting the Shema and the biblical chapters that come after it, along with verses from the New Testament.

Jin Sup Kim is vice president of the divinity college at Backseok University, a Christian school near Seoul with 30,000 students. Kim earned a Ph.D. in ancient near eastern studies at Philadelphia's Dropsie College, now known as the Center for Advanced Judaic Studies at the University of Pennsylvania.

Kim, who teaches Hebrew, named his children Salome, Emet and Chesed, Hebrew words for peace, truth and kindness. During summer and winter breaks, he studies the Bible with his children for hours every day and encourages his 950-divinity students to do the same.

Kim leads a division of the Shema Education Institute and his own organization, the Korean Diaspora Revival Foundation, with offices in Israel aimed at drumming up Korean support for Israel and Judaism. Addressing the anti-Semitism some Christian missionaries imported into Korea has been a clear benefit of the program.

"I didn't like the Jewish people because of what they did to Jesus and Paul in the New Testament," said Yeong Pog Kim, the minister from Seoul. "But now I turned to being pro-Israel. Now it opened my eyes to see the Jews positively, as a friend, and to see the Old Testament with a positive mind."

In the past decade, South Korea has sent more tourists — mostly Christian pilgrims — to Israel than the rest of Asia combined, and the political relationship between the two countries continues to improve, according to the Jerusalem Center for Public Affairs.

While Israel needs that kind of international support, and the attention the Shema Education Institute is offering the L.A. Jewish community is flattering, is this attention all positive?

Adlerstein isn't so worried about the Koreans' filtered interpretations of Judaism — they are, after all, not planning to become Jewish. But Adlerstein does worry about what some refer to as reverse anti-Semitism, something he has seen in many parts of the world.

"Putting Jews up on a pedestal for how they are educated or for their achievements is sort of nice, but at the same time, it sends the message that the reason why we like Jews or will tolerate them is because they act on a higher plane. And we don't always act on a higher plane, and these positive stereotypes are not always true," Adlerstein said. "We would rather be accepted because we are a people and all people deserve tolerance and acceptance."

Still, there is something compelling about the expectation, Adlerstein said.

"As a traditional Jew, I can't fight it too much because I do believe it is what the Ribbono Shel Olam [Master of the Universe] asks of us. He does ask of us to live on a higher plane, to be an or lagoyim [a light unto the nations]. I find this insistence in some people who are not anti-Semites, but who insist on Jews being different, to be disturbing and exhilarating at the same time."

Book Review

유대인을 모델로 한 아버지 교육학 시리즈 1-2권을 읽고

- 무너진 교육을 바로 세울 수 있는 최상의 대안
  - 이영덕 (전 국무총리)

- 기독교 2000년 만에 발견한 개혁주의 교육의 획기적 쾌거
  - 김의환 박사 (전 총신대학교 총장)

- 기독교교육의 새로운 패러다임이며 대안이다
  - 고용수 박사 (전 장로회신학대학교 총장)

- 유대인을 연구한 많은 학자들이 있지만 현 박사처럼 유대인 생존의 비밀을 정확히 지적한 경우는 의외다
  - 랍비 마빈 하이어 (로스앤젤레스 예시바 대학교 학장)

무너진 교육을 바로 세울 수 있는 최상의 대안

이영덕
〈전 국무총리〉

　한국처럼 교육을 강조하면서 교육이 제대로 되지 않는 나라도 드물 것이다. 뚜렷한 교육의 원리와 방법이 없기 때문이다. 그런데 이번에 현용수 교수가 성경적 유대인 자녀 교육에 관한 'IQ는 아버지, EQ는 어머니 몫이다(조선일보, 1999; 도서출판 쉐마, 2005)'란 책을 펴낸 지 9년 만에 유대인의 IQ-EQ 교육 총서를 시리즈로 집대성한다니 기뻐하지 않을 수 없다.

　현용수 교수는 1차로 2005년에 '유대인의 인성교육 노하우' 시리즈를 발간하고, 이번에 유대인의 성경적 쉐마교육 시리즈를 발간하게 되었다. 각 권별 주제들은 '왜 유대인의 선민교육이 기독교교육에 필요한가? (원제: 부모여 자녀를 제자 삼아라)', '구약의 지상명령, 쉐마(교육신학)', '유대인의 가정교육(가정 신학)', '아버지 교육(아버지 신학)', '어머니 교육(어머니 신학)', '효도 교육(효 신학)' 및 '고난의 역사교육(고난의 역사

신학)' 등이다. 쉐마교육 시리즈 안에는 성경적 가정의 원리는 물론 그 방법까지 구체적으로 제시했으니 그 노고를 치하하지 않을 수 없다.

본 저서들은 성경적 유대인 자녀 교육을 한민족 자녀 교육의 방법으로 접목시킨 새로운 교육의 패러다임이며, 무너진 교육을 바로 세울 수 있는 최상의 교육 대안이다. 될 수 있는 한 많은 사람들이 꼭 읽고 연구하여 실제 자녀 교육에 적용해 보도록 추천하는 바이다.

현용수 교수의 저서를 이와 같이 추천하는 데에는 몇 가지 이유가 있다.

첫째, 본서는 문헌 연구나 탐문에서 얻은 지식의 전달이기보다는 유대인들의 교육 현장인 탈무드 학교와 정통파 유대인 가정에서 그들과 같이 생활하면서 그들의 교육을 탐구해 얻은 지식을 토대로 한 책을 만들어 냈다는 점에서 존경이 간다.

둘째, 현대 교육이 발전했다고는 하지만 참으로 인간다운 인간을 길러내는 데는 계속 실패하고 있다는 것은 현대 교육이 대표하는 세속 교육의 한계를 드러내는 것이다. 그러한 효능 없는 세속 교육을 보완해 주거나 혹은 대체할 수 있는 새로운 교육 대안을 찾고 있던 차에 강력한 시사점을 내포하는 유대인의 가정 교육을 종합적으로 정리해서 우리들에게 제시해 준 점에서 현 교수의 이번 저서를 높이 평가하는 바이다.

끝으로 인격 형성을 위한 교육은 학교에서보다는 가정에서, 그리고 사회의 모든 삶의 현장 속에서 이루어진다는 사실을 학교 교육에만 매달리다시피 하는 한국의 부모들에게 이해시키고 그들의 자녀 교육에 대한 시야를 넓히는 기회가 된다는 믿음으로 나는 이 책을 모든 부모와 교사들에게 권하고 싶다.

기독교 2000년 만에 발견한
개혁주의 교육의 획기적 쾌거

김의환 박사 〈전 총신대학교 총장〉

미국 템플대학교 대학원 철학 박사
미국 웨스트민스터신학교

구약 성경과 탈무드에 의한 유대인의 생존과 천재 교육의 비밀은 아직도 우리에게 충분히 알려지지 않았다. 그러던 차에 수년 전 현용수 교수의 〈IQ는 아버지, EQ는 어머니 몫이다. 부제: 성경적 유대인 자녀 교육〉을 접하게 되었다.

현 교수는 "왜 신약의 교회는 다른 민족들에게 복음을 전파하는 데는 성공했는데 자손 대대로 말씀을 전수하는 데는 실패했는가?"에 대한 대안으로 유대인의 쉐마교육을 연구하게 됐다. 그리고 그는 구약의 지상명령이 쉐마라는 것을 발견했다.

이번에 새로 출간되는 쉐마교육 시리즈는 '복음적 마음의 토양교육(Pre-Evangelism)'을 다루는 '인성교육 노하우'의 후편이다. 부모가 자녀를 말씀의 제자 삼는 선민교육(Post Evangelism)이다. 유대인은 어떻게 하나님의 말씀을 자손 대대로 전수하는 데 성공하는가에 대한 비밀을 밝히는 책들이다. 이것은 무너져 가는 가정을 바로 세우는 데 꼭 필요한 가정신학이며 최선의 대안이다. 기독교 2000년 만에 개발된 개혁주의 교육의 획기적인 쾌거다.

본인이 가까이서 아끼던 현용수 교수는 기독교 교육학을 전공한 후 랍비 신학교에서 그리고 정통파 유대인의 탈무드 학교와 정통파 유대인 가정에서 그들과 함께 생활하면서 그들의 교육의 비밀을 캐는 데 오랜 세월을 투자했다. 따라서 이 저서는 이론과 실제를 겸한 기독교 교육학의 새로운 패러다임을 구축한 방대한 연구의 결실이다.

천재적인 유대인 자녀 교육 자체가 바로 토라 말씀이고, 말씀 속에 그들의 생존 비밀이 있음을 확인시켜 주고 있다. 저자는 개혁주의 신학이 '오직 성경(Sola Scriptura)'인 것처럼 기독교 교육도 "성경으로 돌아가라"고 외친다. 따라서 이 저서는 자유주의 신학이 승하는 이때에 개혁주의 교육에 크게 공헌하리라 믿는다.

나는 개인적으로도 미국 '나성 한인교회'를 섬길 때 현용수 교수를 초청하여 교육 세미나를 개최해 크게 도전받은 바 있다. 목회자 및 신학생들에게는 물론 일반 평신도들에게도 이 저서를 꼭 권하고 싶다.

기독교교육의
새로운 패러다임이며 대안이다

고용수 박사 〈전 장로회신학대학교 총장〉

미국 Columbia 대학교 교육학 박사

오늘 우리 사회가 겪고 있는 가치관의 혼돈과 도덕적 무질서는 사회의 기본 단위인 가정의 뿌리가 크게 흔들리는 데서 비롯된다. 이러한 시대적 요청과 때를 같이 해서 미국에서 2세 교육에 깊은 관심을 갖고 연구해 오신 현용수 박사가 성경적 유대인 자녀 교육에 관한 책을 출판하게 된 것을 매우 환영한다.

"자녀 교육을 어떻게 할 것인가"를 생각하면서 성경적 모델을 찾을 때, 우리는 구약의 쉐마(신 6:4-9)에 기초한 이스라엘 가정의 자녀교육에 주목하게 된다. 현 박사는 이 '쉐마'가 구약의 지상명령임을 발견했다. 그리고 이번에 그 비밀을 밝히기 위해 쉐마교육 시리즈를 발간한다.

현 박사는 기독교 2000년 동안 예수님을 믿은 이후의 기독교교육에만 관심을 가졌던 학계에 예수님을 믿기 이전의 인성 교육(Pre-Evangelism)도 대단히 중요하다는 새로운 영역을 발견하고 이에 대한 이론을 개발하여 인성교육 노하우를 3권으로 발간한 바 있다.

이어지는 쉐마교육 시리즈는 자녀가 예수님을 믿은 이후에 어떻게 하나님(예수님)의 형상을 닮아가게 하느냐(Post-Evangelism) 하는 기독교교육의 새로운 패러다임이며 대안이다. 즉 부모가 자녀에게 말씀을 대물림하는 교육신학과 방법들이다.

저자의 확신은 신앙(사상)이 없는 민족은 일시적으로는 흥할 수 있지만 곧 망하고 만다는 역사적 교훈을 바탕으로 한 것이며, 유대인의 토라와 탈무드에 기초한 교육 철학 속에 자리한 성경적 자녀 교육 원리가 오늘의 흔들리는 기독교 가정의 자녀 교육의 실제 대안이 될 수 있다는 것이다. 따라서 이 저서의 내용은 한국 교육의 근본 문제를 정확히 지적하고 그 해결 방법을 성서 신학적으로 제시한 책이다.

부모 되기는 쉬우나 부모 노릇 하기는 참으로 어려운 시대에 살면서 자녀 교육을 어떻게 할까 고민하는 기독교 가정의 부모들에게 이 책은 좋은 지침서가 될 수 있다고 믿고 이에 적극 추천한다.

유대인을 연구한 많은 학자들이 있지만 현 박사처럼 유대인 생존의 비밀을 정확히 지적한 경우는 의외다

랍비 마빈 하이어
〈로스앤젤레스 예시바 대학교 학장〉

많은 학자들이 유대인의 생존의 비밀에 관해 관심을 가져왔습니다. 수천 년의 박해와 유랑에도 불구하고 살아난 유대인의 생존에 관한 학설들은 수없이 많습니다.

현용수 박사가 비유대인으로 유대인의 생존의 비밀을 정확히 지적한 사실은 의외이며, 이를 축하합니다. 현 박사는 유대인에게는 토라 – 그들의 가장 신성한 율법서 – 에 대한 충성심이 생존의 도구였고, 죄악이 만연하는 바다를 표류하는 동안 성결을 지키게 한 결정체란 것을 확신하고 있습니다. 그는 3천 년 이상을 유대인을 다른 민족과 구별되게 한 교육의 기법, 부모에게서 자녀에게 자손 대대로 끊어지지 않는 연결 고리로 유대주의의 메시지를 전한 구전의 방법에 주목하고 있습니다.

그는 이러한 방법의 핵심을 빌어 그가 속한 한국 민족이 그들의 전통과 가치를 보존할 수 있는 힘을 찾으려 합니다.

현 박사는 수년 간 정통파 유대인 공동체에서 열심히 연구했습니다. 그는 유대인의 교육 이론을 연구해 왔고, 철저한 관찰을 통하여 실제적인 유대인의 생활 방식을 조사했습니다.

우리는 그가 우리의 로스앤젤레스 예시바의 학자들과 접촉하고 특별히 그의 연구를 지도하기 위하여 탈무드와 유대학 교수인 랍비 이츠학 에들러스테인과 만나게 된 것을 기쁘게 생각합니다.

우리는 그가 지구촌의 많은 사람에게 두 가지, 도덕과 관용을 전파하는 노력에 성공하기를 기원합니다.

로스앤젤레스 예시바 대학교 학장
진실한 랍비 마빈 하이어

저자서문

아버지 교육학 1-2권 저자서문

들어가면서

본서는 한국에 유대인의 아버지 교육과 하브루타를 최초로 소개한 저자가 24년만에 다시 쓴 유대인의 아버지 교육서다. 즉 '아바 신학'이다. 〈유대인은 아버지를 히브리어로 '아바'라고 부른다〉

저자는 미국에서 46년을 살았다. 그 중 약 20년 동안 하나님의 은혜로 정통파 유대인 공동체에 들어가 세계적인 탈무드 학자(랍비)들과 토론하면서 그들의 교육 원리와 생활방식을 연구했다. 그리고 'IQ는 아버지 EQ는 어머니 몫이다'란 저서를 시작으로 약 40여권의 저서들을 펴냈다. 따라서 본서에는 그들을 근거리에서 지켜본 소중한 체험담을 많이 담았다.

유대인 아버지 교육 시리즈는 세 권으로 구성되어 있다. 제1권 '하브루타, 왜 아버지가 나서야 하는가', 제2권 '하브루타식 4차원 영재교육의 비밀', 제3권 '자녀들아 돈은 이렇게 벌고 이렇게 써라'이다.

본서는 유대인을 모델로 한 세계 최초의 '아버지학' 교과서다. 유대인을 모델로 했다는 말은 구약성경을 근거로 했다는 것을 뜻한다.

제1권은 아버지의 정체성과 역할 그리고 교육 내용에 대하여(아버지 신학, 아바신학), 제2권에는 유대인 아버지의 4차원 영재교육 학습법, 즉 하브루타에 대하여, 그리고 제3권은 아버지가 자녀들에게 가르쳐야 할 경제신학이다. 이 세 권은 모두 가정에서 아버지가 책임져야 할 특권이며 의무를 가진다는 공통점이 있다.

서문은 제1-2권을 하나로 묶고 경제신학 서문은 제3권에 별도로 게재한다. 먼저 제1권 서문부터 보자.

아버지 교육학 제1권 서문
'하브루타, 왜 아버지가 나서야 하는가'

흔히 유대인이 우수한 민족이 된 것은 어머니 교육인줄로 잘못 알고 있다. 그들의 가정교육을 들여다보면 그들의 IQ교육은 아버지 몫이라는 점을 쉽게 발견할 수 있다.

현재 뉴욕에서 정신과 의사이며 의대 교수인 랍비 솔로몬은 자신의 저서 '옷을 팔아 책을 사라'(2005)에서 자신의 아버지가 자신의 정신세계에 얼마나 크게 영향을 미쳤는지에 대하여 눈물겹게 적고 있다.

왜 아버지학이 필요한가? 한국의 아버지들이 방황하고 있다. 고개 숙인 아버지가 늘고 있다. 그 결과 한국의 가정이 붕괴되고 있다. 한국의 이혼율은 거의 세계 1위다. 아내가 가출하고 자녀들도 방황하고 있다.

그 이유 중에는 물론 여성의 잘못도 많다. 그러나 이제는 여성만 탓해서는 안 된다. 아버지도 변해야 한다. 가정에서 아버지에게 상처 받은 자녀들이나 남편에게 상처를 받은 아내들이 너무나 많다. 안타까운 것은 아버지의 문제는 많은데 뾰족한 대안이 없다는 것이다.

논리적인 아버지 신학의 부재 때문이다. 겨우 있다고 해도 추상적인 주장이나 좋은 아버지의 예화를 드는 것이 고작이다. 좋은 아버지 모델은 어디에서 찾아야 할 것인가? 그것은 역사적으로 검증된 유대인에게서 찾아야 할 것이다.

제1권의 제1부는 '유대인 가정의 아버지 교육'에 대해 다룬다. 제1장 '유대인 아버지의 정체성과 역할: 가정의 교사'에서는 성경적인 가정의 구조를 설명하고, 아버지의 정체성과 역할을 설명하며 아버지 신학(아바 신학)을 정립했다.

하나님이 왜 아버지를 창조하셨는지, 가정에서 아버지는 누구이고(아버지의 정체성), 아버지는 무엇을 어떻게 해야 하는지(아버지의 역할)에 대한 논리를 유대인을 모델로 제공해준다.

아버지의 첫 번째 정체성은 하나님 아버지의 직위에서 찾아야 한다. 주기도문에는 기도의 대상이 '하늘에 계신 우리 아버지'(마 6:9)라고 되어 있다. 저자가 유대인 아버지를 연구하면서 깨달은 것은 하늘에 계신 아버지와 가정의 아버지의 개념과 역할은 동일하다는 것이다.

즉 아버지의 정체성과 역할이 동일하다. 하나님 아버지가 만유의 머리가 되신 것처럼, 아버지는 하나님을 대신하여 가정의 머리, 즉 제사장이 된다.

아버지의 두 번째 정체성은 하나님 아버지의 가장 중요한 속성, 즉 사랑에 대한 정체성이다. 저자가 유대인 가정의 아버지에게 보고 배운 것이 있다. 그들은 자녀들에게 강압적으로 아버지에게 순종하라는 것보다는 순종하도록 논리적으로 설명하고, 또한 부성애를 보여줌으로 그들이 감동을 받아 자발적으로 아버지를 존경하고 순종하게 한다는 것이다.

따라서 새론 쓴 본서에서는 아버지학적 입장에서 본 유대인 다윗왕과 조선왕 이성계와 영조의 아들 사랑을 비교했다. 그리고 한국인 아버지의 문제점을 찾아냈다. 유대인 아버지 다윗 왕의 악한 아들 압살롬을 사랑한 것과 조선 왕(이성계와 영조)의 악한 아들 심판을 대조했다. 전자는 끝까지 패역한 아들을 죽기까지 사랑했지만, 후자는 가차없이 죽음으로 내몰았다.

또한 시약시대에 예수님께서 비유로 말씀하신 '탕자의 비유'(눅 15:11-32)에서 본 유대인 아버지의 헷세드(측은지심)의 사랑도 구약의 다윗 아버지 사랑과 동일하다.

한국인 아버지라면 재산을 탕진하고 집나간 아들을 매일 그토록 기다리고, 또한 돌아왔을 때 하나도 책망하지 않고 그를 위해 최상의 큰 잔치를 베풀 수 있을까 하는 것이다. 한국인 어머니라면 몰라도 아버지라면 거의 불가능할 것이다. 왜냐하면 한국의 아버지들은 유교적인 권위주의적인 아버지상으로 교육을 받았기 때문이다.

이것은 무엇을 뜻하나? 유대인 아버지의 자녀 사랑은 하나님 아버지의 자녀 사랑의 표상이라는 것이다. 그리고 아버지 다윗의 압살롬 사랑은 하나님 아버지의 죄인 사랑의 표상이다. 물론 탕자의 비유에 나오는 아버지와 아들의 관계도 마찬가지다. 따라서 본서는 '장자와 탕자'를 변수로 한 4가지 타입의 인간으로 나누어 분석해 놓았다.

그리고 "왜 '자녀사랑에 관한 정체성'과 '아내 사랑에 관한 정체성'은 동일한지"에 대해서도 자세히 언급했다. 본서를 쓰면서 저자 자신이 성경적 아버지의 역할을 제대로 하지 못했던 점에 대하여 회개를 많이 했다. '권위'와 '권위주의'의 차이를 몰랐기 때문이다.

아버지의 세 번째 정체성은 하나님 아버지의 기능적인 정체성이다. 성경적 아버지는 하나님의 사랑, 즉 하나님의 속성을 닮아야 하는 것과 하나님 아버지의 기능적 정체성을 닮아야 한다. 전자는 다윗이나 탕자의 아버지와 같은 사랑을 가져야 하고, 후자는 '아바'가 뜻하는 네 가지 기능을 실천해야 한다. 〈제1부 제1장 III. 5. "성경적 아버지의 기능적 정체성: '아바'가 뜻하는 네 가지 기능" 참조〉

제2장은 '유대인 아버지의 종교 교육'이다. 구체적으로 아버지가 무엇(교육의 내용)을 어느 때(교육의 시기), 어디(교육의 장소)에서 왜(교육의 이유) 가르쳐야 하는지에 대하여 구체적으로 설명했다. 현장감을 더하기 위하여 랍비 코헨 씨의 안식일 성경공부 시간을 소개했다. 효과적인 사랑의 매도 다루었다. 그리고 성경적 교육 목회의 대안도 제시했다.

요약하면 자녀들은 가정에서 아버지의 신본주의 사상과 행위를 보고 배우면서 자손대대로 하나님 아버지의 형상을 닮아가야 한다는 것이다. 그런데 한국인 가정에서 문제는 대부분의 아버지가 성경적인 사상도 갖지 않고 행위도 바르지 않기 때문에 자녀나 아내에게 많은 상처를 입힌다는 것이다. 그 결과 가정에서 아버지가 왕따를 당하는 경우가 많다.

제2부 '유대인은 왜 교육에 사활을 거는가'라는 주제에서는 유대인의 정신적인 생존의 비밀을 다룬다. 제1장 '공부와 책의 민족 유대인'에서는 왜 유대인은 "성경 연구의 중단은 성장의 멈춤이며, 죽음이다"라고 가르치는지를 구약의 지상명령적 측면에서 설명했다. 부모를 통하여 다음세대에 말씀이 전수되지 못한다면 하나님의 구원의 역사는 이루어질 수 없었을 것이다. 이것은 구속사의 연속성이 그만큼 중요하다는 점에서 매우 중요한 주제다.

제2장에서는 '유대인 자녀교육의 내용: 토라와 탈무드'에 대하여 설명했다. 아버지가 말씀을 맡았다(롬 3:2)고 하는데, 그 말씀의 내용이 무엇인지를 구체적으로 설명한 것이다. 이것은 그들의 교육철학의 근간이다. 이것은 어떻게 유대인 중에서 큰 인물들이 많이 나올 수밖에 없는지 그 이유를 밝힌 것이다. 머리만 좋다고 큰 인물이 되는 것이 아니다. 우주를 품을 수 있는 하나님의 말씀을 이해하고 이에 근거한 성경적인 수직문화에 깊게 젖어들어야 한다.

아버지 교육학 제2권 서문
하브루타식 4차원 영재교육의 비밀

제2권은 제3부 '노벨상 30%의 비밀: 유대인의 4차원 영재교육'이 주제다. 전7장으로 구성되어 있다. 각 장의 내용을 요약 정리하기기 너무 방대하여 핵심적인 것들만 소개한다.

어떤 민족이 우수한 민족인가? 우수한 인물을 많이 배출한 민족이다. 어느 민족이 우수한 인물을 많이 배출했는가? 유대 민족은 지상에서 인구수는 가장 적은 나라 중 하나지만 우수한 인물들을 가장 많이 배출한 민족이다.

역대 노벨상 수상자들만도 30% 이상을 배출했다. 심리학자 프로이드, 화가 샤갈, 상대성 이론가 아인슈타인, 세계적 지휘자 레오날드 번스타인, 국제 외교가 키신저, 영화감독 스필버그 등이 유대인이다. 이스라엘은 어떻게 600만 명의 인구로 13억 명의 이슬람권을 이길 수 있는가(Washington Post, Malaysia Prime Minister Warns Jews' Influence, 2003년 10월 16일)?

미국 초중고학교에서는 한국인 자녀들과 유대인 자녀들이 상위권 순위 경쟁을 한다. 두 민족 엄마들이 만나면 이런 대화가 오간다.

한국인 엄마: "유대인 자녀들은 대단히 스마트합니다."
유대인 엄마: "아닙니다. 한국인 자녀들이 더 스마트합니다."

실제로 한국인 자녀들은 저학년 때일수록 두각을 더 나타낸다. 그러나 대학에 들어가거나 사회에 나가면 유대인에게 많이 뒤진다.

세계 1등 IQ를 자랑하는 한국인 자녀들, 왜 미국 대학과 사회에서 유대인에게 밀리나?

더구나 유대인 자녀들은 한인 자녀들에 비하여 세상학문을 공부할 수 있는 시간이 턱없이 부족하다. 그들은 초중고학교에서 오전 내내 토라 공부를 하고 오후에 세상학문을 배운다. 집에서도 60% 이상 시간을 종교생활에 투자한다. 그런데도 그들이 세계를 제패하는 이유는 무엇인가?

유대인에게는 4차원 영재교육이 있기 때문이다. 가장 낮은 단계인 제1차원 교육은 세속의 지식 위주로 가르치는 일반 학교교육을 말한다. 제2차원 영재교육은 질문과 탈무드 논쟁(하브루타)을 통한 IQ개발 교육이다. 제3차원 영재교육은 악인이 쳐놓은 올무를 피하는 능력을 키우는 슈르드(shrewd) 교육이다. 제일 높은 제4차원 영재교육은 삶의 어려운 문제를 해결하는 능력을 키우는 지혜교육이다. 유대인은 낮은 단계에서 높은 단계로 가르치는 게 아니라, 거꾸로 제4차원 지혜교육부터 가르친다.

왜 한국인은 그렇게도 자녀들을 공부에 혹사시키는데도 천재들이나 우수한 인물들을 많이 배출하지 못하는가?

저자가 발견한 것은 한국인은 100% 1차원 교육(학교교육)만 시키는 데 비하여, 유대인은 2-4차원(IQ개발 · 슈르드 교육 · 지혜교육)에 80% 이상을 할애하기 때문이다.

지식이 '무엇이냐 what'에 대한 공부라면, 지혜는 '어떻게 대처하느냐 how'의 방법을 배우는 것이다. 지식이 수평문화라면, 지혜는 수직문화다. 유대인 자녀들은 학교에서 지식을 배우고, 가정에서 부모로부터 지혜를 배운다.

유대인 부모는 자녀가 세 살 때부터 까다로운 구약성경의 율법을 줄기차게 가르쳐 몸에 완전히 배도록 한다. 율법을 배우면서 선악을 구분하는 능력이 생기고 사고력, 비판 능력, 창조력이 함께 자란다.

미국에서 일반인은 '슈르드'라는 단어 사용을 꺼려하는데 유대인은 왜 강조하는가? '슈르드'란 단어가 처음 등장하는 곳은 창세기 3장 아담과 하와를 유혹한 '뱀의 간교'(창 3:1)를 뜻하기 때문이다. 그러나 유대인이셨던 예수님도 제자들에게 "뱀같이 지혜롭고(슈르드) 비둘기같이 순결하라"(마 10:16)고 지시하셨다.

왜 예수님은 두 가지, '슈르드'와 '순결'을 함께 언급하셨는가? 순결이 결여된 슈르드는 악하여 교활하기 쉽고, 슈르드가 결여된 순결은 어리석기 쉽기 때문이다. 슈르드는 순결과 결합하여 작용할 때 악인의 올무를 피하며 예수님처럼 사회 경쟁력을 가질 수 있다.

예수님은 당대의 율법에 능통한 똑똑한 유대인들이 쳐놓은 덫에 한 번도 걸리지 않았다. 유대인의 3가지 영재교육인 지혜교육, 슈르드 교육 그리고 질문과 탈무드 논쟁을 통한 IQ개발교육을 모두 받았기 때문이다. 기독교인이라면 예수님을 닮아 마음은 순결하나, 머리는 슈르드해야 한다. 아인슈타인, 키신저, 및 프로이드의 공통점은 유대인 아버지의 4차원 영재교육을 받았다는 것이다.

유대인의 노벨상 30%의 가장 큰 비밀은 무엇인가? 좋은 질문을 잘 하는 것이다. 유대인 아버지는 자녀들과 끊임없이 질문하고 답변하는 것이 습관화 되어 있다. 따라서 저자는 아버지들에게 자녀를 질문을 만드는 기술자로 키우라고 조언한다. 이런 질문하는 훈련은 1-4차원 전 영역에 지대한 영향을 준다.

질문도 수준이 낮은 질문과 수준 높은 질문이 있다. 질 낮은 질문 100개보다 질 좋은 질문 한 개가 더 유익하다. 좋은 질문은 좋은 답을 이끌어내기 때문이다. 본서는 수준 높은 질문을 어떻게 만드는지, 그 방법을 실제 예를 들어 가르쳐준다.

저자는 한국의 잘못된 하브루타 인식을 안타깝게 생각한다. 저자에게 배운 J교수가 하브루타를 잘못 남용했기 때문이다. 유대인은 하브루타를 토라 공부를 할 경우에만 사용하도록 규정한다. 그래서 유대인 공동체에서는 하브루타를 보통 '탈무딕 디베이트'라고 부른다.

그 이유는 하브루타 학습법의 목적이 하나님의 말씀 공부를 통하여 하나님의 형상을 닮아 선한 하나님의 사람을 만들게 하기 위함이기 때문이다. 따라서 하브루타의 목적은 인성교육이 먼저다. 유대인의 머리가 좋아지는 IQ개발은 성경공부의 부산물로 얻어지는 결과다. 따라서 하브루타는 인성과 지성을 함께 잡는 이상적인 영재교육법이다.

그런데 한국에서는 하브루타를 IQ개발에만 사용하여 인성을 망치기 쉽다. 왜냐하면 하브루타의 콘텐츠가 성경이 아닌 세상학문에만 집중하기 때문이다.

제3부 제6장은 한국인의 수직문화에도 지혜가 많이 담겨있다는 것을 예(고 정주영 전 현대회장과 도산 안창호 선생)를 들며 설명한다. 마지막 제7장은 제3부를 요약정리하며, 작은 민족 큰 나라, 이스라엘 교육의 힘을 한국인 교육과 비교하며 그 우월성을 설명한다.

그리고 유대인 교육을 한국인 기독교인에 어떻게 적용할지에 대해 설명한다. 큰 틀에서 왜 유대인을 모델로 한 저자의 모든 책들을 읽고 실천해야 하는지에 대해 설명한다. 한국 민족의 미래를 준비하는 대안을 제시하기 위함이다.

끝으로 유대인의 아버지 교육을 펴내는 데 추천서를 써주신 고 이영덕 전 국무총리, 고 김의환 전 총신대학교 총장, 고용수 전 장로회신학대학교 총장과 랍비 마빈 하이어(로스앤젤레스 예시바 대학교 학장)에게 감사를 드린다. 그리고 꼼꼼하게 교정을 해 준 권혁재 목사와 황갑순 학제에게 그리고 편집하는데 수고한 이재현 간사에게 감사를 드린다.

2021년 6월 호국 보훈의 달에
현용수

IQ-EQ 총서를 발간하면서

무너진 교육의 혁명적 대안을 찾아서

왜 유대인의 IQ+EQ교육은 인성교육+쉐마교육인가

현대인들은 교육의 문제점은 많이 지적하지만, 속 시원한 대안은 찾지 못하는 시대에 살고 있다. 저자는 오랜 연구 끝에 그 대안으로 온전한 인간교육을 위해 크게 두 가지가 필요하다는 사실을 깨달았다. 하나는 인성교육이고, 다른 하나는 종교교육이다. 기독교인을 예로 든다면, 인성교육을 바탕으로 한 성경적 쉐마교육(기독교교육)을 해야 한다는 것이다.

따라서 전체 기독교교육은 예수님을 믿기 이전과 이후로 나뉘는데, 이전에는 인성교육을, 이후에는 쉐마교육을 시켜야 한다. 그래서 유대인 자녀교육《IQ는 아버지 EQ는 어머니 몫이다》총서는 유대인을 모델로 한 인성교육론 편과 쉐마교육신학론 편으로 나누어 정리했다. 물론 두 가지 주제는 하나님께서 저자에게 주신 지혜로 개척한 새로운 학문의 영역이다

인성교육론 편 (인성교육 노하우 시리즈)
예수님을 믿기 이전: 왜 인성교육은 Pre-Evangelism인가

'인성교육론 시리즈'는 전체 8권으로 출간 되었다. 1. 문화와 종교교육(저자의 박사 학위 논문), 2. 현용수의 인성교육 노하우(전 4권), 3. 현용수의

쉐마교육 개척기. 4. 가정 해체로 인한 인성교육 실종 대재앙을 막는 길. 5. 기독교인의 바른 국가관과 정치관, 등이다. 8권의 내용은 현대교육의 근본적인 문제점을 분석하고, 해결 방안을 제시한다. 즉 다음 네 가지 질문에 답을 준다.

Q 1. 일반 교육학적 질문: 가르치고 가르쳐도 왜 자녀가 달라지지 않는가. 왜 현대교육은 점점 발달하는데 인간은 점점 더 타락하는가

그것은 IQ교육 위주의 현대교육이 인성교육에 꼭 필요한 세 가지를 놓치고 있기 때문이다.

- 어떻게 자녀들에게 깊이 생각하게 하는 교육을 시킬 수 있을까?
- 어떻게 자녀들이 바른 행동을 하게 할 수 있을까?
- 수직문화의 중요성과 수평문화의 위험성은 무엇인가?

Q 2. 문화인류학적 질문: 왜 한국인 자녀들이 서양 문화에 물들고 있는가

한국의 젊은 세대는 거의가 한국인의 문화적 및 철학적 정체성의 빈곤에 처해 있다. 부모들이 인성교육의 본질이 수직문화인지를 모르고 가르치지 않았기 때문이다. 그 결과 세대 간의 세대 차이가 너무나 다르다. 북미주 한인 2세 자녀들이 부모가 섬기는 교회를 떠난다. 고로 자녀들에게 한국인의 정체성교육이 시급하다.

Q 3: 기독교인의 인성 문제: 왜 예수님을 믿는다고 하면서 사람의 근본은 잘 변하지 않는가

많은 기독교인들이 예수님만 믿으면 모든 인성교육이 잘되는 줄 알고 있다. 그러나 모두 그런 건 아니다. 왜 유교교육을 받은 가정의 어린이들이 기독교교육을 받은 어린이들보다 더 예의 바르고 효자가 많을까? 예수님을 믿고 성령의 은사가 많았던 고린도교회는 왜 데살로니가교회보다 도덕적인 문제가 더 많았을까?

Q 4. 기독교의 복음주의적 질문: 왜 현대인들에게 전도하기가 힘든가

왜 기독교 가정에서 2세들이 대학을 졸업하면 90% 이상 교회를 떠나는가? 교회학교 교육이 천문학적인 투자에도 불구하고 90% 이상 실패하는 이유는 무엇인가? 왜 현대(2000년대)에는 1970년대 이전보다 복음 전하기가 더 힘든가? 아마 생각 있는 교육자라면 모두가 이런 고민을 안고 살았을 것이다.

한 인간의 마음이 예수님을 믿기 이전 인성교육, 즉 복음적 토양교육이 잘못되었기 때문이다. 예수님의 '씨 뿌리는 자의 비유'에서 말씀하신 네 가지 종교성 토양(길가, 돌밭, 가시떨기, 옥토)(눅 8:4~15) 중 옥토이어야 복음을 영접하기도 쉽거니와 구원을 받은 후 예수님을 닮는 제자화도 되기 쉽다는 말이다. 이를 'Pre-Evangelism'(예수님을 믿기 이전의 복음적 토양 교육)이라 이름했다.

> 현용수의 인성교육론은
> **인성교육**의 **원리**와 **공식**을 제공한다

쉐마교육신학론 편 (쉐마교육 시리즈)
예수님을 믿은 후: 왜 쉐마교육은 Post-Evangelism인가

예수님을 영접한 사람에게는 하나님의 형상을 닮아가는 기독교교육을 시켜야 한다. 이를 '성화교육' 혹은 '예수님의 제자교육'이라고도 한다. '신의 성품'(벧후 1:4)에 참여하는 자(partakers of the divine nature)가 되는 과정이다. 이를 'Post-Evangelism'(예수님을 믿은 이후의 성화교육)이라 이름했다.

교육의 내용은 신·구약 하나님의 말씀이다. 예수님 믿기 이전의 좋은 인성교육이 마음의 옥토를 준비하는 과정이라면, 복음과 하나님의 말씀은 그 옥토에 심어야 하는 생명의 씨앗이며 기독교적 가치관이다(물론 기독교 가정에서 태어난 자녀에게는 어려서부터 인성교육과 쉐마교육을 함께 시켜야 한다).

저자는 성경적 기독교교육의 본질과 원리를 유대인의 선민교육에서 찾았고 그 내용과 방법이 바로 구약의 '쉐마'에 있음을 발견했다. 즉 성경적 교육신학의 본질과 원리가 '쉐마'에 있다는 것이다.

'쉐마'는 한 마디로 부모가 자녀에게 말씀을 가르쳐, 자손 대대로 자녀를 말씀의 제자 삼으라는 '구약의 지상명령'이다(저자의 저서 《잃어버린 구약의 지상명령 쉐마》(쉐마, 2006, 2009), 제1권 제1~2부 참조). 유대인이 아브라함 때부터 현재까지 4000년 간 하나님의 말씀을 후대에게 전수하는 데 성공한 것은 자녀를 말씀의 제자 삼는 쉐마교육에 성공했기 때문이다(물론 신약시대는 영적 성숙을 위해 신약성경도 필요함).

여기에서 "왜 기독교교육에 유대인 선민교육이 필요한가?"란 질문이 대두 된다. 신약시대에 복음으로 구원받은 하나님의 선민인 기독교인은 영적 유대인(갈 3:6~9)으로 구약에 나타난 선진들(예; 모세,

인성교육(Pre-Evangelism)이 부실하면 복음 받기와 제자교육(Post-Evangelism)이 힘들지만(상), 튼튼하면 복음 받기와 제자교육이 쉽다(하).

1)항과 2)항이 새로 개척한 학문의 영역이다. 자세한 것은 '현용수의 인성교육 노하우' 제2권 제2부 제4장 Ⅱ. 2 '기독교교육의 새로운 영역: 종교성 토양 교육' 참조.

다윗, 에스라)의 믿음생활과 쉐마교육을 본받아야 한다(히 11장).

예수님도 유대인으로 태어나셔서 유대인의 선민교육(쉐마교육)을 받고 자라셨으며 제자들에게도 그 교육을 시켰다(마 23:1~4).

〈더 자세한 내용은 저자의 저서 '부모여 자녀를 제자 삼아라' (쉐마, 2018), 제1권 제1부 '기독교교육에 유대인 자녀교육이 필요한 이유' 참조〉

기독교의 제자교육에는 교회에서 타인을 제자 삼는 수평적 제자교육과 가정에서 자녀를 제자 삼는 수직적 제자교육, 두 가지가 있다.

유대인의 쉐마교육에는 전도에 필요한 복음은 없지만, 자녀를 제자 삼는 교육의 원리와 방법이 있다. 이 원리와 방법은 타인을 제자로 삼는 데도 적용할 수 있다.

먼저 가정에서 자녀를 제자 삼은 후에 타인을 제자 삼는 지도자가 성경적 지도자의 모델이다(딤전 3:2-5). 즉 가정에서 쉐마를 실천하는 가장이어야 교회의 지도자가 될 수 있다는 말이다. 이것은 가정 목회에 실패한 사람은 교회 지도자가 될 수 없다는 말이다.

저자는 구약의 지상명령, 쉐마를 성취하기 위해 필요한 쉐마교육 신학들을 다음과 같이 정리했다.

쉐마교육신학론 주제들 (쉐마교육 시리즈)
1. 왜 유대인의 선민교육이 기독교교육에 필요한가?
2. 구약의 지상명령 쉐마 (교육신학)
3. 자녀신학
4. 유대인의 가정교육 (가정신학)
5. 유대인의 아버지 교육 (아버지신학, 경제신학)
6. 유대인의 어머니 교육 (어머니신학)
7. 유대인의 결혼 및 성교육 (부부·성신학)
8. 유대인의 효도교육 (효신학)
9. 유대인의 고난의 역사교육 (고난의 역사신학)
10. 절기 교육 (절기 신학)
11. 정치 신학 등

이것은 구약성경에 근거한 기독교교육의 새로운 패러다임이며, 원안이다. 또한 개혁주의 입장에서 신약 교회가 적용할 수 있도록 정리했다.

왜 인성교육론이 'Know-Why'라면
유대인의 쉐마교육신학론은 'Know-How'인가

유대인 자녀교육의 우수성은 이미 역사를 거듭하면서 증명되었다. 그러나 두 가지 의문이 아직까지 남아 있다. 첫째, 그것이 왜 우수한지에 대한 교육학적, 심리학적 및 철학적 이유를 설명하지는 못했다. 둘째, 왜 유대인 자녀교육이 기독교교육에 필요한지 그 이유를 설명할 수 있는 확실한 교육신학적 해답을 제공하는 데 미흡했다.

두 가지 의문 중 전자에 대한 답이 '인성교육 노하우 시리즈'라면, 후자에 대한 답은 '쉐마교육 시리즈'다. 왜 유대인 자녀교육의 원리와 방법이 한국인의 정체성을 세우는데 필요한지를 설명한 '인성교육 노하우 시리즈'가 'Know-Why'라고 한다면, '쉐마교육 시리즈'는 'Know-How'가 될 것이다. 원인을 밝히고 당위성을 설명하는 'Know-Why'가 있기에 쉐마교육인 'Know-How'가 더 힘을 받아 자신과 자신의 가정, 그리고 교회에서 적용할 수 있다.

현재까지 천문학적 돈을 교육에 투자하고도 교육의 열매가 바람직하지 못한 것은 교육의 원리와 공식을 발견하지 못했기 때문이다. 물론 현대 기독교교육의 이론이 모두 필요 없다는 뜻은 아니다. 인간교육과 교회성장 위기의 근본 대안이 '인성교육 + 쉐마교육'이라는 뜻이다.

처음 국민일보에서 초판 2권(1996년, 23쇄), 조선일보에서 개정 2판 전3권(1999년, 19쇄)으로 출간됐던 유대인 자녀교육서《IQ는 아버지 EQ는 어머니 몫이다》가 하나님의 은혜와 교계의 열화 같은 성원에 힘입어 지금까지도 스테디셀러인 것에 감사드린다.

그러나 소수이긴 하지만 목회자들과 신학자들께서 까다로운 질문도 했다. 그도 그럴 것이 구원론과 관계없는 인성교육에 관한 수직문화와 수평문화에 대해, 그리고 기독교가 2000년간 원수처럼 여겼던 복음도 없는 유대인의 교육을 이해하기란 쉽지 않았을 것이다. 덕분에 저자는 계속 연구에 연구를 거듭하는 계기가 되었다.

긴 학문의 순례를 마치는 기분이다. 처음 개척한 두 가지 학문의 영역이기에 더 많은 연구가 필요하다. 그리고 쉐마가 주님의 종말을 준비하는 세계선교까지 가려면 갈 길은 아직 멀었다. 이제 하나님의 은혜로 많은 오해도 풀렸다. 많은 쉐마 동역자들의 도움으로 쉐마교육이 파도처럼 번지고 있다.

이 책을 집필하는 데 많은 정통파 유대인 학자들이 특별한 도움을 주었다. LA 예시바대학교 학장이시며 사이먼 위센탈 센터 국제 본부장이신 랍비 마빈 하이어(Rabbi Heir)와 랍비 쿠퍼(Rabbi Cooper) 부학장님, 탈무드 교수이며 로욜라대학교 법대 교수인 랍비 애들러스테인(Rabbi Adlerstein) 부부와 그 가정, 그리고 서기관 랍비 크래프트(Rabbi Krafts) 씨 부부와 그 가정에 심심한 사의를 표한다. 이들의 특별한 도움이 없었으면 저자의 연구는 완성될 수 없었다.

저자의 논문 지도교수이셨던 바이올라대학교 탈봇신학대학원의 윌슨 박사님과 풀러 선교신학대학원의 저자의 선교학(Ph.D.) 지도교수이자 유대교 교수였던 글래서 박사님에게 특별히 감사드린다. 그리고 저자를 물심양면으로 도와주신 이영덕 전 총리님과 김의환 총장님, 그리고 고용수 총장님 및 국내외 많은 교계 어른들과 쉐마교육연구원 동역

자님들께 감사드린다.

저자를 키워주신 고인이 된 이순례 어머님과 형님 내외분께도 감사드린다. 지금도 내조를 아끼지 않는 아내 황(현)복희, 그리고 내일의 희망인 네 아들 승진(Stephen), 재진(Phillip), 상진(Peter), 호진(Andrew)에게도 감사한다. 교정을 봐주신 권혁재 목사님과 황갑순 선생님 그리고 표지를 도와주신 원유경님과 편집을 해준 이재현 간사님에게도 감사를 표한다.

이 책들은 방향 없이 혼란스런 교육의 시대에 참교육을 갈구하는 독자들에게 뚜렷하고 확실한 대안을 제시할 수 있다고 확신한다. 이 연구는 분명히 하나님의 지혜로 하나님이 하셨다. 세세토록 영광 받으실, 오직 성삼위 하나님께만 감사와 찬송과 영광을 드린다.

2021년 6월 10일
미국 West Los Angeles 쉐마교육연구실에서

저자 현용수

제3부

노벨상 32%의 비밀 유대인의 4차원 영재교육

Q1 왜 한국은 엄청난 물질과 시간을 자녀교육에 투자하고도
   특출한 영재를 길러내지 못하는가

Q2 세상학문과 유대인의 4차원 영재교육은 무엇이 다른가

Q3 왜 유대인은 학교교육 이전에 지혜 교육부터 시키는가

Q4 지혜와 '슈르드'는 무엇이 다른가

Q5 한국인에게 4차원 영재교육은 불가능한가

제3부

제1장 한국 교육의 문제점과 대안
제2장 제4차원 영재교육: 지혜 교육
제3장 제3차원 영재교육: '슈르드' 교육
제4장 제2차원 영재교육:
   질문식과 하브루타식(탈무드 논쟁식) IQ계발
제5장 제1차원 영재교육과 제4차원 영재교육 요약
제6장 한국의 수직문화와 지혜 교육
제7장 제3부 (유대인의 4차원 영재교육) 요약 및 결론

한국 교육의
문제점과 대안

역대 노벨상 수상자들의 32% 이상이 유대인이다.
심리학자 프로이드와 화가 샤갈, 상대성 이론가 아인슈타인,
국제외교가 키신저, 영화감독 스필버그 등
그들의 교육은 우리와 무엇이 다른가?
왜 한국인은 자녀교육에 그토록
많은 투자를 하면서도 열매(약효)가 적은가?

I. 비효율적인 교육에 매달리는 한국 교육
II. 유대인의 4차원 영재교육이 답이다
  1. 영재교육의 4단계
  2. 높은 단계에서 낮은 단계로 가르치라
III. 기존의 하부루타와 서울교대 하부루타 교육 강좌의 차이점

I
비효율적인 교육에 매달리는 한국 교육

〈한국의 자녀들은 처절하리만치 학교 공부에 열중한다. 부모들은 자녀들 때문에 이민을 가기도 하고 자녀들만 미국이나 캐나다에 보낸 예도 허다하다. 그래서 생겨난 말이 '기러기 아빠'다(동아일보, 공룡 私교육, 2003년 10월 16일). 다음은 한국 교육의 문제를 진단한 동아일보 특집 기사 중 일부를 발췌한 내용이다(상게서)〉.

서울 S초등학교 5학년생 박모 군(11)은 오전 7시에 일어나 세수와 아침식사를 한 뒤 7시40분부터 20분간 영어 과외교사로부터 전화 수업을 듣고 등교길에 오른다. 오후 2시에 학교 수업을 마치면 3시부터 각종 학원수업과 개인과외 교습이 박군을 기다린다. 저녁식사를 마친 뒤에는 오후 7시부터 한 시간 동안 테니스 강습도 받는다.

박 군은 밤 9시부터 수학, 국어, 과학 등 3개 과목 학습지를 풀고 학원과 학교에서 내준 숙제를 하고 나면 밤 12시가 넘어 잠자리에 든다. 주말에는 한강시민공원에서 축구, 농구, 뜀틀 등 체육 과외도 해야 한다.

"새벽까지 학원 수업에 시달리다 보면 잠은 4, 5시간도 채 못자요. 부족한 잠은 학교에서 '마음 좋은' 선생님의 수업시간에 보충하죠." 15일 오전 1시경 서울 강남구 대치동 학원가에서 강의를 듣고 나온 한 여고생은 이렇게 말했다.

한국은 공교육이 무너지면서 사교육에 의존한다. 한국교육개발원이 2001년 전국 초중고교생을 대상으로 조사한 결과 초등학생의 70.5%, 중학생의 63.9%, 고교생의 48.3%가 학원 강의나 개인과외 등 사교육을 받고 있었다. 과외금지 조치 이전인 1980년 실시한 조사에서는 이 비율이 초등학생 12.9%, 중학생 20.3%, 고교생 26.2%에 불과했었다.

국세청 국정감사 자료에 따르면 전국의 학원 수는 2000년 5만3208개에서 2001년 6만4833개, 2002년 6만7621개로 늘었다. 이들 학원이 신고한 매출액만도 2000년 3조635억 원, 2001년 3조8926억 원, 2002년 4조6552억 원이다. 많은 학원이 규정보다 많은 수강료를 받고 있는 것을 감안하면 실제 매출액은 이보다 훨씬 많을 것으로 추정된다. 지하경제화한 국내 사교육시장은 14조~30조원 규모로 추정된다(동아일보, 공룡 私교육, 2003년 10월 16일).

왜 한국 부모들은 교육에 엄청난 투자를 하며, 자녀들을 그토록 공부에 혹사시키는데도 창의적인 천재나 우수한 인물들을 많이 배출하지 못하는가? 교육의 내용과 방법이 잘못되었기 때문이다.

> 왜 교육에 투자한 만큼 큰 인물이 나오지 않는가
> 교육의 내용과 방법이 잘못되었기 때문이다.

> **II**
> **유대인 아버지의
> 4차원 영재교육이
> 답이다**

1. 영재교육의 4단계

이 세계에는 수많은 민족들이 살고 있다. 어떤 민족이 우수한 민족인가? 우수한 인물을 많이 배출한 민족이다. 어느 민족이 우수한 인물을 많이 배출했는가? 유대 민족은 지상에서 인구수는 가장 적은 나라 중 하나지만 우수한 인물들을 가장 많이 배출한 민족이다.

역대 노벨상 수상자들만도 32% 이상을 배출했다(Jewish Genius, Commentary, April, 2007, p. 30). 심리학자 프로이드, 화가 샤갈, 상대성 이론가 아인슈타인, 세계적 지휘자 레오날드 번스타인, 국제 외교가 키신저, 영화감독 스필버그 등이 유대인이다.

유대인이 처음으로 노벨상을 받은 것은 1901년이다〈유대인정보, www.

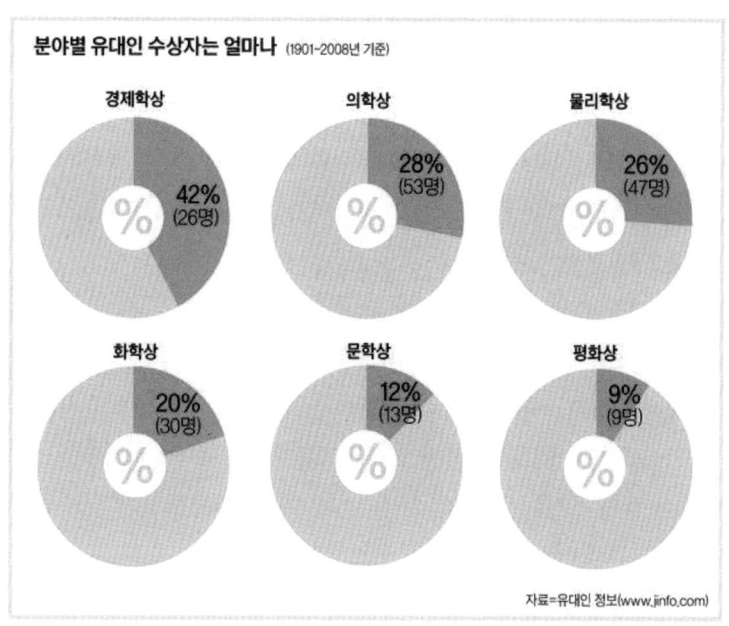

jinfo.org 참조). 그해 독일 국적 유대인인 아돌프 폰 베이어가 화학상을 받았다. 이후 100여 년 동안 유대인들은 해마다 수상자를 배출하다시피 했다. 분야별로 보면 경제학상의 42%, 의학상의 28%, 물리학상의 26%, 화학상의 20%, 문학상의 12%, 평화상의 9%를 유대인들이 차지했다(LA중앙일보, 지금까지 노벨상 180명 배출한 '민족 DNA', 2009년 10월 23일).

본토 인구만 13억 명인 중국계와 15억 명인 이슬람계의 노벨상 수상자가 여태 6명, 9명인 것과 견줘보면, 세계 인구의 0.25%(1330만 명) 남짓한 유대인들의 노벨상 석권은 '기적'에 가깝다. 인구 730여만 명의 이스라엘도 건국 61년 만에 9명의 수상자를 냈는데, 이를 인구비율로 환산하면 우리나라는 60명쯤 받아야 한다(조선일보, 노벨상, 유대인과 한국인, 송의달, 2009년 10월 20일).

유대인의 교육은 한국인의 것과 무엇이 다른가? 유대인을 모델로 교육학을 연구하다 보면 그들만의 특성을 발견할 수 있었다. 인성교육뿐만 아니라 영재교육(인지발달 교육, cognitive development, IQ)도 마찬가지다. 일반 학교교육에서 추구하는 영재교육과 유대인이 추구하는 영재교육은 무엇이 다른가?

저자가 20여년을 연구해 본 결과 일반 학교교육에서는 교육의 내용인 지식 전달 위주의 학습 계발을 추구하지만, 유대인은 다음 4가지 인지계발 단계를 추구한다는 것을 발견했다.

제1차원 영재교육: 일반 학교의 세상학문 교육.
제2차원 영재교육: 유대인의 질문식과 하브루타식
(Havruta, 탈무드 논쟁, Talmudic Debate) IQ계발.
제3차원 영재교육: 유대인의 슈르드(shrewd, 교활함, 현명함) 계발.
제4차원 영재교육: 유대인의 지혜(wisdom) 계발.

여기서는 기존 교육학계의 일반 영재교육은 다루지 않고, 유대인의 영재교육을 신학적, 철학적 및 교육학적으로 분석하여 소개한다.

2. 높은 단계부터 낮은 단계로 가르치라

일반 학교의 세상학문 교육은 학교나 학원에서 배우는 지식 축적과 그것을 응용하는 교육을 말한다. 일반적으로 교사가 학생에게 낮은 차원의 세상 지식에서부터 더 높은 차원의 세상 지식을 전달하는 단계별 학습법이다. 이 전체가 제1차원 영재교육이다.

그런데 유대인의 4차원 영재교육은 제1차원 이외에 세 단계가 더 있다. 가장 수준이 낮은 단계에서 높은 단계로 순서를 정한다면, 가장 낮은 1차원의 단계는 일반 학교교육의 단계이고, 이보다 한 차원 높은 2차원의 단계는 질문식과 하브루타식(탈무드 논쟁식) IQ계발이고, 3차원의 단계는 슈르드 계발이고, 가장 높은 4차원의 단계는 지혜 계발이다.

현재 제1차원 단계인 일반 학교에서 배우는 지식 위주의 영재교육은 기존 IQ테스트로 측정이 가능하다. 하지만 제2차원의 하브루타(탈무드 논쟁법)를 통한 IQ계발이나 제3차원의 슈르드 계발 및 제4차원의 지혜 계발은 그 측정이 거의 불가능하다. 따라서 앞으로 각 차원에 맞는 IQ테스트 도구(tool)를 별도로 개발해야 할 것이다. 혹은 실제 토론식 실습을 통하여 측정할 수도 있을 것이다.

유대인은 부모가 자녀에게 어느 단계의 영재교육을 우선적으로 시키는가? 세상학문인 학교교육이 아니다. 거꾸로 가장 높은 4차원 단계인 지혜 교육을 먼저 시키고, 다음에 3차원 단계인 슈르드 교육을 시키고, 다음에 2차원인 질문식과 하브루타식(탈무드 논쟁식) IQ계발을 시키고, 맨 마지막으로 제일 낮은 1차원 단계인 세상 학교교육을 시킨다.

그런데 한국은 반대다. 오직 1차원 단계인 세상 학교교육에만 몰두하고 있다. 그 결과 한국 학생들의 읽기·수학·과학 성적은 각각 OECD 1위·2위·7위다. 유엔이 발표한 인간개발지수(HDI)에서도 한국의 '교육지수'는 최상위권인 7위에 올라 있다. 그러나 한국의 학생(15~24세)들은 하루 평균 공부하는 시간이 평균 7시간 50분으로 '세계에서 가장 오래 공부하는 청소년'에 올라 있다(조선일보, 해외 지표 100개로 본 한국한국인 성적표, 한국인 머리 좋고, 초스피드 경제 성장… 삶의 質은 하위권, 2010년 8월 18일).

그런데도 왜 한국인은 유대인을 따라잡지 못하는가? 유대인에게는 지혜교육, 슈르드 교육 및 하브루타식 IQ계발 교육이 있지만, 한국인에게는 없기 때문이다. 이제 유대인의 가장 높은 단계(지혜교육)부터 더 자세하게 설명해 보자.

III
기존의 하브루타와 서울교대 하브루타 교육 강좌의 차이점

〈저자 주: 저자는 서울교육대학교 초빙교수로 재직할 때 교사직무연수교육에서 하부루타를 가르친 적이 있다. 당시 수강생들에게 쓴 글을 그대로 싣는다. 매우 중요한 내용이다.〉

저는 미국에서 43년 동안(2019년 기준) 살아온 재미 유대인 교육학자입니다. 미국 정통파 유대인 공동체에서 그들과 20년 동안 함께 살면서 유대인 교육을 연구하여 'IQ는 아버지 EQ는 어머니 몫이다'(조선일보, 1999)란 저서를 포함 32권의 유대인 관련 책을 펴냈습니다.

제가 내년 1월 이틀(10-11일) 동안 서울교대 동계 교사직무연수교육에서 '세계를 제패한 유대인의 독수리 하부루타 교육'이란 주제로 강의를 한다는 소식이 전해지자, 저에게 현재 한국에 소개된 하부루타와 어떤 차이가 있느냐는 문의가 여러 번 왔습니다.

그 동안 한국에는 저에게 배운 분들(주로 고(故) 전성수 교수, 김정완 선생, 양동일 선생 등)이 부분적으로 한국에 하브루타를 소개했습니다.

제가 그분들에게 가르친 것은 제가 저술한 저서 '*유대인 아버지의 제4차원 영재교육*'(동아일보, 2006; 쉐마, 2013), 즉 제4차원 영재교육: 지혜교육, 제3차원 영재교육: 슈르드 교육, 제2차원 영재교육: IQ계발 교육(하브루타), 제1차원 영재교육: 학교교육이었습니다.

이 중 제4차원 지혜교육과 제3차원 슈르드 교육에는 인생의 의미를 찾는 유대인의 인성교육이 포함되었지만, 제2차원 IQ계발 교육(하브루타)에는 단순하게 머리만 좋게 만드는 교육입니다.

그런데 전성수 교수나 김정완 선생 및 양동일 선생 등은 이 중 주로 제2차원 IQ계발 교육(하브루타)만을 소개했습니다. 이것은 단지 교수법일 뿐입니다. 이것은 한국의 교육 현장에서 교사의 주입식 강의 학습방법에서 학생들의 토론 방식으로 바꾸었다는 긍정적인 평가가 있습니다. 그러나 인성교육학적인 입장에서 부정적인 평가와 함께 몇 가지 빠진 부분도 있습니다.

(물론 최근 그들의 최근 저서에는 인성도 강조한다고 하지만, 유대인의 것과 다르고 양도 상대적으로 매우 적습니다.)

첫째, 부정적인 평가는 인성을 키우지 않고 IQ만 계발한다면 개인주의와 이기주의의 증가로 더 나쁜 지식인을 만들 가능성이 많다는 점입니다. 깊이 생각해 보십시오.

"왜 현대교육은 점점 더 발달하는데 인성은 더 파괴되는가?"

이것은 오늘날 여러분이 직면한 자녀들의 문제가 아닌가요?

따라서 유대인은 하부루타를 '탈무딕 디베이트'라고 합니다. 일반 학교공부를 할 때가 아니라, 토라와 탈무드를 공부할 때만 하부루타를 사용하라는 랍비들의 제한이 있기 때문입니다.

왜 제한했을까요? 탈무드에는 인성의 기본이 되는 존재의 당위상과 가치를 찾는 유대민족의 수직문화로 가득합니다. 이것은 유대인의 정체성을 가진 유대인다운 유대인으로 만들기 위한 인성교육의 내용들, 즉 유대민족의 전통 문화, 역사, 고전, 애국심, 효도, 사상 및 철학 등입니다.

4000년 동안 조상대대로 전수되어 온 유대인의 정신세계를 살찌우는 형이상학적인 가치들입니다. 그들의 인성교육의 열매, 즉 깊은 생각과 바른 행동은 여기에서 나옵니다.

제가 지난 여름(2018) 서울교대 교사직무연수교육에서 교사님들에게 인성교육을 강의할 때 여러분은 학생들에게 한국의 수직문화를 가르쳐 그들을 한국인의 정체성을 가진 한국인다운 한국인으로 만들라고 한 이유가 여기에 있습니다. 때문에 저는 한복을 입고 강의를 합니다.

둘째, 유대인의 하부루타와 비교해 한국의 하부루타에는 없는 부분도 있습니다. 그분들 강의에는 인생을 살다가 삶의 문제가 닥쳤을 때 그 문제를 해결하는 지혜 교육(제4차원 영재교육)과 악인의 올무에 걸리지 않는 슈르드 교육(제3차원 영재교육)이 빠졌습니다.

두 가지 영재 교육은 한국처럼 학생들의 IQ만 계발하여 학교점수만 높인다고 얻어지는 것이 아닙니다. 한국인은 유대인이 가지고 있는 내면적인 자신감을 키우는 교육의 깊은 내용을 배우려 하지 않고, 단지 외면에 보이는 교육의 방법만 배워 적용하려고 하는데 문제가 있습니다.

유대인 자녀들은 자신들만의 정신세계가 있기 때문에 전 세계를 유랑하면서도 이방문화에 동화되지 않고 자신들의 정체성, 즉 그들의 수직문화를 자손대대로 지켜나갈 수 있습니다. 따라서 한국인도 유대인처럼 자신의 것을 사랑하고 존중하는 무게감 있는 사람으로 키워야 합니다.

우리가 알아야 할 것은 재주(IQ)보다 더 중요한 것이 덕(德)이라는 사실입니다. 한국의 옛 어른들이 "재승덕(才勝德)보다는 덕승재(德勝才)가 되어라."고 가르치는 이유가 여기에 있습니다.

하부루타 교육으로 IQ만 계발된다면 겉똑똑이가 됩니다. 재주는 있는데 큰 인물은 되기 힘듭니다. 이것이 한국 교육의 가장 심각한 문제입니다.

큰 인물이 되기 위해서는 덕승재(德勝才)가 되어야 합니다. 성경도 인성의 중요한 요소로 덕을 강조하고 있습니다(고전 14:4; 살전 5:11; 벧후 1:5). 덕을 행하기 위해서는 그 사람의 크고 단단한 정신세계를 살찌워야 합니다. 이런 학생들은 대한민국을 헬조선이라고 하지 않습니다.

셋째, 하부루타 교육의 장(場)은 원칙적으로 학교가 아니라 가정입니다. 유대인은 가정에서 유대인의 안식일이나 각종 절기 식탁에서 아버지가 떡을 떼면서 자녀들에게 토라를 가르칠 때 하부루타 교육법을 사용합니다.

저자가 유대인 교육에서 가정과 아버지 교육을 강조하는 이유가 여기에 있습니다. 가정에서 자녀들은 조상대대로 내려오는 토라의 율법에 기초한 인성교육의 내용(수직문화)을 배워 조상들과 가족의 중요성을 뼛속 깊이 인식하고 부모에게 효(孝)를 실천합니다. 인성교육에 효가 빠지면 가정이 해체된다는 것을 명심해야 합니다.

유대인 교육의 센터가 학교가 아니라 가정인 이유가 여기에 있습니다. 따라서 유대인에게는 한국에서처럼 가정과 효가 빠진 하부루타는 상상을 할 수가 없습니다. 저는 이번 서울교대 강의에서 왜곡된 한국 교육계의 하부루타를 바로 잡아 가정교육과 대한민국 교육을 살리는데 조금이나마 보탬이 되고자 합니다.

"재승덕(才勝德)보다는 덕승재(德勝才)가 되라"
하부루타로 IQ만 계발된다면 큰 인물은 되기 힘들다.

한국의 하브루타는 저자에게 쉐마교육을 받은 졸업생들이 처음으로 소개했다. 한국의 주입식 교육에서 토론식 교육으로 전환한 것은 커다란 공헌이다. 그러나 그들이 소개할 때 인성교육 개발을 배제하고 IQ개발에만 전념한 것은 흠으로 남는다. 사진은 한국에 하브루타를 처음 소개한 고 전성수 교수와 김정완 대표가 미국 3차 학기를 마치고 졸업식 때 찍은 모습

이 사진은 쉐마목회자클리닉 제11회 졸업생 단체 사진: 김일웅(앞에서 둘째 줄, 수원 쉐마대안학교), 셋째 줄 왼쪽부터 설동주 목사(쉐마학당), 남후수 교수(필리핀 신학교 학장), 최복규 목사(부흥 강사), 전성수 교수(전 하브루타 연구소), 그 바로 뒤에 김종주 장로(논산 양촌치유센타), 권창규 목사(좋은가족교회), 맨 뒷줄 왼쪽부터 양주성 목사(신앙명가연구원), 김정완 대표(하브루타 협회), 변충구 목사(예수사관학교) 등이 보인다. 이들은 모두 쉐마교사대학 3학기를 졸업한 후 한국에서 쉐마교육을 교육 현장에서 적용하여 많은 열매를 맺고 있다.

이외에도 쉐마졸업생들은 각 분야에서
세상을 성경적으로 변화시키고 있다

왼쪽부터 한국에 유대인의 밥상머리 교육을 처음 소개한 이영희 교수(총신대)와 중국에 쉐마를 전파한 수지김 교수(중국 연변 과기대). 그리고 백석대와 서울대 및 서울교대에서 유대인의 쉐마교육을 강의했던 김진섭 교수, 정지웅 교수 그리고 김지자 교수. 현재는 모두 은퇴하여 독자적으로 활동하고 있다.

제1장 한국 교육의 문제점과 대안

시계 방향으로 쉐마교육을 교회에 접목한 설동주 목사(쉐마학당 대표), 유대인의 안식일 식탁을 야곱의 식탁으로 접목한 주준태 목사(전 고신총회장), 가정과 교회와 학교에 쉐마를 잘 접목한 조수동 목사 및 하남진 사모(모닝스타 아카데미 교장),와 안병만 목사(수지열방교회)가 있다.

아래는 우로부터 권창규 목사(토브미션 대표), 양주성 목사(신앙명가연구원)이다. 이외에도 박현준 목사(드림교회), 박금주 목사(온세대교회), 이현국 목사(운화교회), 국진호 목사(통탄 지구촌교회), 노욱상 목사(우리품교회), 김일웅 교장(쉐마기독학교), 이한의 목사(부산 은항교회), 김치남 목사(캐나다 토론토 예수촌 교회) 등 많은 쉐마 사역자들이 전 세계에 퍼져있다.

4차원 영재교육:
지혜 교육

지식이 '무엇이냐(What)'에 대한 공부라면,
지혜는 '어떻게 대처하는지(How)' 그 방법을 배우는 것이다.
지식이 수평문화라면, 지혜는 수직문화다.
예를 들어 컴퓨터를 잘 다루는 것은 지식에 속한다.
따라서 컴퓨터 지식은 기술이 개발됨에 따라 자꾸 변하므로 수평문화다.
그러나 변하지 않는 성경 말씀은 지혜에 속하므로 수직문화다.

  I. 지혜란 무엇인가
 II. 유대인은 왜 지혜를 구하나
III. 유대인이 지혜를 얻는 방법
IV. 유대인이 지혜를 배우는 기본 장소
 V. 지혜는 칼보다 강하다
VI. 요약 및 결론

I 지혜란 무엇인가

1. 지혜를 뜻하는 5가지 히브리 단어들

흔히 유대인을 지혜의 민족이라고 한다. 그 이유를 알기 위해서는 그들이 사용하는 지혜 및 영재에 해당하는 단어들의 정확한 뜻을 알아야 한다. 한국어 성경에는 '지혜'에 해당하는 단어들이 대부분 '지혜', '명철' 그리고 '지식' 등으로 번역되었다.

그러나 히브리 원어는 대략 다섯 가지다. 그리고 각 단어에는 독특한 뜻이 담겨 있다. 그 단어들의 뜻을 간략하게 살펴보자.

A. 호크마 (חָכְמָה, 지혜)

유대인의 '지혜'를 뜻하는 대표적인 단어가 '호크마'(חָכְמָה,

chochmah, 지혜, wisdom)다. 이 단어에는 하나님의 속성이 들어 있다. 땅을 창조하셨을 때(잠 3:19)도, 구름을 세실 때(욥 38:37)에도 하나님은 이 지혜(호크마)로 하신 것이다. 예레미야도 하나님은 지혜로 세상을 만들었다고 말했다(렘 10:12). 따라서 하나님은 그분의 지혜를 받은 사람들에게 윤리적으로 열심히 일하여 잘 살도록 하게 하셨다. 하나님의 영광과 그분이 지으신 세상을 위함이었다.

하나님은 모든 지혜의 원천(source)이고, 시작이다. 따라서 하나님이 없는 곳에는 지혜도 없다. 왕에게 호크마가 없으면 바른 왕이 되지 못하고, 농부에게 호크마가 없으면 수확을 제대로 하지 못한다. 성막을 짓는 일도 호크마가 있는 재주꾼들(skillful workers)이 모여 해내었다(출 28:3, 35:31).

하나님의 지혜는 하나님의 법칙에 의하여 운행된다. 그 법칙은 우리에게 꼭 좋은 것만은 아니다. 그 법칙에 의하여 인간이 죽게도 되고 망하게도 된다. 따라서 인간은 먼저 하나님을 두려워해야 한다. 여호와를 경외하는 것이 지혜(호크마)와 지식(다스)의 근본인 이유가 여기에 있다(잠 1:7).

유대인은 성경과 탈무드에서 지혜를 얻는다(이어지는 Ⅲ. 1. '성경과 탈무드에서 지혜를 얻어라' 참조).

B. 비나 (בינה, 명철)

하나님께서는 세상을 창조하실 때 큰 것과 작은 것, 빛과 어두움, 좋은 것과 나쁜 것, 단것과 쓴 것들을 창조하셨다. 큰 것 중에도 더 큰 것, 작은 것들 중에도 더 작은 것들이 있다. 이런 여러 개들 중에 어느 것을 선택해야 할 때가 있다. 그때 필요한 지혜가 바로 '비나'(בינה, binah, 명철, 깨달음, understanding)이다. A와 B를 비교하며 논리적으로 증명하는 지혜(logical reasoning), 혹은 직감으로 아는 것(know by intuition)도 '비나'이다.

무수히 많은 사람들 중에 누구와 사귀고, 많은 자동차들 중에 어느 것을 선택해야 하느냐 하는 능력이 바로 '비나'이다. 그리고 역사를 보고 미래를 예측할 수 있는 능력, 게으른 자를 보고 그가 가난하게 될 것이라는 것을 아는 지혜를 말한다. 따라서 솔로몬은 "명철(비나)을 얻는 것이 은을 얻는 것보다 더욱 좋다"(잠 16:16)고 했다.

유대인은 '비나'(명철)를 어떻게 얻는가? 물론 하나님께 명철을 달라고 기도하지만, 선악을 구별하는 율법책(성경)과 탈무드를 하브루타식으로 많이 공부한다. 그리고 선택을 잘못하는 실수를 줄이기 위해 과거 고난의 시절을 기억한다.

〈저자 주: 아래 III. 1. '성경과 탈무드에서 지혜를 얻는다'와 2. D. '실수를 줄이기 위해 눈의 흰자위가 아닌 검은자위로 세상을 보라' 그리고 제4장 제2차원 영재교육; 하브루타식 IQ계발 참조〉

C. 아름 (ערום, 슈르드, 교활한, 현명한)

'슈르드'(shrewd)는 악인이 놓은 올무에 걸리지 않는 지혜(현명함)이다. 자세한 것은 제3부 제3장 제3차원 영재교육, '슈르드 교육' 참조 바란다.

D. 투시야 (תּוּשִׁיָּה, 하나님께 답을 구하는 지혜)

> 대저 여호와는 지혜를 주시며 지식과 명철을 그 입에서 내심이며 그는 정직한 자를 위하여 완전한 지혜를 예비하시며 행실이 온전한 자에게 방패가 되시나니…. (잠 2:6-7)

본문의 '완전한 지혜'는 히브리어로 '투시야'(תּוּשִׁיָּה, tushiya)이다 (잠 2:7, 8:14, 18:1 참조). 또한 이 단어는 한국어로 '도움'(욥 6:13), '지혜'(미 6:9, 사 28:29), '성공적인 일'(욥 5:12), '승리'(욥 12:16), '통찰력'(욥 26:3)으로 번역되었다. 투시야의 어근은 '쿤'(כּוּן)인데, "…을 바로 세운다"란 뜻이다. 따라서 삐뚤어 진 것을 쓰러지지 않게 바로 세우려면 상담(council)과 조언(aid)이 필요하다. 상담과 조언은 하나님과 하는 것이 가장 효과적이다.

하나님에게는 계략과 참 지식이 있고, 그분은 명철이 있기 때문이다(잠 8:14). 그런 면에서 신약성경의 성령 하나님은 '보혜사'(保惠師 / helper, 요 14:16)로서 '보냄을 받은 사람', '위로자', '상담자', '중재자'(요 14:16, 26; 15:26; 16:7)의 의미를 갖는 것은 매우 구체적이다.

호크마가 하나님께서 모든 피조물에게 주신 것을 잘 활용하여 살라고 한 지혜라면, 투시야는 하나님에게 물어보고 그분으로부터 얻어진 답으로 살라는 것이다. 따라서 하나님은 "나를 사랑하는 자들이 나의 사랑을 입으며 나를 간절히 찾는 자가 나를 만날 것이니라. 부귀가 내게 있고 장구한 재물과 공의도 그러하니라."(잠 8:17-18)라고 말씀하셨다.

유대인은 새벽이나 오후에 세상 학문을 공부하기 전 꼭 하나님께 기도부터 하고 시작한다. 여호와를 경외하는 것이 지혜의 근본이기 때문이다. 사진은 정통파 유대인 중·고등학생들이 오후 수업 전에 하나님에 대한 예를 갖추어 경건하게 기도회를 하고 있는 모습

따라서 이사야 28:29절은 하나님께서 인간의 지혜를 크게 성장시키는 것이라고 말한다. 즉 인간은 하나님으로부터 받은 지혜를 하나님의 상담과 조언을 받아 더 발전시키라는 것이다.

유대인이었던 야고보는 흩어져 있는 열두 지파 형제들에게 이렇게 권했다.

> 너희 중에 누구든지 지혜가 부족하거든 모든 사람에게 후히 주시고 꾸짖지 아니하시는 하나님께 구하라 그리하면 주시리라. (약 1:5)

이 말씀은 자신의 부족한 지혜를 한탄만 하지 말고 하나님에게 구하라는 것이다. 예수님은 구하는 자에게 주신다고 약속하셨다(눅 11:9). 하나님께서는 성도들에게 감당할 만한 시험을 주신다고 말씀하셨다. 어려울 때 하나님께 기도를 하면 성령님께서 피할 길을 알려주신다(고전 10:13).

유대인은 고난의 연속 상에서 항상 하나님께 그 문제를 해결할 수 있는 지혜(투시야)를 달라고 기도했다.

〈저자 주: 투시야를 얻는 방법에 대해서는 아래 III. 1. '성경과 탈무드에서 지혜를 얻는다'와 2. B. '부족함이 최고의 선물이다'와 C. '유대인은 박해 속에서 지혜를 터득한 민족이다'를 참조 바람〉

E. 다스 (דעת, 지식)

다스는 다니엘서 12장 4절에 나타난다. "다니엘아 마지막 때까지 이 말을 간수하고 이 글을 봉함하라. 많은 사람이 빨리 왕래하며 지식이 더하리라." 본문 중 지식이 '다스'(דעת, daath: knowledge)이다. 이 단어의 어근은 '알다'라는 단어 '야다(ידע, yada)이다.

다스는 경험에서 얻어지는 지식을 말한다. 예를 들면, 경험적으로 네가 살아 있다는 것을 어떻게 아느냐? 하나님이 계신다는 것을 어떻게 아느냐? 1+1 = 2를 어떻게 아느냐? 등이다. 이것은 증명하여 아는 것이 아니라 경험에서 얻은 지식을 통해 아는 것을 말한다.

〈저자 주: 다스를 얻기 위해서는 아래 III. '유대인이 지혜를 얻는 방법' 중 2. A. '책에서 지식을 얻고, 인생에서 지혜를 배운다', B. '부족함이 최고의 선물이다'와 C.

'유대인은 박해 속에서 지혜를 터득한 민족이다' 그리고 D. '실수를 줄이기 위해 눈의 흰자위가 아닌 검은자위로 세상을 보라'를 참조)

2. '지혜 교육'과 '슈르드 교육'을 분리하는 이유

저자는 제4차원 영재교육에서 가장 높은 단계를 '지혜 교육'이라고 설정했다. 지혜란 무엇인가? 한글 사전에는 '지혜'(智慧)를 이렇게 정의했다.

사물의 이치나 상황을 제대로 깨닫고 그것에 현명하게 대처할 방도를 생각해 내는 정신의 능력. (다음 사전)

그러나 유대인의 지혜 교육을 설명하기 위해서 앞에서 지혜를 뜻하는 다섯 가지 히브리 단어들의 뜻을 살펴보았다. 영어와 한글에서는 다섯 단어를 대체로 '지혜'라는 한 단어 속에 혼용하여 사용하고 있다. 구약성경의 욥기, 전도서, 잠언에 이 단어들이 가장 많이 나온다. 따라서 이 세권의 책을 '지혜서'(wisdom literature)라고 부른다.

저자는 유대인의 4차원 영재교육을 정리할 때 '지혜 교육'에는 다섯 가지 히브리 단어들 중 네 가지 단어; 즉 A. '호크마'(지혜), B. '비나'(명철), D. '투시야'(하나님께 답을 구하는 지혜) 및 E. '다스'(지식)등만 포함시켰다. 이 중 '지혜'를 뜻하는 대표적인 단어는 '호크마'다.

왜 '아름'(슈르드, 교활한, 현명한)이라는 단어는 제외시켰나? '슈르드'는 교활한 뱀과 관계가 있기 때문이다. 그리고 이 단어가 쓰이는 목적도 악인이 쳐 놓은 올무에 걸리지 않기 위함이기 때문이다. 또한 이 단어는 그 특성과 중요성 면에서 다른 단어들과 확연이 다르기 때문이다. 따라서 저자는 '슈르드'를 제3차원 영재교육으로 분리시켰다(아래 제3장 참조).

이제 제3부 유대인의 4차원 영재교육에서는 이 다섯 가지 단어들을 종합하고, 그들은 어떻게 네 단계 지혜를 습득하는지에 대해서 알아보자.

3. 지식과 지혜의 차이: '무엇이냐' vs '어떻게 대처하느냐'

미국의 초중고교에서는 한국인 동포 자녀들과 유대인 자녀들과 1, 2, 3등을 놓고 선의의 경쟁을 벌인다. 한국인 동포들은 유대인 부모들을 만나면 유대인 자녀들이 무척 똑똑하다고 말한다. 그러면 유대인 부모들은 대부분 이렇게 대답한다.

"아니지요. 한국인 자녀들이 훨씬 더 똑똑하지요."

실제로 어린 시절에는 한국인 자녀들이 무척 똑똑한 것처럼 보인다. 그런데 그들이 명문대학을 들어간 후 그리고 그 대학을 졸업한 후에는 유대인에게 많이 밀리기 시작한다.

〈저자 주: 실제로 스위스 쮜리히 대학이 국민소득과 성장에 대한 민족별 IQ의 연관계를 조사한 리포트에 의하면, 세계 최고의 IQ는 한국 1위(106), 일본 2위(105), 대만 3위(104), 싱가포르 4위(103), 독일 5위(102) 순이다. 이스라엘은 39위(94)이다(세계 아이큐 1위 한국인, 2012년 8월 18일, http://bbs1.agora.media.daum.net/gaia/do/

debate/read?bbsId=D003&articleId=4775035〉.

그 이유는 무엇인가? 한국인 자녀들은 학원에서 지식을 키우는 학교공부에만 매달렸고, 유대인은 인생을 살아가는 데 필요한 다양한 지혜 교육에 많이 투자했기 때문이다. 때문에 유대인은 세월이 흐를수록 보석 같은 지혜가 더 빛을 발한다(제7장 요약 및 결론 참조).

지식과 지혜는 언뜻 생각하기에 같은 것 같으나 다르다. 지식은 도서관이나 학교에서 배우지만, 유대인은 지혜를 성경과 탈무드에서 배운다(호크마). 그리고 자신들의 역사 · 전통 · 철학 · 사상 · 종교 및 고전 · 효도 같은 수직문화에서 배운다. 그리고 가정과 생활의 현장에서 배운다(다스).
지식이 '무엇이냐(What)'에 대한 공부라면, 지혜는 '어떻게 대처하는지(How)' 그 방법을 배우는 것이다. 배운 지식은 시간이 지나면서 잊어버리지만, 지혜는 경륜이 더할수록 더 풍부해지고 세련되어진다. 지식이 수평문화라면, 지혜는 수직문화다. 예를 들어 컴퓨터를 잘 다루는 것은 지식에 속한다. 따라서 컴퓨터 지식은 기술이 개발됨에 따라 자꾸 변하므로 수평문화다.

그러나 변하지 않는 성경 말씀은 지혜에 속하므로 수직문화다. 물론 지식도 지혜자가 쓰는 도구로서 중요한 역할을 하기 때문에 지식도 배워야 한다. 때문에 현대인에게는 컴퓨터를 다루는 능력도 필수적이다.
또한 유대인은 지혜 교육을 통해 사리를 분별하는 판단력을 배운다. 어느 것이 옳고 그른지, 둘 중 어느 것이 더 중요하고 덜 중요한지 선택할 수 있는 분별력을 키우는 명철(binah, 비나)을 키워나간다. 지혜가 부족하면 하나님께 구하여 답을 얻기도 한다. 유대인은 이런 지혜를 '투시야'라고 한다.

지혜로운 판단력은 삶을 승리로 이끄는 스승이다. 개인이나 조직 또는 국가에는 시시각각으로 위기가 닥친다. 그때마다 위기를 기회로 바꾸려면 무엇보다도 지혜가 필요하다. 따라서 지혜를 한 마디로 정의한다면 다음과 같다.

> '지혜'는 "인생을 살다 보면 어려운 문제를 겪는데, 그 문제를 해결하는 도구다. 따라서 '지혜교육'은 삶의 어려운 문제를 해결할 수 있는 능력을 키우는 것이다."

유대인은 "지혜는 칼보다 강하다."고 믿는다(Solomon, 옷을 팔아 책을 사라, 2005, pp. 53~54). 그렇기 때문에 그들은 권력자나 부자보다도 지혜자를 존경한다. 현대 유대인의 지혜자는 대부분 하나님의 말씀을 맡은 랍비들이다.

> '지혜'는 "인생을 살다 보면 어려운 문제를 겪는데,
> 그 문제를 해결하는 도구다."
> 지식이 수평문화라면, 지혜는 수직문화다.

II
유대인은 왜 지혜를 구하나

왜 유대인은 지혜를 구하나? 이에 대한 답을 대략 네 가지로 설명해 보자. 1) 하나님과의 깊은 관계적 입장, 2) 자녀교육학적 입장, 3) 왕직의 사역적 입장, 4) 개인의 생존을 위한 입장 그리고 5) 국가의 안보적 입장

1. 다윗이 솔로몬에게 지혜를 구하게 한 이유

유대인 부모가 자녀에게 지혜 교육부터 시키는 까닭은 무엇일까? 유대인의 대표적인 지혜자, 솔로몬의 예를 들어보자. 솔로몬이 왕이 된 뒤 하나님에게 일천 번제를 드렸더니 하나님이 꿈에 나타나셨다. 그리고 솔로몬에게 물으셨다. "내가 네게 무엇을 줄꼬. 너는 구하라"(왕상 3:5). 솔로몬은 이때 이 세상의 부귀와 영광을 구한 것이 아니고 '지혜로운 마음'을 구했다(왕상 3:9).

본문의 '지혜로운 마음'이란 히브리 원어로 'שמע לב, 레브(마음) 쉐마(듣다)'다. 그 뜻은 '듣는 마음'[a hearing(쉐마) heart(레브)]이다. 영어 번역에는 대부분 'an understanding heart'(KJV, RSB)로 번역되었다.

쉐마는 '듣다'라는 뜻인데, '순종하다'라는 뜻도 가지고 있다. 따라서 하나님의 음성을 듣고 그대로 순종하는 것(*The Soncino Books of the Bible*)이 성경이 말씀하는 지혜를 얻는 기본 방법이라고 할 수 있다. 하나님의 음성은 기본적으로 모세의 율법책을 뜻한다. 하나님의 계명들과 함께 하면 하나님의 지혜를 얻기 때문이다.

> 내가 보니 모든 완전한 것이 다 끝이 있어도 주의 계명들은 심히 넓으니이다. 내가 주의 법을 어찌 그리 사랑하는지요. 내가 그것을 종일 작은 소리로 읊조리나이다. 주의 계명들이 항상 나와 함께 하므로 그것들이 나를 원수보다 지혜롭게 하나이다. (시 119:96-98)

솔로몬은 왜 지혜로운 마음을 우선적으로 구했을까? 그것은 아버지 다윗 왕의 지혜 교육 때문이다. 그 증거를 보자. 아래 잠언의 말씀은 이 책 제1부 제1장에서 아버지가 왜 자녀의 교사가 돼야 하는지를 설명하면서 소개했다. 여기서는 '지혜'라는 부분에 주목해서 다시 읽어 보자.

> 아버지가 내게 가르쳐 이르기를 내 말을 네 마음에 두라. 내 명령을 지키라. 그리하면 살리라. 지혜를 얻으며 명철을 얻으라. 내 입의 말을 잊지 말며 어기지 말라. 지혜를 버리지 말라. 그가 너를 보호하리라. 그를 사랑하라. 그가 너를 지키리라.

> 지혜가 제일이니 지혜를 얻으라. 무릇 너의 얻은 것을 가져 명철을 얻을지니라. 그를 높이라. 그리하면 그가 너를 높이 들리라. 만일 그를 품으면 그가 너를 영화롭게 하리라. 그가 아름다운 관을 네 머리에 두겠고 영화로운 면류관을 네게 주리라 하였느니라. (잠 4:4-9)

이 짧은 구절 속에 앞에서 설명한 '지혜'와 '명철' 및 '훈계'란 단어가 열일곱 번이나 나온다. 다윗은 왜 아들 솔로몬에게 지혜를 가장 귀중한 보배이며 생명이라고 가르쳤는가?

그 이유는 다윗은 솔로몬에게 하나님과의 관계를 잃으면 모든 것을 잃을 수밖에 없다는 것을 각인시키기 위함이었다. 하나님과의 관계를 유지시킬 수 있는 방법이 무엇인가? 그것은 지혜의 원천인 토라, 즉 율

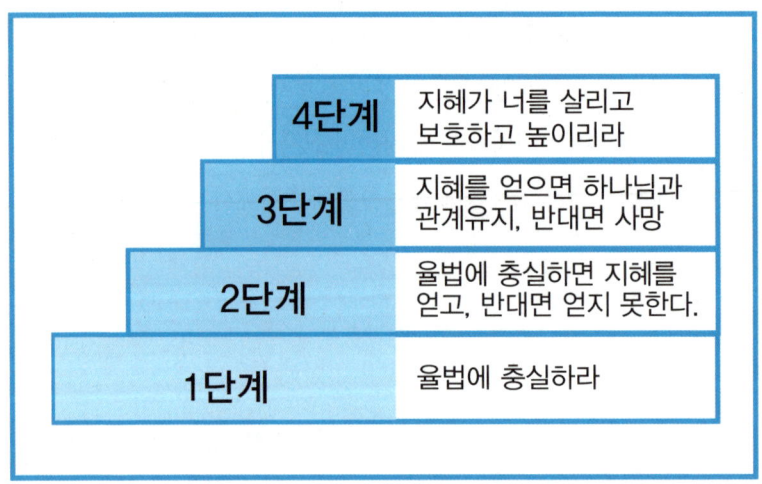

법책에 충실해야 한다는 것이다.

    결론적으로 말하면, 하나님의 율법에 충실해야 지혜를 얻는다. 율법에서 벗어나면 지혜를 얻지 못한다. 그 결과는 사망이다.

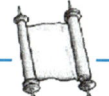

하나님과의 관계를 유지시킬 수 있는 방법이 무엇인가?

2. 솔로몬이 지혜를 구한 원인과 이유

    앞에서 다윗이 아들 솔로몬에게 왜 "지혜가 제일이다. 그것을 구하라"고 했는지, 그 이유를 설명했다. 그 결과 다윗의 교육의 열매는 어떻게 나타났는가? 두 가지로 나타났다.

1) 아버지 말에 그대로 순종하고 실천하여 지혜를 구한 것이다.
2) 솔로몬이 지혜를 구한 목적이 하나님 보시기에 선했다.

전자는 자녀교육학적 열매이고, 후자는 본인이 왕직을 수행하는 데 필요한 사역적 열매다. 좀 더 자세히 설명해보자.

    첫째, 자녀교육학적 열매에 대해 알아보자.
우리는 여기에서 깊이 생각해볼 것이 있다. 하나님께서 솔로몬에게 가장 원하는 것 하나를 구하라고 했을 때, 그는 어떻게 지체하지 않고 바로 지혜를 구했을까? 하는 것이다. 한참 구할 것이 많은 젊은 나이에 그런 답을 하기란 쉽지 않다. 여기에 대한 답을 찾는 것은 자녀교육학적으로 대단히 중요하다.

그것은 솔로몬이 아버지 다윗의 영향을 그만큼 많이 받았다는 것을 뜻한다. 즉 그의 인생철학을 세우는데 아버지 다윗의 영향이 절대적이었다는 것을 뜻한다(잠 4:1-7). 이것은 유대인 아버지의 확고한 교육철학과 집요한 반복 교육이 없이는 불가능한 것이다.

저자의 저서에도 중요한 내용은 계속 반복되어 나오는데 그것은 다른 주제를 설명하는데도 그것이 그만큼 계속 필요하기 때문이다.

다윗은 누구의 영향을 받았을까? 아버지 이새의 영향이다.

〈저자 주: 물론 하나님께서도 다윗에게 개인적으로 많은 영향을 주셨을 것이다. 그러나 여기에서는 자녀교육학적인 입장에서 설명한다.〉

하나님은 유대인에게 지혜(말씀, 율법)가 제일이니 지혜를 얻으라고 교육시키셨다. 이런 가르침은 유대인의 조상 대대로 전수됐다. 따라서 신앙심이 특출한 다윗이 아들 솔로몬에게 입만 열면 습관적으로 지혜가 제일이므로 지혜를 얻으라고 교육시킨 것은 너무나 당연하다.

그 결과 솔로몬은 인생을 사는데 지혜가 제일임을 알았고 하나님이 네가 가장 원하는 것이 무엇이냐고 물었을 때 지체 없이 지혜를 달라고 대답했다(왕상 3:5-9). 솔로몬이 지혜를 구한 것이 결과라면 그 원인은 아버지 다윗의 가정교육이다.

여기에서 주목해야 할 것이 있다. 자손대대로 내려오는 아버지의 확고한 교육철학이 자녀의 인성과 인생철학을 형성하는 데 얼마나 중요한지를 보여준다. 따라서 아버지는 자녀에게 인간에게 무엇이 가장 중요하고, 왜 그것이 중요한지를 반복하여 가르쳐야 한다.

만약 하나님이 한국의 청소년들에게 원하는 게 무엇이냐고 물었다면 어떤 대답이 나왔을까? 아마도 공부 잘하는 머리, 일류학교 입학, 예쁜 미모, 인기 연예인 스타, 부귀영화 정도가 아닐까.

왜 그런 것을 원하느냐고 다시 묻는다면 뭐라고 대답할까? 대부분 남에게 과시하고 나중에 편하게 살기 위해서라고 할 것이다. 왜 이런 결과가 나오는지 물을 필요도 없다. 부모가 그것을 우선적으로 입만 열면 습관적으로 구했기 때문에 자녀들도 따라 하는 것 뿐이다. 따라서 부모는 언어의 습관을 성경적으로, 즉 다윗처럼 바꾸어야 한다.

둘째, 왕직의 사역적 열매에 대해 알아보자.

솔로몬이 하나님에게 지혜를 구한 목적은 신본주의적 입장에서 하나님의 백성에게 억울함을 주지 않도록 재판을 공평하게 하기 위함이었다. 즉 자신의 유익을 구함이 아니고 그의 백성들, 즉 하나님 백성들의 정직한 소리를 듣기 위함이었다.

이것은 왕직의 사역적 입장에서 지혜를 구한 것이다. 하나님이 원하셨던 답이었다. 따라서 하나님은 솔로몬에게 기꺼이 지혜롭고 총명한 마음을 주셨다(왕상 3:7-12).

3. 독수리 민족이 돼야 하는 2가지 이유: 머리를 써라

"머리를 써라!"

유대인 부모가 자녀들에게 무수히 하는 말이다. 그들은 자녀의 머리를 매우 귀중하게 다룬다. 때문에 유대인 어머니는 자녀의 뺨을 때릴지언정 머리는 때리지 않는다. 혹시 아이의 머리에 이상이 생기지 않을까 두려워해서다(Shilo, 1993, p. 32).

여기서 '머리'는 곧 지혜를 상징한다. 머리가 좋은 것과 머리를 쓰는 것은 다르다. 전자는 IQ 지수이고 후자는 창조성이 포함된 지혜다. 유대인은 왜 특별히 지혜를 강조하는가?

여기에서는 그들의 개인과 국가의 생존을 위해 왜 지혜가 필요한지를 설명해 보자.

첫째, 개인의 생존을 위한 입장(모든 것을 잃을 때의 생존법): 머리 쓰는 직업을 가져라

유대인의 역사는 마음 놓고 살 수 없는 위기의 연속이었다. 그들은 이방인의 침입으로 말미암아 모든 재산이 하루 아침에 없어질지 모르는 위기 속에서 살아왔다. 따라서 유대인 부모는 화재나 홍수 혹은 전쟁으로 전 재산을 잃었을 때에도 잃지 않는 것은 지식과 지혜라고 자녀에게 가르친다(Solomon, 2005; Tokayer, 1989a, 1989b; Yuro, 1988). 그래서 그들의 직업은 대부분 의사, 변호사, 과학자, 교수 및 교사 등 머리를 쓰는 것들이 많다.

그들이 흔히 사용하는 탈무드의 비유 중에 이런 것이 있다. 돈 많은 부자들이 랍비와 함께 배를 타고 여행길에 올랐다. 먼 뱃길에서 부자들이 한참 동안 자신들이 갖고 있는 돈 보따리를 꺼내 보이며 서로 뽐내었다.

이 광경을 지켜보던 랍비가 빙긋이 웃으며 그들에게 말했다. "현재 가장 돈이 많은 사람은 나요. 그러나 현재는 보여 줄 수가 없소. 나중에

보여 주겠소." 얼마를 가다가 도적 떼를 만나 부자들은 갖고 있던 돈 보따리를 모두 빼앗겼다. 마침내 도착지에 내렸을 때 랍비는 곧 그 곳에 모인 학생들을 가르쳐 생계를 이어 갈 수 있었으나 다른 부자 출신들은 낙담에 빠졌다.

이 예화가 주는 교훈은 무엇인가? 눈에 보이는 물질을 재산으로 삼은 사람들은 언제 그 재산을 잃을지 모른다. 그러나 눈에 보이지 않는 지혜를 재산으로 갖고 있는 사람은 아무에게도 그것을 빼앗길 염려가 없다. 그러므로 지혜는 인간이 죽을 때까지 소유할 수 있는 최고의 재산이다.

유대인은 수천 년의 박해의 역사 속에서 눈에 보이는 세상의 물질은 한낱 물거품과 같다는 것을 절실히 깨달았다. 이 귀한 진리를 또한 자녀에게 대를 이어 가르쳤다. 언제라도 맨손으로 또 다시 일어나기 위해서는 물질보다도 삶의 지혜가 필요하다는 것을 깨달은 것이다.

유대인은 역사적으로 나그네 인생이었다. 항상 이방의 침략에 쫓기며 살아왔다. 이러한 환경에서 살아남는 비결은 머리를 쓰는 길밖에 없었다. 사진은 이방의 땅에서 아버지의 손을 잡은 두 아들이 사방을 주시하고 있는 모습(예시바대학교 복도에 걸려 있다).

둘째, 국가의 안보적 입장(거대한 적국에 포위당한 이스라엘의 생존법): 독수리 민족이 되어라

유대인이 지혜를 구할 수밖에 없는 또 다른 이유가 있다. 그들은 인구수가 지극히 적고(현재 약 700만 명) 땅이 한국의 강원도만 한 작은 크기다. 주변에는 애굽, 이락, 이란, 요르단, 사우디아라비아 등 13억이라는 인구를 가진 거대한 아랍 나라들이 포위하고 있다. 그들은 이스라엘이 약하면 언제든지 침공하여 지구상에서 제거하려고 한다.

특히 유대인이 살고 있는 가나안, 지금의 팔레스타인 땅은 국가로서 강대국이 될 수 있는 조건들; 1) 넓은 국토, 2) 많은 인구수, 3) 풍부한 자원, 4) 지형적 요새지 등 어느 하나 적합하지 않다. 게다가 그들의 땅은 대부분 사막인 박토다.

이러한 악조건에서 역사적으로 강적을 이기고 살아남을 수 있는 길은 자신들이 독수리 민족이 되는 방법 밖에 없다. 따라서 하나님은 유대인을 독수리 민족으로 키우셨다(신 32:11). 그들의 독수리 교육이 무엇인가? 가장 중요한 방법 중 하나가 본서에서 소개하는 4차원 영재교육이다. 이 중의 으뜸이 지혜다. 그들은 특히 하나님의 지혜를 구했다.

유대인의 격언에는 이런 말이 있다.

"학자를 초대한 적이 없는 식탁은 하나님의 축복을 받을 수 없다."

여기에서 말하는 학자는 성경을 연구하는 랍비를 뜻한다. 유대인의 이상은 왕이 되거나 부자들과 어울리는 것이 아니다. 학자들과 만나 인식일 식탁에 앉아 최고의 경험을 나누는 것이다. 최고의 경험이란 무엇인가? 바로 성경 말씀을 포함한 선조들의 지혜를 뜻한다.

유대인은 "지혜 있는 자는 강하고 지식 있는 자는 힘을 더 한다"고 가르친다(잠 24:5). 지혜가 있어야 지식이 실력을 발휘할 수 있다는 것이다. 전자가 수직문화를 상징하는 하드웨어라면 후자는 수평문화를 상징하는 소프트웨어다. 그들은 지혜를 하나님, 혹은 하나님의 말씀으로 해석한다.

선민은 말씀 속에서 하늘의 지혜를 얻을 수 있다. 약자는 하나님의 도움, 즉 하나님이 주시는 지혜로만이 강자를 이길 수 있다. 그러므로 유대인의 회당에서 최초로 배우는 성경 구절 중 하나가 "여호와를 경외하는 것이 지식의 근본이다"(잠 1:7)라는 것은 이상한 일이 아니다.

결론적으로 극히 작은 영토에 소수 인구를 가진 이스라엘이 홀로 슈퍼 강대국들의 연합 침공을 막기 위해서는 전지전능하신 하나님을 의지하고 그분께 지혜를 구하지 않을 수가 없다. 때문에 유대인은 단결력도 강하다. 특별히 자기 민족과 이스라엘이라는 국가를 지키려는 애족 애국심도 유난히 많다. 이것 역시 수직문화를 형성하는 가장 중요한 핵심 가치 중 하나다.

인성교육학적인 입장에서 자기 자신이나 가족만 생각하는 것이 아니라 애족 애국심을 가진 이들은 큰 인물이 될 확률이 훨씬 높다. 요셉, 모세, 다윗, 느헤미야, 다니엘, 이사야, 에스라, 에스더, 예레미야, 예수님, 바울 등 수많은 유대인이 애족 애국자였다.

따라서 우리도 우리의 자녀들을 한국 민족과 대한민국을 사랑하는 애족 애국심이 많은 자녀들로 키워야 한다. 그래야 세종대왕이나 이순신 장군 그리고 이승만 박사나 김구 선생 및 안창호 선생 같은 큰 인물들도 나올 수 있다.

> 인성교육학적인 입장에서
> 애족 애국심을 가진 이들은
> 큰 인물이 될 확률이 훨씬 높다.

유대인의 이상은 왕이 되거나 부자들과 어울리는 것이 아니다.
랍비들과 안식일 식탁에서 최고의 경험을 나누는 것이다.
최고의 경험이란 선조들의 지혜를 말한다.

쉬었다 갑시다

즉효 약

기차 여행 중이던 유대인이 소금에 절인 청어를 먹다가 남은 머리 부분을 종이에 싸고 있었다. 곁에 있던 폴란드인이 끼어들었다.

"우리도 늘 청어를 즐겨 먹지만, 무엇보다도 청어 대가리를 먹으면 머리가 좋아진다고 하더군요."

유대인이 웃으며 말했다.

"그렇다면 이 머리를 사시죠?"

쌍방 간에 흥정이 이루어져 폴란드인은 유대인이 먹다 남긴 청어 머리 5개를 5즈로티에 샀다. 5마리의 청어 머리를 힘들게 골라 먹고 나서 폴란드인은 짜증스럽게 말했다.

"당신은 정말 지독한 사람이군. 5즈로티면 싱싱한 청어 5마리를 사고도 남을 것이오."

유대인이 대답했다.

"그것 보시오. 당신은 벌써 머리가 좋아지지 않았소!"

III 유대인이 지혜를 얻는 방법

1. 성경과 탈무드에서 지혜를 얻어라

A. 지혜의 출처는 하나님의 말씀, 즉 성경이다

하나님은 왜 유대인에게 지혜 교육을 가장 강조하시는가? 신본주의 입장에서 지혜란 무엇인가? 먼저 "여호와를 경외하는 것이 곧 지혜의 근본이다"(시 111:10; 욥 28:28; 잠 1:7a, 9:10, 15:33; 전 12:13; 미 6:9).

'경외'란 단순히 소심한 두려움이 아니라, "정결한 눈으로 악을 참지 못하시며 패역을 참지 못하시는"(합 1:13) 분이신 하나님을 바로 이해하고, 그 하나님의 거룩하심에 대적하지 않으려고 하는 경건하고 존경심 어린 두려움이다(MacArthur, Successful Christian Parenting, 2001, p. 73). 하나님에 대해 이런 두려움을 가진 자가 진정한 지혜자다.

반면, 미련한 자는 하나님이 누구신지 바로 알지 못하기 때문에 그분을 두려워하지도 않는다(잠 1:7b). 따라서 지혜는 하나님을 바로 알게 하며 하나님의 올바른 백성이 되게 한다.

지혜는 어디에서 나오는가? 지혜의 출처 자체가 하나님이시다. 지혜는 하나님이 주시는 은사다. 하나님의 신을 충만하게 받으면 지혜와 총명과 지식과 여러 가지 재주를 얻을 수 있다(출 31:3). 따라서 지혜는 무엇보다도 귀한 복된 은사다.

> 지혜를 얻은 자와 명철을 얻은 자는 복이 있나니, 이는 지혜를 얻는 것이 은을 얻는 것보다 낫고, 그 이익이 정금보다 나음이니라. 지혜는 진주보다 귀하니, 너의 사모하는 모든 것으로 이에 비교할 수 없도다. 그 우편 손에는 장수가 있고 그 좌편 손에는 부귀가 있나니, 그 길은 즐거운 길이요, 그 첩경은 다 평강이니라. 지혜는 그 얻은 자에게 생명나무라. 지혜를 가진 자는 복되도다. 여호와께서는 지혜로 땅을 세우셨으며, 명철로 하늘을 굳게 펴셨다. (잠 3:13-19)

성경의 저자들은 하나님의 지혜를 받아 하나님의 말씀들을 기록했다. 유대인 지혜 교육의 내용은 구약 성경의 시편, 잠언, 전도서, 욥기 및 아가서와 같은 지혜 문학 뿐만 아니라, 성경의 기본 내용이 되는 모세오경(토라=율법책)을 포함한 구약성경 전체를 말한다.

유대인은 성경 말씀 하나하나는 하나님이 주신 것으로 그 글자에는 하나님의 지혜가 배어 있다고 믿는다. 따라서 하나님의 말씀을 많이 읽고 배우면 그만큼 하나님의 지혜를 많이 받는다고 믿는다.

물론 유대인은 장로의 유전도 하나님의 말씀으로 여기기 때문에 장로의 유전이 포함된 탈무드도 지혜를 얻는데 필수적이다. 더구나 탈무드에는 장로의 유전 이외에 수천 년 동안 축적된 조상들의 지혜(유대인의 수직문화)가 첨가되어 있기 때문에 지혜를 얻는데 더욱 좋은 교과서다. (자세한 것은 본서 제2장 II. '토라와 탈무드' 참조)

솔로몬은 지혜자의 말씀과 회중의 스승의 말씀은 다 한 목자, 즉 한 하나님의 말씀에서 나왔기 때문에 그 지혜의 말씀을 받는 자에게 미치는

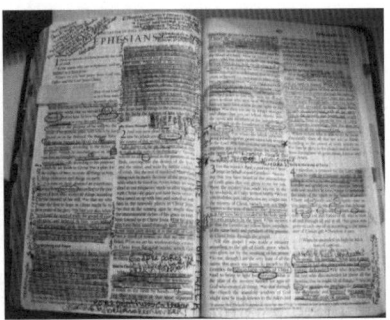

지혜의 원천은 성경과 탈무드다. 유대인의 두루마리 성경, 신구약 성경(상) 그리고 탈무드 146권 1셋트 중 일부(하)

유대인과 이방인 기독교인(저자)이 토라를 펼쳐들고 토라에 대해 대화하는 모습. 신약시대에 유대인은 쉐마교육은 가졌지만 복음(예수님)이 없기 때문에 구원을 받지 못하고, 이방인 기독교인은 복음으로 구원은 받았지만 쉐마교육이 없어서 자녀교육에 실패를 많이 한다. 따라서 유대인과 이방인 기독교인은 원수로 지낼 것이 아니라 서로의 약점을 보완하는 파트너가 되어야 한다. 그래야 전 세계 교회가 살아나 주님이 재림할 수 있다.

영향은 지대하다고 말했다. "지혜자의 말씀은 찌르는 채찍 같고 회중의 스승의 말씀은 잘 박힌 못 같으니 다 한 목자의 주신 바니라"(전 12:11).

"하나님의 말씀은 살았고 운동력이 있어 좌우에 날선 어떤 검보다도 예리하여 혼과 영과 및 관절과 골수를 찔러 쪼개기까지 하며 또 마음의 생각과 뜻을 감찰하신다"(히 4:12). 때문에 "모든 성경은 하나님의 감동으로 된 것으로 교훈과 책망과 바르게 함과 의로 교육하기에 유익하다(딤후 3:16)는 사실을 명심해야 한다.

정통파 유대인인 바울도 "깊도다. 하나님의 지혜와 지식의 부요함이여, 그의 판단은 측량치 못할 것이며, 그의 길은 찾지 못할 것이로다"(롬 11:33)라고 고백했다. 또한 "하나님의 미련한 것이 사람보다 지혜 있고 하나님의 약한 것이 사람보다 강하다"(고전 1:25)고 했다.

지혜서인 잠언에는 아버지가 아들에게 "내 아들아"로 시작하는 다음과 같은 권고들을 많이 발견할 수 있다. "내 아들아, 네 아비의 훈계를 들으며, 네 어미의 법을 떠나지 말라. 이는 네 머리의 아름다운 관이요, 네 목의 금사슬이니라"(잠 1:8-9). "내 아들아, 네가 만일 나의 말을 받으며, 나의 계명을 네게 간직하며"(잠 2:1), "내 아들아 나의 법을 잊어버리지 말고, 네 마음으로 나의 명령을 지키라"(잠 3:1).

"내 아들아, 들으라. 내 말을 받으라. 그리하면 네 생명의 해가 길리라"(잠 4:10). "내 아들아, 네 아비의 명령을 지키며, 네 어미의 법을 떠나지 말고, 그것을 항상 네 마음에 새기며, 네 목에 매라"(잠 6:20-21). "내 아들아, 내 말을 지키며, 내 명령을 네게 간직하라. 내 명령을 지켜서 살며, 내 법을 네 눈동자처럼 지키라(잠 7:1-2).

이 얼마나 아버지가 간절하게 아들이 지혜를 얻게 하기 위하여 하나님의 말씀을 받고 실천 할 것을 권고하는 말씀들인가! 따라서 유대인의 지혜자들은 절대자이신 하나님의 지혜를 얻기 위하여 어려서부터 하나님과 부모를 대할 때 겸손을 몸에 익히며 살아가고 있다.

"허리를 굽혀야 진리를 줍는다." 유대인의 격언이다.

> 지혜는 어디에서 나오는가?
> 하나님이시다. 하나님이 주시는 은사이며,
> "지혜의 근본은 하나님을 경외하는 것이다" (잠 1:7).

B. 유대인이 토라와 탈무드에서 지혜를 얻는 방법

1) 유대인의 탈무드 교육의 9가지 유익
〈유대인이 매일 탈무드를 읽는 이유〉

유대인은 토라(율법책=모세오경, 쓰여진 성경)와 탈무드에서 지혜를 어떻게 얻는가? 생명을 유지시키기 위하여 육신의 음식을 먹어야 하는 것처럼, 정통파 유대인은 매일 영의 양식을 먹기 위해 토라와 탈무드를 공부한다. 토라를 읽는 날은 일주에 3일; 월, 목, 토요일(안식일)이다.

그러나 탈무드는 그들의 관습(custom)에 따라 매일 1페이지씩 읽는다. 그래야 7년 반 만에 탈무드 전체 읽기를 마칠 수 있다(in seven and a half years at the rate of one page a day).

유대인에게는 매주 읽어야 할 토라 주독표(Weekly Scriptures Reading, 매주 읽어야 할 성경 분량)가 있다. 토라를 54부분으로 구분했다. 창세기를 12부분, 출애굽기 11부분, 레위기와 민수기를 각각 10부분, 그리고 신명기를 11부분으로 구분한다. 토라를 읽은 후 그 내용과 관계된 선지서를 읽고 마친다. 이 때 읽는 선지서 내용을 '하프토라'라고 한다. 매주 한 부분씩 읽어(두 주는 두 부분을 읽는다) 1년 안에 전체 토라 일독을 마친다 (Birnbaum, *Encyclopedia of Jewish Concepts*, 1991, p. 168).

토라 일독을 마치는 날을 심핫 토라(Shimhat Torah)라고 하여 회당에서 큰 잔치를 벌인다. 초막절 마지막 날에 겹쳐서 지킨다. 마치 한국의 옛 서당에서 책 한 권을 떼면 떡 잔치를 벌인 것과 유사하다(현용수, *잃어버린 구약의 지상명령*, 제3권, p. 141).

여기에서 주목해야 할 것은 유대인이 매일 읽는 것은 토라가 아니라 탈무드라는 점이다. 왜 탈무드를 매일 읽을까? 탈무드를 읽으면 토라를 읽는 유익보다 더 많은 것을 얻기 때문이다.

왜냐하면 장로의 유전(구전으로 전해진 율법, Oral Laws)을 기본으로 한 탈무드에는 토라의 내용, 이것을 해석한 것, 토라 율법의 실천 방법 그리고 주석가(지혜자)들이 쓴 주석 등이 포함되어 있기 때문이다.

이것은 무엇을 뜻하나? 탈무드를 읽으면 하나님이 말씀하시는 것이 무엇을 뜻하는지, 그리고 그 말씀에 따라 어떤 삶을 살아야 하는지를 더 잘 알 수 있다는 것을 뜻한다. 즉 탈무드를 읽는다는 것은 곧 토라를 더 정확하고 깊고 넓게 읽는 것이다.

실제로 저자가 탈무드를 수업하는 교실에 참석해 보면 온통 토라에 관한 내용을 배우고 토론한다. 토라와 탈무드는 떼려야 뗄 수 없는 관계다. 탈무드는 토라를 보완해 주는 학습서의 역할을 한다. 물론 그들은 가장 중요한 토라도 일주일에 3번을 읽는다. 안식일에 아버지가 자녀들과 함께 토론하는 성경 본문도 토라의 내용이다.

그러면 유대인이 탈무드와 토라를 공부할 때에 어떤 유익이 나타날까? 다음 9가지의 유익을 얻는다.

〈저자 주: 신구약 성경은 하나님의 백성에게 영혼의 양식이다. 그러나 본 항목과 다음 항목에서는 영적인 측면보다는 교육학적인 측면에서 어떤 유익을 얻느냐 하는 것을 다룬다.〉

1) 토라(쓰여진 성경)의 내용을 배운다. 그리고 장로의 유전의 내용, 즉
2) 토라를 해석한 내용을 배우고,
3) 토라의 율법을 실천하는 방법들을 배운다.
4) 여러 주석가들(지혜자들)의 견해를 함께 읽음으로 광범위한 하나님

에 대한 많은 지식과 지혜를 습득할 수 있다. 유대인은 탈무드를 읽을 때 이 4가지를 한 번에 성취한다.

이것뿐만이 아니다. 그들은 이 4가지를 익힌 다음 5가지를 또 더한다.

5) 탈무드에 있는 장로의 유전 이외에 조상들의 지혜, 즉 아가다를 배운다.

6) 가정에서 자녀들과, 혹은 회당이나 탈무드의 집(예시바)에서 다른 사람들과 둘씩 짝을 지어, 혹은 여럿이 편을 나누어 자신이 익힌 내용을 가지고 토론(탈무딕 디베이트, 혹은 하브루타식 토론)을 벌이며 공부한다. 이것은 특별한 그들만의 성경 교육 방식이다.

7) 이에 더하여 일주일에 3일은 토라를 읽는다.

8) 토라를 읽을 때 선지서(하프토라)를 함께 읽기 때문에 모세오경의 율법을 지키지 않으면 하나님의 징계를 받는다는 경고를 항상 마음에 새긴다.

9) 마지막으로 유대인은 율법을 탈무드의 방식대로 실천한다. 이것은 하나님의 뜻을 배우는 동시에 하나님이 원하시는 거룩한 삶을 실천을 통하여 익히는 것이다. 예를 들어 유대인은 구약의 모든 절기들을 지킨다. 그것을 지키기 위한 자세한 방법들은 모두 탈무드에 근거한다.

야고보가 행함이 없는 믿음은 죽은 믿음(약 2:17, 20, 26)이라고 하는 이유가 여기에 있다. 야고보는 이렇게 말했다.

"네가 보거니와 믿음이 그의 행함과 함께 일하고, 행함으로 믿음이 온전케 되었느니라."(약 2:22)

이 말씀은 유대인의 믿음과 그들 생활 방식의 관계를 잘 표현하고 있다. 대단히 중요한 말씀이다. 왜냐하면 '믿음'이라는 단어 자체가 '행함'

을 포함하고 있기 때문이다. 따라서 적은 믿음은 적은 행함을 뜻하고 큰 믿음은 큰 행함을 뜻한다.

이상 유대인이 탈무드와 토라를 공부할 때에 얻는 9가지의 유익을 살펴보았다. 이 중 6)항과 9)항은 성경공부 방식이다. 나머지는 유대인이 습득하는 다양한 성경 지식과 지혜다. 그들의 다양한 탈무드와 토라 교육 방법이 얼마나 효과적인가!

유대인은 이런 탈무드와 토라 교육을 통하여 앞에서 설명한 가장 중요한 '호크마'(חכמה, 지혜)를 얻는다. 또한 선악을 구별하는 율법 공부를 많이 하여 여러 개 중 하나를 선택할 때 바른 선택을 할 수 있는 '비나'(בינה, binah, 명철)와 삐뚤어 진 것을 바로 세우는 데 필요한 상담과 조언을 뜻하는 '투시야'(תושיה)를 얻는다.

또한 선악을 구별하는 율법책(성경)과 탈무드를 하브루타식으로 공부할 때 악인의 올무에 걸리지 않는 '아름'(ערם, 슈르드)과 성경지식을 더하는 '다스'(דעת, 지식)가 계발되는 것은 당연하다. 〈자세한 것은 본서 제4장 제2차원 영재교육, 질문식과 하브루타(탈무드 논쟁식) IQ계발교육' 참조〉

유대인의 탈무드와 토라 교육의 9가지 유익은 5가지 지혜를 얻는데 매우 탁월하다. 우리도 이것을 배워야 한다.

> 유대인의 탈무드와 토라 교육의 9가지 유익은
> 5가지 지혜를 얻는데 매우 탁월하다.

2) 기독교인 성경 교육의 2가지 유익

유대인의 탈무드와 토라 교육과 기독교인의 성경 교육을 비교해 보자. 물론 보수 기독교인도 매일 성경(쓰여진 성경)을 읽는다. 그런데 기독교인에게는 탈무드가 없기 때문에 유대인에 비하면 2), 3), 4), 5), 6), 7), 8), 9)항 등 8가지가 부족하다. 그러니 기독교인이 유대인에 비해 성경 지식과 지혜가 월등히 부족한 것은 당연하다.

특히 기독교인은 유대인에 비하면 하브루타식 토론과 성경적인 삶은 거의 비교가 되지 않는다. 물론 기독교인들 중에도 십계명에 근거한 도덕과 윤리가 월등한 이들도 있음을 전제로 한다. 그러나 유대인의 절기나 기타 성경적인 생활 습관에는 비교가 되지 않는다.

그렇다고 하더라도 기독교인도 성경을 읽을 때 성경의 뜻을 해석한 여러 권위 있는 주석들을 함께 읽으면 좀 나을 것이다. 그런데 기독교 목사들은 종종 설교 준비를 위해 함께 읽을지 모르지만 평신도들은 거의 읽지 않을 것이다. 설사 그들이 읽는다고 해도 2)항의 50% 정도만 나아질 것이다. 즉 유대인에 비해 2)항의 50%와 3), 4), 5), 6), 7), 8), 9)항 등 7.5 가지는 부족할 수밖에 없다.

그렇다면 기독교인이 유대인보다 나은 것은 없는가? 두 가지가 있다. 1) 신약의 교회는 하나님의 은혜로 예루살렘 오순절 다락방에서 성령을 받은 것이다(행 2장). 또한 2) 신약성경이 있다.

성령님은 기본적으로 누구에게나 하나님의 아들, 예수님을 믿게 해주는 파워다. 이것은 영혼의 생명을 살리는 데 필수다. 성령으로 아니하고는 누구든지 예수님을 주시라 할 수 없기 때문이다(고전 12:3). 그리고 성령님은 이방 기독교인에게 유대인이 믿는 구약성경을 살아계신 하나님의 말씀으로 믿게 해준다(요 1:1-14; 요일 4:15). 이방 기독교인도 아브라함의 후손, 즉 영적 유대인이 되기 때문이다(갈 3:6-9).

기독교인이 성령을 받고 예수님을 믿어 구원을 받은 이후에 구약성경과 신약성경도 함께 읽을 수 있다는 것은 구원론적인 입장에서 대단한 축복이다. 다만 부족한 것은 교육학적 및 성화론적 입장에서 유대인의 쉐마교육, 즉 탈무드와 토라 교육 방법이 부족하다는 것이다.

이것은 무엇을 뜻하나? 유대인은 구원을 위한 복음(예수님)이 필요하고, 구원받은 기독교인은 유대인의 선민교육인 쉐마가 필요하다는 것이다. 이런 점에서 기독교인과 유대인은 하나님의 뜻을 이루기 위한 동반자여야 한다.

〈저자 주: 자세한 것은 저자의 저서 '부모여 자녀를 제자 삼아라' 제1권 제2부 제3장 II. '질문 2: 유대교와 기독교의 구원과 성화는 어떻게 다른가?' 참조〉

따라서 만약 기독교인도 유대인의 탈무드와 토라 교육 방법을 본받는다면, 교육학적인 입장에서 성령님의 도움과 신약성경으로 말미암아 유대인 이상으로 더 풍성한 하나님에 대한 많은 지식과 지혜를 얻을 수 있을 것이다. 그리고 더욱 하나님이 원하시는 삶을 살 수 있을 것이다. 또한 세상에서도 유대인 이상으로 큰 인물들이 많이 나올 수 있을 것이다.

저자는 그런 때가 올 수 있다는 기대를 품고 인성교육론과 쉐마교육론 시리즈를 저술하고 있다. 착한 일을 시작하신 분이 하나님이기 때문에 그분이 이루실 줄을 확신한다(빌 1:6).

〈저자 주: 왜 기독교인에게도 탈무드 교육이 필요한지에 대해서는 본서 제3부 제7장 IV. '한국인 기독교인에 적용' 전체 항목 참조〉

유대인의 탈무드 교육과 기독교인의 성경 교육 유익 비교

구분	유대인 탈무드 교육의 9가지 유익	기독교인의 성경 교육 유익
비교	1. 토라(쓰여진 성경)의 내용을 배운다. 그리고 탈무드의 장로의 유전의 내용, 즉 2. 토라를 해석한 내용을 배우고, 3. 토라의 율법을 실천하는 방법들을 익힌다. 4. 여러 주석가들(지혜자들)의 견해를 읽음으로 하나님에 대한 많은 지식과 지혜를 배운다. 5. 다른 사람과 하브루타식으로 토론한다. (탁월한 IQ개발 교육법) 6. 탈무드에 있는 장로의 유전 이외에 조상들의 지혜, 즉 아가다를 배운다. 7. 일주일에 3일은 토라를 읽는다. 8. 토라와 함께 선지서(하프토라)를 읽어 율법을 어기면 하나님의 징계를 받는다는 경고를 항상 마음에 새긴다. 9. 유대인은 율법을 탈무드의 방식대로 실천하며 성경을 배우고 하나님이 원하시는 거룩한 삶을 산다. (탁월한 실천 교육법)	1. 쓰여진 구약성경(토라)만을 읽고 공부한다. 탈무드는 없다. 2. 신약성경도 함께 공부한다.
결론	기독교인이 유대인보다 나은 것, 두 가지가 있다. 1) 성령을 받았다(행 2장). 2) 신약성경이 있다. 이것은 영혼의 생명을 살리는 데 필수다(고전 12:3). 고로 만약 기독교인도 유대인의 성경공부를 본받는다면, 교육학적인 입장에서 성령님의 도움과 신약성경으로 말미암아 유대인 이상으로 더 풍성한 하나님에 대한 많은 지식과 지혜를 얻을 수 있고, 더 성경적인 삶을 살 수 있을 것이다. 또한 세상에서도 유대인 이상으로 큰 인물들이 많이 나올 수 있을 것이다.	

2. 고난에서 지혜를 얻어라

A. 책에서 지식을 얻고, 인생에서 지혜를 배운다

오늘날의 우리들은 지식과 지혜의 차이를 모르고 있는 것 같다. 인간의 삶에는 예상 밖의 위기가 많이 닥칠 때 그것을 해결할 수 있는 지혜가 필요하다고 했다. 그 지혜는 어떻게 얻을 수 있을까?

앞에서는 성경과 탈무드에서 지혜를 얻을 수 있다고 했다. 또한 유대인은 학교에서 배우는 교과서에서 지식을 얻는다면, 실생활의 삶 속에서는 지혜를 얻는다고 가르친다. 특히 오랜 경험에서 많은 지혜를 얻는다고 가르친다. 이를 히브리어로 '다스'(daath, knowledge)라고 한다(앞의 I. 1. E항 참조).

아랍에 파견되었던 어느 일본인이 많은 사람이 붐비는 공항에서 총기 사고를 냈을 때 대부분의 유대인들은 그 일본인을 가리켜 '학교에서 지식만 배운 녀석'이라고 비웃었다(Tokayer, 탈무드 5: 탈무드의 잠언집, 2009, pp. 169-170).

그렇다면 모든 책들이 지식에 관한 책인가? 아니다. 책 중에서도 학교에서 배우는 책은 지식에 관한 책이고, 대부분의 종교 서적은 지혜에 관한 책이다. 예를 들면 수학이나 과학에 관한 책은 지식에 관한 책이고, 성경이나 탈무드는 지혜에 관한 책이다. 물론 불교의 경전이나 유교의 사서삼경도 지혜에 관한 책이다. 그리고 인간사의 역사, 철학, 사상, 및 고전 등도 지혜에 관한 책이다. 이 모두는 학문적으로 인문학의 영역에 속한다.

유대인의 수천 년 동안 축적된 지혜가 탈무드라는 경전을 낳았고, 인간의 지식이 달나라를 가는 인공위성을 만들어 냈다. 지식은 날마다 새롭게 발전해가지만, 지혜만은 옛날과 차이가 없다(상게서). 지혜는 세대

차이가 없는 수직문화에 속하기 때문이다.

따라서 우리는 지혜가 기록된 책과 지식이 기록된 책을 구별해야 한다. 전자는 정신세계를 풍요롭게 하지만, 후자는 생활을 풍요롭게 한다. 행복한 삶을 살기 위해서는 어느 책을 먼저 읽어야 할까? 전자의 책이 먼저고, 후자의 책은 나중이다. 왜냐하면 영혼이 건강해야 물질의 노예에서 벗어날 수 있기 때문이다. 그래야 교만과 마음의 타락을 막을 수 있다. 이것이 유대인이 수천 년 전에 만들어진 성경과 탈무드를 믿고 그 교훈을 따라야 하는 이유다.

우리는 기억해야 한다. 지식은 교만을 낳기 쉽지만, 지혜는 겸손을 낳는다.

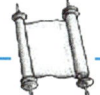

유대인은 지식이 기록된 책과 지혜가 기록된 책을 구별한다.
지식은 교만을 낳기 쉽지만, 지혜는 겸손을 낳는다.

B. 부족함이 최고의 선물이다

앞에서 인간의 삶 속에서 지혜를 배운다고 했다. 그 지혜도 풍요보다는 고난 속에서 더 많이 얻어진다. 탈무드에는 이런 격언이 있다.

"가난한 가정의 아이들 말에 귀를 기울여라. 지혜가 그들에게서 나올 것이다." (Tokayer, 탈무드 1: 탈무드의 지혜, 2017, 쉐마, p. 263).

유대인 성공 비결 중 하나는 부족(lack)에 있다. 유대인은 부족함을 최고의 선물로 삼아 유일한 자원인 두뇌 개발을 위한 교육에 집중하여 오늘의 성공을 일구었다. 어떤 이에게는 부족이 실패의 핑계가 되지만 유대인에게는 성공의 원인이 된다〈헤츠키 아리엘리(Hezki Arieli, 글로벌 엑셀런스 회장, *부족함이 최고의 선물이다*, 2013년 3월 14일, http://blog.daum.net/kk1990/6356〉.

풍요 속에서는 큰 인물이나 걸작이 나오지 않는다. 성취를 향한 간절함이 없기 때문이다. 따라서 가난(부족)은 하나님이 주신 최고의 선물이다. 부족한 것을 체험하며 얻는 지혜를 히브리어로 '다스'(daath: knowledge, 앞의 I. 1. E항 참조)라고 한다. 부족함은 곧 고난이다. 고난이 닥칠 때마다 하나님께 그 문제를 해결할 수 있는 지혜를 구하는데, 그 지혜를 '투시야'(지혜, 앞의 I. 1. D항 참조)라고 한다.

우리나라 말에 "궁하면 통한다"는 말이 있다. 또한 "필요는 발명의 어머니"란 말도 있다. 어려울 때에 대부분 문제 해결의 방법도 발견한다는 뜻이다. 하나님께서는 성도들에게 감당할 만한 시험을 주신다(고전 10:13)고 말씀하셨다.

> 사람이 감당할 시험밖에는 너희에게 당한 것이 없나니, 오직 하나님은 미쁘사 너희가 감당치 못할 시험 당함을 허락지 아니하시고, 시험 당할 즈음에 또한 피할 길을 내사 너희로 능히 감당하게 하시느니라. (고전 10:13)

본문에서 '피할 길'은 이전에 겪었던 경험에서 얻은 지혜(다스)로, 혹은 하나님께 구했더니 그분이 주신 지혜(투시야)로 시험을 능히 감당했다는 것을 뜻한다. 후자는 성도만이 가질 수 있는 특권이다.

옛 어른들이 학교 공부를 많이 하지 않았는데도 신세대보다 세상을 살아가는 지혜가 더 많은 것은 그들이 신세대보다 더 많은 고난 속에서 생존을 위한 지혜를 터득하며 살아왔기 때문이다.

그러나 요즘 신세대들은 풍요 속에서 학교에서 얻은 지식은 많을지 모르지만, 지혜는 부족하다. 왜냐하면 지식교육을 강조하는 것만큼 지혜는 반대로 줄어들기 때문이다. 따라서 우리는 자녀들에게 어려서부터 지혜를 먼저 쌓아놓고 후에 지식을 쌓도록 해야 한다.

현대(2018년)에는 현대교육(지식교육)을 많이 받은 신세대는 많으나 큰 인물이 없는 시대에 살고 있다. 따라서 풍요 속에서 인물난으로 허덕이고 있다. 우리는 지혜가 인생의 의미를 찾는 수직문화라면, 지식은 현세의 것을 추구하는 수평문화에 속한다는 사실을 기억해야 한다.

〈저자 주: 수직문화와 수평문화에 대해서는 저자의 저서 '현용수의 인성교육 노하우' 제1-2권, 제2부 '인성교육의 본질과 원리: 수직문화와 수평문화'를 참조〉

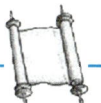

유대인은 지식이 기록된 책과 지혜가 기록된 책을 구별한다.
지식은 교만을 낳기 쉽지만, 지혜는 겸손을 낳는다.

C. 유대인은 박해 속에서 지혜를 터득한 민족이다

이 주제는 앞의 B. '부족함이 최고의 선물이다'와 연결된 주제다. 부족함을 느낀다는 것은 삶에 문제가 있다는 것이다. 삶에서 겪는 조그만 문제에는 조그만 지혜가 필요하지만, 큰 문제에는 큰 지혜가 필요하다. 지혜는 바로 문제 해결의 도구이며 열쇠다.

여기에서 말하는 지혜는 두 가지; 부족한 것을 체험한 경험에서 얻는 '다스'라는 지혜(앞의 I. 1. E 항 참조)와 고난이 닥칠 때마다 하나님께 구하여 얻는 '투시야'(지혜, 앞의 I. 1. D항 참조)라는 지혜다.

역사적으로도 위대한 인물들은 큰 문제가 많았던 캄캄한 고난의 역사 속에서 탄생했다. 한국의 손양원, 이승만, 김구, 조만식, 함석헌, 정주영, 이병철 등과 미국의 윌슨, 아브라함 링컨, 무디, 빌리 그레이엄 등이 그 예다. 그들은 큰 문제들에 부딪치면서 지혜를 키운 위인들이다.

하나님의 말씀인 성경도 지식으로 아는 것과 고난을 체험하면서 깨닫는 것과는 다르다. 인간은 미련하여 설사 지식으로 하나님의 말씀을 이해한다 하여도 한계가 있다. 그 말씀의 깊은 뜻은 고난에 처할 때 하나님의 은혜 속에서 더 명확하게 깨달을 수 있다.

전자를 IQ적 지식이라면, 후자는 EQ적 체험적 지식이다. 즉 전자를 머리로 아는 지식이라면, 후자는 가슴으로 체험한 지식이다. 따라서 하나님의 말씀은 머리로만 아는 것이 아니라, 말씀을 읽고 마음에 감동을 받아야 한다. 그럴 때 하나님의 지혜도 더 많이 깨닫는다.

여호와 하나님이 여호와의 율법을 네 [머리가 아닌] 마음에 새기라(신

신약시대 거의 2000년 동안, 특히 독일 나치 시대에 전 유럽이 유대인을 박해했다. 유대인은 가장 고난을 많이 겪은 민족이다. 그들은 박해 속에서 생존을 위해 지혜를 터득한 민족이다. 사진은 나치의 강제 수용소에 갇혀 있는 유대인들.

6:6)고 하신 이유가 여기에 있다. 그리고 그 말씀을 생활에 적용하여 실천해야 한다. 즉 진리를 머리로 깨닫고 가슴으로 느끼고 발로 행동해야 올바른 기독교교육이 완성된다.

구약성경의 선지서는 하나님의 선지자가 바벨론이나 아시리아가 가나안을 정복하고 유대인을 포로로 잡아갈 것과 그곳에 잡혀가서 고난을 당하는 모습을 쓴 책이다.

특히 선지서에는 너희(유대인)들이 왜 그런 고통을 당하는지 아느냐, 하나님을 버리고 율법을 어긴 죄 때문이다. 다시 여호와 하나님께로 돌아오라는 하나님의 간절한 사랑의 절규가 담겨 있다.

유대인은 그곳에 잡혀가서 온갖 고초를 체험하고 뒤늦게 후회했다.

그때 그들은 새로운 지혜를 얻게 되었다.

유대인이 다른 민족에서는 볼 수 없는 상상을 초월한 박해를 견디고 끝내 유대인임을 감추지 않았던 것은 1800년 이상이나 되는 긴 세월의 시련을 견뎌내어 이겼다는 걸 말해 주고 있다. 재산이나 생명의 위험에 직면한 유대인이 살아남는 길은 매우 큰 지혜가 필요했던 것이다. 긴 역사를 돌아볼 때 유대인은 지혜가 뛰어난 자가 생존해 남을 수 있다는 법칙에 의해 어리석은 자는 도태되고 유대인 가운데에서도 지혜가 뛰어난 사람만이 살아남을 수 있었던 것이다(Tokayer, *탈무드 5: 탈무드의 잠언집*, 2017, 쉐마, p. 47).

유대인이 스스로 "부족함이 최고의 선물이다." 그리고 "박해 속에서 지혜를 터득한 민족이다"라고 고백하는 이유다.

> 생명의 위험에 직면한 유대인이 살아남는 길은
> 매우 큰 지혜가 필요했던 것이다.

D. 실수를 줄이기 위해 눈의 흰자위가 아닌 검은자위로 세상을 보라

앞에서 부족함(고난)에서 지혜를 터득한다고 했다. 그렇다고 큰 지혜를 얻기 위하여 우리가 자청하여 하나님께 고난을 구할 필요가 있는가? 그럴 수는 없다. 특히 전쟁 같은 고난은 엄청난 재해를 가져온다.

물론 일부 성자들은 넓은 길보다는 좁은 길, 즉 고난의 길을 택했다. 고난의 십자가를 피하지 않으셨던 예수님이나 풍요로운 왕자의 권좌를 던졌던 석가모니가 그 예다. 여기서는 이런 극단적인 고난의 길을 피하면서 어떻게 삶을 풍요롭게 살 수 있느냐에 대하여 지혜를 얻고자 한다.

우리는 자녀들에게 고난의 역사교육과 아울러 일시적인 힘든 극기훈련(예: 미개한 선교지에서의 중노동, 힘든 운동, 금식 등)을 시키어 고난을 체험하게 해야 한다. 그럴 때 겸손해질 수 있다.

〈저자 주: 자세한 것은 저자의 저서 고난의 역사교육 시리즈 제5권 제5부 제2장 III. 1. C. '고난을 겪지 못한 자녀에게 감사를 느끼게 하는 법' 참조〉

겸손해지면 지혜의 원천이신 하나님에게 지혜를 구하게 된다. 하나님은 "누구든지 지혜가 부족하면 모든 사람에게 후히 주시고 꾸짖지 아니하시는 하나님께 구하라"(약 1:5)고 하셨다. 하나님은 "그 기뻐하시는 자에게는 지혜와 지식과 희락을 주신다"(전 2:26).

처절한 고난을 당하지 않고도 자신의 마음이 썩지 않는 신앙생활을 한다는 것, 그 자체가 지혜의 생활임을 알아야 한다. 미련한 자는 큰일을 당한 후에 진리를 깨닫지만 지혜로운 자는 고난의 역사교육 속에서 미리 깨닫고 재앙을 막는다. 어떻게 미리 깨닫고 고난을 피할 수 있는가?

탈무드에는 이와 관련한 매우 중요한 교훈이 있다. 랍비들이 인간의 눈은 흰자위가 검은자위보다도 더 큰데, 어째서 인간은 검은 곳을 통하여 사물을 보는 것일까 하는 주제를 놓고 논쟁을 벌이는 이야기가 있다. 결론은 다음과 같다.

인간의 눈은 대부분이 희고, 검은 것은 작다. 그러나 인간은 희고 밝은 곳을 통하여 사물을 보는 것이 아니라, 검고 어두운 곳을 통하여 본다. 이것은 과거의 성공을 통하여 사물을 보아서는 안 된다고 하는 교훈이다. (Tokayer, 탈무드 4: 탈무드의 생명력, 2017, 쉐마, p. 161)

사물을 판단할 때는 과거 성공했을 때보다는 패배와 수치를 당했을 때를 교훈삼아야 한다는 것이다. 그래야 냉철한 머리로 실수 없이 바른 판단을 할 수 있다는 말이다. 특히 인간은 여러 가지 중에, 혹은 두 가지 중에 어느 것 하나를 선택해야 하는 기로에 있을 수가 있다. 이 때 하나님에게 바른 선택을 할 수 있게 해달라고 지혜를 구해야 한다. 히브리어로 그 지혜를 '비나'(בינה, binah, 명철, 깨달음, understanding)라고 한다.

그래야 육에 취하기 쉬운 수평문화에 속지 않고 바른 정신과 명철로 세상을 볼 수 있다. 쉽게 말하면 철이 들어 분별력을 갖춘 눈으로 세상을 볼 수 있다. 그리고 교만하거나 허황된 삶에서 벗어나 진실되고 절제된 그리고 겸손한 삶을 살 수 있다. 인간이란 고난이란 어두운 터널을 통과할 때 참된 자아를 발견하고, 세상의 이치를 바로 깨달을 수 있다.

적용 문제: 현재(2018) 문재인 정권이 추구하고 있는 남북 관계도 6.25전쟁의 고난이라는 눈의 검은자위를 통하여 보고 판단해야 한다.

그렇지 않으면 북한의 달콤한 우리민족끼리의 '평화'나 '통일'이라는 간계에 속아 대한민국이 적화통일이 될 가능성이 매우 높다.

> 인간의 눈은 어찌하여 하나님이 검은 부분을 통해서만
> 물체를 보도록 만드셨나?
> 인생은 어두운 사실을 통해서 밝은 것을 볼 수가 있기 때문이다.
> 그것이 곧 지혜다.

3. 수직문화에서 지혜를 얻어라: 지혜는 지식을 담는 그릇이다

유대인에게는 지혜 교육의 내용들과 형식들을 매일 매일의 삶에 적용하여 구조화(structurization) 시킨 철저한 삶의 문화가 있다. 즉 그들의 이러한 지혜 교육의 내용과 형식은 그들의 독특한 수직문화 속에 넓고 깊게 녹아 있다.

수직문화란 조상대대로 전수해 내려온 인간의 내면적 정신세계를 이루는 전통, 종교, 철학, 사상, 역사, 효, 애국심, 및 고전에 의한 문화다. 이와 대조를 이루는 수평문화는 인간의 외면적 눈에 보이는 형이하학에 속하는 물질, 권력, 명예, 유행 및 현대 학문과 현대 과학 등으로 이루어진 문화를 말한다.

수직문화가 변하지 않는 영혼을 위한 가치들이라면, 수평문화는 항상

변하는 육의 소욕을 위한 땅의 것들이다. 수직문화가 인생의 삶의 의미를 찾는 깊이 있는 문화라면, 수평문화는 인생의 재미를 찾는 표면 문화다.

수직문화는 인간의 정신적 세계를 굳건히 하여 내면적 자신감을 키우며 인격을 큰 그릇으로 만드는 문화다. 수직문화가 컴퓨터의 하드웨어라면, 현대 학문이나 현대 과학 등의 수평문화는 소프트웨어에 속한다. 따라서 지혜가 커야 그 안에서 현대 학교에서 배운 세상학문도 크게 쓰임 받을 수 있다. 따라서 지혜는 지식을 담는 그릇이다.

〈더 자세한 '수직문화와 수평문화'에 대해서는 저자의 저서 '현용수의 인성교육 노하우'(쉐마, 2015), 제1권 제2부 이하 참조〉

이러한 지혜가 배어 있는 인성교육은 여러 종교인의 종교교육에도 적용될 수 있을 뿐만 아니라 정치인, 사업가, 과학자, 의사, 변호사 및 예술인 등과 같은 모든 직업인에게도 동일하게 적용된다. 즉, 그들이 평생 도덕적으로 타락하지 않고 리더십을 발휘하며 꾸준히 남에게 유익을 주며 성공적인 삶을 사는 데도 적용된다는 뜻이다.

수직문화가 강하게 배어있는 지혜자의 특징 중 하나는 그들은 넓은 마음을 소유하고 있다는 것이다. 편협하지 않고 포용력이 크다. 선이 굵고, 줏대가 세고, 리더십이 강하다.

수직문화에서 얻은 지혜는 경험에서 얻은 '다스'(דעת, 지식)와 '아름' (ערם, 슈르드, 교활한, 현명한) 그리고 '비나'(בינה, 명철, 깨달음, understanding) 등이 있다. 이런 지혜는 인간됨의 그릇과도 연결되고 문제해결의 도구로도 사용된다.

따라서 지혜자는 마음이 넓고, 생각이 깊고, 총명이 남다르다. 무슨 일을 하든지 숲과 나무를 동시에 보는 안목으로 남이 보지 못하는 바를 보고, 남이 감히 생각하지 못하는 부분을 찾아낸다. 그리고 문제가 생길 것을 미리 알고 그것을 방지하거나, 문제가 발생할 때 크게 놀라지 않고 침착하게 해결 방법을 창안하여 재앙을 막는다. 그리고 본인도 슈르드한 지혜가 있기 때문에 악의 교활한 간계(슈르드)에 잘 넘어가지 않는다.

선악을 구별하여 실타래처럼 엉킨 문제를 푸는 능력이나 큰 문제를 두고 양자 간 판단할 때 어느 길이 옳은지 판단하는 능력이 뛰어나다. 그리고 사물을 판단할 때나 인생을 살아 갈 때 멀리 보는 안목으로 모든 일을 결정하여 당장에는 손해를 보는 것 같지만 나중에는 승리를 이끌어 낸다. 이때 적용되는 지혜가 바로 '비나'다.

그 예를 성경에서 찾아보자. 요셉은 하나님의 지혜(하코마)로 넓은 마음과 총명이 충만하여 애굽의 총리가 되어 온 세계에 명성을 날리었다(창 41:33-39; 행 7:10). 솔로몬도 특별한 하나님의 지혜를 받은 자다. 성경은 이렇게 기록하고 있다. "하나님이 솔로몬에게 지혜와 총명을 심히 많이 주시고 또 넓은 마음을 주시되 바닷가의 모래같이 하시니, 솔로몬의 지혜가 동양 모든 사람의 지혜와 애굽의 모든 지혜보다 뛰어난지라"(왕상 4:29-30).

솔로몬이 한 아기를 놓고 서로 자신의 아기라고 주장하는 두 창기 중에서 친어머니를 찾아주는 명재판은 역사적으로 유명하다(왕상 3:16-28). 두 여인 중에 악한 여인이 거친 잠버릇으로 죽인 자기 아기를 다른 여인의 아기와 살짝 바꾸어 놓고 아침에 친어머니에게 자기 아기라고 우겼다.

재판관으로 나선 솔로몬은 친어머니를 찾아주기 위해 살아 있는 아기를 칼로 쪼개어 반씩 나눠주라고 명했다. 이 때 한 여인은 그렇게 하라고 배짱을 부렸지만 다른 여인은 그 아기를 죽이지 말고 살려서 저 여자에게 주라고 사정했다. 솔로몬은 후자에게 아기를 주고 전자에게는 사기죄로 엄벌을 내린다. 모성애를 이용한 솔로몬의 지혜(비나)로운 재판이었다.

하나님은 선악을 잘못 판단하여 타인에게 억울함을 주는 것을 금하신다. 이것은 타인의 생명이나 재산을 해치는 것이기 때문이다. 지혜자는 뇌물을 받아 판단을 굽게 하지 않는다(신 16:19). 뿐만 아니라 지혜자에게는 보통 사람이 갖지 못하는 재주도 있어 하나님께서 주신 지혜로 맡겨진 일을 남보다 더 잘 감당할 수 있다(출 31:1-5, 35:35). 악기를 다루는 기술이나 제품을 잘 만드는 기술 및 운동 등 특별한 달란트들이 여기에 속한다.

따라서 우리는 자녀를 지혜에는 아이가 되지 말고, 악에는 어린아이가 되고, 지혜에 장성한 사람이 되도록 키워야 한다(고전 14:20). 그리고 누구든지 지혜가 부족하거든 모든 사람에게 후히 주시고 꾸짖지 아니하시는 하나님께 구하도록 가르쳐야 한다(약 1:5).

> 수직문화에서 얻은 지혜는 인간됨의 그릇과도 연결되고
> 문제 해결의 도구로도 사용된다.

IV 유대인이 지혜를 배우는 기본 장소

1. 유대인 교육의 센터는 가정이다
〈유대인 공동체에서 노인 한 사람이 죽으면 도서관 하나를 잃는 것과 같다〉

유대인 자녀들은 어디에서 지혜 교육을 받는가? 세속의 학교에서보다는 가정에서 할아버지나 할머니, 부모로부터 배운다. 유대인 교육의 센터는 우선 가정이다. 그들은 가정에서 자손대대로 전해지는 종교교육을 통해 도덕과 윤리 및 지혜를 터득한다. 특히 가정의 아버지로부터 지혜를 배운다.

〈저자 주: 앞의 II. 1. '솔로몬이 지혜를 구한 두 가지 이유'에서 아버지 다윗의 역할 참조〉

또, 그들의 부모는 지혜자인 랍비에게서 배운다. 하나님께서 직접 유대인들에게 이렇게 명령하셨다.

> "너는 센 머리 앞에 일어서고, 노인의 얼굴을 공경하며, 네 하나님을 경외하라. 나는 여호와니라"(레 19:32).

왜 하나님은 부모뿐만 아니라 젊은이들에게 어른을 공경하라고 말씀하셨는가? 그리고 이것이 곧 하나님을 경외하는 것이라고 말씀하셨는가? 물론 "네 부모를 공경하라"는 제5계명을 지키기 위함이다.

그러나 그 계명을 지킬 때 얻는 유익이 여러 가지 있다. 그 중 4차원 영재교육학적인 입장에서 어른을 공경하지 않고는 어른들에게서, 즉 조상대대로 내려오는 조상들의 역사, 즉 성경을 배울 수 없기 때문이다. 즉 지혜를 배울 수 없기 때문이다.

〈저자 주: 더 자세한 제5계명에 관해서는 저자의 저서 '자녀의 효도교육 이렇게 시켜라', 제1권 제2부 '왜 부모를 공경해야하는가'와 제3권 제3부 제2장 '자녀에게 부모 공경을 가르침으로 얻는 유익' 참조〉

뿐만 아니라 연세 많은 분들에게는 일생 동안 실패와 성공을 되풀이하면서 얻은 체험담, 즉 경험에서 얻은 지혜(다스)가 있기 때문이다. 웃어른의 말씀을 듣지 않고 어떻게 2세가 1세의 신앙의 유산과 지혜를 전수받을 수 있겠는가? 참 지혜자는 자신의 주장보다는 어른들의 말씀을 귀담아들을 줄 아는 자다. 그리고 그들의 지혜를 배우도록 노력하는 자다.

유대인에게 이런 격언이 있다.

> "유대인 공동체에서 노인 한 사람이 죽으면 도서관 하나를 잃는 것과 같다."

각 가정의 노인들이 평생 공부한 지식과 지혜의 양이 그만큼 많다는 것이다. 그들은 진실로 하나님의 말씀을 맡은 자들(롬 3:2)이다.

따라서 유대인은 백발을 존경한다. 부모 세대(백발)가 자녀들에게 하나님의 말씀과 전통을 제대로 가르쳤기 때문에 오늘의 자신들이 있음을 알기 때문이다. 그래서 부모 세대를 생각할 적마다 눈물을 흘리며 감사한다.

따라서 부모 세대는 천덕꾸러기가 아니라 자신들의 자부심이 된다. 부모만 생각하면 뿌듯하다. 힘이 난다. 이 자부심은 아브라함 때부터 현재까지 이어져오고 있다. 그리고 유대인의 경로사상은 마땅히 지켜야 할 효도교육의 한 부분이 되었다.

유대인은 "젊은 사람 가운데 이상주의자가 많고, 늙은 사람들 중에 보수주의자가 많은 것은 그러한 경향이 경험의 양에 비례함을 보여주는 것이다."라고 말한다. 유대인이 탈무드나 유대 민족의 고전들을 곰팡이 핀 고서로 취급하지 않고 지금 쓰인 책처럼 신선한 느낌으로 읽는 것은 오랜 역사의 경험에서 얻어진 교훈을 소중하게 여기기 때문이다 (Tokayer, 탈무드 5: 탈무드의 잠언집, 2017, 쉐마, pp. 350-351).

탈무드의 격언 중에 "하나님이 인간을 창조할 때에 왜 입은 하나, 귀는 둘을 만드셨는가? 이는 인간이 말을 하는 것보다 두 배나 더 많이 남의 말을 들어야 하기 때문이다"(Tokayer, 탈무드 1: 탈무드의 지혜, 2017,쉐마, p. 269)라고 한다. 이는 말하는 것보다 두 배로 지혜를 듣고 배우고 실천하라는 뜻이다.

이것은 하나님이 원하시는 이상적인 삶이다. 그러나 이런 삶을 살기는 쉽지 않다. 지혜자 솔로몬도 자신의 아들교육에는 실패했다.

솔로몬의 아들 르호보암은 왕이 된 후에 두 그룹, 즉 아버지 솔로몬과 가까이했던 노인들과 자신과 함께 자라난 젊은 소년들에게 백성을 어떻게 교도했으면 좋겠느냐고 물었다. 이에 대하여 노인들은 르호보암에게 "왕이 만일 오늘날 이 백성의 종이 되어 저희를 섬기고 좋은 말로 대답하여 이르시면 저희가 영영히 왕의 종이 되리이다"라고 대답하였다.

반면 소년들은 "나는 너희의 멍에를 더욱 무겁게 할지라. 내 부친은 채찍으로 너희를 징치하였으나 나는 전갈로 너희를 징치하리라 하소서"라고 대답했다. 르호보암은 '노인의 교도를 버리고 소년의 가르침을 좇아' 행했고, 결국 국가는 위기에 처하게 되었다(왕상 12:6-15). 르호보암의 우둔함은 지혜 있는 노인의 교도를 택하지 않고, 경솔한 젊은 소년들의 교도를 택한 데서 뚜렷이 나타난다.

솔로몬 자신은 아버지 다윗의 교육을 잘 받아 지혜자가 되었지만, 자신의 자식교육에는 실패한 것이다. 그만큼 자식교육이 쉽지 않다는 것을 뜻한다.

왜 어른들의 교도가 젊은 소년들의 교도보다 탁월한가? '노인의 교도'는 단순한 지식에서 나온 것이 아니라, 인생을 살아오면서 터득한 지혜에서 나온 것이기 때문이다. 때문에 유대인은 책을 통해 배우는 지혜보다는 부모를 통해 배우는 지혜가 가장 소중하고 훌륭한 것이라고 가르친다.

또한 여기에서 노인도 노인 나름이라는 것을 말하고 싶다. 왜 신본주의 입장에서 유대인의 노인이 대부분 다른 이방인 노인보다 더 가치가 있는가? 그들은 일평생 하나님의 말씀과 전통(토라와 장로의 유전)을 맡기 위하여 부단히 노력했기 때문이다.

따라서 그들은 하나님의 말씀을 맡은 자(롬 3:2)로서 "이스라엘 사람이다. 그들에게는 양자됨과 영광과 언약들과 율법을 세우신 것과 예배와 약속들이 있다(롬 9:4). 이것을 이해해야 "유대인 공동체에서 노인 한 사람이 죽으면 도서관 하나를 잃는 것과 같다"는 격언을 이해할 수 있다.

어떤 유대인 현인이 "어떻게 현인이 되었느냐?"는 질문을 받고, 대답하기를 "식용유에 보다도 등유에다 더 많은 돈을 썼기 때문"이라고 대답했다(Tokayer, 탈무드 5: 탈무드 잠언집, 2017, 쉐마, 2013, p. 210).

> "
> 학교에서는 지식만을 배우지만,
> 가정에서 부모로부터 배우는 것은 지혜다.
> 유대인 노인이 존경을 받는 이유다.
> 노인을 천대하는 젊은이들에게 미래가 있겠는가?
> "

2. 아버지가 교육에 열심이면 모두 성공하는가

A. 다윗은 모든 자녀교육에 성공했는가

앞에서 다윗은 솔로몬 교육에 성공했다고 했다.
〈저자 주: 제2장 II. 2. '솔로몬이 지혜를 구한 두 가지 이유' 참조〉

여기에서 우리는 아버지 신학적 입장에서 이런 질문을 할 수 있다. 솔로몬의 아버지 다윗은 자녀교육에 모두 성공했는가? 아니다. 처음에는 실패했지만 마지막에는 성공했다. 왜 이런 결과가 나왔는가?

이 질문에 답을 하는 것은 대단히 중요하다. 동일한 아버지라 해도 자녀들에게 어떤 환경에서 어떤 교육철학으로 그리고 어떤 교육 방법으로 시켰는지에 따라 그 열매가 다르게 나타나기 때문이다.

다윗은 여덟 명의 아내와 여러 명의 첩이 있었다. 그들로부터 많은 아들들을 낳았다. 그가 젊었을 때 헤브론에서 낳았던 아들들(삼하 3:2) 교육은 대부분 실패했다. 특히 셋째 아들 압살롬은 아버지 다윗에게 극악한 패륜아였다(삼하 15:1-37). 그런데 솔로몬 교육에는 어떻게 성공했나?

다윗이 젊었을 때는 장인 사울 왕이 자신을 죽이려고 하자 10년 동안 쫓겨 다녔다. 왕이 된 후에는 통일 왕국을 이루기 위하여 수많은 전쟁터를 돌아다녀야 했다. 그리고 예루살렘 성전을 짓기 위해 엄청난 물자를 준비해야했다. 한 마디로 정신이 없었다. 육신적으로도 가정에 있을 틈이 거의 없었다. 즉 자녀들에게 성경 교육을 시킬만한 환경이 되지 않았다.

그런데 솔로몬이 태어났을 때는 국정이 안정을 찾았을 때였다. 그리고 아버지로서 장성한 자녀들의 교육에 실패한 것을 절실하게 깨닫고

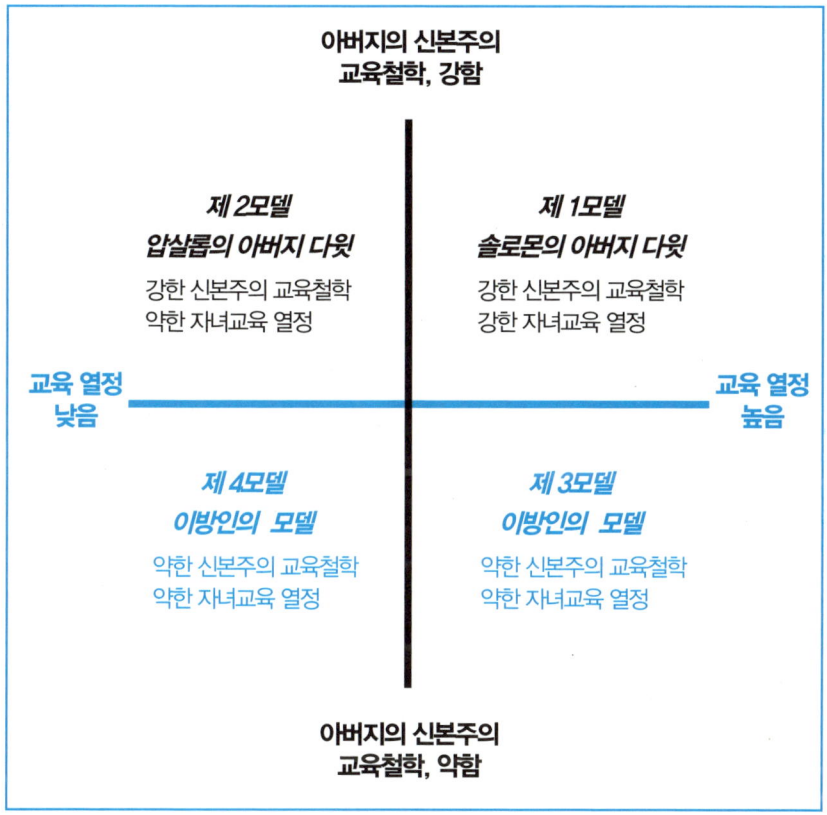

후회했을 것이다. 그래서 다윗은 어린 솔로몬을 교육하기에 온갖 힘을 쏟았을 것이다. 그는 조상 대대로 내려오던 하나님이 가르쳐주신 신본주의교육철학(쉐마)과 방법을 너무나 잘 알고 있었다.

자녀교육 농사도 심는 대로 거두는 법이다. 이것은 가정에서 아버지가 아무리 바빠도 자녀교육을 등한시하면 안 된다는 교훈을 준다. 물론 구속사적 입장에서 다윗이 솔로몬 교육에 성공한 것은 하나님의 언약을 이루는 과정이었다.

> 한 아들이 네게서 나리니 저는 평강의 사람이라 내가 저로 사면 모든 대적에게서 평강하게 하리라 그 이름을 솔로몬이라 하리니 이는 내가 저의 생전에 평안과 안정을 이스라엘에게 줄 것임이니라. (대상 22:9)

여기에서 우리는 아버지 다윗의 교육철학과 자녀교육에 대한 열정을 변수로 놓고 네 가지 아버지의 모델을 추정할 수 있다('다윗을 예로 본 네 가지 모델' 도표 참조).

제1모델: 신본주의 교육철학도 강하고, 자녀교육에 열심인 아버지. (솔로몬의 아버지 다윗).
　가장 좋은 모델이다.

제2모델: 신본주의 교육철학은 강하지만, 자녀교육에 무관심한 아버지. (압살롬의 아버지 다윗)

다윗은 하나님에 대한 믿음도 강하고 많은 헌신을 했던 대표적인 인물이다. 그런데 왜 그의 자녀들 중에 압살롬 같은 패륜아가 나왔는가? 그 이유는 그가 인생의 초반기에 너무 바빠 자녀교육에 무관심했기 때문이다.

이것은 자신이 하나님을 위해 열심히 헌신하면 하나님께서 자신의 자녀들을 잘 키워주실 것이라는 믿음이 가짜라는 것을 증명해준다. 자녀교육은 하나님께 맡기기보다는 자신이 직접 가르쳐야 한다. 이것이 구약의 지상명령 쉐마다(창 18:19).

그렇다고 하더라도 신본주의 입장에서 아버지가 신앙이 없는 제3-4모델보다는 좋은 편일 것이다. 그래도 신앙 안에서 아버지를 존경하는 아들들도 있을 수가 있기 때문이다. 압살롬의 경우는 특별한 경우다.

제3모델: 신본주의 교육철학이 약하고, 자녀교육에 열심인 아버지. 신본주의 교육철학이 약하다는 것은 이방인의 교육철학일 수 있다. 신본주의 입장에서는 나쁘지만 인성교육학적인 입장에서는 좋을 수도 있다. 그러나 꼭 그럴 수는 없다. (아래 B항에서 자세히 설명함)

제4모델: 신본주의 교육철학도 약하고, 자녀교육에도 무관심한 아버지. 성도이건 이방인이건 제일 나쁜 아버지의 모델이다.

Q. 여러분의 자녀들은 누구의 영향을 가장 많이 받나요?
Q. 한국의 아버지들이여, 당신들은 자녀들을 위해 무엇을 하고, 어떤 영향을 끼치고 있습니까?

랍비 강의

바위와 부자(父子)

요셉의 활이 도리어 견강하며 그의 팔이 힘이 있으니 야곱의 전능자의 손을 힘입음이라. 그로부터 이스라엘의 반석인 목자가 나도다. (창세기 제49장 제24절)

여기서는 '반석'에 해당하는 히브리어의 '에벤'이란 말이 문제다. 이 말은 성경 안에 자주 나온다. 예를 들면 성경의 십계는 바위 위에 쓰여졌으며 야곱은 바위 위에서 자주 잤다.

'에벤'이라는 말은 '아브(父)'라는 말과 '벤(아들)'이라는 두 말을 합친 것이다. 요컨대 부자(父子)라는 말이 된다. 아버지와 아들이 합쳐지면 반석만큼 튼튼하다는 뜻이다.

유대인이 오늘날처럼 발전해 온 가장 큰 비결은 가족의 단결력이 강하다는 점에 있다. 예를 들면 하나님과 이스라엘 백성이 아버지와 아들이라는 관계로 굳게 맺어져 있는 것이 유대인을 오늘날까지 지탱시켜 온 원동력이라고 할 수 있다.

출처: Tokayer, *탈무드 2: 탈무드와 모세오경*, 쉐마, 2017, pp. 180-181.

B. 아버지 교육의 열정보다 교육 방향이 더 중요하다

앞에서 다윗이 아버지로서 압살롬에게는 자녀교육을 시키지 않았기 때문에 실패했고, 솔로몬에게는 시켜서 성공했다고 했다. 그렇다면 모든 아버지들이 자녀들에게 교육을 열심히 시키면 모두 성공하는가?

꼭 그런 것은 아니다. 아버지가 어떤 교육철학과 어떤 교육의 방식을 가졌느냐에 따라 다른 열매(결과)가 나올 수도 있다. 예를 들면 미국의 초중고 학교에서는 청소년들의 총기 난사 사건이 줄을 잇고 있다. 가장 큰 이유 중 하나는 아버지가 아들을 데리고 사냥을 많이 다녔기 때문이다.

초등학교 때부터 아들을 사랑하여 부자가 함께 산에 가서 곰이나 멧돼지 및 사슴 등을 총으로 쏴서 죽이곤 했다(Time, Armed & Dangerous, April 27,

유아기부터 TV에서 총격이나 섹스 장면을 계속 보게 되면 그 장면의 이미지가 머릿속에 박혀 무심코 범죄에 빠지기 쉽다. 사진은 동료 학생들과 교사들을 향해 총기를 무차별 난사한 11세 중학생이 어린 시절 총을 들고 있는 모습. 범인은 항상 총을 가까이 한 사냥꾼의 아들이었다. 1998년 4월 27일 〈타임〉지 커버 스토리 '위험한 무장'의 표지 사진.

1998). 살아 있는 동물이 피를 흘리며 죽는 모습을 모며 희열을 느꼈다.

비록 동물이라고 해도 피를 보이는 이런 잔인한 교육을 어려서부터 시키면 생명의 존엄성을 망각하게 할 수 있다. 따라서 그런 교육을 받은 학생들이 같은 학교 동료 학생들의 생명도 하찮게 여기고 총으로 그들에게 총구를 겨누어 수십 명의 목숨을 잃게 할 수고 있을 것이다(중앙일보 미주판, '콜럼바인'은 끝나지 않았다, 2007년 4월 21일).

그런데 다윗은 어떻게 솔로몬 교육에 성공했는가? 그것은 다윗이 하나님의 사람으로 하나님을 경외하는 의인이기 때문이다. 그는 하나님의 지혜를 받은 이스라엘의 구원자이고 하나님이 무엇을 원하시는지 정확하게 아는 신본주의 교육철학자였다. 따라서 그는 장군 출신이지만 솔로몬에게 사람을 죽이는 교육 대신에 지혜가 제일이라고 가르쳤다(잠 4:1-7).

이것은 무엇을 뜻하나? 아버지가 자녀교육에 대한 열정을 가지는 것도 중요하지만, 무엇을 위하여 어떻게 가르칠 것인가 하는 아버지의 교육철학과 방법이 더 중요하다는 것을 뜻한다. 즉 교육의 열정보다 교육의 방향과 방법이 더 중요하다.

앞에서 저자는 신본주의 교육철학과 자녀교육에 대한 열정을 변수로 놓고 '다윗을 예로 본 아버지의 네 가지 모델'을 설명했다. 그렇다면 여기에서 신본주의 교육철학이 약하다는 것은 무엇을 뜻할까? 네 가지로 추정할 수 있다.

1) 성경 이외 다른 경전을 믿는 종교인들, 즉 유교나 불교 등의 교육철학을 가졌거나, 2) 신 없이도 살 수 있다는 인본주의 교육철학을 가졌

다거나, 3) 인성을 망치는 잘못된 교육철학을 가졌거나, 혹은 4) 아예 어떤 교육철학도 없다는 것일 수 있다.

1) 항은 성경은 아니더라도 다른 종교의 경전에 따른 종교교육을 열심히 시킨다는 것이다. 이것은 인성교육학적인 입장에서는 나머지 세 가지 경우보다는 좋다. 왜냐하면 건전한 종교에는 선악을 구별하는 도덕과 윤리 지침(율법)이 있기 때문에 상대적으로 무종교인보다 타락할 가능성이 낮다.

2) 항의 경우는 하나님 없이 자신의 힘으로 성공하고 행복해 질 수 있다는 것이다. 이런 경우는 남보다 앞서기 위하여 무조건 학교에서 IQ교육만 강조하는 아버지일 수 있다. 인성교육학적인 입장에서 타락하지만 않는다면 비교적 괜찮을 것이다.

3) 항의 경우는 앞에서 예를 들었듯이 인성을 해치는, 짐승을 죽이는 교육을 시키거나, 반대파는 반동으로 몰아 피바람을 일으키는 공산주의 교육철학을 가진 아버지일 수 있다. 가장 나쁜 모델이다. 자녀를 악의 길로 내몰 수도 있기 때문이다.

4) 항의 경우에는 아예 교육이 무엇인지를 모르는 경우일 것이다. 이럴 경우 교육의 선악을 분별할 수 없기 때문에 잘못된 좌파 교육에 휘둘릴 수 있다.

이 중 인성교육학적인 입장에서 어느 모델이 가장 좋고 어느 모델이 가장 나쁜가? 가장 좋은 모델은 제1항 모델일 것이다. 가장 위험한 모델은 제3항 모델일 것이다. 제3항은 아예 교육에 대해 아무 것도 모르는 것보다도 못하다.

> 아버지는 자녀교육에 대한 열정보다
> 바른 교육 철학을 세우는 것이 더 중요하다.
> 즉 교육의 열정보다 방향이 더 중요하다.
> 한국교육은 열정은 있으나
> 방향성과 바른 교육철학이 없어 표류하는 것이 문제다.

3. 한국의 젊은이들이여, 백발에게 배우라

A. 업신여겨지는 한국 노인들의 축적된 지혜

한국인도 예전에는 경로사상이 강했다. 그래서 그들로부터 지혜를 전수받았다. 따라서 학교를 다니지 못했던 노인들도 고학력을 가진 신세대보다 지식은 부족하나 지혜 있는 분들이 많다. 실제로 대학까지 나온 신세대보다 초등학교도 안 나온 할머니에게 삶의 지혜가 더 많은 것을 발견할 수 있다.

요즈음 한국의 젊은이들이 서양의 신학문(IQ교육)을 좀 배웠다고 어른들의 식견을 업신여기는 풍조는 바람직하지 못하다. 특히 현대를 살아가고 있는 한국의 노인들은 한민족 역사에서 볼 때 문화적으로, 학문적으로, 도덕적으로, 사상적으로 그리고 전쟁사적으로 가장 커다란 격동기를 겪은 분들이다.

일본군, 중국군, 인민군, 한국군 등 4개 나라의 군인 경력을 가진 사람이 하나 둘이 아니다. 조국의 광복, 공산주의와 자유 민주주의의 이데올로기 대립을 겪은 분들이다. 또한 한국 역사에서 볼 때 신학문을 접하고 한국을 경제대국으로 일으킨 최초의 세대다. 도덕과 윤리적 측면에서 볼 때, 그들은 한국 근대사의 사상을 가장 많이 지닌 마지막 세대다.

교회사적으로 볼 때에도 그들은 왜정 시대의 신사 참배 강압과 6·25 전쟁 시의 공산주의의 탄압을 경험한 세대다. 그들은 현대인들이 돈 주고도 살 수 없는 비싼 경험들을 갖고 있는 분들이다.

유대인 어린이들은 백발 노인을 존경하며 그들로부터 지혜와 전통을 배운다. 사진은 기도하는 유대인 노인.

　젊은이들은 이러한 역사의 소용돌이를 거쳐 온 분들에게 뜨거운 박수를 보내며 그들이 돌아가시기 전에 그들의 지혜를 경청하며 배워야 한다. 그리고 한국 역사의 커다란 분수령의 증인들을 연구 정리하여 우리 민족의 저력과 자랑으로 승화시켜야 할 책임이 있다.

　위대한 사상이나 명작은 역사적 환경이 만들어 낸다. 러시아의 문호 톨스토이의 작품인 〈부활〉의 역사적 배경이 그랬고, 도스토예프스키의 작품인 〈죄와 벌〉의 역사적 배경이 그랬다. 한국의 근대 및 현대사의 배경에도 불구하고 한국인이 노벨상을 탈 수 있는 문학 작품 하나를 남기지 못한 것이 못내 아쉽다.

우리 것을 귀하게 여기지 않고 외국 것만 너무 귀하게 여긴 탓일까? 그렇지 않으면 우리 민족의 사상적인 그릇이 작기 때문일까? 이제라도 젊은이들이 마음을 바꿔 우리의 할아버지, 할머니에게서 귀한 경험과 지혜의 유산을 물려받아야 한다.

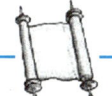

격동기를 겪은 한국
왜 세계적인 문학 작품 없는가?

B. 판사에 필요한 두 가지 능력

현대의 한국 국민들은 매사에 비판하고 따지고 판단하는 것을 좋아한다. 판사 노릇을 자처하는 것이다. 그만큼 의식 수준이 높아졌다는 증거이기도 하지만, 역기능도 만만치 않다. 기대치에 미치지 못하면 불평불만이 많다. 정부나 사회에 불만이 많고, 가정에서 부부 사이에 그리고 부모와 자녀 사이에 불화가 잦아지고 있다.

이것은 무엇을 뜻하는가? 판사도 역기능의 판사와 순기능의 판사가 있다. 전자는 지식만 있는 판사이고, 후자는 지혜로운 판사다. 그렇다면 지혜로운 판사는 무엇이 다른가?

탈무드에서는 지혜로운 판사가 갖추어야 할 능력 두 가지를 제시한다.

첫째, 판사가 되려면 항상 겸손하고 언제나 선행만을 행하며, 정확한 판별력과 위엄을 갖추고, 지금까지의 이력이 깨끗해야 한다. 따라서 우리는 남을 비판하기 전에 자신을 살펴야 한다.

둘째, 판사는 반드시 진실(Justice)과 평화(Peace)를 모두 구해야 한다. 만일 진실만을 추종한다면 평화를 잃고 만다. 그러므로 진실함과 평화로움을 함께 지킬 수 있는 방법을 찾아내야 하는데, 그것이 바로 타협이다 (Tokayer, 탈무드 1: 탈무드의 지혜, 2017, p. 207). 물론 타협에는 인내가 필수다.

현대인의 약점은 무엇인가? 대부분 서양의 IQ교육(지식교육)만 받아왔기 때문에 상대적으로 지혜가 부족하다. 그들은 진실만이 전부인 줄 알고 상대방을 낱낱이 벗길 줄만 알고 평화를 지킬 줄 모른다. 타협이나 인내에 인색하다.

따라서 판사에게 정의와 평화를 함께 구할 수 있는 솔로몬의 지혜가 필요하듯, 지도자와 국민 모두 지혜로써 자신을 지킬 줄 알아야 한다.

지혜가 있는 사람은 삶에 요령이 있다. '요령' 있는 인간과 '약은' 인간에는 차이가 있다. 요령이 있는 사람은 지식인이 벗어날 수 없는 어려운 상황을 무난히 빠져 나간다(Tokayer, 탈무드1: 탈무드의 지혜, p. 240). 반면 학교에서 지능(IQ)교육만 받고 지식으로만 채운 사람은 얕은 수를 부리는데 그친다. 정작 중요한 상황에서 해결책을 찾지 못하고 주저앉게 된다.

결론적으로 1950년대 이전에 태어난 한국의 노인들은 학교교육은 많이 배우지 못했더라도 유대인처럼 지혜가 많았다. 그들은 현대의 젊은이들에 비하여 인생을 살아나가면서 어려운 문제가 생길 때마다 그 문제를 해결할 수 있는 능력이 많았다. 다시 한 번 말하지만, 지혜는 인생의 문제를 해결하는 도구다.

> 지혜로운 판사가 갖추어야 할 능력
> 두 가지는 무엇인가?

랍비의 지혜

엉터리 소리는 집어치우시오!

어떤 로마인이 랍비를 찾아와서 "당신들은 하나님 이야기만 하고 있는데, 도대체 그 하나님이 어디에 있는지 가르쳐주시오."라고 말하며 만약 가르쳐주면 자기도 하나님을 믿겠다고 했다. 랍비는 물론 이 심술궂은 질문을 못 들은 척할 수가 없었다. 그래서 랍비는 그 로마인을 밖으로 데리고 나가 태양을 가리키며 말했다.

"저 태양을 똑바로 쳐다보시오."

그러자 로마인은 태양을 잠깐 쳐다보고는 소리쳤다.

"엉터리 소리는 집어치우시오! 어떻게 태양을 똑바로 쳐다볼 수 있단 말이오."

그러자 랍비는 다음과 같이 말했다.

"당신이 하나님께서 창조하신 많은 것들 가운데 하나인 태양조차 바로 볼 수가 없다면 어떻게 위대하신 하나님을 눈으로 볼 수 있겠소."

출처: Tokayer, *탈무드 1: 탈무드의 지혜*, 2013, 쉐마, pp. 206-207.

V
지혜는 칼보다 강하다

〈저자 주: 요셉이나 솔로몬의 지혜에 관한 예는 제3부 제2장 III. 3. '수직문화에서 지혜를 얻어라: 지혜는 지식을 담는 그릇이다'에 소개했다. 여기에서는 성경에 없는, 위기를 지혜로 넘긴 유대인의 실제 예를 몇 가지 소개한다〉

1. 위기를 넘긴 유대인의 예

A. 위기를 넘긴 유대인의 지혜1: 권총강도 만난 유대인 경리직원

한 유대인이 직원들에게 줄 돈을 은행에서 찾아 가방에 넣은 후 회사로 향하고 있었다. 그런데 으슥한 빈터에 도달했을 때 총을 든 강도가 나타났다. 그는 유대인에게 총을 겨누며 쏠듯이 위협하며 돈 가방을 달라고 했다. 유대인은 겁이 난척하며 벌벌 떨면서 가방을 건네주었다. 그리고는 최상의 존경어를 써가며 강도에게 이렇게 사정했다.

"선생님, 제가 돈 가방을 드리는 것은 문제가 아닙니다만, 저는 회사에 가서 제가 돈을 어디다 감춘 것이 아니라 선생님에게 털렸다는 보고를 해야 의심을 안 받습니다. 그렇게 하려면 증거가 필요합니다. 그러니 그 권총으로 저의 옷에 구멍을 몇 개 내 주면 좋겠습니다."

"오른쪽 겨드랑이에 한 방 쏴 주실래요?"하며 양복 오른쪽을 들어보였다. 강도는 인심이나 쓰듯이 "빵!"하고 한 방을 쏘았다.

그러자 유대인은 상의를 벗어 들고는 계속 사정했다.

"왼쪽도요."

두 번째, "빵!"

"오른쪽 어깨도요."

세 번째, "빵!"

"왼쪽 어깨도요."

네 번째, "빵!"

"바지 가랑이에도요."

다섯 번째, "빵!"

"이쪽 바지 가랑이에도요."

여섯 번째, "빵!"

중절모자를 벗어 손에 들고는 "이 모자에도요."

일곱 번째, "빵!"

유대인은 권총 강도가 모두 일곱 발을 쏘게 한 후 그가 방심한 틈을

정통파 유대인은 항상 긴 도포를 입고 다닌다. 따라서 그 도포를 벌렸으면 총을 쏠 수 있는 여분이 많았을 것이다.

타서 갑자기 달려들어 주먹으로 있는 힘을 다해 강도의 얼굴을 강타했다. 그리고 그가 쓰러진 틈을 타서 돈 가방을 다시 빼앗아 달아나 버렸다. 강도는 도망가는 유대인에게 총을 쏘았으나 방아쇠 소리만 철거덕 날 뿐 더 이상 총알은 발사되지 않았다.

왜냐하면 강도가 갖고 있는 총에는 전체 일곱 발의 총알밖에 장전할 수 없었기 때문이었다. 유대인은 이것을 이미 알고 있었다. 그리고는 강도가 모든 총알을 쏘도록 유도하였다. 유대인이 지혜로 위기를 넘긴 예화다(미국 쉐마목회자클리닉 제3차 학기, 랍비 에들러스테인 강의에서 발췌, 2001년 2월 15일).

그들의 이런 지혜는 학교교육만으로 얻어지는 것이 아니다. 어려서부터 지혜 교육의 이론을 배우고, 그 이론을 실제 삶에서 항상 적용해 왔기 때문에 가능한 일이다.

B. 위기를 넘긴 유대인의 지혜2: 달아난 이유

독일의 히틀러가 수많은 유대인들을 학살할 때였다. 유대인은 러시아로 도망친 경우가 많았다. 그래도 러시아에는 영주권을 가지고 살고 있는 유대인이 많았다. 히틀러는 러시아 경찰에게 도망간 유대인을 잡아 넘길 때마다 많은 돈을 주었다. 그래서 러시아 경찰은 유대인들만 보면 영주권 조사를 했다.

마침 두 명의 유대인이 지나가는 것을 본 두 명의 경찰들은 영주권 조사를 하려고 따라갔다. 둘 중의 한 명은 영주권을 가지고 있었고, 나머지 한 명은 영주권이 없는 불법 체류자였다.

영주권이 없는 유대인이 하나님께 살 수 있는 지혜를 달라고 기도했다. 그때 영주권 있는 유대인이 자신의 옆구리를 찌르며 말했다.

"경찰관이 오면 내가 뛸 테니 자네는 태연히 걸어가게."

영주권을 가진 친구가 도망치기 시작했다. 경찰들은 "저놈이 영주권이 없구나"라고 생각하고 쫓아갔다.

그 유대인은 한참을 뛰었다. 이만하면 영주권 없는 유대인 친구가 안전하다고 생각하는 곳까지 가서 멈춰 섰다.

"영주권 좀 봅시다."

경찰이 물었다.

"여기 있어요."

그는 영주권을 보여 주었다. 경찰이 다시 물었다.

"그런데 왜 도망쳤지?"

"의사가 나에게 약 먹고 30분간 뛰라고 해서 뛰었어요."

"아무리 그래도 내가 따라가는 것을 봤으면 서야지?"

유대인이 대답했다.

"당신도 나처럼 의사 선생님이 약 먹고 뛰라고 그런 줄 알았어요."

〈출처: Tokayer, 탈무드 6: 탈무드의 웃음, 쉐마 2017. pp. 84-85.〉

C. 위기를 넘긴 유대인의 지혜3: 누가 닭을 훔쳤나

유대인의 거장 감독 스티븐 스필버그(Steven Spielberg)가 만든 명화 '쉰들러스 리스트'(Schindler's List)에 나오는 얘기다(https://en.wikipedia.org/wiki/Schindler%27s_List, 1993). 거기에 이런 장면들이 있다. 유대인을 감금한 아우쉬비츠 수용소의 한 막사에서 키우던 닭 한 마리가 없어졌다. 이를 안 나치 군인들이 막사에 거주하는 모든 유대인들을 운동장으로 나오게 했다.

그리고 그들에게 말했다.

"누가 닭을 훔쳤나? 자수하라."

"……"

아무도 나오는 이가 없었다. 모두 벌벌 떨고 있을 뿐이다.

잠시 후 나치 군인이 다시 말했다.

"셋까지 셀 동안 나오라. 만약 나오지 않는다면 나올 때까지 한 사람씩 차례로 죽이겠다."

그는 수를 세기 시작했다.

"하나, 둘, 셋"

유대인 대학살 영화 '쉰들러스 리스트'에서 닭을 훔친 유대인을 찾기 위해 나치 군인이 진범을 찾을 때까지 한 사람씩 죽이겠다고 했다. 그리고 한 사람을 죽였다(상). 그 때 어린 소년이 죽은 사람을 가르치며 저 사람이 훔친 것을 내가 보았다고 하여 모두 살렸다(하). 모두 죽을 위기에서 그들을 살린 것은 유대인 소년의 지혜였다.

아무도 나오지 않자 나치는 앞의 노인의 머리를 향해 권총을 쏘았다.

"탕-"

그 노인은 머리에 검붉은 피를 흘리며 쓰러졌다. 그리고 다른 노인을 향하여 권총을 겨누자 13살 된 소년이 겁에 질린 듯이 손을 번쩍 들었다.

"네가 훔쳤느냐?"

"아닙니다."

"그런데 왜 손을 들었지?"

"저는 누가 훔쳤는지 압니다."

"누구냐?"

소년은 죽은 노인을 손가락으로 가르치며 힘차게 외쳤다.

"저 사람입니다(That's him.)."

유대인은 이런 지혜로 위기를 모면하는 경우가 많다.

D. 지혜로 남의 땅을 향유하는 유대인

유대인은 왜 타인에게 친절한가? 그 이유는 간단하다. 여호와의 율례와 법도가 그렇게 가르치고 있기 때문이다. 유대인의 친절 교육은 성경에 많이 나타나 있다. 유대인은 창세기의 아브라함이 나그네를 대접했는데 그가 바로 천사이었기 때문에 축복받은 사실(창세기 18장)과 반대로 소돔 땅 거민들이 나그네였던 천사를 잘 대접하지 않아 그 땅에 저주가 임한 사건(창세기 19장)을 기억한다.

유대인은 종교적인 교훈을 실제 삶에 실천한다. 따라서 하나님이 유대인에게 준 나그네와 고아와 과부를 대접하라는 말씀(출 22:22-24; 신 16:14, 24:17, 19-21, 27:19; 렘 7:6)을 지키고자 노력하고, 특히 고난 중에 처한 환자 방문을 권장한다(Cohen, 1983; Donin, 1972).

그러나 저자의 경험으로는 이러한 일들을 자기 민족끼리는 잘 하지만 이방 사람들에게는 가려 가면서 하는 것을 보아 왔다. 가장 사귀기 힘든 사람들이 정통파 유대인들이다. 그들과는 다른 사람의 소개 없이 속을 터놓고 사귀기가 참 힘들다.

저자가 하루는 유대인 교수의 소개로 안식일 어느 정통파 회당에 참석하였다. 그 날 오전 집회가 끝나고 랍비가 저자를 모든 사람 앞에서 정중히 소개하였다. 저자의 직업과 교육학 전공까지 소개해 주었다. 그 후 뒷마당에서 간단한 스낵 시간이 있었는데, 많은 사람들이 저자에게 와서 인사를 하였다. 그 중 네 사람이나 자신들의 안식일 점심 식사에 저자를 초대하였다. 물론 랍비와 선약이 되어 있어서 정중히 사양했다.

저자는 랍비에게 "왜 그렇게 많은 사람들이 처음 보는 사람을 초대하는가?"라고 물었다. 랍비는 두 가지로 대답하였다. 하나는 여호와의 율법 중 여호와의 절기인 안식일에 나그네를 대접하라는 계명이 있는데 이를 지키기 위함이고, 둘째는 저자가 그들이 존경하는 유대인 지도자의 소개를 받았기 때문이라고 설명해 주었다. 이 일을 통해 그들의 율법을 지키려는 강한 의지를 볼 수 있었고, 또한 유대인 사회에서의 '소개'의 위력을 볼 수 있었다.

저자의 경험에 의하면 유대인과의 사귐에는 세 단계의 과정이 필요하다. 그들은 처음에는 정말 친절하다. 그러나 좀 알고 나면 까다롭게 느껴지고, 어떤 선 이상으로 가까워질 수 없는 한계를 느낀다. 그러나 일단 그 선을 넘고 나면 그렇게 좋을 수가 없다.

그들이 이방인에게 쉽게 마음을 안 주는 이유 중에는 물론 그들의 선민 의식도 많이 작용한다. 하지만, 랍비들의 말에 의하면 자신들은 역사적으로 이방인에게 너무 많이 당한 민족이기 때문에 이방인을 잘 믿지 못하고 경계한다고 한다.

유대인은 평화를 사랑하는 민족이다. 역사적으로 아무리 부강했을 때라도 하나님이 허락하신 가나안 땅 이외의 다른 나라를 침범한 적이 없다. 제사장의 축복도 "평강 주시기를 원하노라"(민 6:26)로 끝난다. 그들은 "인류가 한 사람에게서 시작된 것은 서로 다투지 않게 함이다"라고 설명한다. 인류가 한 사람에게서 나왔는데도 이처럼 다투는데, 만약 두 사람에게서 시작되었다면 얼마나 많은 분쟁이 일어났겠는가(Cohen, 1983, p. 110).

평화가 없는 곳에 번영과 복지가 있을 수 없다. 번영과 복지를 말하려면, "땅은 소산을 내고"(레 26:4), 적어도 너희는 우리에게 먹을 것과 마실 것이 있다고 말할 수 있어야 한다(무엇을 더 바라겠는가). 그러나 만약 평화가 없으면 아무것도 없다. 평화는 모든 것에 동일한 가치가 있다고 선언한다(Cohen, 1995, p. 204). 즉 평화가 없다면 땅도 소산을 낼 수가 없다. '땅의 소산'은 곧 번영과 복지의 필수 조건이다.

유대인은 타민족과 섞이지 않으면서 더불어 살아가는 데에 천재적 소질을 가지고 있다. 매사에 지혜로 위험을 최소화한다. 우리가 흔히 말하는 인간 관계 차원을 넘어 타민족과의 관계에도 능수능란하다. 한 가지 예를 들어 보자. 1992년 미국 L.A.에서 있었던 4·29 폭동 후 한인에 대한 흑인들의 불만이 언론에 부각되었다. 그 으뜸 되는 원인은 한인 상인들이 흑인을 멸시한다는 것이다. 고객에게 화를 자주 내고 본인들이 안 보는 데서 욕을 한다는 것이다.

유대인들도 흑인을 상대로 장사를 많이 해왔다. 그런 의미에서 그들은 한인의 선배다. 로스앤젤레스나 뉴욕의 경우 대부분의 한국인 상인은 유대인의 사업체를 인수받았다. 똑같은 장소에서 똑같은 사업을 하는데 왜 한인들은 더 많은 피해를 보는가?

유대인은 고객에게 거의 화를 안 낸다. 설사 흑인들이 물건을 훔치고 못된 짓을 한다 하여도 경찰을 부르거나 나중에 변호사를 통하여 고소를 할망정 면전에서는 부드럽다. 실상 그들은 비즈니스를 할 때는 너무나 고객에게 야박하다.

반면 한국인들은 기분에 따라 인심이 후하기도 하고 야박하기도 하다. 결국 한국 사람들은 물질은 물질대로 손해를 보면서 흑인들에게 욕을 먹고, 유대인은 물질은 물질대로 챙기면서 흑인들에게 환심을 산다. 이것이 유대인의 지혜다.

1992년 8월 14일. 4·29 폭동 후 각 인종별 종교계 대표들이 모여 인종 갈등에 관한 좌담회를 했는데, 그것이 미국 텔레비전에 방송되었다. 거기에는 기독교인, 불교인, 이슬람교인, 힌두교인 및 유대인 등 많은 인사들이 참석했다. 한참 이야기가 진행되면서 사회자가 유대인 랍비에게 이런 질문을 했다.

"당신들이 믿어 온 하나님은 선민인 당신들만 천국에 보낸다고 생각하느냐?" 뜻밖의 질문이었다. 잘못 답변하면 유대인의 선민 사상으로 타민족의 미움을 살지도 모르는 일이었다. 긴장이 도는 순간이었다.

유대인 랍비는 잠시 망설이더니 웃으면서 "글쎄요. 다른 종교를 믿는 사람들도 천국에 간다고 가르치는데 그들은 어느 천국에 갈런지 모르지만, 간다고 해도 우리가 거주하는 천국과는 다른 도성에서 살겠지요"라고 대답했다.

얼마나 지혜로운 대답인가? 만약 그 자리에 여러분이나 저자가 앉아 있었다면 그 질문에 무엇이라고 대답했겠는가? 그들의 언어에는 타민족의 마음을 해치지 않는 지혜를 갖고 있다. 그들은 그 지혜로 남의 땅에 살면서도 모든 것들을 향유하며 지낸다.

한국에서 어느 신학생이 절에 놀러 가서 스님들이 보는 데서 돌부처의 뺨을 이쪽 저쪽 때리며 "네가 신이냐"고 말했다고 들었다. 우리의 싸움은 혈과 육의 싸움이 아니다. 영의 싸움이다. 스님들을 전도하기 위해서는 지혜로 그들보다 수준 높은 인격의 모습을 보여 주어야 한다.

토라의 말씀에 의하면, "너의 이웃을 네 몸처럼 사랑하라"(레 19:18)고 가르쳤다. 이 말씀을 실행하는 방법에 대하여 랍비 힐렐은 "네가 싫어하는 것을 남에게 하지 말라"고 가르쳤다(Donin, 1972, p. 47).

유대인의 이러한 지혜는 그들이 성경 말씀에 순종하여 사는 동안 몸에 배인 것이다. 유대인이 말하는 친절(hesed)의 개념은 다른 사람을 위하여 노력하는 모든 종류의 친절의 형태들(forms)을 포함한다. 성경이나 탈무드는 다른 사람을 섬길 때, 불편함이나 불이익을 당할지라도 우리 주위의 모두에게 친절을 표시하도록 명령하고 있다(Donin, 1972, p. 47).

정통파 유대인들이 기록한 신약은 어떠한가? 신약의 예수님도 약한 자를 돕는 구제를 강조하셨다. 특별히 예수님은 사람에게 보이기 위한 구제보다는 오른손의 하는 것을 왼손이 모르게 하는 은밀한 구제를 강조하셨다(마 6:1-5). 바울도 약한 사람을 돕는 구제를 강조하였고 몸소 구제를 많이 행하였다.

"범사에 너희에게 모본을 보였노니 곧 이같이 수고하여 약한 사람들을 돕고 또 주 예수님의 친히 말씀하신 바 주는 것이 받는 것보다 복이 있다 하심을 기억하여야 할지니라"(행 20:35).

"하나님 아버지 앞에서 정결하고 더러움이 없는 경건은 곧 고아와 과부를 그 환난 중에 돌아보고 또 자기를 지켜 세속에 물들지 아니하는 이것이니라"(약 1:27).

요한은 "누가 이 세상 재물을 가지고 형제의 궁핍함을 보고도 도와줄 마음을 막으면 하나님의 사랑이 어찌 그 속에 거할까보냐. 자녀들아 우리가 말과 혀로만 사랑하지 말고 오직 행함과 진실함으로 하자"(요일 3:17-18)고 외쳤다.

신구약의 말씀대로 신약의 성도들도 하나님의 말씀대로 약한 자에게 친절하고 도와주어야 한다. 기독교인의 친절 자체가 개인과 개인 사이 혹은 민족과 민족과의 관계에서 문제를 해결하는 지혜가 되기 때문이다.

현대는 지구촌 시대다. 타민족과 어울리지 못하면 왕따를 당한다. 어떻게 자기 것을 지키며 그들과 공생하면서 승리할 수 있을 것인가? 유대인이 자신들의 종교 때문에 비난도 많이 받지만, 그래도 최선의 대안은 그들에게 있다. 그들은 미국에 건너와서도 인구는 2%밖에 되지 않지만 지혜로 젖과 꿀이 흐르는 가나안으로 향유하고 있지 않은가!

한인과 유대인의 미국 이민 생활은 흑인촌에서 장사로 시작했다.
한인은 흑인들에게 공짜도 주었으나 유대인은 인색했다.
그런데 한인은 그들에게 욕을 먹고, 유대인은 환심을 샀다.
이유는?

2. 위기를 넘긴 저자의 예

지혜는 인생을 살아가면서 어려운 문제가 있을 때마다 그것을 해결하는 도구다. 여기에서는 저자가 미국 이민 생활을 하면서 겪은 어려운 문제들을 어떻게 해결했는지를 몇 가지 소개한다. 이 글 일부는 저자의 자서전 '쉐마개척기'에 수록되어 있다.

A. 절박한 위기에서 취직에 성공한 예: 구직원서는 쓰레기통에

저자가 이민을 갔을 때(1975년)는 오일쇼크가 한참일 때였다. 미국도 불경기라 직장을 구한다는 것이 쉽지가 않았다. 처음에는 시간당 2달러짜리 페인팅 헬퍼로 시작했다. 그 다음에는 에어컨 만드는 공장의 부속 조립공(assembler, 시간당 3.5달러)으로 취직을 했다. 두 달이 지나자 일감이 떨어졌다고 집에 가서 쉬다가 일이 있으면 그 때 연락을 주겠다(layoff)고 했다. 당시 가진 돈도 다 떨어져 집세를 내지 못해 거리로 쫓겨 날 위기를 맞았다.

또다시 직장을 구하러 다녔다. 이제는 공장이 아닌 좀 더 급료가 좋은 직장을 찾기 시작했다. 매일 LA 타임스를 사서 구직광고란을 샅샅이 훑었다. 일단은 한국에서 미국 최대 에어컨 회사 중 하나인 Trane 지부(International Engineering Co.)에서 엔지니어로 1년간 근무를 한 경력을 살려서 큰 빌딩 내에 에어컨과 보일러 기술자를 찾는 곳을 찾아다녔다.

당시 한국 사무실에서는 영어를 할 줄 안다고 해서 공기 조화(HVAC)관련 대형기계를 수입하는 무역부(사무직)에서 근무했다. 그러나 가끔 수입한 거대한 에어컨 기계를 설치하는 현장에도 가 본 적이 있다. 당시 미국의 트레인(Trane) 에어컨 회사는 케리어(Carrier)와 쌍벽을 이루는 큰 회사였다.

내가 미국 직장을 고집한 것은 일단 미국 땅에서 뿌리를 내리고 살려면 영어도 배우고 미국 문화도 알아야 한다는 결심이 섰기 때문이다. 그래서 집에서는 한국 신문도 보지를 않았다. 완전히 미국 주류 사회로 진입하려고 노력했다. 직장을 구하기 위해 고층 사무실 건물이 즐비한 윌셔(Wilshire) 거리를 하루 종일 누비며 구직 원서를 써서 내곤 했다.

그러던 어느 날 LA 타임스에 한 달에 1000달러를 준다는 엔지니어 한 명을 뽑는다는 구직 광고가 나왔다. 1975년 당시 봉급으로는 꽤 많은 돈이었다. 웨스트 LA에 위치한 고층 빌딩이었다. 오전 9시에 찾아갔는데 벌써 20여명 정도의 구직자들이 몰려와 있었다. 모두 백인들이었다.

10분 쯤 지나 나이 든 인사과 여직원이 나왔다. 모두 빈 사무실로 오라고 하더니 그들에게 구직 원서를 한 장씩 나누어 주었다. 그리고 그들이 쓴 원서들을 모두 거두더니 집에 가서 기다리면 연락을 주겠다고 했다. 그 말을 믿고 모두 집으로 돌아갔다.

하지만 나는 그 원서를 써내고 다시 사무실 밖에서 기다렸다. 왜냐하면 몇 주 동안 그렇게 했는데 전혀 연락이 오지 않았기 때문이었다. 나의 경력에는 다른 백인들에 비해 현장 경험이 없었던 것이 흠이었다. 그래서 그 원서를 심사하는 기술주임(Chief Engineer)을 직접 만나고 가기로 작정했다. 구직 작전을 바꾼 것이다.

30분 후에 또다시 구직자 약 20명 정도가 몰려왔다. 그 여직원이 나오더니 이전처럼 그들을 모두 빈 방으로 안내하였다. 그 때 나를 본 그 여직원이 의아한 듯 물었다.

"집에 가서 기다리라고 했는데 왜 당신은 안 가고 여기에 있습니까?"
"기술 주임을 만나고 싶습니다."

저자는 한국에서 미국의 유명한 TRANE 에어컨 회사 지부에서 1년 간 일했다. 공대생 중에 영어를 잘 하는 이가 없어 미국 본부 기술자가 오면 저자가 함께 따라다녔다. 사진은 동남아 담당 기술 부장 조겐슨(Jorgenson) 씨와 함께 대형 기계 컨트롤 장치를 설치하는 장면.

그랬더니 그는 이렇게 대답했다.

"그는 늦게 나오기 때문에 만날 수 없습니다. 집에 가서 기다리세요."

나는 어쩔 수 없이 그 자리를 피해서 밖으로 나왔다. 그러나 집으로 돌아가지는 않았다. 30분 후에 또다시 구직자 약 15명 정도가 몰려왔다. 나는 다시 그 방으로 들어갔다. 그 여직원은 나를 보고는 화를 냈다. 왜 가라는데 안 가느냐는 것이었다. 어쩔 수 없이 다시 밖으로 나왔.

그리고는 엘리베이터 앞 라운지에 앉아 한참을 기다렸다. 그 때 엔지니어 유니폼을 입은 키가 훤칠한 미남 백인 기술주임인 듯한 사람이 나타나 그 여직원과 대화를 나누는 장면을 목격했다.

나는 놓칠세라 그에게 다가가서 당신이 기술주임이냐고 물었다. 그는 웃으며 그렇다고 했다. 나는 그에게 한국에서 이민 온 화공과 출신 엔지니어라고 소개했다. 그리고 당신과 면담을 하고 싶다고 말했다.

그는 즉시 따라오라고 했다. 그의 방에 도착해 보니 나의 구직원서는 없었다. 그는 구겨진 구직원서들이 가득히 쌓여 있었던 쓰레기통을 한참 뒤지더니 구겨진 내 원서를 찾아내어 웃으며 물었다.

"이것이 당신 것입니까?"
"그렇습니다."
"한국에서 무슨 일을 했습니까?"
"Trane 회사 지부에서 일을 했습니다."
"현장 경험이 있습니까?"
"없지만 이론은 훤합니다."
솔직하게 대답을 했다.

나는 Trane 회사에서 제작한 에어컨 기계에 관한 두꺼운 영문 매뉴얼을 그에게 보여 주면서 무엇이든지 질문을 해보라고 했다. 그는 여러 가지를 질문했다. 나는 그에게 영어가 서툴기 때문에 공기 조화(HVAC)에 대한 도표와 그림을 그려가면서 설명하겠다고 했다.

그리고는 에어컨의 원리를 근거로 찬 공기가 나오는 과정을 그림을 그려가면서 논리적으로 한참을 신명나게 설명했다. 그랬더니 내일 아침부터 출근하라고 했다. 희열을 맛보는 순간이었다. 기술주임을 만날 때까지 끈질기게 기다렸던 지혜의 승리였다.

이 직장이 나의 다음 목표인 엔지니어 라이센스를 얻게 하는 초석이 되었다. 만약 당시 내가 이런 구직 작전을 펴지 않았다면 육체적으로 너무나 힘든 이민생활을 했을 것이다.

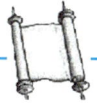

> 기술주임은 자신의 쓰레기통에서
> 구겨져 버려진 구직원서들 중 내 것을 찾아내 펴보였다.
> "당신 것입니까?"

B. 골리앗을 맞이한 위기 극복기

몇 년이 흘렀다. 그 직장을 그만 둔 후 엔지니어 라이선스를 취득하여 더 큰 직장으로 옮겼다. 봉급도 급상승했다. 당시 아내가 간호사였는데, 그 봉급보다 높았다. 회사 생활은 이제 한시름 놓게 되었다. 폭풍이 지나간 뒤에 평온이 지속되었다. 나에게 자신감도 생겼다. 미국에 온 보람을 느끼기도 했다. 회사생활이 즐거웠다.

그렇더라도 모든 백인들이 나에게 잘 대해주는 것은 아니었다. 개중에는 사람을 태운 마차를 끄는 중국인 흉내를 내면서 '쿨리'(cooly, 마차를 끄는 중국인 노동자)라고 놀리는 이들도 있었다. 1970년대 중반만 해도 대부분 미국인들이 한국에 대해 잘 몰랐기 때문에 한국인을 중국인이나 일본인처럼 여기는 경우가 많았다.

유독 사람들 보는데서 나를 무시하고 놀려대는 경비원(John)이 있었다. 키가 내 키(160cm)의 두 배 정도나 되는 20대 후반의 우람한 골리앗이었다. 그는 나를 부를 때도 'yong'이라는 첫 이름 대신에 'Hi, shorty'(작은 키), 혹은 '쿨리'라고 불렀다.

여직원들 앞에서도 나를 그렇게 부를 때는 자존심이 매우 상했다. 그러나 별 도리가 없어 참으며 지냈다. 이것을 극복하지 못하면 직장생활을 계속하기가 매우 어려웠다.

그러던 중 하루는 그를 골탕 먹이는 작전을 모색했다. 카페테리아에서 모든 직원들이 식사를 할 때였다. 식사가 끝날 때쯤에 내가 그를 큰 소리로 불렀다. 원래 나의 목소리는 매우 크다.

'존'

모두가 깜짝 놀라 식사를 멈추었다.

"야, 너 나하고 팔씨름을 하자."

모두가 깔깔 거리고 웃었다. 왜소한 동양인과 거대한 백인이 맞붙는다는 것이 이해가 되지 않았기 때문일 것이다. 그 백인은 어이가 없는지 얼굴을 붉히며 이렇게 말했다.

"뭐라고…?!."

"여기에서 너와 격투를 하는 것은 불법이니까, 팔씨름을 하자고…."

"정말, 정말?"

"그래 정말이라니까? 이리와!"

"물론이지, OK."

그는 화가 나서 씩씩 거리며 내게로 다가왔다. 그리고 거만하게 가소롭다는 표정을 지으며 내 앞에 서 있었다. 모든 사람들의 시선이 나와 그에게 집중되었다. 물론 나에게도 두려움과 긴장감이 더해갔다.

나는 마음 속으로 내가 믿는 아브라함과 이삭과 야곱의 하나님께 저에게 힘을 달라고 간절한 기도를 드렸다. 나는 그에게 식탁 반대편에 서라고 지시하고 팔을 내밀었다. 그리고 친한 엔지니어 중 한 사람에게 심판을 보라고 했다.

그와 나는 서로 손을 굳게 잡고 식탁 위에 팔꿈치를 고정시켰다. 주변에는 모두 일어나 몰려와 웅성거리며 구경을 하고 있었다. 서서히 힘을 주고 있다가 심판이 '준비, 시작'(ready, go) 신호를 보내자 팔씨름을 시작했다.

서로 안간힘을 다하여 노력했다. 오랜 팽팽한 긴장된 시간이 흘렀다. 그리고 엎치락 뒤치락 하다가 마침내 내가 이겼다. 예상 외의 결과에 모두가 환호했다. 그는 흥분하여 씩씩거리며 얼굴이 빨개졌다. 그리고는 다시하자고 윽박질렀다.

나는 잠시 여유를 갖고 웃으며 좋다고 했다. 다시 두 번째 팔씨름이 시작되었다. 결과는 또 내가 이겼다. 식당 안의 분위기는 최고조에 달했다. 이제 그는 더욱 흥분했다. 그 큰 덩치가 고개를 돌리거나 어깨를 좌우로 흔들더니 또 다시 하자고 했다. 나는 약을 올리기 위해서 약간의 뜸을 드렸다. 자신감도 생겼다.

"또 해도 너는 진다."

모두가 킥킥거리며 웃었다. 그랬더니 그는 더 거세게 다시 하자고 대들었다. 나는 그의 제안에 응했다. 그리고 세 번째 팔씨름을 시작했다. 또 다시 내가 이겼다. 구경꾼들은 뛰면서 환호를 했다. 물론 구경꾼 중에는 여직원들도 많았는데 그들은 더욱 놀라 "오 마이 갓!"을 외쳐댔다.

거대한 골리앗을 작은 다윗이 이기는 장면을 목격한 것이다. 그는 이제 완전히 풀이 죽어 있었다. 이마에 땀이 흥건히 배어 있었다. 그날 이후로 회사 직원들은 나를 '미스터 검은 띠'(Mr. Black Belt)로 부르는 이들이 많아졌다. 나를 태권도 유단자로 알고 있었다.

그리고 나를 존경하는 눈초리가 역력했다. 나를 무시하거나 놀리는 일이 없어졌다. 사는 데 내적인 마음의 힘뿐만 아니라 외면적인 힘도 필요하다는 것을 다시금 새롭게 깨달았다.

나는 그를 어떻게 이겼는가? 물론 나는 당시 하나님께서 나에게 힘을 주셨다고 믿는다. 그렇더라도 나는 내 나름대로 하나님께서 주신 지혜로 계산한 것이 있었다. 나의 팔 길이는 그의 것보다 절반밖에 되지 않았다. 나는 이것을 기하학적으로 이용했다.

나와 그의 팔꿈치를 책상 위에 고정시키면 나와 그의 팔목은 삼각형을 만든다. 이때 내가 그의 팔을 내편으로 끌어 당겨 잡으면, 나의 팔은 짧기 때문에 내 어깨와 밀착되어 10도 정도의 좁은 V자로 꺾어져 나의 어깨 힘을 거의 100% 반영할 수 있다.

그러나 그의 팔은 매우 길어서 어깨와 130도 정도의 퍼진 V자로 꺾어져, 즉 주먹이 그의 어깨와 상당히 떨어져 있어서 그의 힘을 50%밖에 반영할 수 없게 된다. 더구나 나는 과거에 운동을 조금 했기 때문에 팔힘이 좋았다.

그러나 나에게는 다른 계산도 있었다. 설사 내가 그에게 진다해도 부끄러울 것이 없다는 것을 잘 알고 있었다. 하나님께서 주신 지혜였다.

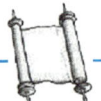

> 나를 무시하며 '쇼티'라고 놀려대는
> 내 키의 두 배 정도나 되는 골리앗이었다.
> 하루는 그를 골탕 먹이는 작전을 모색했다.

C. 포악한 깡패들을 맞이한 위기 극복기

나는 기독교인이다. 주일학교 교사로 오랫동안 봉사했다. 당시 한인 타운에 위치한 가장 큰 교회에서 고등부 교사로 섬겼다.

여름 수양회 때였다(1978년경). 약 50여명의 학생들이 버스로 몇 시간 달려 깊은 산속에 있는 미국 교회에 속한 수양관에 도착했다. 점심을 먹고 반을 나누어 각 방으로 배치되었다. 그리고 예배당에서 개강예배를 드리기 시작했다.

그런데 예배를 드린 후 위급한 상황이 벌어졌다. 우리가 예배를 드리는 동안 밖에서 6명이 지붕에 올라가 소주를 마시며 기타를 치며 고성을 지르며 노래를 부르고 있었다. 얼굴은 빨개져 있었다.

알고 보니 그들은 매우 악명 높은 KK단(Korean Killer) 회원이었다. 학교에 적응하지 못한 이민자들의 아들들이었다. 코리아타운에서 또래 아이들을 괴롭히며 돈을 갈취하거나 타민족 깡패들과 싸움을 자주 하는 불량배들이었다.

그들은 시내에서 패싸움을 하다가 상대편 깡패 한 명을 죽인 후 경찰의 수배를 피해 우리 아이들과 함께 산으로 피신을 왔다고 했다. 물론 수양회 정보는 우리교회 또래가 주었다고 했다.

그들이 술에 취해 지붕에서 떨어져 다치기라도 하면 엄청난 문제가 생긴다. 더구나 그들은 순진한 여학생들에게 어떤 해를 끼칠지 모른다. 모두가 벌벌 떨고 있었다. 수양회 자체를 취소할 위기에 봉착했다.

교사회의를 소집했다. 주로 젊고 얌전한 20대의 남녀 교사들이었다.

나이가 많은 교사는 두 명이었다. 그런데 그들은 모두 30대 초반인 나를 쳐다보았다. 이유는 20대인 자기들보다 나이도 많고 특히 내가 월남파병 용사 출신이라는 것 때문이었다.

어쩔 수 없이 내가 이 위기를 극복할 수밖에 없었다. 나는 일단 밖으로 나가 그들에게 너희들 요구를 들어줄 테니 지붕에서 내려오라고 했다.

내무반에 그들을 모두 모아놓고 그들에게 진지하게 달랬다.

"너희가 왜 여기에 온 줄 다 안다. 오죽 무서우면 이곳에 왔겠는가. 우리가 잘 숨겨줄 테니 하나님께 드리는 예배에 참석하자."

그들은 웃었다. 자신들을 설득할 생각을 하지 말라고 했다. 나는 어쩔 수 없이 그들을 힘으로 제압할 수밖에 없다는 결론을 내렸다. 그러나 왜소한 내가 혼자 그럴만한 자신이 없었다. 그래서 그들에게 묘안을 제안했다.

"너희들 중에 가장 힘이 센 친구가 누구냐?"

그들은 가장 키가 큰 친구를 가르치며 모두가 외쳤다.

"젭니다. 제가 한번 치면 누구든 한방에 갑니다."

"너 나와 한번 붙어볼래."

"현 선생님이요…. (일동) ㅋㅋㅋ"

"내가 너와 싸워 이기면 너희 모두는 내가 시키는 대로 하겠느냐?"

"물론입니다. ㅋㅋㅋ"

그리고 이렇게 말했다.

"나는 기독교인으로 너와 격투기는 할 수 없다. 대신 팔씨름을 하자."

"좋지요. ㅋㅋㅋ"

다섯 명이 지켜보는 가운데 그 아이와 나는 힘겨운 팔씨름을 했다. 세 번을 했는데 모두 내가 이겼다. 이긴 원리는 앞에서 설명한대로다. 물론 하나님께서 원수의 목전에서 망신당하지 않게 피할 길을 예비해 주셨다고 믿는다.

그 애들은 의리가 있기 때문에 약속을 지켰다. 저녁 예배 시간에 모두 참석을 했다. 그리고 기도회 시간에 성령님의 강한 역사가 일어났다. 그 애들 모두가 통곡하며 죄를 회개하기 시작했다. 하나님께 영광을 돌린 시간이었다.

지혜는 인생을 살아가면서 어려운 문제가 있을 때마다 그것을 해결하는 도구다.

〈저자 주: 저자의 나이 55세 이전까지는 위기의 연속이었다. 그러나 하나님께서 주시는 지혜로 그 위기들을 모두 잘 극복했다. 자세한 것은 저자의 자서전 '쉐마교육 개척기'를 참조 바란다〉

미국 고등부 수양회에서 위급한 상황이 벌어졌다.
6명의 불량배가 지붕에서 소주를 마시며 노래를 부르고 있었다.
그 것을 보고 모두가 벌벌 떨고 있었다. 이를 어찌할꼬!

VI 요약 및 결론

앞에서 유대인의 4차원 영재교육 중 가장 높은 단계인 지혜 교육에 대하여 설명했다. 즉 1) 지혜란 무엇인가, 2) 유대인은 왜 지혜를 구하나, 3) 유대인이 지혜를 얻는 방법 그리고 4) 유대인이 지혜를 배우는 장소에 대해 설명했다.

'지혜'는 "인생을 살다 보면 어려운 문제를 겪는데, 그 문제를 해결하는 도구다." 지식이 '무엇이냐(What)'에 대한 공부라면, 지혜는 '어떻게 대처하는지(How)' 그 방법을 배우는 것이다.

따라서 지혜교육은 삶의 어려움이 있을 때마다 그것을 해결하는 능력을 키우는 교육이다. 배운 지식은 시간이 지나면서 잊어버리지만, 지혜는 경륜이 더할수록 더 풍부해지고 세련되어진다. 지식이 수평문화라면, 지혜는 수직문화다.

유대인은 성경 말씀 하나하나는 하나님이 주신 것으로 그 글자에는 하나님의 지혜가 배어 있다고 믿는다. 따라서 하나님의 말씀을 많이 읽고 배우면 그만큼 하나님의 지혜를 많이 받는다고 믿는다.

물론 유대인은 장로의 유전도 하나님의 말씀으로 여기기 때문에 장로의 유전이 포함된 탈무드도 지혜를 얻는데 필수적이다. 더구나 탈무드에는 장로의 유전 이외에 수천 년 동안 축적된 조상들의 지혜(유대인의 수직문화)가 첨가되어 있기 때문에 지혜를 얻는데 더욱 좋은 교과서다.

하나님의 지혜는 하나님의 법칙에 의하여 운행된다. 그 법칙은 우리에게 꼭 좋은 것만은 아니다. 그 법칙에 의하여 인간이 죽게도 되고 망하게도 된다. 따라서 인간은 먼저 하나님을 두려워해야 한다. 여호와를 경외하는 것이 지혜(하코마)와 지식(다스)의 근본인 이유가 여기에 있다(잠 1:7).

> 유대인 부모는 몇 살부터 자녀에게 율법교육을 시키는가?
> 세 살부터 까다로운 율법을 줄기차게 가르쳐 몸에 완전히 배도록 한다.
> 율법을 배우면서 선악을 구분하는 능력이 생긴다.
> 그래서 악인의 꼬임에 빠지지 않는다.
> 그리고 사고력과 비판 능력 및 창조력이 함께 자란다.
> 순결이 결여된 슈르드는 악하여 교활하기 쉽고,
> 슈르드가 결여된 순결은 어리석기 쉽다.
> 슈르드는 순결과 결합하여 작용할 때 악인의 올무를 피하며
> 예수님처럼 사회 경쟁력을 가질 수 있다.

제3차원 영재교육
'슈르드' 교육

I. '슈르드' 교육이란 무엇인가

II. '슈르드' 교육의 내용과 방법

III. 슈르드하지 못한 순진함의 위험성

IV. 요약 및 결론

I
'슈르드' 교육이란 무엇인가

1. '슈르드'의 정의

　유대인과 오랫동안 생활하다 보면 이방인과 다른, 그들만의 특성들을 발견할 수 있다. 그 중의 하나가 그들은 다른 민족에 비하여 상대방의 계략에 잘 속지를 않는다는 것이다. 겉으로는 매우 친절한데 이해타산이 얽힌 일에 가서는 매우 냉철하다. 멍청하지 않고 약삭빠르다. 너무 영악하여 웬만해서는 손해를 보지 않는다. 이를 '슈르드'(shrewd)하다고 한다. 유대인이 다른 민족으로부터 미움을 받는 이유 중 하나도 그들 중 대부분이 너무 슈르드하게 행동하기 때문이다.
　미국인이나 유럽인들에게는 '슈르드'가 비호감(非好感)의 단어다. 이 단어를 함부로 사용했을 경우에는 상대방이 거부감을 갖게 하는 오해를 살 수도 있다. 어쨌든 유대인의 슈르드 교육은 그들에게 큰 경쟁력이 된다.

왜 '슈르드'란 단어가 비호감인가? 그 이유는 이 단어의 근원이 창세기 3장 1절에서 찾을 수 있다.

> 뱀은 여호와 하나님이 지으신 들짐승 중에 가장 간교하니라. 뱀이 여자에게 물어 이르되 하나님이 참으로 너희에게 동산 모든 나무의 열매를 먹지 말라 하시더냐. (창 3:1)

본문 중 "뱀은 여호와 하나님이 지으신 들짐승 중에 가장 간교하니라."(창 3:1a)란 말씀에서 뱀의 '간교'가 '슈르드'에 해당한다. 히브리어로 '아룸'(עָרוּם)이다. 영어로는 'crafty(교활한)', 'shrewd(교활한)' or 'sensible(현명한)'로 표현했다(Strong's Concordance, in http://biblehub.com/hebrew/6175.htm).

그러함에도 불구하고 왜 유대인 부모들은 어려서부터 자녀들에게 슈르드 교육을 옳게 생각하고 시키는가? 그리고 이 단어에 대한 거부반응을 갖지 않는가? 그것은 성경이 그들에게 슈르드 교육을 시키도록 강조하기 때문이다. 그 근거는 솔로몬이 잠언을 기록한 목적을 "어리석은 사람에게 슈르드[עָרְמָה], 올마(아룸의 명사형), 슬기로움]를 주기 위함"이라고 기록한 데서 찾을 수 있다(잠 1:4, 8:5, 12).

> 어리석은 자를 슬기롭게(올마) 하며 젊은 자에게 지식과 근신함을 주기 위한 것이니 …. (잠 1:4a)

'어리석은 자'와 '슬기로운 자'의 차이는 무엇인가? 전자가 남의 말을 순진하게 그대로 믿고 행동하는 것이라면, 후자는 남의 말을 그대로 믿지 않고 까다롭게 따져보는 것이다(강신택, The Christian World, USA, 잠언에서 언급된 '아름'이란 말의 뜻, 2016년 4월 15일). 전자는 마음이 외부를 향해 무방비로 열려있는 단순한 자(Lange), 곧 외적 유혹에 쉽게 속아 넘어가는 자(Zockler)를 가리키고(잠 7:7-23), 후자는 악한 계략을 피하는 능력을 가진 자를 가리킨다(Umbreit)(페트라 주석).

유대인이셨던 예수님도 제자들에게 슈르드 교육을 강조하셨다는 사실에 주목해야 한다. 그분은 열두 제자들에게 전도 훈련을 시키셨다. 그리고 그들에게 지혜로울 것을 당부하실 때 슈르드란 단어를 사용하셨다(마 10:1-18).

보라. 내가 너희를 보냄이 양을 이리 가운데 보냄과 같도다. 그러므로 너희는 뱀같이 지혜롭고 비둘기같이 순결하라(I am sending you out like sheep among wolves. Therefore be as shrewd as snakes and as innocent as doves.)(마 10:16)

'뱀같이 지혜롭고'에서 지혜가 바로 영어로 '슈르드'(shrewd)다. 이 표현은 창세기 3장 1절의 '뱀의 간교함'이란 표현과 동일하다. 여기에 쓰인 'shrewd'란 단어는 우리가 생각하는 wisdom(호크마, 지혜)과는 다른 의미를 지닌다. '교활한, 약삭빠른, 현명한'이라는 뜻이다.

저자도 사전에서 번역한 이 단어의 뜻을 잘 몰라 미국에서 태어난 아들에게 물었다. 아들은 이렇게 설명했다. "아버지, 왜 있잖아요, 유대인들. 그들은 영리해서 어려운 상황에 처했을 때 요리조리 처신을 잘하여 절대 상대방이 놓은 덫에 걸리지 않잖아요. 그리고 사기도 당하지 않고…." 바로 그것이다.

예수님은 어떤 분이신가? 그분은 마음이 EQ(사랑, 순결) 그 자체이셨다. 그런데도 성경에 따르면 당대의 율법에 능통한 똑똑한(높은 IQ) 바리새인이나 서기관과 같은 율법주의자들과 많은 논쟁을 했는데 단 한 번도 지신 적이 없었다(마 12:1-6; 눅 13:10-17; 요 7:19절 이하 등). 그들이 쳐놓은 간교한 덫에 한 번도 걸리지 않은 예수님이야말로 인류 역사상 가장 슈르드하신 분이셨다.

이것은 무엇을 뜻하나? 예수님은 당시 양같이 순한 제자들이 이리 같은 율법주의자들(당시 바리새인이나 서기관들)의 간교한 계략에 넘어가 고난 당할 것을 심히 염려하셨다(마 10:16; 눅 10:3).

따라서 제자들에게 마음(EQ)은 순결하지만 머리(인지발달, IQ)는 그들의 뱀 같은 지혜, 즉 슈르드를 능가하라고 가르치신 것이다. 즉 순진하기만 하여 간교한(슈르드) 율법주의자들에게 어리석게 당하지 말라는 말씀이다. (물론 당시 바리새인 중에도 예수님처럼 슈르드하고 순결한 이도 있었다. 예; 니고데모)

그런데 여기에서 주목해야 할 것은 첫째 아담을 간교하게 속인 뱀과 같은 지혜도 슈르드이지만, 둘째 아담 예수님처럼 그것(뱀 같은 슈르드)에 속지 않는 것도 슈르드라는 점이다. 전자는 슈르드를 부정적으로 사용했고, 후자는 긍정적으로 사용했다.

전자는 사람을 파멸하기 위해 악하게 사용했고, 후자는 악인의 공격을 피하여 피해를 막는, 즉 선하게 사용했다. 전자는 수단과 방법을 가리지 않고 상대를 해치는 모습이지만, 후자는 대부분 악인이 놓은 올무에 걸리지 않기 위한 방어의 모습이다.

불행하게도 아담과 하와는 뱀(악인)이 놓은 올무에 걸려 에덴에서 쫓겨나 온 인류를 불행하게 만들었다(창 3장). 그런데 예수님은 그 올무에 걸리지 않으셔서 온 인류가 구원을 받을 수 있는 길을 터 주셨다.

〈저자 주: 첫째 아담과 둘째 아담에 관하여는 롬 5:17과 고전 15:45-49를 참조하라〉

뿐만 아니라 예수님은 성령에 이끌리어 마귀에게 3가지 시험을 받으셨을 때도 그 3가지 올무에 걸리지 않으셨다(마 4:1-11). 당시 예수님은 광야에서 40일을 노숙하시며 금식하신 후였다. 극한 상황에서도 마귀의 유혹에 넘어가지 않으셨다는 점에 주목해야 한다. 따라서 그분은 모든 기독교인의 표본이 되신다.

이처럼 슈르드란 단어가 긍정적으로 사용된 경우도 많다. 재앙이 닥쳤을 때 그것을 피하는 지혜도 슈르드한 것이다. 예수님도 유대인들이 자신을 돌로 치려하면 그때마다 슈르드하게 도망을 잘 다녀 그 위기를 잘 모면하셨다(요 5:13, 8:59, 10:31-39, 11:8).

유대인의 슈르드 교육, 즉 잠언 22장 3절 "슬기로운(슈르드) 자는 재앙을 보면 숨어 피하여도 어리석은 자는 나가다가 해를 받는다"는 말씀 교육을 받으셨기 때문이다.

또한 슈르드는 자신의 생명을 보존하기 위한 본능 같은 것도 포함된다. 예를 들어 아기가 배가 고프거나 어머니의 관심을 끌기 위해 우는 행위라든가, 배가 고플 때 남의 떡을 요령껏 얻어먹는 것 등이다(강신택, 2016년 4월 15일).

뿐만 아니라 슈르드한 사람은 어리석은 사람보다 지식을 더 사랑하고 배우려고 노력한다. 성경이 그렇게 가르치고 있다. "어리석은 자는 어리석음으로 기업을 삼아도 슬기로운(슈르드) 자는 지식으로 면류관을 삼는다"(잠 14:18). 매사에 아는 것이 힘이기 때문이다.

이것은 무엇을 뜻하나? 마귀는 틈만 나면 "뱀이 그 간계(슈르드)로 하와를 미혹케 한 것 같이"(고후 11:3a) 성도들의 허점(약점)을 파고든다. 따라서 바울은 성도들에게 "마귀로 틈을 타지 못하게 하라"(엡 4:27)고 했다. 어떻게 틈을 보이지 않을 수 있는가? 마귀의 궤계를 능히 대적하기 위하여 하나님의 전신갑주를 입어야 한다(엡 6:11).

이것은 영적이나 지혜 및 지식적인 면에서 예수님처럼 마귀에게 약점을 보이지 말아야 한다는 것을 뜻한다. 예수님처럼 매사에 일처리를 선악을 분별하여 야무지게 빈틈없이 해야 한다. 순진하기만 하여 어리숙하게 마귀에게 빈틈을 보이면 안 된다.

결론적으로 '슈르드'란 단어를 긍정적인 면에서 정의한다면, "자신의 생명과 재산을 보존하기 위해 악인이 쳐 놓은 올무(덫)에 걸리지 않는 지혜(현명함)"라고 할 수 있다. 그러나 악인의 올무를 피하기 위해서는 그것을 처리할 수 있는 지혜(슈르드)도 필요하지만, 일처리를 할 때 악인에게 허점(약점, 빈틈)도 잡히지 말아야 한다.

예수님의 '뱀같이 지혜롭고'와 '뱀의 간교함'은 동일한 슈르드다. 슈르드는 "생존을 위해 악인이 쳐 놓은 올무(덫)에 걸리지 않는 지혜(현명함)"이다.

2. 슈르드한 바리새인과 예수님의 차이

율법주의자들과 예수님은 동일하게 유대인의 슈르드 교육을 받았다. 그런데 율법주의자들과 예수님의 차이는 무엇인가? 그리고 제자들은 무엇이 다른가? 그 차이점을 예수님이 마태복음 10장 16절에서 말씀하신 네 가지 짐승들(이리와 양, 뱀과 비둘기)이 상징하는 뜻을 대조하며 설명해 보자.

이리와 양은 적대 관계이고, 뱀과 비둘기는 대조적이다. 이리는 양을 해치는 악함을 상징하고 양은 순진함을 상징한다(사 11:6; 겔 22:27; 마 7:15). 전자는 가해자이고, 후자는 피해자다.

그리고 뱀은 슈르드(지혜)를 상징하고, 비둘기는 두 가지, 1) 순결하나 2) 미련하여 남의 온갖 말을 쉽게 믿어 속아 넘어가는 속성을 상징한다(잠 14:15; 호 7:11). 전자는 머리의 IQ교육을 상징하고, 후자는 마음의 순결(EQ)을 상징한다.

1) 율법주의자들은 뱀 같은 슈르드는 가지고 있었지만, 비둘기 같은 순결한 마음(innocent as doves)은 많이 결여되어 있었다. 그 결과 그들은 이리처럼 교활하게 순진한 사람(양)의 약점을 잡아 공격하려고 했다.

이것이 순결한 마음(EQ) 교육은 무시하고 슈르드(IQ) 교육만 시켰을 때 겪는 폐단이다. 이것은 사회 경쟁력적인 입장에서는 좋지만, 인성교육학적인 입장에서는 매우 나쁜 교육의 패러다임이다.

2) 반면, 예수님의 제자들은 율법주의자들에 비해 비둘기 같은 순결한 마음은 많이 가지고 있었지만, 뱀 같은 슈르드는 그들에 비해 많이 결여되어 있었다. 그 결과 그들(양)은 율법주의자들(이리)의 공격을 받아

많은 상처를 받을 위험에 노출되어 있었다.

이것이 슈르드(IQ) 교육은 무시하고 순결한 마음(EQ) 교육만 시켰을 때 겪는 폐단이다. 이것은 인성교육학적인 입장에서는 좋지만, 사회 경쟁력적인 입장에서는 매우 나쁜 교육의 패러다임이다.

3) 예수님은 뱀 같은 슈르드와 비둘기 같은 순결한 마음을 동시에 가지고 계셨다. 그 결과 순결한 마음을 지키시면서 이리 같은 교활한 바리새인과 서기관들과의 논쟁에서 이길 수 있었다.

이것은 인성교육학적인 입장에서도 좋지만, 사회 경쟁력적인 입장에서도 매우 좋기 때문이다. 이것이 기독교인이 찾아야 할 정답이다.

우리가 주목해야 할 것은 인류의 조상 첫째 아담은 뱀에게 속임을 당했지만(창 3장), 둘째 아담 예수님은 사탄이나 율법주의자들의 간교함을 물리치셨다는 사실이다(마 4:1-11; 마 12:1-6; 눅 13:10-17; 요 7:19절 이하 등). 전자는 슈르드하지 못했고, 후자는 슈르드하셨다.

이것은 무엇을 뜻하나? 유대인이 받았던 슈르드 교육 자체는 좋은 것이다. 다만 그것을 사용하는 목적에 따라 그 결과가 악하게도 나타나고 선하게도 나타난다는 것이다. 율법주의자들은 자신의 슈르드를 이리처럼 자신의 탐욕을 위해 그리고 양처럼 순진한 사람을 해치는데 사용했고, 예수님은 그것을 하나님의 사역을 위해, 즉 진리를 지키기 위해 악한 이들과 대항하는 데 사용하셨다. 전자는 슈르드를 악한 데 사용했고, 후자는 선한 데 사용했다. 따라서 바울은 "너희가 선한 데 지혜롭고 악한 데 미련하기를 원한다"(롬 16:19)고 말했다.

슈르드 교육 측면에서 본 율법주의자들, 예수님의 제자들, 예수님의 차이

구분	바리새인과 서기관들	예수님의 제자들 (교회교육)	예수님
교육	- 뱀처럼 지혜(슈르드) O - 비둘기 같은 순결 X	- 뱀처럼 지혜(슈르드) X - 비둘기 같은 순결 O	- 뱀처럼 지혜(슈르드) O - 비둘기 같은 순결 O
단점	순결이 결여된 슈르드는 이리처럼 악하여 교활하기 쉽다	슈르드가 결여된 순결은 비둘기처럼 어리석기 쉽다	슈르드는 순결과 결합하여 작용할 때 악인의 올무에 걸리지 아니하며, 사회 경쟁력을 가질 수 있다
결과	이리처럼 순한 양들(사람들)을 해치기 쉽다	양처럼 순진한 자들은 피해보기 쉽다. 예: 첫째 아담	순결한 마음을 지키시면서 교활한 바리새인과의 논쟁에서 이길 수 있었다
평가	- 순결한 마음(EQ) 교육은 무시하고 슈르드(IQ) 교육만 시켰을 때 겪는 폐단이다 - 사회 경쟁력에는 좋지만, 인성교육에는 매우 나쁜 교육 패러다임	- 슈르드(IQ) 교육은 무시하고 순결한 마음(EQ) 교육만 시켰을 때 겪는 폐단이다 - 인성교육에는 좋지만, 사회 경쟁력에는 매우 나쁜 교육 패러다임	인성교육과 사회 경쟁력에서 모두 좋다. - 정답이다 -
결론	인간에게는 다음 두 가지가 필요하다. 1) 머리의 IQ교육 , 즉 뱀 같은 슈르드(지혜) 교육과 2) 마음의 EQ교육, 즉 비둘기 같은 순결한 마음을 가지게 하는 교육이다. 　예수님이 그 모델이시다. 　기독교인은 첫째 아담이 아닌, 둘째 아담 예수님의 모델을 따라야 한다.		

따라서 우리는 자녀들이 슈르드한 행동을 하기 이전에 먼저 예수님처럼 비둘기 같은 순결한 마음을 가지게 해야 한다. 비둘기 같은 순결은 어디에서 나오는가? 기독교인의 경우, 첫째, 복음 안에서 성령의 은혜를 받아야 마음이 순결해진다. 둘째, 성경 말씀을 읽고 말씀에 자신의 삶을 조명해 보며 자신의 죄를 회개해야 한다. 그럴 때 상대방의 잘못을 용서하고 사랑할 마음이 생긴다. 눈물이 많아지고 착해지며 마음이 순결해진다.

여기에서 저자가 강조하고 싶은 것은 순결한 마음(EQ) 없는 슈르드(IQ)도 문제이지만, 슈르드 없는 순결한 마음만 강조하는 것도 문제라는 것이다. 후자일 경우 비둘기처럼 순진하기는 하지만, 미련하여 슈르드한 이리떼 같은 악한 이들이 공격할 경우 속수무책으로 당하기 쉽기 때문이다. 이런 사람은 악인이 많은 험난한 사회에서 살아남기가 힘들다.

따라서 인간은 경쟁사회에서 승리하려면 유대인처럼 마음(EQ)은 착하지만 머리(IQ)는 똑똑(슈르드)하고 당차야 한다. 상대방에게 허점(약점)을 보이지 않도록 1) 실력도 키워야 하고, 2) 자기 관리도 잘 해야 한다. 그래야 악인에게 무시나 사기를 당하지 않는다. 자신의 것을 억울하게 빼앗기지 않고 잘 지킬 수 있다. 공동체를 허무는 악당을 무찔러 사회 정의를 지킬 수 있다.

> 어리석은 자는 온갖 말을 믿으나 '슬기로운'(아름, 슈르드한) 자는 자기의 행동을 삼가느니라. (잠 14:15)

요약하면, 인간에게는 다음 두 가지 교육이 반드시 필요하다. 1) 머리의 IQ교육, 즉 뱀 같은 슈르드(지혜) 교육과 2) 마음의 EQ교육, 즉 비둘기 같은 순결한 마음을 가지게 하는 교육이다.

순결이 결여된 슈르드는 이리처럼 악하여 교활하기 쉽고, 슈르드가 결여된 순결은 비둘기처럼 어리석기 쉽다. 따라서 슈르드는 순결과 결합하여 작용할 때 악인의 올무에 걸리지 아니하며 건전한 사회 경쟁력을 가질 수 있다. 예수님이 그 모델이시다. 기독교인은 첫째 아담이 아닌, 둘째 아담 예수님의 모델을 따라야 한다.

〈저자 주: 전인교육을 위한 지정의(知情意)에서의 '슈르드'에 대해서는 '현용수의 인성교육 노하우, 제3권 제4부 제1장 II. '지 · 정 · 의(知情意)에서 EQ의 위치' 참조 바람〉

순결이 결여된 슈르드는 악하여 교활하기 쉽고,
슈르드가 결여된 순결은 어리석기 쉽다.
슈르드는 순결과 결합하여 작용할 때 악인의 올무를 피하며
예수님처럼 사회 경쟁력을 가질 수 있다.

> II
> '슈르드' 교육의
> 내용과 방법

1. '슈르드' 교육의 내용: 토라와 탈무드

유대인 자녀교육의 우수성은 누구나 잘 아는 사실이다. 교육학적 측면에서 본 유대인 교육의 내용과 방법은 근본적으로 어디에 근거를 두고 있는가? 모세의 율법에서 시작한다.

유대인의 율법 교육은 그들이 하나님의 선민으로서 이방인과 구별되게 선악을 분별하며 살기 위해 지켜야 할 법도와 규례를 공부하는 것이다(시 1:1~2). 거룩한 백성, 즉 구별된 백성으로 살기 위함이다.

유대인의 뱀 같은 슈르드(shrewd as snakes) 교육은 어디에서 나오는가? 지혜 교육에서와 마찬가지로 주로 율법 교육에서 나온다. 이를 위한 유대인의 주된 교재가 그들의 율법책이기 때문이다. 유대인의 법사상은 그들의 인지 발달과 학문 연구에 어떠한 공헌을 하는가?

유대인에게는 토라(모세오경)에 쓰여진 613개의 율법이 있다. "행하라"는 명령법 248개와 "하지 말라"는 금지법 365개로 구성되어 있다 (Touger, 1988). 뿐만 아니라 각 율법마다 그 율법을 더 정확하게 잘 지키기 위하여 각종 코드(code)를 만들어 놓았다.

안식일에 하지 말아야 할 규례만도 39가지가 있다. 식사 때마다 식사의 종류와 예식에 따라 25가지의 기도문이 있다. 게다가 구약성경의 레위기에 명시된 율법에 의해 먹을 수 있는 음식과 먹지 못할 음식을 구분해 놓았는데 매우 까다롭다. 그러므로 그들의 생활은 매사가 법이다.

구약에 흔히 나타난 '여호와의 율례와 법도'란 말씀이 기독교인에게는 성경 말씀이지만 유대인에게는 율법으로 이해된다. 다윗은 솔로몬에게 하나님의 율법, 즉 지혜를 가르쳤으니 너는 "다닐 때에 네 걸음이 곤고하지 아니하겠고 달려갈 때에 실족하지 아니하리라"(잠 4:11-12)고 말했다.

그들은 그 많은 율법을 암기만 하는 것이 아니고, 왜 지켜야 하는지 어떻게 지켜야 하는지 끊임없이 질문하고 토론하면서 해석한다. 뿐만 아니라 그들은 말로 일을 끝내는 것이 아니라 모든 일을 증거로 보관하기 위하여 문서화하는 습관을 갖게 한다.

이런 자세는 현대 학문을 연구하는 데 절대적으로 필요한 요소다. 유대인은 수많은 규례를 배우고 지켜 행함으로 그것을 통달하고 나면 각 나라의 어떤 난해한 법도 쉽게 이해할 수 있다고 한다. 그들이 세상학문에서도 다른 민족보다 단연 앞서가는 이유가 여기에 있다. 어려서부터 분별없이 제멋대로 자란 사람과 비교가 안 된다.

유대인 법의 특성은 이방인의 것과 무엇이 다른가? 선악을 구별하는 가치의 기준이다. 세상 법은 현행법만 있지만, 유대인의 법에는 종교법, 양심법, 윤리와 도덕법, 현행법 및 생활하고 생각하는 데 필요한 모든 법들이 포함되어 있다. 이러한 광범위한 법들은 그들의 인성교육에 절대적인 영향을 미친다. 영적으로 도덕적으로 어떤 삶의 철학을 갖고 살아야 하는가를 분명하게 제시해 주기 때문이다.

유대인 부모는 몇 살에서부터 자녀들에게 율법 교육을 시키는가? 3살부터 까다로운 율법 교육을 줄기차게 시켜 법에 절게 만든다. 3살부터 선악을 분별하는 율법 공부를 함으로서 그들의 두뇌는 어려서부터 발달하기 시작한다.

사고력, 비판 능력 및 창조력이 함께 자란다. 그러면서 사물이나 사건을 대할 때 옳고 그름을 분별할 줄 아는 능력이 생기고, 깊고 많은 생각을 하게 된다. 또한 조직적으로 사물을 분석하며 연구하는 능력이 계발된다.

법 교육을 많이 시키면 어떤 사람으로 변하는가? 매사가 까다로워 대충 대충이 없다. 자기 절제가 잘 되고 자신이 맡은 일에 철저하다. 매사에 철저하고 까다로운 생활 태도는 그들을 세계 속에서 일등 국민으로 업그레이드시키는 중요한 요소가 된다. 그리고 인간은 선악을 가리는 법을 알게 될 때 똑똑한 사람이 된다.

자녀들의 머리가 좋아지고 슈르드(영리)해진다. 상대방이 나를 속이는지 안 속이는지를 안다. 그리고 상대방이 쳐놓은 그물을 미리 알고 잘 피할 수 있는 능력을 갖게 된다. 그렇기 때문에 세상에서도 법을 공부한 사람들은 남에게 사기를 잘 당하지 않고, 어떠한 문제가 발생할 때 그것을

유대인은 자녀들이 스스로 성경을 공부하여 가족들 앞에서 발표하도록 하고, 발표가 끝난 다음 아버지와 다른 가족이 그 아들에게 계속 질문함으로써 내용을 습득시키는 학습법을 쓰기도 한다. 사진은 유월절날 한 유대인 아들이 자신이 준비한 '유월절을 지키는 이유'에 대하여 설명하는 모습

원천적으로 해결할 수 있는 방법을 미리 알아 피해를 최소화할 수 있다.

    교육심리학적 측면에서도 유대인의 율법 교육은 훌륭한 교육 방법이다. 세상의 법과 달리 선한 삶을 영위하기 위해 선악을 분명하게 구별해 놓은 법들이기 때문에 자녀들로 하여금 실제 생활에서 선과 악을 뚜렷하게 구별할 수 있는 능력을 키워준다. 예수님도 옳고 그른 것을 분명히 가르쳐 주라(마 5:37)고 말씀하셨다.

> 오직 너희 말은 옳다 옳다, 아니라 아니라 하라. 이에서 지나는 것은 악으로 좇아 나느니라. (마 5:37)

이런 율법 교육은 그들의 자긍심과 자존감 및 정체성을 대단히 높여 준다. 따라서 그들은 매사에 자기 주장을 뚜렷하게 할 수 있어서 옳지 않은 육적 수평문화는 스스로 삼가게 된다. 그리고 악인의 길에 서지 않으려고 노력한다(시 1편). 얼마나 인성교육에도 좋은 교육의 내용과 방법인가! 그러므로 유대인의 4차원 영재교육은 영재교육뿐만 아니라 인성 교육이라는 두 마리 토끼를 한꺼번에 잡는 놀라운 효과가 있다.

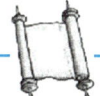

유대인이 수많은 율법과 규례를 배워 통달하면
각 나라의 어떤 난해한 법도 쉽게 이해할 수 있다고 한다.
그들이 세상학문에서도 단연 앞서가는 이유다.

2. 왜 악한 유대인이 있는가: 율법(IQ) vs 은혜(사랑, EQ)

여기에서 한 가지 짚고 넘어가야 할 점이 있다. 문제는 유대인의 법 사상이 무조건 좋다는 얘기가 아니라는 점이다. 율법교육은 IQ증진에 필수적이다. 그러나 법만을 너무 강조하면 따뜻하고 촉촉한 인정미가 메마르기 쉽다.

뿐만 아니라 자신의 이익만을 위하여 깐깐한 법을 남용하여 순진한 사람을 골탕 먹이는 교활한 율법주의자가 될 수도 있다. 이것이 EQ(사랑) 없는 IQ교육만의 위험성이다.

예수님 당시 율법을 합법적으로 어기기 위하여 온갖 꾀를 다 쓴, 타락한 바리새파가 그 예다. 이를 율법주의(legalism)라고 한다. 문제는 성경대로 살라는 율법 자체가 악한 것이 아니고 율법을 남용하는 율법주의자가 악하다는 점이다.

오늘날 미국의 어느 한인이 일부 유대인에게 피해를 보았다는 증언은 이런 교활한 유대인 율법주의자들이 현재에도 존재한다는 사실을 반증하는 것이다. 예수님이나 바울도 율법주의자들의 피해자였다. 오죽하면 예수님도 바리새인(율법주의 유대인)의 교훈은 배워 지켜 행하되 그들의 행위는 본받지 말라(마 23:1-3)고 하셨겠는가!

따라서 오늘날 우리도 좋은 유대인 교육의 내용은 배워서 지켜 행하되, 혹 율법적인 악한 유대인이 있다면 그들의 행위는 본받지 말아야 한다.

그렇다면, 악한 유대인들로부터 피해를 막는 길은 무엇인가? 그들을 바로 알고 조심하는 길밖에 없다. 그리고 그들보다 더 똑똑해지든가 아니면 그들처럼 법에 능숙한 생활을 습관화해야 한다. 그러나 성경의 율법대로 사는 유대인이 그렇지 않은 사람보다 더 많다는 점도 명심하여야 한다.

마치 선한 한국인이 있는가 하면 악한 한국인도 있는 것과 마찬가지다. 따라서 성경의 율법대로 사는 선한 유대인처럼 살기 위해서, 아니면 율법을 남용하는 율법주의자들에게 피해보지 않기 위해서도 유대인 교육을 연구하고 배워야 할 필요가 있다.

결국 이런 면에서 세계 정상을 달리는 유대인의 자녀교육은 누구에게나 필요하다.

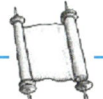

> 율법(IQ)을 너무 강조하면 인정이 메말라
> 순진한 사람을 해치는 율법주의자가 되기 쉽다.
> 예수님은 바리새인의 교훈은 배워 지켜 행하되
> 그들의 행위는 본받지 말라고 하셨다.

3. 유대인의 파워를 생산하는 청소년들의 집단촌

유대인의 인생철학을 볼 수 있는 곳이 있다. 미국의 뉴저지 남쪽 레이크 시티나 워싱턴 DC. 근처 볼티모어에 가면 정통파 유대인 자녀들 수천 명을 대형 건물 몇 개에 모아놓은 곳이 있다. 밤낮으로 오로지 그들의 수직문화의 내용인 성경과 탈무드만 연구하게 하는 유대인 집단촌이다(물론 이스라엘에도 많이 있다).

한국의 부모들은 대학 입시를 앞둔 자녀들을 세속 학원에 보내지만, 많은 유대인의 부모들은 자녀들의 청소년기에 이곳에 몇 년 동안 보내기도 한다.

뿐만 아니라 대학을 졸업하면 일부러 직장을 찾기 전에 이곳에 먼저 보내기도 한다. 마치 한국의 부모들이 자녀들이 대학 재학 중 혹은 졸업 후에 세상에 나가기 전에 군대에 보내는 것처럼. 그들은 세상을 거꾸로 사는 경우가 많다.

그곳에 가면 위아래 까만 양복을 입고 넥타이를 하고 까만 중절모를 쓴 유대인 청소년들이 떼를 지어 다니는 모습을 볼 수 있다. 그들이 거주하는 기숙사나 학교 시절은 매우 허름하다. 강의실은 넓지만 책상이 너무 빼곡히 들어서서 비좁게 보인다.

마치 빈민가처럼 보일 정도다. 사치라곤 전혀 볼 수 없다. 부모님들이 보내주는 최소의 경비로 생활해야 하기 때문이다.

그들은 이곳에서 적게는 1년 많게는 5년 간 오직 토라와 탈무드 연구에만 열중한다. 하루 5-6시간의 수면 시간 이외에는 밤낮으로 성경과 탈무드를 공부한다. 강압적이지 않고 자율적인데도 빡빡하게 짜여진 스케줄에 따라 군대 이상으로 일사분란하게 움직인다.

공부하는 동안은 그야말로 무아지경에 빠진다. 진리를 탐구하는 열정이 가히 구도자의 모습이다. 시간을 최대한 아낀다. 그들을 지도하는 랍비들 역시 대단한 민족주의자들이며 사명감에 불타고 있다.

청소년들이 이곳의 과정을 모두 마치면 삶의 방법뿐 아니라 세상을 보는 안목이 달라진다. 인생철학이 확실하게 정리되어 선과 악을 구별하는 능력이 강해지고, 내면적 자신감이 충만해져 있다.

세상이 두렵지 않다. 오직 여호와 하나님과 유대민족을 위한 유대주의로 충만하다. 과연 여호와의 군대답다. 이곳이 바로 유대인의 무서운 파워를 생산하는 근원지다. 지혜는 칼보다 강하기 때문이다.

유대인 부모가 자녀를 일반 학교에 보내지 않고 이곳에 보내는 이유는 무엇인가? 세상에 나가기 전에 지혜 교육과 슈르드 교육은 물론 IQ계발 교육도 더 철저하게 받으라는 뜻이다. 세속의 죄악 문화에 물들지 않고 다른 이방인들과의 경쟁에서 앞서기 위함이다.

그들이 세상을 이기는 길은 일반 학교에서 가르치는 세상학문에 있는 것이 아니고, 하나님의 지혜와 슈르드 및 IQ계발에 있다는 것을 확고히 믿기 때문이다.

현대 한국교육의 문제점은 무엇인가? 매사에 까다롭지 못하고 대충대충이 많다. 맡은 일에 철저하지 못하는 경우가 많다. 자기 절제에 약하다. 선과 악의 구별이 명확하지 못하다. 삶의 가치 기준을 정하는 종교교육의 내용인 율법이 약하기 때문이다.

유대인은 대학 졸업 전 후, 사회에 나가기 전에 토라와 탈무드를 집단적으로 배우는 대형 예시바에 가서 몇 년씩 공부한다. 최종적으로 평생을 살아가는 데 필요한 지혜, 슈르드 및 IQ를 계발하기 위함이다. 사진은 둘씩 짝을 지어 하브루타를 하는 모습(상과 좌)

하브루타를 하다가 점심을 먹은 후 예배 시간이 되자 하나님께 예를 갖추기 위해 정장을 입고 중절모자를 쓰고 기도복을 두르고 예배를 드리는 모습(하)

유대인의 파워는 여기서 나온다.

또한 남을 용서하고 사랑하는 은혜만 강조하고, 율법 교육을 시키지 않았기 때문에 세상 법을 몰라 남에게 당하는 멍청한 자녀로 키우는 경우가 많다. 사회생활을 하면서 순진하기만 하고 약지 못하다.

따라서 자녀를 올바르게 키우기 위해서는 마음도 착하지만 세상적으로도 머리를 영리하게 계발시켜주는 교육을 병행해야 한다. 즉 이성적 논리를 발달시키는 율법 교육 그리고 IQ계발 교육을 기본으로 시킨 후에 세상학문도 병행해야 한다. 그리고 하나님에게 솔로몬과 같은 큰 지혜도 구해야 한다.

자녀들에게 순진한 것과 착한 것만 강조하는 경우가 많다. 그러나 경험이 없다는 것과 순진하다는 말은 같은 말이 아니다. 무식하여 순진한 것과 유식하면서 순진한 것과는 다르다는 말이다. 어느 것이 선이고 어느 것이 악인지를 구별하지 못하고 순진하기만 하면 악에게 당하기 쉽다. 악에게 당한다면, 얼마나 억울한가!

한국의 부모들이 자녀를 입시학원에 보낼 때
유대인 부모들은 집단 탈무드 연구소에 보낸다.
거기서 세상을 이기는 지혜, 슈르드, IQ개발을 배운다.
그곳이 유대인의 파워플랜트다
그들은 세상을 거꾸로 산다.

4. 한국인의 수직문화에도 지혜와 슈르드가 있다

한국인에게도 유대인처럼 까다로운 율례와 법도가 있었다. 명심보감이나 사서삼경은 성경의 잠언이나 전도서의 역할을 하는 지혜서들이다. 따라서 상대적이나마 한국인의 수직문화에도 지혜와 슈르드가 있다. 자세한 것은 제6장 '한국의 수직문화와 지혜교육' 참조하기 바란다.

5. 슈르드의 예화: 이야기의 효용

유대인은 이야기를 만들어서 남에게 들려주기를 잘하는 민족이다. 특히 서양사회에서는 이야기를 만드는 사람으로는 유대인이 많은 것 같다. 회당의 예배 시간에도 랍비는 이야기를 포함시킨 설교를 하는 것이 습관처럼 되어 있다.

가정에서는 아버지가 그의 아들에게 여러 가지 이야기를 만들어 들려준다. 이 이야기는 단지 재미있어서 뿐만 아니라 반드시 어딘가에 교훈이 있다. 머리를 써서 생각하지 않으면 모르는 곳이 있다. 그러므로 때로는 수수께끼도 가정에서 자주 이야기 한다.

소련(현 러시아: 이 이야기는 소련이 붕괴되기 전 공산주의 시대의 이야기다. 편역자 주)에 살고 있는 어떤 친척으로부터 편지가 왔다. 아시다시피 소련은 경찰국가인데다, 유대인은 박해를 받고 있는 처지이므로 소련에서 편지를 써 보내는 일은 거의 모험에 가까운 일이었다.

그 편지에는 소련에서는 일기가 좋으며, 우리는 건강하며 아이들은 훌륭한 학교에 잘 다니고 있으며, 지금 살고 있는 곳도 아주 살기 좋은 곳이어서 모든 것이 만족스럽지만, 다만 전구와 설탕만이 부족하다고 쓰여져 있었다.

이런 내용을 들려주면 어린이들은 전구나 설탕이 없다는 것은 어떤 것이냐고 묻게 마련이다. 그러면 아버지는 "이것은 진실을 말하는 한 가지 방법이다. 전구와 설탕이 없다는 편지 내용으로 보아 저쪽에서의 생활이 매우 어둡고 암담하다는 사실을 알아내야 한다"고 가르쳐 준다.
이런 식의 훈련을 쌓음으로써 사물을 보는 지혜를 몸에 익히게 될 것이다. 또 한 가지 예를 들어 보자.
소련에서 이스라엘로 겨우 이민해 온 가족에게 텔아비브의 공항에서 기자가 여러 가지 점에 대하여 인터뷰를 한다.

"당신은 소련에서 어떤 일을 하고 있었습니까?"
"나는 별로 불평을 할 만한 것이 없습니다."
"그럼 당신이 살고 있던 환경은 어떠했습니까?"
그러자 다시,
"불평을 할 만한 것이 없습니다."
"그쪽에서의 식사는 어떠했습니까?"
"아니 그것도 불평을 할 만한 것이 없었습니다."
계속해서 여러 가지 질문을 해보았으나 번번이 "별로 불평할 만한 것이 없습니다"라고 대답할 뿐이었다.

마지막으로 기자가 "그렇게 아무것도 불평을 할 만한 것이 없다면 무엇 하러 여기까지 이민을 왔습니까?"라고 묻자, 그 남자는 이렇게 대답했다.

"여기서는 불평할 만한 것이 있고, 또 불평 할 수 있기 때문입니다."

그런 이야기를 자녀들에게 들려주는 셈이다. 어린이는 이러한 역설을 알고는 사람의 마음의 깊이라는 것을 배워 가게 된다.

〈출처: Tokayer, 탈무드 2: 탈무드와 모세오경, 2013, 쉐마, pp. 372-374.〉

III
슈르드하지 못한 순진함의 위험성

1. 슈르드하지 못한 순진함의 2가지 사례

자녀들이 착하기만 하면 되는가? 아니다. 슈르드해야 한다. 그래야 세상에서 악인에게 당하지 않고 편안히 살아갈 수 있다. 몇 가지 예를 들며 설명해보자.

사례 1:
미국 고등학교에서 일어난 살인 사건에 순진한 한국인 학생이 포함되었다(2001년). 부모님이 사준 새 차를 몰고 저녁에 아르바이트 하는 곳에서 일을 하고 있는데 전화가 왔다. 한 반에서 공부하는 학생 셋이 차를 태워달라는 전화였다. 그들은 마약을 마시고 판매하는 불량학생들이었다.

한인 학생은 정에 이끌리어 그들의 요구를 차마 거절하지 못하고 마약 거래하는 장소까지 차를 태워주었다. 거기서 살인 사건이 일어났다. 그런데 그는 범인을 태워다 준 죄로 공범으로 몰리어 현재 17년 형을 받고 수감 중에 있다.

사례 2:
미국 서부의 명문대학교에 재학 중인 순진한 여학생이 강간을 당한 사건이 있었다(1999년). 한 불량한 남학생이 흑심을 품고 미녀인 그녀에게 달콤하게 접근하였다. 그녀는 그의 영혼을 불쌍하게 여긴다며 복음을 전하기 위하여 그가 가자는 곳까지 의심 없이 따라갔다. 그리고 아무도 없는 곳에서 변을 당하였다.

악을 구별하지 못하고 순진하기만 하면 악에게 당하기 쉽다.

우리는 기독교교육의 목적이 예수님을 믿게 하여 착하게 살게 하는 것이라고만 생각할 수 있다. 그러나 착하기만 한 사람은 세상 살기가 만만하지가 않다. 남한테 사기도 잘 당하지만, 마음이 여리어 남이 사정을 하면 그의 요청을 거절하지 못하는 경우도 많다.

따라서 쓸 데 없이 월부 책을 많이 산다든가, 필요 없는 보험을 많이 든다든가, 아니면 누가 간청할 때 거절하지 못하고 재정보증을 서주어 그가 망하면 함께 망하는 경우도 있다.

따라서 자녀들에게 기독교교육을 잘못 시키면 착하게만 만들어 사회 경쟁력을 약화시킬 수 있다는 점을 명심해야 한다. 따라서 자녀들에게 슈르드 교육을 시키어 예수님처럼 야무지게 살도록 해야 한다.

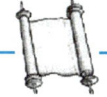

> 악을 구별하지 못하고 순진하기만 하면 악에게 당하기 쉽다.

2. 슈르드하지 못한 것도 죄인가

앞에서 착하고 순진한 자는 악인이 쳐 놓은 올무에 잘 걸릴 경우가 많다고 했다. 착하기만 하고 슈르드하지 못하기 때문이다.

그것뿐만이 아니다. 순진한 이들은 남의 말을 잘 믿어 큰돈을 벌 수 있다는 꼬임에 빠져 모든 돈을 날릴 수도 있다. 여기에서 우리는 "착하기만 한 사람은 모두 의인인가?"라는 질문을 할 수 있다. 성경은 그렇게 말하고 있지 않다. 물론 의인도 많지만, 그들 중 일부의 마음속에는 나쁜 속성도 숨어 있다는 것이다. 그 속성은 악인이 가진 속성과 같아 한 부류라는 것이다.

예를 들어 슈르드한 악인은 다른 사람들을 속이는, 즉 사기를 잘 치는 경우가 있다. 그럴 경우 흔히 사기를 치는 사람만 나쁘게 책망하는 경우가 많다. 그런데 성경은 사기를 치는 자나 사기를 당하는 자 모두 악인의 부류로 분류하고 있다.

그 이유는 사기를 잘 당하는 자의 특성은 사기를 치는 자의 특성과 같기 때문이다. 그들은 본인 스스로가 "궤사한 입술을 잘 듣고(listens to evil lips)", "악한 혀에 귀를 잘 기울이기(pays attention to a malicious tongue)" 때문이다. 성경은 이런 이들 모두는 악을 행하는 자로 규정하고 있다.

> 악을 행하는 자는 궤사한 입술을 잘 듣고, 거짓말을 하는 자는 악한 혀에 귀를 기울이느니라(A wicked man listens to evil lips; a liar pays attention to a malicious tongue, NIV). (잠 17:4)

사기를 잘 당하는 이는 심지 않은데서 거두는, 즉 공짜로 큰돈을 얻을 탐심을 가지고 있다는 것이다. 이것은 악인의 심리다. 바울은 "이런 자들[일하지 아니하고 일만 만드는 자들]에게 우리가 명하고 주 예수 그리스도 안에서 권하기를 종용히 일하여 자기 양식을 먹으라"(살후 3:12)고 했다.

이런 자들은 악인을 대적하기는커녕 악인을 잘 따를 수 있다는 허점이 있다. 선과 악을 뚜렷이 구분하지 못하고 행동하기 때문이다. 이것이 율법을 버린 자와 율법을 지키는 자의 차이다. "율법을 버린 자는 악인을 칭찬하나 율법을 지키는 자는 악인을 대적하느니라"(잠 28:4).

바울에 의하면 이런 자의 특징은 종말에 많이 나타난다. 즉 진리에서 돌이켜 허탄한 이야기를 좇는 사람들이다(딤후 4:4).

> 때가 이르리니 사람이 바른 교훈을 받지 아니하며, 귀가 가려워서 자기의 사욕을 좇을 스승을 많이 두고, 또 그 귀를 진리에서 돌이켜 허탄한 이야기를 좇으리라. (딤후 4:3-4)

성경의 예로는 악한 임금 아합이 그 아내 이세벨의 말을 잘 들어 범죄한 사실(왕상 21:4-7)과 유대인들이 율법을 어긴 죄를 지적하는 진짜 선지자 대신에 거짓 선지자들의 달콤한 거짓말을 잘 들은 사실(사 30:9-11; 렘 38:1-6)을 들 수 있다.

여기에서 우리는 하나님 앞에서 남에게 속지 않고 슈르드하게 사는 삶이 얼마나 중요한지를 알 수 있다. 슈르드하지 못할 경우 육체적 및 물질적인 손해를 보는 것뿐만 아니라 죄를 범하는 것과 연결될 수 있기 때문이다.

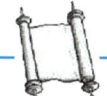

성경은 사기를 치는 자나 사기를 당하는 자 모두 악인으로 분류하고 있다. 이유는···.

IV
요약 및 결론

앞에서 유대인의 4차원 영재교육 중 두 번째 높은 단계인 슈르드 교육에 대하여 설명했다. 즉 1) '슈르드' 교육이란 무엇인가, 2) 슈르드한 바리세인과 예수님의 차이, 3) '슈르드' 교육의 내용과 방법, 4) 슈르드하지 못한 순진함의 위험성 그리고 슈르드하지 못한 것도 죄인가에 대해 설명했다.

슈르드는 뱀의 간교함(창 3:1)을 뜻한다. 여기에서 주목해야 할 것은 첫째 아담을 간교하게 속인 뱀과 같은 지혜도 슈르드이지만, 둘째 아담 예수님처럼 그것(뱀 같은 슈르드)에 속지 않는 것도 슈르드라는 점이다(마 10:16).
〈저자 주: 첫째 아담과 둘째 아담에 관하여는 롬 5:17과 고전 15:45-49를 참조하라〉

전자는 슈르드를 부정적으로 사용했고, 후자는 긍정적으로 사용했다. 순결이 결여된 슈르드는 악하여 교활하기 쉽고, 슈르드가 결여된 순결은 어리석기 쉽다. 슈르드는 순결과 결합하여 작용할 때 악인의 올무를 피하며 예수님처럼 사회 경쟁력을 가질 수 있다.

슈르드를 한 마디로 정의한다면, "생존을 위해 악인이 쳐 놓은 올무(덫)에 걸리지 않는 지혜(현명함)"다. 배운 지식은 시간이 지나면서 잊어버리지만, 슈르드는 경륜이 더할수록 더 풍부해지고 세련되어진다. 지식이 수평문화라면, 지혜와 슈르드는 수직문화다.

유대인에게 슈르드 교육의 교과서는 토라와 탈무드다. 그들은 이 두 가지 책을 많이 읽고 배우면 그만큼 하나님의 지혜를 많이 받고 슈르드해진다고 믿는다. 그들이 수많은 율법과 규례를 배워 통달하면 각 나라의 어떤 난해한 법도 쉽게 이해할 수 있다고 한다. 그들이 세상학문에서도 단연 앞서가는 이유다.

악을 구별하지 못하고 순진하기만 하면 악에게 당하기 쉽다. 따라서 한국의 부모들이 자녀를 입시학원에 보낼 때 유대인 부모들은 자녀를 집단 탈무드 연구소에 보낸다. 거기서 세상을 이기는 지혜, 슈르드, IQ 개발을 배운다. 그들은 세상을 거꾸로 산다.

유대인 부모는 세 살부터 까다로운 율법을 줄기차게 가르쳐 몸에 완전히 배도록 한다. 율법을 배우면서 선악을 구분하는 능력이 생기고 사고력과 비판 능력 및 창조력이 함께 자란다.

"
유대인 아버지는 자녀에게 지혜 교육이나
슈르드 교육만 시키는 것이 아니다.
유대인에게는 조상대대로 내려오는
최첨단 IQ계발 노하우가 있다.
"

제2차원 영재교육 질문식과 하브루타 IQ계발교육

 I. 하브루타(탈무드 논쟁식) 교육이란
 II. 코헨 씨 가정의 질문식 영재교육법
 III. 질문의 기술
 IV. 질문으로 가르치는 유대인의 율법교육
 V. 유대인 학교의 그룹 토론식 IQ계발
 VI. 하브루타식(탈무드 논쟁식) IQ계발
 VII. 제4장 요약, 결론 및 적용

I
하브루타 (탈무드 논쟁식)
교육이란

1. 하브루타의 목적이 인성이 먼저인 이유

유대인 아버지는 자녀에게 지혜 교육이나 슈르드 교육만 시키는 것이 아니다. 그들에게는 조상 대대로 내려오는 최첨단 IQ계발 노하우가 있다. 그들의 IQ계발교육은 일반 학교에서 가르치는 방법과 무엇이 다른가?

여러 가지가 있겠지만 여기에서는 그 중 아버지가 아들을 가르치는 질문식 교육 방법들과 탈무드 논쟁법을 소개한다. 이 두 가지 교육 방법은 어디에 뿌리를 두고 있는가? 그것은 유대인의 오랜 전통 교육방법인 성경과 탈무드를 가르칠 때 사용하는 '하브루타'(חַבְרוּתָא, Havruta, chavruta)에 근거한다.

'하브루타'는 문자적으로 '우정' 혹은 '동반자'('friendship' or

'companionship')란 뜻이다. 그런데 유대인 커뮤니티에서는 탈무드를 연구할 때 둘씩 혹은 그룹으로 짝을 지어 그 내용을 분석하고, 의논하고, 토론하는 방법을 하브루타라고 말한다(Wikipedia). 간단히 말하면 학습 동반자(study partners, or a pair of students)란 뜻이다.

그러나 좀 더 정확하게 말하면, '하브루타'와 '탈무딕 논쟁법'은 다르다. '하브루타'(study partners)가 둘씩 혹은 그룹으로 탈무드의 어떤 내용을 서로 질문하며 배우는(학습) 학습 방법이라면, 탈무딕 논쟁법(Talmudic Debate)은 배운 내용을 여러 가지로 비판하며 더 깊이 논쟁을 하는 것이다. 전자의 목적이 내용을 익히는 학습 방법이라면, 후자의 목적은 그 내용에 대하여 비판하며 논쟁(토론)하는 것이다.

그러나 하브루타라는 단어를 광의적으로 해석할 때는 질문식 및 탈무딕 논쟁법도 그 안에 포함되어 있다. 질문을 하려면 상대가 있어야 하기 때문이다. 저자는 '질문식' 및 '탈무딕 논쟁법'을 따로 구분하여 설명할 것이다. 그러나 글의 편의상 이 단어들을 혼용할 수도 있다. 이 방법들은 하나님이 유대인에게만 특별히 가르쳐 주신 방법이다.

〈이에 대한 근거는 저자의 저서 '유대인의 고난의 역사교육' 제2권, 제3부 제3-1장 III. 1. C. '하나님은 이스라엘과 변론하실 때 왜 법적 용어를 사용하셨는가' 참조〉

유대인은 탈무드를 공부할 때 하브루타식 학습법을 고집한다.

"철의 경우처럼, 한 사람이 다른 사람을 날카롭게 한다. 마찬가지로 두 명의 탈무드 학자가 서로 단련하는 데, 그것은 그들이 서로 '할라카'의 질문들을 토론할 때 일어난다. 마찬가지로 불은 한 조각만으로는 일어나지 않는다.

토라의 단어들도 마찬가지다. 그것은 외롭게 혼자서는 결코 습득할 수 없다." (Talmud, Tractate Ta'anit 7a).

어떤 랍비는 "혼자 학습하는 사람은 저주를 받을 것이다. 그는 어리석게 되고 결국에는 죄를 짓게 된다."라고 했다(위의 책, 21a).

〈저자 주: Halakha (הֲלָכָה)는 쓰여진 토라나 장로의 유전에 근거를 둔 유대인 종교법 전체를 말한다(the collective body of Jewish religious laws derived from the written and Oral Torah). 유대인은 장로의 유전도 성경으로 간주한다. 출처: Wikipedia〉

여기에서 다음 두 가지의 질문에 주목할 필요가 있다.

첫째, 왜 유대인은 유독 하브루타를 할 때, 그 교육의 내용은 다른 세속의 학문이 아닌, 토라와 탈무드여야 한다고 고집하는가?

그것은 그들의 IQ계발 목적이 하나님이 원하시는, 즉 성경적인 인성교육에 있다는 것을 뜻한다. 그들은 인간이 성경을 바로 알아야 하나님과의 관계가 회복되고, 하나님과의 관계가 회복되어야 하나님의 율법을 잘 지키어 바른 인간이 될 수 있다고 믿는다.

그런데 최근 한국에서 저자에게 배운 제자들 중 일부 학자들이 성경을 기본으로 한 인성교육은 제외하고 세속 학교교육의 내용(제1차원 영재교육)을 학습하기 위해 하브루타식을 적용하여, IQ계발에만 편중하는 경향은 매우 안타까운 일이다. 그것은 전문직을 양성하는 데는 성공할지 몰라도 그들의 인성교육에는 실패할 수밖에 없다는 것을 기억해야 한다.

둘째, 왜 유대인은 토라와 탈무드를 공부할 때, 혼자하면 어리석게 된다고 말하는가? 그리고 그토록 그들을 저주하는가?

그것은 누구든지 혼자 공부를 할 경우에는 너와 내가 함께 성장하고 성공하자는 것보다는, 너에게 뒤지면 내가 패배할 수 있다는, 경쟁의식이 팽배해질 수밖에 없기 때문이다. 이런 교육은 개인주의와 이기주의를 발달시킨다. 이 두 가지는 인성교육의 적이다. 따라서 이런 교육을 받은 사람들은 공동체에 필요한 유익을 주기보다는 오히려 해를 주기 쉽다. 이런 교육은 IQ계발에는 성공할지 몰라도, 인성교육에는 실패할 수 있다.

반면, 유대인처럼 둘씩 혹은 그룹으로 토론할 경우에는 그 안에서 지식과 IQ만 계발만 되는 것이 아니라, 하나님의 말씀 안에서 서로 깊은 사귐, 즉 사랑이 자랄 수 있다. 이에 대한 증거는 하브루타란 단어 자체가 '우정' 혹은 '동반자'란 뜻에서도 발견할 수 있다.

이런 교육을 받은 사람들은 상대방에 대한 배려가 있고, 자신이 속한 공동체에 유익을 줄 수 있다. 또한 그들 모두가 동일한 유대인의 역사가 담긴 구약성경을 하브루타식으로 공부하니, 그들의 정체성을 키우는데 얼마나 유익한가.

〈저자 주: 물론 유대인도 탈무드를 혼자 조용히 공부할 때도 있다. 탈무딕 디베이트 (하브루타)를 준비하기 위하여 미리 토론의 내용, 즉 탈무드의 내용을 숙지할 때다.〉

이상 두 가지 질문에 대한 답을 통해 얻은 결론은 하브루타의 근본 목적은 성경과 탈무드의 내용을 통해 바람직한 인간을 만드는 인성교육에 있다는 것이다. IQ계발이라는 열매는 부산물(byproducts)로 따라오는 것일 뿐이다.

정통파 유대인이 토라와 탈무드를 공부하는 '미드라쉬의 집(토라와 탈무드를 공부하는 교실)'은 어른과 아이 구분 없이 밤낮으로 붐빈다. 그들의 성경공부는 수평문화를 초월하게 하고 신본주의적 수직문화를 강하게 한다.

    이것이 하나님이 원하시는 교육이다. 따라서 인성교육의 열매 없는 IQ교육은 지혜로운 것이 아니라 어리석은 것이다. 교만하여 타락하기 쉽다. 그 결과 죄를 짓기 쉽다. 유대인 랍비가 이런 교육을 왜 저주 받을 것이라고 했는지 그 이유를 곰곰이 생각해야 한다.

    요약하면, 하브루타를 실천할 때는 1) 교육의 내용 선정이 가장 중요한데, 그것은 성경적 인성교육을 목적으로 해야 하고, 2) 상대방에 대한 배려와 자신이 속한 공동체에 유익을 주는 것, 즉 사랑 실천을 목적으로 해야 한다는 것이다.
    위의 두 가지를 충족시키지 않는 IQ계발은 전문직 인재는 만들 수 있지만, 인성을 겸비한 전문인을 만들기는 힘들다. 그럴 경우 오히려 사회에 독을 심을 수 있는 어리석은 교육이 될 수 있다.

> 하브루타의 근본 목적은 성경적 인성교육에 있다.
> IQ계발이라는 열매는 부산물이다.
> 인성교육 없는 IQ교육은 지혜로운 것이 아니라 어리석은 것이다.

2. 하브루타가 개인이 하나님 그리고 이웃 사랑 관계를 형성하는 이유

앞에서 왜 하브루타의 목적은 인성이 먼저라는 이유를 두 가지 질문에 답변하면서 설명했다. 여기에서는 그 두 가지 답변을 좀 더 구체적으로 관계성 입장에서 설명해보자. 유대인은 하브루타를 통하여 어떻게 개개인의 인성을 하나님과 연결하고, 사람과 사람 사이를 연결하는가?

성경적인 인성의 가장 중요한 요소는 무엇인가? 그것은 하나님의 사랑이다. 인성교육학적인 입장에서 율법 행함의 근본 목적 자체가 하나님의 생명 사랑 정신을 실천하는 것이다. 이것이 인성교육의 열매다. 하나님이 인간을 만드신 목적이 인간 사랑에 있기 때문이다.

십계명에서 설명하듯이 사랑은 위로는 하나님을 사랑하고(1-4계명), 수평적으로는 사람과 사람 사이의 사랑(5-10계명)을 실천해야 한다(현용수, 자녀의 효도교육 이렇게 시켜라, 제1권 참조). 따라서 하브루타의 핵심은 하나님과의 연결이고 사람과 사람 사이의 연결을 통해, 하나님의 사랑으로 하나로 연합되게 하는 것이다(Yonah Atari, 기독일보, 유대인 비밀금고에서 방금 꺼 내온 진짜 하브루타 이야기, 2019년 7월 17일). 이것은 상호 관계성의 문제다.

하브루타는 토론의 훈련을 통해 하나님으로부터 받은 사랑을 이웃에게 나누며 실천하도록 도와주는 것이다. 그 논리를 도표를 사용하여 설명해보자(도표 참조). 이것은 하브루타 학습자가 하나님과의 수직적인 사랑의 관계를 어떻게 효과적으로 형성하고, 학습자와 학습자 사이의 수평적 사랑의 관계를 어떻게 형성하는 지를 설명하는 것이다.

유대인 학생들은 학교나 예시바에서 탈무드 논쟁을 하기 전에 자신들이 토론할 탈무드(혹은 구약성경)의 내용에 대해 다양한 주석들을 참조하여 충분히 이해하고 많은 토론 자료를 준비해 온다.

따라서 저자는 기독교인으로서 성경을 배우고자 하는 하브루타 파트너들에게 두 가지를 준비하라고 한다. 1) 논쟁할 성경 본문을 주석을 참고하며 미리 그 뜻을 이해하고 올 것, 그리고 2) 그 외 이해가 안 되는 것이나 상대방에게 더 물어볼 질문들을 많이 만들어 올 것 등이다.

〈질문 만드는 법은 제4장 II. 4. '질문의 여섯 단계: 낮은 수준에서 높은 수준의 질문' 참조〉

하브루타를 이렇게 운영하면 어떤 효과를 얻을 수 있나?

첫째, 학습자가 하브루타 준비 과정에서 얻는 하나님과의 수직관계 형성 〈도표 1〉

파트너 각자가 본문을 이해하기 위하여 여러 성경 주석들을 참조하여 공부할 때 하나님(A)과 토론 파트너들(B, C) 사이에 성령님의 도움으로 교제가 이루어진다. 이것은 하나님과 파트너와의 수직적인 사랑의 관계

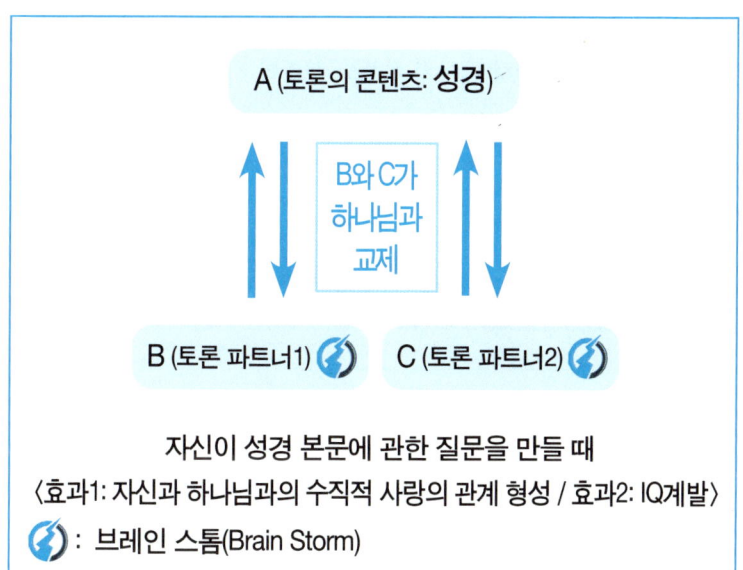

형성이 이루어진다는 뜻이다.

특히 저자의 경우 말씀을 묵상하면서 자문자답(自問自答)(QT)을 많이 한다. 그 때 하나님이 원하시는 깊은 뜻을 더 잘 이해한다. 이것은 저자가 성경 본문을 무조건 암송할 때보다 하나님과의 사랑의 관계가 더 잘 이루어진다. 그렇다고 성경 암송의 중요성을 격하시키는 것은 아니다. 본문의 뜻을 이해하면 성경 암송도 더 효과적으로 할 수 있다는 뜻이다.

둘째, 학습자들이 하브루타 과정에서 얻는 수평관계 형성 〈도표2〉

하브루타 준비를 해온 B(파트너 1)와 C(파트너 2)는 하브루타식 토론을 서로 하면서 엄청난 학습의 시너지 효과를 얻을 수 있다. 특히 파트너끼리 토론을 할 때는 서로 다른 의견을 접할 수 있다. 그럴 경우 토론 과정에서 성령님의 도움으로 전혀 예상치 못했던 성경의 진리를 찾을 수도 있다. 이것은 자신과 다른 파트너와의 수평적 사랑의 관계를 형성하는 것이다.

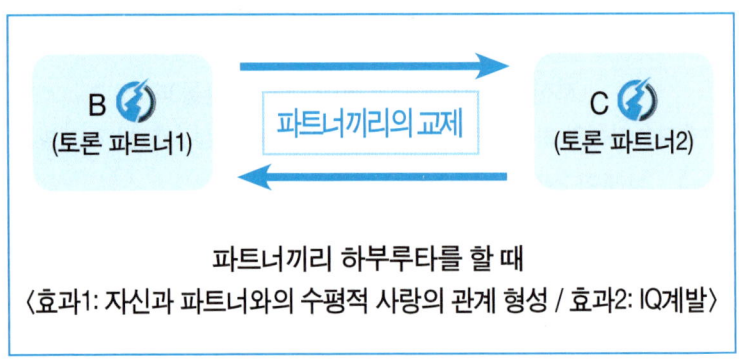

셋째, A+B+C, 종합 수직 + 수평관계 형성도 〈도표3〉

이것은 종합적으로 자신과 하나님과의 수직적, 그리고 다른 파트너와의 수평적 하나님의 사랑의 관계를 형성하는 것이다. 그런 면에서 하브루타는 수직적으로는 하나님과의 사랑의 관계와 수평적으로는 하나님(예수님)의 모든 지체와 지체를 사랑으로 연합하는 삶의 공동체를 이루게 하는 도구다(롬 12:4-5; 고전 12:12).

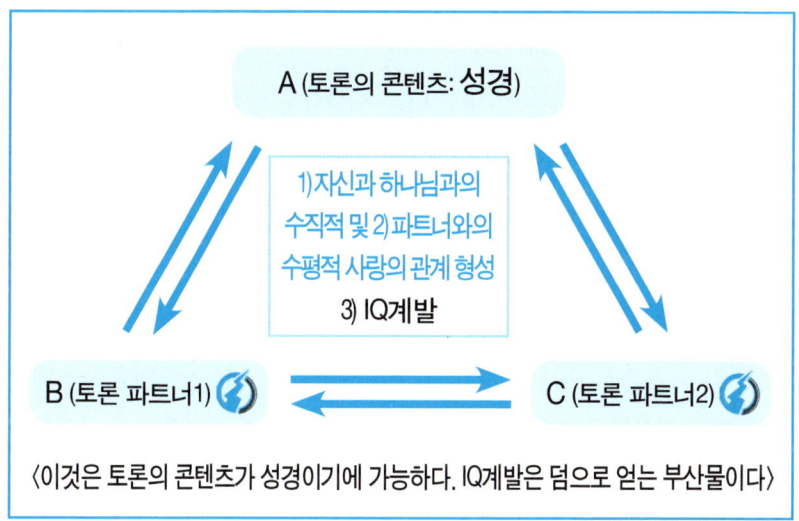

> 우리가 한 몸에 많은 지체를 가졌으나 모든 지체가 같은 직분을 가진 것이 아니니, 이와 같이 우리 많은 사람이 그리스도 안에서 한 몸이 되어 서로 지체가 되었느니라. (롬 12:4-5)

어떻게 유대민족은 그토록 강한 단결력을 가지고 있는가? 여러 가지가 있지만, 그 중 하나가 하브루타라는 학습 방법이 있기 때문이다. 이것이 작게는 가족도 결속시키고 민족이라는 거대한 공동체도 결속시킨다. 이 공동체에는 전 세계에 흩어진 유대민족 모두가 포함된다. 따라서 하브루타라는 학습 도구는 하나님이 그분이 선택하신 유대민족에게만 주신 귀한 보화다.

여기에서 우리가 꼭 기억해야 할 것이 있다. 이런 자신과 하나님과의 수직적 및 다른 파트너와의 수평적 사랑의 관계를 형성하는 데 가장 중요한 요소는 무엇인가? 그것은 토론의 콘텐츠(A)가 성경, 즉 하나님의 말씀이기에 가능하다는 것이다. 다른 세상학문의 주제를 토론 할 때는 그 부분의 IQ는 계발될지라도 하나님의 사랑으로 연합된 공동체를 이루는 것은 불가능하다.

이것을 아시나요?

이방인과 유대인이 식사를 하는 목적은 무엇이 다른가? 이방인은 배가 고파 식사를 하지만, 유대인은 하나님의 말씀을 자녀들에게 가르치기 위해, 혹은 자신이 성경을 공부하기 위해 식사를 한다.

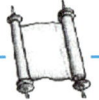

> 하브루타는 하나님과의 수직관계와
> 하나님의 모든 지체와 지체를
> 수평적으로 연합하는 삶의 공동체를 이루는 도구다.

> **II**
> **코헨 씨 가정의 질문식**
> **영재교육법**

1. 가정 성경공부는 언제 어떻게 하나

첫째, 언제 성경을 가르치나

유대인 가정에서는 어머니가 아니라 아버지가 자녀에게 직접 성경을 가르친다고 했다. 그렇다면 유대인 아버지는 언제 자녀에게 성경을 가르치나? 정통파 유대인은 거의 매일 저녁, 그리고 시간이 허락되는 대로 자녀에게 가르친다.

특히 안식일이나 절기 때는 반드시 가르친다. 안식일 때는 세 번 절기 식사를 하는데 매 식사 때마다 성경을 가르친다. 차라리 "그들이 자녀들과 함께 지내는 일상생활 자체가 성경 교육을 위한 삶이다"라고 해도 과언이 아니다.

아버지가 자녀에게 성경을 가르치는 자세에도 2가지가 있다. 마음의 자세와 외형적인 자세다.

둘째, 성경공부를 하는 마음의 자세

유대인 아버지가 자녀에게 성경을 가르치는 마음의 자세도 이방인과 다르다. 탈무드에 의하면, 누구든지 아들에게 토라를 가르치는 사람은 그가 마치 모세처럼 호렙 산상에서 율법(성경)을 직접 받은 것 같은 감동으로 가르치라고 말하고 있다.

성경을 IQ로만 가르치지 말고 EQ를 이용해 가르치라는 뜻이다. 왜냐하면, 하나님께서 모세에게 "… 너는 그 일들을 네 아들들과 네 손자들에게 알게 하라. 네가 호렙 산에서 네 하나님 여호와 앞에 섰던 날에…"라고 말씀하셨기 때문이다(신 4:9-10)(Cohen, 1995, p. 173).

유대인 아버지가 이렇게 실감나게 자녀에게 성경을 가르칠 때에 하나님 말씀을 자녀의 마음 판에 새길 수 있다. 그리고 성경의 내용이나 가르치는 정성에서 세대차이를 막을 수 있다.

이에 대한 실제적인 예를 들기 위하여 아내와 큰 딸(6세) 및 어린 아들(4세)을 가진 랍비 코헨 씨의 가정으로 들어가 보자. 코헨 씨 가정의 안식일 점심 식사는 2시간 30분만에야 끝났다. 피차 질문이 많았기 때문이다. 그들은 식탁에서 가족끼리 혹은 손님과 토론을 많이 한다.

이러한 기회들을 통해 유대인들은 어려서부터 남을 배려하는 식탁 매너를 익힌다. 남과 어떻게 대화하는가 하는 기술을 배울 뿐만 아니라, 인간관계의 방법을 배우게 한다. 이것이 유대인 자녀를 국제화하는 비결 중 하나다.

셋째, 성경공부를 하는 외형적 자세

유대인 아버지가 자녀에게 성경을 가르치는 외형적인 자세에 대하여 살펴보자. 유대인 아버지는 자녀를 엄하게 다룰까 아니면 부드럽게 다룰까?

오후 2시 반쯤 되었을 때였다. 아이들도 모두 자기 방으로 들어갔다. 곧이어 아버지가 일어나 4살 된 아들을 아들 방에서 데리고 나왔다. 아버지가 자녀에게 성경을 가르치는 시간이다. 그들은 매주 안식일 아버지가 한 자녀에게 30분 이상 성경을 가르친다.

아버지는 식탁에 앉아서 아들을 정답게 자신의 무릎에 앉혔다. 아버지는 아들의 눈앞에 성경 교재를 펴 들었다. 아들이 일주일 동안 유대인 유치원에서 배운 교재였다. 그런데 저자의 눈에는 아들을 대하는 아버지의 모습이 그렇게 부드럽게 보일 수가 없었다. 엄한 모습은 전혀 보이지 않았다.

아버지와 아들 사이에 오가는 대화가 매우 사랑스러워보였다. 서로 존중하며 상대방의 말에 최대한 귀를 기울이며 아버지는 질문하고 아들은 그 질문에 답하였다. 유대인 자녀는 성경을 토론할 때 아버지로부터 배운 상대방을 배려하는 마음과 자세를 3살 때부터 배운다. 이런 모습으로 수십 년을 배우면 습관이 되어 성장한 이후에도 남을 배려하지 않을 수 없게 된다.

그들은 자녀를 강압적으로 가르치는 것이 아니라 지혜로 가르친다. 성경공부 시간에 아들을 무릎에 앉히고 껴안는 인자한 아버지의 모습도 전 세계 모든 정통파 유대인 아버지에게서 똑같이 볼 수 있다. 그 자세는 시간과 공간을 초월하여 세대차이가 없다.

코헨 씨는 저자를 전혀 의식하지 않은 채 아들에게 성경을 가르치고 있었다. 그들에게는 이 시간이 누구에게도 양보할 수 없는 귀중한 자녀교육 시간이다.

만약 한국인이라면 어떻게 했을까? 손님을 초대했다면 설사 자녀교육 시간이 예정되어 있더라도 다음으로 미루지 않았을까? 혹시 아들이 예정된 성경공부 시간에 아버지에게 와서 성경을 가르쳐 달라고 보채도 외국인 손님에게 미안해하며 아이를 되돌려 보내지 않았겠는가?

유대인은 절대로 이방인 때문에 자신들의 종교적 의무를 미루거나 거르지 않는다. 하나님과의 약속을 지키는 데 필요한 예정된 절기 행사 시간은 어떠한 것에도 양보할 수가 없다. 그렇기 때문에 이러한 그들의 행위를 이해하지 못하는 이방인 친구들이 유대인에게 섭섭한 감정을 가질 수도 있다. 왜냐하면, 그렇게 친하게 지내던 유대인 친구가 자신의 종교적 행사를 지킨다는 이유로 이방인 친구에게 야박하게 대할 때가 종종 있기 때문이다.

코헨 씨가 자녀에게 토라를 가르치는 시간을 가장 귀하게 여기는 진지함은 그들이 얼마나 열심히 토라를 자손대대로 전하려고 하는지 그 참된 의지를 보여 준다.

쉐마에서 언급한 바와 같이 유대인에게는 자녀에게 성경을 가르치는

유대인 아버지는 자녀에게 엄한 아버지가 아니라 자애로운 아버지로 기억된다. 위 사진은 정통파 유대인 아버지가 유월절 식사 시간에 아들을 다정히 무릎에 앉히고 성경을 가르치는 모습. 아래 사진은 미드라쉬의 집에서 아버지가 아들을 무릎에 앉히고 탈무드를 가르치는 모습. 무릎에 앉히는 교육 방법도 조상 대대로 세대차이가 없다.

그 자체가 마음을 다하고 성품을 다하고 힘을 다하여 여호와 하나님을 사랑하는 길(신 6:5)이다. 이러한 유대인의 관습은 유대인으로 하여금 교육에 대한 전통적인 자세와 배우는 일에 대한 기본적인 태도를 더욱 다지게 해준다(Solomon, *옷을 팔아 책을 사라*, 2005, p. 190).

> 정통파 유대인은 거의 매일 저녁마다
> 자녀에게 성경을 가르치는데,
> 특히 안식일이나 절기 때에는 꼭 가르친다.

" 이방인과 유대인의 식사 목적 차이

이방인은 허기를 채우기 위해 식사를 하지만,
유대인은 하나님의 말씀을 배우기 위해 한다. "

2. 귀납법 성경공부와 IQ계발

A 아버지와 아들의 1:1 하브루타 방법

한국 어머니는 학교에서 돌아온 자녀에게 "너 오늘 선생님 말씀 잘 듣고 왔니?"라고 묻지만, 유대인 어머니는 "너 오늘 선생님에게 질문 많이 하고 왔니?" "무슨 질문했니?"라고 묻는다. 그들의 이런 습관은 어디에 기인하는가? 그들의 가정교육에 기인한다. 특별히 아버지 교육에 기인한다.

유대인 아버지는 안식일 식탁에서 어떠한 방법으로 자녀를 가르치나? 이방인의 그것과 다르다. 얼마나 어떻게 다른가? 여기에서 그들의 천재 교육 방법을 미국에 거주하는 정통파 유대인 랍비 코헨 씨 가정의 예를 들며 소개해 보자.

아버지는 네 살 된 아들에게 질문하기 시작했다.
아버지: "지난 주에 무엇을 배웠지?"
〈저자 주: 유대인은 매주 읽어야 할 성경의 분량이 있다〉

아들: "삼손."
아버지: "삼손이 누구지?"
아들: "이스라엘의 사사."
아버지: "그가 이스라엘에게 어떤 유익을 주었지?"
아들: "힘이 장사여서 불렛셋이 쳐들어오면 그들을 막아냈어요."
아버지: "왜 힘이 셌지?"
아들: "나실인이라 머리가 길어서…."

아들은 저자를 의식해서인지 저자를 쳐다보면서 손가락을 빨며 겸연쩍게 대답하였다. 역시 어린이는 어린이였다. 질문은 계속되었다.

아버지: "삼손이 계속해서 이겼니?"
아들: "아니요."
아버지: "왜 졌지?"
아들: "힘을 잃어서."
아버지: "왜 힘이 없어졌지?"
아들: "이방 여자한테 머리를 깎여서."
아버지: "너는 어떻게 살아야 되지?"
아들: "이방 여자를 조심해야죠."
아버지: "착한 아들이네!"

약 20분에 걸친 성경공부를 끝낸 아버지는 다시 일어나서 일곱 살 된 큰딸을 불렀다. 이제 아버지는 딸에게 성경을 가르칠 시간이기 때문이다.

그들의 학습은 처음부터 끝까지 거의 질문과 답변으로 이뤄졌다. 좋은 질문은 좋은 답을 이끌어 낸다. 이러한 귀납적 교육 방법(Inductive method)이 유대인을 어려서부터 천재로 만드는 데 크게 공헌한다. 그들의 탈무드 교육 자료들도 대부분 많은 질문을 한 다음 학생이 스스로 생각하게 하도록 내용이 전개돼 있다.

유대인 부모의 특징 중 하나는 자녀가 질문했을 때 답을 빨리 주지 않는다. 그리고는 왜 이 답이 맞고 저 답이 틀린가에 대해 논리적으로 질문하고 토론하며 스스로 깨닫게 만든다. 그들은 자녀가 항상 깊고 넓

유대인 가정의 성경공부 방법은 아버지와 아들의 일대일 교육이며, 주로 아버지가 질문을 하고 아들이 답하는 형식이다. 저자가 평일에 예고 없이 서기관 랍비 크래프트 씨 가정을 방문했는데 마침 크래프트 씨는 아이들을 하나씩 불러 성경을 가르치고 있었다(사진). 그는 서기관이면서 유대인 종교서적 사업을 하는 사장으로 대단히 바쁜 사람이다. 그러나 자녀들의 신본주의사상 교육은 그가 직접 담당하고 있다.

게 생각하도록 교육한다.

유대인은 자녀가 어려서부터 고도의 분석적인 사고 방식과 분별력 및 창의력을 갖도록 교육한다. 유대인 아버지가 자녀에게 가르치는 내용도 지혜의 말씀인 성경이고, 가르치는 방법도 천재 교육의 방법을 조상 대대로 전수해 왔다. 따라서 유대인의 IQ 교육은 아버지 몫이다.

만약 한국인 가정의 아버지가 자녀를 가르친다면 어떻게 가르칠까? 물론 예외도 있겠지만 대충 이러할 것이다. 먼저 한 자녀씩 가르치면 시간이 많이 소모되니까 모두 한 자리에 모을 것이다. 그리고는 엄숙하게 무릎을 꿇게 하고 찬송가를 부르고 기도를 마친 후 아버지가 일방적으로 자녀들에게 이렇게 말할 것이다.

"오늘은 삼손에 대하여 배운다. 삼손은 이스라엘의 사사였는데 힘이 장사였어. 그 힘은 그의 긴 머리카락에서 나왔다. 그러나 이방 여인 데릴라의 꼬임에 빠져 머리카락이 잘린 후 힘을 잃었어. 그러므로 너희들은 예수님을 믿지 않는 불건전한 여성을 조심해야 돼. 알았어?"

자녀 일동: "예."

그리고 마지막 기도를 마친 후 한 마디 더 한다면, 아버지: "빨리 나가서 학교 숙제해!"

자녀 일동: "예."

이러한 일방적인 연역적 교육 방법(Deductive method)은 귀납적 질문식 교육 방법에 비하여 자녀들이 내용을 확실히 이해하는 데 어려움을 줄 뿐만 아니라 깊게 생각하게 할 수도 없다. 그리고 그렇게 배운 것은 쉽게 잊어버린다.

한국의 자녀들에게 그렇게 많은 시간과 노력을 투자했는데도 천재들이 나오지 않는 이유는 바로 잘못된 교육 방법에 있다.

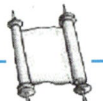

> 유대인의 학습법은 처음부터 끝까지
> 거의 질문과 답변으로 이뤄졌다.
> 왜 이것이 맞고 저것이 틀린지에 대해
> 논리적으로 질문하고 토론하며 스스로 깨닫게 만든다.

B. 아버지가 10명의 자녀들과 하는 하브루타 방법

정통파 유대인은 피임을 금하기 때문에 한 가정에 자녀가 10명 정도인 경우가 많다. 이 말은 큰 아이와 작은 아이 사이에 연령의 차이가 많다는 뜻이다. 그럴 경우에는 안식일 가정식탁예배에서 아버지는 성경공부의 대상을 누구에게 초점을 맞추어야 하나? 토론이 가능한 자녀들 중 가장 어린 자녀들에게 맞추어야 한다. 왜냐하면 큰 자녀들은 이미 동일한 성경 주제로 몇 년 전부터 동일한 토론 과정을 겪어왔기 때문이다.

따라서 아버지는 성경 본문에 관한 질문과 토론을 이렇게 인도하면 더 효과적이다. 먼저 어린 자녀들에게 한 가지 질문을 한다. 그 때 A아들이 답변을 했다고 하자. 그러면 그 답이 맞는지 틀린지를 말하지 말고 왜 그런 답변을 했는지 되묻는다.

A의 설명이 끝나면 다른 자녀들에게 그 A의 답변을 어떻게 생각하느냐고 묻는다. 그 때 B아들이 그와 다른 답을 말하면, 왜 그렇게 생각하느냐고 되묻는다. 그의 의견을 들은 후 아버지는 "A아들은 이렇게 답변했고, B아들은 저렇게 답변했는데 너희들은 누구 것이 맞다고 생각하느냐?"라고 묻는다.

서로 자신의 의견들을 내놓게 한다. 그러면 각자에게 계속해서 왜 그러냐고 묻는다. 아버지는 이렇게 자녀들끼리 바른 답을 찾아가도록 격렬한 토론의 장으로 유도한다.

그래도 답이 안 나올 경우에는 아버지는 큰 자녀들이 답을 하게 한다. 큰 자녀들이 답변한 것을 가지고 아버지는 또 반박 질문을 한다. 그러면서 여러 자녀들이 서로 답을 맞히도록 유도한다. 그럴 경우 서로 답을 하려고 아버지를 향하여 10명의 자녀들이 모두 손을 드는 경우가 많다.

정통파 유대인은 자녀가 많다. 안식일 가정식탁예배에서 아버지는 성경 본문 말씀에 관해 질문을 하고 답변을 하는 토론에 모든 자녀들이 함께 즐겁게 참여하도록 유도해야 한다. 사진은 쉐마목회자클리닉 미국 제3차 체험 학습 학기에 유대인 가정식탁예배에 참석한 한인 목회자들이 그들의 성경 토론 방법을 관찰하고 있는 모습.

    아버지는 기분이 좋아 웃어가며 자녀들끼리 토론 경쟁을 붙인다. 똑똑한 자녀는 아버지의 질문에 반박을 하기도 한다. 그럴 경우 질문과 반박이 계속 이어져 시간 가는 줄을 모른다. 유대인의 안식일은 일을 금하고 가정에서 쉬면서 성경을 공부하며 영적 충만을 채우는 날이다.

    이 때 잊지 말아야 할 것이 있다. 자녀들 중 하나가 맞히면 꼭 칭찬을 해주어야 한다. 그러면 다음에는 더 잘하려고 성경공부를 미리 더 많이 해온다. 그리고 설사 어느 자녀가 틀렸다고 하더라도 그에게 꾸중을 하면 안 된다. 오히려 너도 다음에는 더 잘 할 수 있을 거라고 격려해 주어야 한다. 여호와의 절기는 즐거운 날이다. 한 사람이라도 마음을 상하거나 우울하게 하면 안 된다.

정통파 유대인 랍비 에들러스테인이 초막절에 성경에 나타난 초막절의 유래에 대해 설명을 할 때 맞은 편에 있는 딸이 질문을 하기 위해 손을 들어 표하는 모습(상).

유대인의 안식일 절기를 한국형 주일가정식탁예배에 적용할 때는 유대인에게는 없는 기독교인의 정체성(복음)과 한국인의 정체성(한복이나 한국 예절 등)을 첨가해야 한다. 아래는 두 가지를 첨가한 동상제일교회 조수동 목사 가정의 주일가정식탁예배 장면이다.

3. 일반 학습도 질문식으로 IQ계발

A. 자녀에게 답을 빨리 안 주고 질문만 하는 유대인

유대인 아버지는 자녀들에게 성경을 가르칠 때뿐만 아니라 일반 학문 교육에서도 대부분 질문으로 시작하여 질문으로 끝난다. 예를 들어보자.

아버지가 아들에게 수학을 가르칠 때에도 질문으로 시작한다.
"다윗아. 다섯 더하기 다섯은 얼마니?"
"열둘이요."
한국 아버지 같으면 이럴 때 어떤 반응을 보이겠는가?
"너는 에미 머리를 닮아서 그러니(?), 왜 이렇게 쉬운 것도 모르니!"
그러나 유대인 아버지는 슬며시 여유를 갖고 웃으며 다시 이렇게 질문한다.
"응, 그래? 그러면 여섯 더하기 여섯은 얼마지?"
아들: "응…, 아버지 이제 알았어요. 여섯 더하기 여섯은 열둘이고, 다섯 더하기 다섯은 열이요!"
아버지는 웃으며 "그렇지. 내 아들 다윗은 똑똑하네."

유대인은 이렇게 자녀에게 답을 즉시 가르쳐 주는 것이 아니고, 질문을 계속하여 스스로 답을 찾도록 도와준다. 그리고 설사 틀렸어도 윽박지르지 않고 더 잘할 수 있다는 가능성을 심어준다.

유대인은 얼마나 질문이 많은가? 저자가 한국 한동대학교에서 교수들에게 특강을 할 때였다(1999년 여름). 강의를 마치고 질의응답 시간에 미국 1.5세 출신 변호사인 최모 교수가 이런 질문을 했다.

> "제가 하버드 법학대학원에서 공부할 때 유대인 학생들이 거의 50%였습니다. 그런데 그들은 강의 시간에 교수에게 하도 질문을 많이 해서 교수가 강의를 할 수 없을 정도였습니다. 그 이유가 무엇입니까?"

그들은 매사에 질문하는 것이 습관이 되어 있기 때문이다. 질문하는 습관이 왜 자녀교육에 유익한가를 알기 위해서는 질문은 누가 많이 하는가를 생각해보면 금방 알 수 있다. 매사에 호기심이 많고 배우기를 갈망하는 사람들은 늘 묻고 따진다. 따라서 유대인이 질문을 많이 한다는 얘기는 그들이 매사에 호기심이 많고 배우기를 열망하는 민족이란 뜻이다.

이런 특징들은 누구에게서 나타나는 증상인가? 게으르고 둔한 자녀들이 아니라 부지런하고 똑똑한 영재들에게서 많이 나타난다. 따라서 유대인의 질문식 교육법은 자녀들을 수천 년 동안 영재로 키우는 데 중요한 도구로 사용되어왔다는 것을 증명한다.

물론 일반 학교교육에서 IQ를 계발하는 학습 방법이 국가나 지역 혹은 교사에 따라 약간씩 다를 수가 있다. 그러나 그 내용이나 방법적인 면에서 유대인의 것들과 많은 차이를 보인다.

이방인의 경우 교육의 내용은 세속 교육의 내용이고 교육 방법은 주로 주입식이지만, 유대인의 경우에는 교육의 내용은 하나님의 지혜를 담은 구약 성경이나 탈무드이고, 교육 방법은 주로 질문식 및 탈무드 논쟁법이다. 그리고 가르치는 교사도 이방인의 경우는 학교 교사에게 주로 일임하지만 유대인은 가정에서 아버지가 가르친다.

> 유대인 아버지가 아들에게
> 수학을 가르칠 때에도 질문으로 시작한다.
> "다윗아. 다섯 더하기 다섯은 얼마니?"
> "열둘이요." 이때 아버지의 반응은?

B. 답을 빨리 주는 학원에서 공부한 자녀들의 참담한 유학생활

저자는 부모들에게 이렇게 말하고 싶다. "자녀들의 두뇌를 망치고 싶다면 학원을 많이 보내라." 왜냐하면 한국의 학원(족집게 과외 포함)에서는 학원 선생이 내일 시험 볼 문제에 대한 답을 미리 가르쳐주는 곳이라고 들었다. 이것이 습관이 되면 자기 스스로 문제를 풀 수 있는 능력을 상실한다. (물론 학생 스스로 아무리 노력해도 그 문제를 풀 수 없을 때 남의 도움을 구하는 것은 제외된다)

이런 학생들은 한국의 입시제도하에서는 당장 일류대학교에 들어갈 수 있을지는 모르지만 미국에 유학을 가면 낭패를 보기 쉽다. 미국 대학에는 숙제를 풀어줄 수 있는 학원 선생들이 없기 때문이다. 또한 매 주마다 주어지는 소논문을 쓰기 위한 논리적 사고나 글쓰기는 물론, 동료들과의 자유로운 토론도 매우 힘들기 때문에 학업을 따라가기가 쉽지 않다.

실제로 미국 명문대에 진학한 한국 학생 44%가 졸업을 못하고 학업을 포기하고 있다는 연구 결과가 나왔다. 재미교포 김승기(새뮤얼 김) 씨의 컬럼비아대 사범대 박사학위 논문인 '한인 명문대생 연구'에 따르면 1985~2007년 하버드, 예일, 코넬, 컬럼비아, 스탠퍼드, 버클리캘리포니아대 등 14개 명문대에 입학한 한인 학생 1400명 가운데 44%인 616명이 중퇴한 것으로 나타났다. 이는 같은 기간 미국 학생들의 평균 중퇴율(34%)을 10%포인트 웃도는 수치다. 중국인(25%)과 인도인(21.5%)의 중퇴율은 한인 학생보다 크게 낮았다. 특히 유대인(12.5%)이 제일 낮았다(중앙일보, *美 명문대 한인 학생 중퇴율 44%*, 2008년 10월 3일).

왜 유대인의 중퇴율이 제일 낮았는가? 그들은 가정에서 아버지가 자녀들에게 어려서부터 자기 스스로 문제를 풀 수 있도록 계속하여 질문식 교육을 시켰기 때문이다. 즉 질문을 통해 스스로 생각하는 논리적 사고와 글쓰기 및 자유로운 토론이 가능했기 때문이다.

다른 나라 학생들은 놀 때는 놀면서 여유롭게 공부를 하지만, 한인 학생들은 놀지도 못하고 아무리 밤을 새며 공부를 해도 따라가지를 못하니, 그들이 불쌍하지 않은가!

유대인은 무슨 일이 있어도 매주 돌아오는 안식일이나 다른 절기에는 가족과 함께 명절음식을 먹으며 며칠씩 즐기는데, 한국 학생들은 그런 여유도 없지 않은가! 더구나 유대인 학생들은 동일한 나이에 공부를 하면서도 장가를 가서 자녀들이 3-4명 있는데 비하여, 한국 학생들은 공부에 찌들어 결혼을 하지 못한 노총각 노처녀들이 너무나 많다.

더 비참한 것은 이렇게 죽기 살기로 학교공부만 한 학생은 그의 인생이 인성교육학적으로 어떻게 되는지 생각해 보았는가? 오랜 동안 수직문화 속에서 인생의 의미를 찾을 겨를이 없어졌다는 것이다. 그 결과 그들의 정신세계가 미성숙하여 허전해졌을 것이다. 왜냐하면 그들이 학교에서 배웠던 공부는 수평문화에 속한 것이기 때문이다.

설사 그렇게 힘들게 박사학위를 받았다고 하더라도 그들의 미성숙한 정신세계는 늦게 시작한 자신의 가정이나 사회 및 학교에서 남들에게 부정적인 영향을 주기 쉽다는 것이다. 이것이 오늘날 한국에 사려 깊고 바른 지성인이 점점 사라지는 이유다. 그들의 인생과 국가에 얼마나 큰 손실인가!

"좋은 질문이 좋은 답보다 훨씬 더 값지다."

유대인의 격언이다. 이제 한국인도 질문식 학습법을 실천해야 한다. 물론 여기에서 유대인이 말하는 '좋은 질문'은 사람을 사람답게 만드는 그들의 토라와 탈무드(혹은 수직문화)에 관한 질문을 말한다. 그들은 이런 학습법을 세상 학문을 공부하는데도 적용한다.

왜 미국 유학생들 중
한국 학생들의 중퇴율(44%)이 가장 높은가?
"좋은 질문이 좋은 답보다 훨씬 더 값지다"

III 질문의 기술

1. 질문의 여섯 단계: 낮은 수준에서 높은 수준의 질문

A. 호기심·의문·질문이 많은 아이가 영재다

영재아의 특성 중 하나가 매사에 호기심이 많은 것이다. 호기심은 의문을 생산하고 그 의문은 질문이 된다. 질문이 있어야 답을 찾는다. 반면 호기심이 없는 자는 의심하는 일이 없다. 따라서 질문도 없다. 질문이 없으니 답도 없다. 고로 "의문을 갖는다는 것은 지혜의 입구다." (Tokayer, 탈무드 3: 탈무드의 처세술, 쉐마, 2013, p. 68).

유대인은 항상 호기심에 불타고 있어서 사물을 여러 각도에서 보려고 노력한다. '헤브라이'의 뜻은 "또 다른 한편에 선다"는 뜻이다. 때문에 그들은 언제나 의문을 질문으로 만들어 던진다.

"유대인은 왜 그렇게 꼬치꼬치 캐묻지?" "왜 그렇게 자세하게 캐물으면 안 되나?" 유대인은 참을성 있게 하나하나 묻지 않고서는 성공하지 못한다고 가르친다. 따라서 성공의 절반은 인내심이다(Tokayer, *탈무드 잠언집*, 2009, p. 384).

"요즘 어떠십니까?"라고 물으면 "제가 어떻게 하면 좋을까요?"라거나 "도대체 내가 어떻게 했으면 좋겠다고 생각하십니까?"라는 따위의 질문으로 되돌아오게 마련이다. 유대인에게 질문을 하면 질문으로 되돌아온다는 것은 이를 두고 한 말이다(Solomon, *옷을 팔아 책을 사라*, 2005, p. 272). 탈무드 자체가 대부분 질문하고 답변하는 형식으로 쓰여져 있다.

> **"의문을 갖는다는 것은 지혜의 입구다."**
> **유대인의 격언**

B. 낮은 수준과 높은 수준의 질문 구별 방법

더 좋은 질문은 더 좋은 답을 얻게 한다. 또한 질문에도 질적인 수준의 차이가 있다. 낮은 수준에서 높은 수준까지 6가지 수준(Bloom's Taxonomy)으로 나눌 수 있다(Bedwell, et al, 1984, p. 30). '낮은 수준에서 높은 수준까지'란 1) 단순한 데에서 복잡한 것으로, 2) 사실에서 개념으로 질문의 단계를 높이는 것이다.

제1단계, 지식(knowledge): 정보를 회상하기
제2단계, 이해(comprehension): 정보를 번역, 해석 또는 추론하기
제3단계, 적용(application): 원리나 추상적 개념을 실제에 적용하기
제4단계, 분석(analysis): 복합적인 부분을 보다 단순한 부분으로 자르기
제5단계, 통합(synthesis): 기존의 것을 종합하여 새것을 창조하는 기술(skill)
제6단계, 평가(evaluation): 주어진 규준에 따라 어떤 것을 판단하기

이 중 단순한 지식을 묻는 단답형 질문이 가장 수준이 낮다. 머리를 복잡하게 많이 사용하지 않아도 되기 때문이다. 예를 들면, 단순히 정보를 회상시키는 "미국의 수도가 어디입니까?"와 같은 질문이다. 답은 물론 "워싱턴 D.C.다."

또한 사실을 묻는 질문보다는 개념을 묻는 질문이 더 높은 수준이다. 예를 들면, 미국의 대 사건인 9·11테러 주범자의 이름에 대하여 묻는 질문보다는, 왜 그 주범자가 그 테러를 할 수 밖에 없었나 하는 테러의 원인을 분석하게 하는, 즉 미국과 아랍권의 역사적 사상적 갈등에 대하여 묻는 질문이 더 높은 수준이다.

질문의 수준 단계

단계	설명
제6단계 평가(evaluation)	주어진 기준에 따라 어떤 것을 판단하기
제5단계 통합(synthesis)	기존의 것을 종합하여 새로운 것을 창조하는 기술
제4단계 분석(analysis)	복합적인 부분을 보다 단순한 부분으로 자르기
제3단계 적용(application)	원리나 추상적 개념을 실제에 적용하기
제2단계 이해(comprehension)	정보를 번역, 해석 또는 추론하기
제1단계 지식(knowledge)	정보를 회상하기

또한 더 높은 수준의 질문은 누구도 예상치 못했던, 풍부한 창의력과 상상력을 동원한 질문을 하는 것이다. 이런 질문은 가장 높은 수준의 질문인 평가를 넘어 새것을 창조할 수 있는 근거를 제공하는 것이다. 21세기부터 시작되는 4차 산업에 부합하는 질문들은 이런 질문들일 것이다. 세계를 리드하기 위해서는 남이 생각하지 못하는 것을 발굴해 그곳에 투자를 해야 앞서 나갈 수 있기 때문이다.

정리하면, 단답 형식으로 나오는 암기한 지식을 묻는 질문보다 더 머리를 써야 하는 질문의 순서들은 사물을 이해, 적용, 분석, 통합 및 평가를 할 수 있는 질문들이다. 순서가 높을수록 머리를 쓰는데 더 복잡하고 사실적인 것에서 개념적인 것으로 바뀌게 된다.

따른 예를 들어 보자. 1997년 한국의 'TV 대선 후보 토론회'에서 4명의 전문 패널리스트가 대선 후보를 검증하는 자리였다. 어느 교육 전문가가 대선 후보에게 이런 질문을 했다.

"후보께서는 교육부 예산이 한국 GNP의 몇 퍼센트인지 아십니까?"

이런 정보에 대하여 묻는 단답형 질문은 수준이 가장 낮은 것이다. 이런 것은 후보가 모를 수도 있다. 후보가 모든 통계와 경제 및 교육 이론을 알 수는 없다. 이럴 경우 후보가 만약 "모르니 가르쳐 달라"고 농담하면 질문자는 어찌할 것인가? 실지로 김대중 대통령 후보는 그렇게 말했다. 다만 이 자리에서는 대통령 후보로서의 교육, 정치, 경제, 외교, 농업 및 통일 등에 관한 평소의 철학과 리더십을 검증하는 것이 더욱 중요할 것이다.

따라서 대통령 후보의 교육철학을 검증하기 위해서 다음과 같은 보다 더 높은 수준의 질문을 할 수 있다.

"후보께서는 대선에 당선되어 현재 국민 GNP의 2%인 교육비 예산을 2.5%로 증가시킨다면 0.5%를 어디에 집중적으로 투자하시겠습니까?"

또한 이보다 더 어려운 질문은 이것일 것이다.

"후보께서는 대선에서 당선되어 현재 국민 GNP의 2%인 교육비 예산을 2.5%로 증가시킨다면, 0.5%를 대학 교육에 더 투자하시겠습니까? 아니면 유아 교육에 더 투자하시겠습니까? 그리고 그 이유는 무엇입니까?"

또한 이런 질문도 후보의 평소 교육철학을 검증하는 데 좋을 수 있다.

"어린이의 인성이 날로 피폐해지고 있는데 그 이유는 무엇이라고 생각하시는지요? (이해와 분석 및 평가에 관한 질문) 그리고 이에 대한 대안으로는 어떤 것(적용, 통합 및 평가에 관한 질문)을 갖고 있습니까?"

그리고 후보가 답변을 하면 그 답변의 논리의 허점을 계속 추궁하는 사람이 좋은 질문을 하는 사람이다. 그러나 그 당시 안타깝게도 이러한 수준 높은 질문은 많지 않았다. 한국 교육의 허(虛)의 일면을 보는 듯 했다.

이것은 무엇을 뜻하나? 질문의 양보다는 질문의 질이 더 중요하다는 것을 뜻한다. 질문을 많이 한다고 무조건 좋은 것은 아니다. 질문도 어리석은 자의 질문과 지혜자의 질문이 다르다.

전자는 쓸데없는 질문을 하거나 낮은 수준의 질문을 하여 시간을 낭비한다. 후자는 유익한 질문을 하거나 높은 수준의 질문을 하여 시간을 절약한다. 좋은 질문은 좋은 답을 얻게 한다. 그리고 불필요한 시간을 줄이고 시간을 더 유익하게 사용한다.

어리석은 자에 대한 유대인의 격언이다. "어리석은 자는 한 시간에 현자가 1년을 걸려도 대답해 낼 수 없는 질문을 한다." "어리석은 자를 가르친다는 것은 밑 빠진 독에 물을 담는 것과 같다." (Tokayer, 탈무드 5: 탈무드 잠언집, 쉐마, 2013, 원래 원고).

> 질문에도 낮은 데서 높은 데까지 6가지 수준이 있다.
> 사실을 묻는 질문보다는
> 개념을 묻는 질문이 더 높은 수준이다.

C. 프레임의 법칙(Frame Law)

프레임(Frame)은 창틀이란 의미이다. 여기서는 관점이나 생각의 틀을 말하고 있다. 동일한 현상도 관점에 따라 전혀 다르게 볼 수 있다는 것이 프레임의 법칙(Frame Law)이다. 질문이 달라져야 답이 달라지고 관점이 달라져야 해답을 얻을 수 있다는 것이다. 프레임의 법칙(Frame Law)을 쉽게 이해할 수 있는 널리 알려진 우화가 있다.

어느 날 유대인 세실과 모리스는 함께 예배를 드리러 갔다. 세실이 모리스에게 물었다. "모리스 자네는 기도 중에 담배를 피워도 된다고 생각하나?" "글쎄, 잘 모르겠는데. 랍비께 한 번 여쭤보는 게 어떻겠나?"

세실이 랍비에게 다가가 물었다.
"선생님, 기도 중에 담배를 피워도 되나요?"
랍비는 정색을 하면서 대답했다.
"형제여, 기도는 신과 나누는 엄숙한 대화인데, 절대 그럴 수 없지."

세실로부터 답을 들은 모리스가 질문을 잘못했기 때문이라면서 자기가 다시 여쭤보겠다면서 이번에는 모리스가 랍비에게 물었다.
"선생님, 담배 피우는 중에는 기도하면 안 되나요?"
랍비는 온화한 미소를 지으며 말했다.
"형제여, 기도는 때와 장소가 필요 없다네. 담배를 피우는 중에도 기도는 얼마든지 할 수 있지."
동일한 현상도 관점에 따라 전혀 다르게 볼 수 있다. 생각의 틀을 바꾸면 불행도 행복으로 느껴진다. 이것이 프레임의 법칙(Frame Law)이다. 인간은 어떤 조건에 대해서 거의 무조건적으로 반응하는 경향이 있기 때문에 프레임(Frame)을 마음의 창에 비유되곤 하는데, 이는 어떤 대상 또는 개념을 전했을 때 어떤 프레임을 갖고 있느냐에 따라 그 해석이 바뀌기 때문이다.

원하는 답을 얻으려면 질문을 달리하라. 질문이 달라져야 답이 달라진다. 세상을 보는 관점이 달라져야 정확한 답을 얻을 수 있다는 것이다.

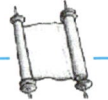

원하는 답을 얻으려면 질문을 달리하라.
관점이 달라야 정확한 답을 얻을 수 있다.

2. 질문의 기술 개발하기

교육학에서 질문의 기술은 배움(learning)과 가르침(teaching)의 가장 효과적인 도구다. 자신이나 상대방이 지니고 있는 잠재적 사실이나 정보를 끌어낼 수 있기 때문일 뿐만 아니라 질문에 대한 답을 찾는 과정, 즉 자신이 가지고 있는 사실이나 정보 그리고 다른 참고서들을 이용하여 새로운 진리를 밝혀내고 결과를 추론할 수 있기 때문이다. 또한 날카로운 비판을 통하여 창의적인 결과를 만들어 낼 수도 있다.

저자는 책을 기술할 때 홀로 끊임없이 질문과 답변을 반복해가며 새로운 진리를 발견할 때가 많다. 물론 여기에는 좋은 질문이 필수다. 이것은 연습을 통하여 만들어진다. 즉 질문의 기술은 연습에 의해 더 고급으로 발전한다.

좋은 질문은 어떤 질문을 말하는가? 질문 만들기 연습을 통하여 분별해보자. 본서에서는 성경 본문과 일반도서의 내용 그리고 유교와 불교의 교훈 중에서 질문을 만들어보자.

질문의 양은 많을수록 좋다. 그러나 그것이 어느 정도 숙달이 되면 질문의 양보다는 질문의 질이 더 중요하다는 것을 깨닫게 된다. 앞에서 설명한대로 더 머리를 써야 하는 수준 높은 질문의 순서들은 사물을 이해, 적용, 분석, 통합 및 평가를 할 수 있는 질문들이다.

그리고 가장 수준 높은, 질이 좋은 질문은 누구도 예상해 보지 않았던 것을 질문하는 것이다. 이것은 창의력이나 상상력이 없으면 불가능한 것이다. 독자들도 저자가 만든 질문 중에 어느 질문이 더 수준 높은, 질이 좋은 질문인지 스스로 선택해 보라. 좋은 질문을 선택하는 기술도 실력이다.

참고로 저자가 이런 질문 만드는 기술을 배운 출처는 유대인의 하브루타에게서가 아니라, 미국 신학대학원에서 '성경 연구 방법'(Inductive Bible Study)을 배울 때 배웠다는 것을 밝힌다. 물론 그 후 저자는 신학대학원에서 학생들에게 이것을 가르치면서 질문 만드는 방법을 더욱 구체적으로 발전시켜 오늘 날 이런 글을 쓰게 되었다.

현재 한국에서 하브루타를 가르치는 거의 모든 이들〈(고(故) 전성수 교수, 김정완 대표의 EBS강의 등〉이 질문 만들기를 하는데, 그들은 저자에게 배운 것을 가르치는 것이다. 유대인의 하브루타에서 배운 것이 아니다.

A. 구약성경 본문으로 질문 만들기 연습1

먼저 성경에 있는 짧은 한 구절을 본문으로 삼아 질문을 만들어 보자. 긴 구절은 시간이 너무 많이 소요되기 때문에 짧은 구절이 효과적이다.

저자의 경우 먼저 몇 장의 백지와 펜을 준비한다. 그리고 성경 구절 한 군데를 선택하면 20분 내에 쉬지 않고 수십 개의 질문들을 만들어 낸다. 질문을 만드는 선수(기술자)일수록 중단 없이 더 빨리 더 좋은 질문을 많이 만들 수 있을 것이다.

그 중에서 어느 질문이 더 가치가 있는지를 구별하여 그 질문에 대한 답을 찾아나간다. 본서에서는 답을 찾아나가는 방법에 관하여는 생략한다.

1) 육하원칙(六何原則, 5W1H)으로 질문 만들기

질문을 만들 때 가장 쉬운 방법은 육하원칙(六何原則), 즉 영어로는 5W1H이다. 누가(who, 何人), 언제(when, 何時), 어디서(where, 何處), 무엇을

(what, 何事), 어떻게(how, 如何), 왜(why, 何故)를 말한다. 신문 기사는 이 원칙에 의하여 작성한다. 물론 검사나 경찰 및 변호사가 사건보고를 작성할 때도 이 원칙들에 의해 작성한다.

평소부터 이 육하원칙을 훈련하면 기본 사고의 틀을 형성하고 명확한 논리를 세우는데 많은 도움이 된다. 아래 성경 말씀을 깊이 연구하기 위해 질문들을 만들어 보자.

> 잠 10:12
> "미움은 다툼을 일으켜도 사랑은 모든 허물(혹은 죄)을 가리우느니라." 〈Hatred stirs up dissension, but love covers over all wrongs(NIV, or sins KJV)〉.

본서에서는 주로 '허물'로 번역한 것을 채택하여 질문을 만들어 보자. 주로 단답형으로 끝나는 질문들을 만들어보자. 이것이 만들기가 가장 쉽다. 그리고 가장 낮은 수준의 질문들이다. 몇 가지 예를 들어보자.

Q. 미움이란 무엇인가?
Q. 미움의 반대말은 무엇인가?
Q. 다툼이란 무엇인가?
Q. 다툼의 반대말은 무엇인가?
Q. 사랑이란 무엇인가?
Q. 사랑의 반대말은 무엇인가?
Q. 허물이란 무엇인가?
Q. 허물의 반대말은 무엇인가? 등

Q. 이 말씀은 누가 누구에게 한 말씀인가?

Q. 이 말씀은 누가 누구에게 언제 한 말씀인가?

Q. 이 말씀은 누가 누구에게 왜 한 말씀인가?

Q. 이 말씀은 누가 언제 어디에서 누구에게 왜 한 말씀인가? 등

Q. 미움은 누구에게 다툼을 일으키는가?

Q. 주로 언제 미움은 다툼을 일으키는가?

Q. 주로 어디에서 미움은 다툼을 일으키는가?

Q. 주로 무엇 때문에 미움은 다툼을 일으키는가?

Q. 어떻게 미움은 다툼을 일으키는가?

Q. 왜 미움은 다툼을 일으키는가?

Q. 주로 언제 사랑은 허다한 허물을 덮는가?

Q. 주로 어디에서 사랑은 허다한 허물을 덮는가?

Q. 주로 누가 누구에게 가장 많이 사랑은 허다한 허물을 덮는가?

Q. 주로 무엇 때문에 사랑은 허다한 허물을 덮는가?

Q. 주로 어떻게 사랑은 허다한 허물을 덮는가?

Q. 왜 사랑은 허다한 허물을 덮는가? 등

2) 미움과 다툼에 관한 질문들

잠 10:12a

"미움은 다툼을 일으켜도…."

Q1. 미움은 누가 누구에게 언제 어디서 가장 많이 생기는가?

예를 들어보라.

Q2. 미움을 일으키는 원인을 제거하는 방법이 무엇인가?

Q3. 미움을 일으키는 원인은 근본적으로 모두 제거할 수 있는가?

Q4. 상대가 계속 거짓말을 해도 미워하면 안 되는가?

　　이 경우 상대의 거짓말 때문에 스트레스가 쌓여 병을 얻게 되어도 참아야 하는가? 참는 한계는 어디까지인가?

Q5. 죄는 미워해도 사람은 미워하지 말라고 했는데

　　이것이 어느 정도 가능한가? 그 한계는 사람마다 왜 다른가?

Q6. 미움은 꼭 역기능만 있는가? 순기능은 없는가?

Q7. 미움과 질투의 차이는 무엇인가?

Q8. 왜 하나님은 스스로 질투의 하나님(출 20:5, 34:14)이라고

　　하시면서 인간에게는 질투하지 말라고 하셨는가?

Q9. 다툼은 누가 누구에게 언제 어디서 가장 많이 생기는가?

　　예를 들어보라.

Q10. 다툼을 일으키는 원인이 꼭 미움뿐인가?

Q11. 다툼을 일으키는 원인을 없애는 방법이 무엇인가?

Q12. 상대가 계속 거짓말을 하면 다툼이 있을 수 있지 않는가?

　　이 경우 거짓말도 미워하면 안 되는가?

Q13. 상대가 계속 거짓말도 해도 다투면 안 되는가?

Q14. 다투지 않을 경우 큰 손해가 나도 계속 참아야 하는가?

Q15. 참아야 할 한계는 어느 정도까지인가?

　　그 한계를 측정할 수 있는 기준이 있는가?

Q16. 미움과 다툼이 더 많은 사람이 있는가?

그 원인은 선천적인가, 후천적인가?

Q17. 사랑이 부족한 사람은 다툼을 어떻게 피할 수 있는가?

Q18. 다툼을 인내심이 많아 피하는 것과 사랑이 많아 피하는 것

　　　중 어느 것이 더 성숙한 인격자인가?

　　　두 가지 중 어느 것이 더 가치 있는가?

Q19. 미움과 다툼의 상관관계를 발달 단계로 설명할 수 있는가?

Q20. 왜 옛 사람들보다 현대 젊은이들이 더 참지 못하는가?

Q21. 다툼은 꼭 역기능만 있는가? 순기능은 없는가?

Q22. 다툼과 화목(혹은 평화)의 차이는 무엇인가?

〈참고: 22개의 질문들 중 더 오래 생각하게 하고, 답을 찾기 힘든 질문들은, 즉 더 좋은 질문들은 6, 8, 10, 12, 13, 14, 16, 17, 18, 19, 20, 21, 22번 등이다. 물론 이것은 주관적이다.〉

3) 사랑과 허물에 관한 질문들

잠 10:12b

　　"사랑은 모든 허물을 가리우느니라."

〈허물에 관한 질문들〉

Q1. 허물은 어떻게 생성 되는가?

Q2. 허물을 만들지 않는 방법이 있는가?

Q3. 왜 하나님은 인간이 허물을 반복하도록 창조하셨는가?

Q4. 반복되는 허물을 줄이는 방법은 무엇인가?

Q5. 허물은 누가 언제 어디서 왜 가장 많이 저지르는가? 예를 들어보라.

Q6. '허다한 허물'이 있다는 말은 '약간의 허물'도 있다는 뜻이다.
　　그 기준은 무엇인가?

Q7. 허다한 허물은 얼마만큼의 허물의 량을 말하는가?

Q8. 허물과 인격의 성숙도는 어떤 상관관계가 있는가?
　　있다면 무엇으로 측정할 수 있는가?

Q9. 허물을 덮는다는 뜻은 무엇인가?

Q10. 허물이 없는 사람은 사랑할 필요가 없는가?

Q11. 허물을 덮으면 덮인 허물은 그대로 있는가? 없어지는가?
　　허물의 효력은 없어지는가?

Q12. 허물을 덮지 않게 되면 어떤 결과를 초래하는가?

Q13. 왜 허물을 도말한다고 하지 않고 덮는다고 했는가?
　　그 차이는 무엇인가?

Q14. 왜 사람들은 완벽한 사람보다 약간의 허물이 있는 사람을
　　더 좋아하는가?

〈참고: 14개의 질문들 중 더 오래 생각하게 하고, 답을 찾기 힘든 질문들은, 즉 더 좋은 질문들은 2, 3, 6, 8, 10, 11, 12, 13, 14번 등이다. 물론 이것은 주관적이다.〉

〈사랑에 관한 질문들〉

Q1. 인간은 왜 남을 사랑하기가 힘든가?

Q2. 사랑의 어떤 특성이 상대방의 허물을 덮는가?

Q3. 사랑은 누가 누구에게 언제 어디서 가장 많이 생기는가? 예를 들어보라.

Q4. 상대가 계속 거짓말을 해도 사랑해야 하는가?

Q5. 큰 손해가 나도 계속 사랑해야 하는가?

Q6. 사랑의 한계는 어느 정도까지인가?

그 한계를 측정할 수 있는 기준은 있는가?

Q7. 남자와 여자 중 누가 사랑이 더 많은가? 그 이유는 무엇인가?

Q8. 왜 어머니는 유독 자녀에게 사랑이 많은가?

Q9. 왜 하나님은 아버지는 어머니 같은 사랑을 하기 힘들게 하셨는가?

Q10. 왜 현대 어머니는 과거 어머니보다 모성애가 약한가?

Q11. 사랑을 만드는 방법은 무엇인가?

Q12. 사랑은 하나님이 주신 은사인가, 아니면 후천적으로 키워지는

것인가? 두 가지 중 어느 것이 더 영향이 큰가?

Q13. 기독교인은 왜 성령을 충만하게 받으면 미움이 사라지고

사랑이 충만해지는가?

Q14. 얼마만큼 사랑을 해야 허다한 허물이 덮여지는가? 사랑의 양과

회수가 있는가?

Q15. 사랑과 허물의 상관관계가 있는가?

Q16. 허물을 계속 덮는 것만이 능사인가?

Q17. 사랑이 허물을 덮는다는 것은 어떤 상태를 말하는가?

Q18. 계속 사랑을 할 경우 상대방은 더 오만해질 수 있지 않은가?

Q19. 왜 허물을 덮어주면 고마움을 아는 사람이 있고,

모르는 사람이 있는가?

Q20. 허물을 덮어주어도 양심이 없어 고마움을 모른다고 해도

계속 사랑해야 하는가?

Q21. 모두 예수님처럼 무한정 사랑만 하며 살 경우에 어떤 부작용을

예상할 수 있는가?

Q22. 사랑으로 모든 허물이 덮여진 사회는 어떻게 변할까? 그것이 이상적인 사회일까?

Q23. 사랑만 계속 할 경우 공동체에 죄가 넘쳐 부패하지 않겠는가? 정의가 훼손되지 않겠는가?

Q24. 사랑의 한계는 어디까지인가? 정의는 언제 주장할 수 있는가?

Q25. 모든 십계명을 매일 어겨도 무조건 사랑만 하면 되는가?

Q26. 무조건 무한정 사랑만 할 경우에는 정의를 세우기 위한 율법이 필요 없다는 말인데 정말 그런가?

Q27. 진정한 사랑이란 율법을 근거로 징계를 하는 것이 아닌가?

〈참조 성구 (잠 13:24) "초달을 차마 못하는 자는 그 자식을 미워함이라. 자식을 사랑하는 자는 근실히 징계하느니라."〉

Q28. 과도한 사랑의 남용은 오히려 상대방에게 해가 되지 않는가?

Q29. 과도한 사랑보다는 사랑의 절제나 사랑의 기술이 더 필요하지 않는가?

Q30. 사랑과 정의의 균형은 어디까지 어떻게 맞출 수 있는가?

Q31. 본문에서 말하는 사랑과 이성간의 사랑은 어떤 점에서 같고 어떤 점에서 다른가?

〈참고: 30개의 질문들 중 더 오래 생각하게 하고, 답을 찾기 힘든 질문들은, 즉 더 좋은 질문들은 2, 3-6, 7-13, 15, 16, 18-31번 등이다. 물론 이것은 주관적이다.〉

4) 미움과 다툼 그리고 사랑과 허물에 관한 질문들

잠 10:12

"미움은 다툼을 일으켜도 사랑은 모든 허물을 가리우느니라."

Q1. 왜 미움은 다툼을 일으키고 사랑은 모든 허물을 가리는가?
Q2. 상대방이 나의 허물을 들추면 왜 다툼이 일어나는가?
Q3. 허물을 들추는 것 자체가 미움이 있다는 것을 전제하는가?
Q4. 실제로 미움이 없어도 공동체의 정의를 세우기 위해
　　상대방의 허물을 들출 수 있지 않는가?
Q5. 미움의 어떤 특성이 사랑의 특성과 반대되는가?
Q6. 어느 때 미움이 커지고 어느 때 사랑이 커지는가?
Q7. 어느 때 미움이 작아지고 어느 때 사랑이 작아지는가?
Q8. 미움을 최소화하고 사랑을 극대화할 수 있는 방법은 있는가?
　　있다면 무엇인가?
Q9. 미움과 사랑, 다툼과 허물의 차이는 무엇 무엇인가?
Q10. 동물 세계에서의 미움과 사랑은 인간 사회에서의 것과
　　어떤 차이가 있는가?

Q11. 미움이 사랑보다 많은 이의 특징은 무엇인가?
　　왜 이런 특징이 나타나는가?
　　이런 특징이 나타나는 원인은 선천적인가, 후천적인가?
Q12. 그 특징을 줄일 수 있는 방법은 무엇인가?
Q13. 미움의 생성 과정을 발달 단계로 정리할 수 있는가?

Q14. 사랑이 미움보다 많은 이의 특징은 무엇인가?

　　왜 이런 특징이 나타나는가?

　　그 특징은 어느 때 나타나고 어느 때 줄어드는가?

Q15. 사랑의 생성 과정을 발달 단계로 정리할 수 있는가?

Q16. 왜 다툼은 미움이 원인인가?

Q17. 왜 모든 허물을 가리는 것은 사랑뿐인가?

Q18. 미움이 없고 사랑만 있다면 모든 허물이 가려져 모든 다툼은 없어질 수 있는가? 이것은 상대적인가, 절대적인가?

　　그런 사회는 현세에서 만들어질 수 있는가?

Q19. 미움의 결과와 사랑의 결과를 실제 성경의 예를 들어 구체적으로 대조할 수 있는가?

Q20. "미움은 다툼을 일으켜도 사랑은 모든 허물을 가리우느니라"는 대조법이다. 왜 성경 저자는 "사랑은 모든 허물을 가리나 미움은 다툼을 일으킨다"라고 하지 않았는가?

Q21. 공산주의의 특징은 내편(프롤레타리아 계급, 노동자-농민 계급) 아니면 반대편(부르주아, 부농이나 인테리겐차)으로 나눈다. 그리고 반대편을 자신의 이념에 반대한다고 하여 반동분자로 몰아 극렬하게 미워하고 끝내는 비참하게 죽인다. 그래도 하나의 양심의 가책을 받지 않는다고 한다. 따라서 공산주의가 들어가는 나라마다 킬링필드가 된다(예: 구 소련, 중국, 북한, 캄보디아 등). 그런데도 왜 아직도 이에 동조하는 사람들이 있는가?

〈참고: 21개의 질문들 중 더 오래 생각하게 하고, 답을 찾기 힘든 질문들, 즉 더 좋은 질문들은 4, 6, 9-15, 18-21번 등이다. 물론 이것은 주관적이다.〉

B. 신약성경 본문으로 질문 만들기 연습2

〈저자 주: 여기에서부터는 지면상 너무 자세한 질문들은 생략하고 수준 높은 질문들 위주로 간추려 소개한다.〉

요 3:16

"하나님이 세상을 이처럼 사랑하사 독생자를 주셨으니 이는 저를 믿는 자마다 멸망치 않고 영생을 얻게 하려 하심이니라."(For God so loved the world that He gave His only begotten Son, that whoever believes in Him should not perish but have everlasting life. NKJ)

1) 요 3:16a구절에 대한 질문들

요 3:16a

"하나님이 세상을 이처럼 사랑하사 독생자를 주셨으니…"

목사들이 성경 한 장을 읽고도 설교하기가 힘든 경우가 많다고 한다. 그 이유는 그 내용을 조직적으로 자세히 분해하기가 힘들기 때문이다. 그러나 이런 질문을 만들고 답변을 하면 짧은 본문을 가지고도 몇 십번의 설교를 할 내용을 마련할 수 있다.

Q1. 독생자는 누구를 뜻하나?
Q2. "하나님이 세상을 이처럼 사랑하사"라고 했는데, 세상은 누구를 뜻하는가?

Q3. 왜 요한은 '사람'이나 '죄인' 대신에 '세상'이란 용어를 사용했는가?

Q4. 성경에서 '세상'과 '죄인'이란 용어의 공통점과 차이점은 무엇인가?

Q5. 하나님이 세상을 사랑하시는 이유는 무엇인가?

Q6. 왜 얼마나 사랑하시나? '이처럼'이란 얼마만큼을 뜻하는가?

Q7. 하나님이 세상을 사랑하지 않으셨을 경우 어떤 손해를 보시길래 그토록 사랑하시는가?

Q8. 하나님이 독생자와 바꾸실 만큼 세상이 가치 있는 존재인가? 하나님의 입장에서 그 이유는 무엇인가?

Q9. 하나님은 누구에게 언제 어디서 독생자를 어떤 방법으로 왜 주셨는가?

Q10. "독생자를 주셨다"는 말씀은 예수님의 십자가 사건을 의미한다. 그 이유는 무엇인가?

Q11. 하나님은 눈에 보이시지 않는 영이신데, 어떻게 눈에 보이는 독생자(사람)를 주실 수 있는가?

Q12. 독생자를 주셨을 때 아예 성인을 주시지 왜 아기로 태어나게 하셨는가?

Q13. 왜 하나님은 하필 독생자를 1000년 전이 아니고, 2000년 전에 주셨는가?

Q14. 삼위일체 신학에 근거하여 하나님과 독생자와는 어떤 관계인가? 왜 신학자들은 하나님을 '성부 하나님', 독생자를 '성자 하나님' 이라고 부르는가?

Q15. 하나님과 세상과는 어떤 관계인가?

Q16. 하나님과 독생자 그리고 세상과의 삼각관계는 어떤 관계인가?

Q17. 왜 기독교인은 기도를 할 때 '하나님'이라는 용어 대신에

독생자 '예수님'이란 이름으로 기도하는가?

〈참고: 17개의 질문들 중 더 오래 생각하게 하고, 답을 찾기 힘든 질문들은, 즉 더 좋은 질문들은 3, 5, 7-8, 11-13, 16-17번 등이다. 물론 이것은 주관적이다.〉

2) 요 3:16b구절에 대한 질문들

요 3:16b

"… 이는 저를 믿는 자마다 멸망치 않고 영생을 얻게 하려 하심이니라."

Q1. 이 구절의 제목은 무엇이 적당한가? 〈독생자를 주신 목적〉
Q2. 멸망과 영생의 실체는 존재하는가?
Q3. 존재한다면 멸망과 영생의 차이는 얼마나 큰가?
   그것을 무엇으로 어떻게 증명할 수 있는가?
Q4. 멸망 받은 자와 영생을 얻은 자의 상태는 어떤 상태인가?
Q5. 멸망한다는 것은 죽는다는 것과 동일한 뜻인가?
   그렇다면 왜 사람들은 죽음을 두려워하는가?
Q6. 생물학적으로 죽기 전의 상태와 죽은 후의 상태는 어떻게 다른가?
   죽기 전의 상태는 육안으로 구별이 가능한가?
   가능하다면 어떻게 가능한가?
Q7. 사탄도 자기를 광명의 천사를 가장한다(고후 11:14)고 하는데
   그것을 어떻게 구별할 수 있는가?
Q8. 왜 세상은 멸망의 무서움을 모르는가? 그들을 알 수 있게 하는

방법은 무엇인가?

Q9. 세상이 독생자를 믿지 않을 경우 하나님은 무엇을 얼마나 손해를 보시나? 그 결과는 무엇인가?

Q10. 대신 세상은 무엇을 얼마나 손해를 보나? 그 결과는 무엇인가?

Q11. '믿는 자마다'라고 한 말씀은 안 믿는 자도 있다는 것을 전제한다. 왜 하나님은 믿지 않는 자를 염두에 두셨나?

Q12. 믿지 않는 자들은 왜 멸망을 당할 수밖에 없는가? 하나님은 전지전능자로 안 믿는 자도 구원하실 수 있을 텐데, 왜 제한을 두셨는가? 이것은 하나님의 능력에 한계가 있다는 것을 뜻하지 않나?

Q13. 왜 하나님은 독생자를 주실 때 다윗과 같은 천하를 다스리는 통치자로 주시지 않으시고 힘없이 십자가에서 돌아가시는 연약한 분을 주셨는가?

Q14. 구원론적 입장에서 믿음으로 영생을 얻는 기독교는 불교와 무엇이 다른가?

Q15. 세상 사람들은 죄를 지었으면 죄의 값을 치러야지 공짜로 천국을 가겠다는 기독교인을 파렴치하다고 비판하는데, 이것은 왜 틀린 말인가?

Q16. 그렇게 영생을 얻기가 쉬운데 왜 이를 거부하는 사람들이 많은가?

Q17. 영생을 얻는 길이 왜 독생자를 믿는 것 이외에 없는가?

Q18. 영생은 단회적인가, 중복적인가?

〈참고: 18개의 질문들 중 더 오래 생각하게 하고, 답을 찾기 힘든 질문들, 즉 더 좋은 질문들은 1-9, 12-16, 18번 등이다. 물론 이것은 주관적이다.〉

쉐마교육을 받은 학생들은 성경 본문을 가지고 끊임없이 질문하며 답을 찾는다. 이런 학생들은 성경적인 인성과 IQ가 동시에 개발된다.

이런 방법으로 질문을 만들어 그 답을 찾아 논리적으로 나열하면 책도 여러 권을 쓸 수 있을 것이다. 독자 여러분들도 다른 성경 본문으로 질문을 만들어 보라. 그리고 그 질문들을 스스로 평가해보라.

3) 아웃트라인 설교의 예

저자는 설교를 할 때 원고 설교가 아닌, 아웃트라인 설교를 한다. 설교 원고를 작성할 때 먼저 성경 본문을 선택한다. 그리고 대략적인 아웃트라인을 만들어 놓는다. 그리고 앞의 질문들 중에서 그 주제에 맞는 것을 골라 질문을 하고 답을 찾아 제시해 주는 방법을 택한다. 이런 방법을 택하면 짧은 본문으로 10개 이상의 설교를 할 수 있다. 한 가지 예를 소개한다.

제목: 하나님이 독생자를 주신 목적

1. 세상을 이처럼 사랑하셨기 때문이다(요 3:16a).

    A. 하나님은 세상을 왜 사랑하셨나?

       1) 하나님과 세상과의 관계, 창조주와 피조물과의 관계

          죄인과 세상과의 공통점과 차이점

          인간이 왜 죄인인가?

          하나님 앞에서 인간의 가치

       2) 하나님과 독생자와의 관계

          세상에게 영생을 주시기 위해 독생자를 주신 이유

          독생자를 주시지 않으면 하나님에게

          어떤 불이익이 있는가?

       3) 하나님과 독생자와 세상과의 삼각관계

    B. 얼마나 사랑하셨나?

       '이처럼'이란 무엇을 가르치는가?

    C. 사랑하신 방법은 무엇인가?

       독생자 예수님에게 십자가를 지게 하심

       왜 십자가인가?

       십자가 이외에는 다른 방법은 없었는가?

2. 멸망치 않고 영생을 주시기 위함이다(요 3:16b).

    A. 멸망치 않는다는 것은 무슨 뜻인가?

       〈지면상 이하 생략〉

    〈저자 주: 각 주제들 마다 많은 질문들을 만들 수 있을 것이다(앞의 질문들 참조). 그리고 질문에 대해 신학적으로 답을 찾는 방법이 있으나 여기에서는 생략한다.〉

C. 유학(儒學) 본문으로 질문 만들기 연습

〈저자 주: 지면상 이제부터는 주로 어려운 질문만을 게재한다〉

다음은 효경에 나오는 글의 일부다.

공자는 효란 "모든 덕의 근본이고 교육과 학문의 근본이 되는 것이다."라고 말했다. 덕(德)이나 인(仁)이나 도(道)나 모두 효를 바탕으로 이루어지는 것이다. 효가 없으면 덕도 인도 도도 있을 수 없다. (효경, 전원문화사, 2000, pp. 16~17)

이 글이 너무 길기 때문에 한 문장만 본문으로 정한다.

"덕(德)이나 인(仁)이나 도(道)나 모두 효를 바탕으로 이루어지는 것이다."

1) 육하원칙(六何原則, 5W1H)으로 질문 만들기

Q. 덕(德)이란 무엇인가?
Q. 인(仁)이란 무엇인가?
Q. 도(道)란 무엇인가?
Q. 효란 무엇인가? 등

다음과 같이 덕(what)을 주제로 다양한 주어(who), 다양한 시기(when), 다양한 장소(where), 다양한 방법(how) 그리고 다양한 이유(why)를 들어 설명한다면 매우 많은 통찰력(insight)을 얻을 수 있을 것이다.

Q. 누가(who), 언제(when), 어디서(where), 누구에게(to whom), 덕(what)을 어떻게(how), 왜(why) 행해야 하는가?

Q. 나(who)는 휴식 시간에(when), 학교 복도에서(where) 선생님을 만났을 때 (to whom) 인사를(what) 왜 허리를 굽혀 공손하게(how) 해야 하는가(why)?

Q. 아버지(who)는 누구에게(to whom) 언제(when), 어디서(where), 덕(what)을 어떻게(how), 왜(why) 행해야 하는가?

Q. 어머니(who)는 언제(when), 어디서(where), 덕(what)을 어떻게(how), 왜(why) 행해야 하는가?

Q. 대통령(who)은 언제(when), 어디서(where), 덕(what)을 어떻게(how), 왜(why) 행해야 하는가?

Q. 대통령(who)은 야당인사가 청와대(where)를 방문했을 때(when), 그가 쓴 소리를 했을 지라도 농담을 하며 잘 받아 넘겨야(how, why) 통이 큰 덕(what)이 있는 지도자일 것이다.

2) 다양한 더 어려운 질문 만들기

다시 분문으로 돌아와 다른 질문들을 만들어 보자.

"덕(德)이나 인(仁)이나 도(道)나 모두 효를 바탕으로 이루어지는 것이다."

덕뿐만이 아니라 인이나 도, 그리고 효에 관해서도 이런 질문들을 만들어 볼 수 있다.

Q. 본문은 "효가 모든 행동의 기본이다"〈효위백행지본'(孝爲百行之本)〉란 용어와 어떤 점에서 같고 어떤 점에서 다른가?

Q. 덕이나 인이나 도나 모두 효를 바탕으로 이루어진다는 뜻은 무엇인가?

Q. 왜 덕이나 인이나 도나 모두 효를 바탕으로 이루어져야 하는가?

Q. 효를 바탕으로 이루어진 '덕이나 인이나 도'의 실체는 어떤 것인가? 그것을 예를 들어 설명할 수 있는가?

Q. 효를 바탕으로 이루어진 '덕이나 인이나 도'는 효의 바탕 없이 이루어진 것과 어떤 차이가 있는가?

Q. 효의 바탕 없는 '덕이나 인이나 도'는 왜 효력이 약한가? 그 효력의 강약을 측정하는 기준은 무엇인가?

Q. 현대에는 효가 거의 사라졌기 때문에 참다운 '덕이나 인이나 도'가 이루어질 수 없다는 말인가? 그렇다면 앞으로 '덕이나 인이나 도'를 기대하기 힘든가? 그 대안은 무엇인가?

Q. '덕이나 인이나 도'의 공통점과 차이점은 무엇인가?

Q. 왜 효경 저자는 '덕이나 인이나 도'를 같은 선상에 놓았는가?

Q. '덕이나 인이나 도'는 왜 인성교육에 중요한가?

Q. 효와 덕, 효와 인 그리고 효와 도는 각각 어떤 상관관계가 있는가?

이런 방법으로 질문을 전개하면 수십 개의 좋은 질문들을 만들 수 있을 것이다. 지면상 더 자세한 것은 생략한다.

쉬어갑시다

통이 큰 덕 있는 지도자의 실례:
미국의 16대 대통령 아브라함 링컨

에피소드 1: 법을 어긴 링컨의 반격

미국의 링컨에 관한 일화는 많다. 그는 하브루타와 유머의 달인이었다. 그는 선거 유세장에서 자기 얼굴이 못생긴 것까지도 재치 있는 유머로 상대방 후보의 공격을 멋지게 물리쳤다. 미국 상원의원 선거 합동 유세장에서 먼저 연단에 올라간 더글러스가 링컨에게 인신공격을 시작했다.

"유권자 여러분, 상원의원이 되려면 누구보다도 법을 잘 지킬 줄 알아야 하는 데, 링컨 후보는 과거 자기가 경영하던 식료품 상점에서 술을 팔 수 없는 규정을 어기고 몰래 술을 팔았습니다. 이렇게 준법정신이 없는 사람이 어떻게 상원의원이 되겠다는 것입니까?"

링컨은 조금도 당황하는 기색이 없이 여유롭게 연단에 올라가서 이렇게 대응했다.

"존경하는 유권자 여러분, 지금 더글러스씨가 한 말은 틀림없는 사실입니다. 그러나 여러분! 식품점에서 술을 파는 것이 위법이라면 그 술을 사가는 사람도 당연히 위법이 아니겠습니까? 그런데 그때 우리 상점에서 가장 많은 술을 사간 사람이 바로 여기 계시는 더글러스 씨였다는 것도 틀림없는 사실입니다."

청중석에서는 폭소와 함께 우레와 같은 박수가 터져 나왔다. 참으로 통쾌한 사이다 반격이었다.

에피소드 2: 두 얼굴을 가진 이중인격자

이에 흥분한 더글러스는 얼굴이 벌게 가지고 다른 곳으로 말꼬리를 돌렸다.

"링컨 후보는 아주 교활하고 부도덕합니다. 그는 두 얼굴을 가진 이중인격자입니다."

링컨은 차분한 음성으로 다시 이렇게 대응했다.

"지금 더글러스 후보께서는 저에게 두 얼굴을 가진 이중인격자라고 하셨습니다. 그러나 그 말도 역시 격에 맞지 않는 틀린 말입니다. 왜냐하면 유권자 여러분, 생각해 보십시오. 만일 제가 또 하나의 얼굴을 가졌다면, 오늘 같이 여러 유권자 앞에 나오는 중요한 날에 잘생긴 얼굴로 나올 것이지 왜 하필이면 이렇게 못생긴 얼굴을 가지고 이 자리에 나왔겠습니까? 여러분!"

이 말이 떨어지자 청중들은 또 한 번 박장대소를 하면서 "링컨!!! 링컨!!!"을 외쳤다. 선거 결과는 예상대로 링컨에게 절대 다수의 표가 몰려 무난히 당선되었다.

링컨의 얼굴이 못생긴 것은 세상이 다 아는 사실이었다. 그것을 재치와 유머로 솔직하게 선거전에 활용한 링컨의 기지는 참으로 놀라운 것이었다.

〈출처: http://www.comedybank.com/comicboard/board.php3?table =news02&query=view&l=28&p=1&go=1〉

에피소드 3: 대통령은 남의 구두만 닦아줘야만 합니까?

어느 날 오후 따사로운 햇살을 받으면서 백악관 뒤뜰에서 링컨이 10년 동안 신어왔던 구두를 손수 닦고 있을 때였다. 백악관 출입 기자 한 명이 뒤뜰에 있는 링컨이 무엇을 하는지 궁금해서 지켜보고 있다가 다가와서 이렇게 물었다.

"아니, 대통령이 직접 자기 구두를 닦는다는 게 말이나 됩니까?"

그러자 링컨이 웃으면서 말했다.

"그럼 대통령은 남의 구두만 닦아줘야만 합니까?"
〈출처: http://www.m-letter.or.kr/mail/1000/letter1283_1.asp〉

에피소드 4: 내가 웃지 않고 살았으면 이미 죽었다

아브라함 링컨도 어려움을 웃음으로 이겨내고 성공한 큰 인물이다. 의회 진출의 실패, 세 아들의 죽음 가운데에서도 링컨은 굳세게 버텨내 미국의 가장 위대한 대통령으로 자리 잡았다. 링컨은 남북 전쟁이 한창이던 암울한 상황에서도 각료회의에서 유머 책을 큰 소리로 읽고 웃어댔다. 어리둥절한 각료들에게 링컨은 말했다.

"내가 웃지 않고 살았으면 이미 죽었다. 여러분도 웃음이라는 약을 사용해보라."

〈출처: http://www.hani.co.kr/section-009000000/2000/p00900000200001281920011.html〉

〈저자 주: 상대방의 날카로운 질문에도 불구하고 이 정도 유머 감각으로 여유롭게 상대를 제압할 수 있는 지도자는 덕이 있는 큰 지도자다. 재치와 유머는 하브루타의 연습으로 얻는 열매다.〉

D. '*현용수의 인성교육 노하우*' 저서 본문으로 질문 만들기 연습

다음은 저자의 저서 '*현용수의 인성교육 노하우*'(쉐마, 2015) 제1권 제1부 제1장 I. 1. '왜 인성교육을 할 수 없는가'란 주제의 앞부분(p. 43-44)에 나오는 글이다.

이해를 돕기 위하여 이 글을 읽고 글 전체를 이해한 다음 일부를 본문으로 택하여 질문을 만들어 보자.

――――― 전체 본문 ―――――

인성교육은 투철한 사상의 기초에서 시작해야 한다. 왜 인간에게 투철한 사상이 필요한가? 투철한 사상이 없으면 실천, 즉 행위가 올바로 될 수 없기 때문이다. 사상은 다이내믹한 행동을 하게 하는 동기를 부여해 준다.

논리는 사고의 구조(Thinking System, Thinking Structure or Infra)를 설명하는 도구다. 논리는 곧 사상의 내용이 얼마나 깊고 넓은가를 조직적이며 합리적으로 설명하는 도구다. 따라서 사상과 논리의 관계는 떼어 놓을 수 없다. 유대인이 투철한 사상을 갖고 있는 이유도 자신들의 신본주의 사상에 근거하여 정리된 논리가 강하기 때문이다.

그렇다면, 논리에 강한 사람이 모두 사상이 강한가? 모두 그런 건 아니다. 예를 들어 현대 교육을 받은 사람들 중에 철학적 사상은 없으면서도 어떤 사물을 잘 분석하고 비판하는 강한 논리의 기술을 가진 이들도 있을 수 있다. 그런 사람들은 논리의 기술을 갖고 있을지는 모르나 사상가는 아니다. 소위 논리적으로 말을 잘하거나 글을 잘 써서 논쟁을 일삼는 이들과, 논리에 강한 사상가는 구별되어야 한다.

따라서 어떤 사상에 기초한 논리화된 인성교육의 내용은 인성교육의 당위성을 합리화하고 인성교육을 왜, 무엇을, 언제, 어디에서, 어떻게 시켜야 하나를 결정짓는 중요한 반석과 같은 것이다.

왜 가정에서나 학교에서 인성교육을 시키기 힘든가? 가장 큰 이유는 어떤 사상에 근거하여 논리화된 인성교육의 내용이 학문적으로 거의 정리되어 있지 않기 때문이다.

이 글은 너무 길기 때문에 첫 단락을 선택하여 네 부분으로 나누어 보자.

1) 인성교육은 투철한 사상의 기초에서 시작해야 한다.
2) 왜 인간에게 투철한 사상이 필요한가?
3) 투철한 사상이 없으면 실천, 즉 행위가 올바로 될 수 없기 때문이다.

4) 사상은 다이내믹한 행동을 하게 하는 동기를 부여해 준다.

이것도 너무 길기 때문에 첫째 부분만을 선택하여 질문 만들기를 연습해 보자.

본문: 1) 인성교육은 투철한 사상의 기초에서 시작해야 한다.

1) 육하원칙(六何原則, 5W1H)으로 질문 만들기

육하원칙은 누가(who, 何人), 언제(when, 何時), 어디서(where, 何處), 무엇을(what, 何事), 어떻게(how, 如何), 왜(why, 何故)를 말한다.

Q. 인성(혹은 인성교육)이란 무엇인가?
Q. 인성(혹은 인성교육)은 무엇 때문에 왜 누구에게 필요한가?
Q. 인성(혹은 인성교육)은 언제 어디에서 왜 필요한가?
Q. 어떻게 행동하는 것이 좋은 인성인가?
Q. 어떻게 행동하는 것이 나쁜 인성인가?
Q. 사상(혹은 사상의 기초)이란 무엇인가?
Q. 사상의 기초는 어떻게 형성되는가? 〈지면상 이하 생략〉

2) 더 어렵고 다양한 질문 만들기

저자의 긴 글을 참고하여 좀 더 어렵고 다양한 질문들을 만들어 보자.

Q. 인성이 잘 된 사람과 안 된 사람은 무엇이 다른가?
　　혹은, 어떻게 구별할 수 있나?

Q. 인성이 잘 되었는지 잘 못되었는지를 평가하는 기준은 무엇인가?

Q. 인성교육은 투철한 사상의 기초에서 시작해야 한다고 했는데, 투철한 사상이 없으면 왜 인성교육이 힘든가?

〈앞의 글에서 이어지는 답: 실천이 약하기 때문이다〉

Q. 투철한 사상이 있는 이에게 인성교육을 시킬 경우와 그렇지 못한 이에게 시킬 경우와 비교해 교육의 열매에 어떤 차이가 나는가?

Q. 그렇다면 사상이 형성되기 이전의 자녀들에게는 인성교육을 시킬 수 없는가?

Q. 어린이에게는 사상교육과 인성교육을 함께 시킬 수는 없는가? 그 방법은 무엇인가?

Q. 어린이에게 사상교육과 인성교육 중 어느 것이 더 중요한가? 그리고 어느 것을 먼저 시켜야 하는가?

〈힌트: 유교사상, 기독교의 신앙사상, 유대인의 신본주의 사상 그리고 공산주의 사상을 염두에 두고 답을 찾아 보세요〉

Q. 인성교육이란 주제 안에 사상을 포함시킬 수는 없는가? 있을 경우와 없을 경우를 예를 들어 설명하라.

〈저자 주: 답은 '현용수의 인성교육 노하우' 제1권 제2부 '인성교육의 본질과 원리, 수직문화와 수평문화' 참조〉

Q. 왜 일반 교육도 투철한 사상의 기초에서 해야 하는가? 일반 교육보다 인성교육에 더 투철한 사상이 필요한 이유는 무엇인가?

Q. 일반 교육에 성공했다고 해도 실패한 인생을 살 수 있는 확률이 많다. 그 이유는 잘 못된 인성을 가졌을 경우와 투철한 사상의 기초가 없을 경우와 어떤 것에 비중이 더 큰가? 그 이유는 무엇인가?

Q. 사상이 투철한지 안 한지를 어떻게 증명할 수 있는가?

Q. 사상과 인성의 상관관계가 있다는 것을 어떻게 증명할 수 있는가?

Q. 사상도 좋은 사상과 악한 사상이 있을 텐데 여기에서는 어느 사상을 말하는가?

〈힌트: 유교사상, 기독교의 신앙사상, 유대인의 신본주의 사상 그리고 공산주의 사상을 염두에 두고 답을 찾아 보세요〉

Q. 좋은 사상을 가진 이에게 인성교육을 시킨 결과와 악한 사상을 가진 이에게 시킨 결과의 열매는 어떻게 다르게 나타나는가? 왜 이런 열매들이 나타나는가?

Q. 동일한 기독교인인데도 불구하고 왜 공산주의자가 있는가? 그들은 자유민주주의를 주장하는 기독교인과 무엇이 왜 다른가?

Q. '우파도 좌파도 아닌 예수파(혹은 중도)'라는 말은 맞는 말인가? 왜 이 말이 틀렸는가?

〈자자 주: 이에 대한 답은 www.shemaiqeq.org 참조〉

Q. 저자는 "인성교육은 투철한 사상의 기초에서 시작해야 한다."고 했는데, 이미 사상이 형성된 사람은 인성교육을 할 수 없다는 말인가? 그들 중에도 인성교육을 비교적 잘 할 수 있는 이들과 그렇지 않은 이들이 있을 텐데 심리학적으로 그 기준은 무엇인가?

〈지면상 이하 생략〉

이런 방법으로 질문을 만든다면 수 십 개가 나올 수 있을 것이다. 그 중 중요한 것만 골라 답을 찾기 시작을 하면 인성과 사상에 관한 다양한 통찰력을 얻을 수 있을 것이다. 그리고 그것들을 논리적으로 잘 정리한다면 매우 좋은 저서가 될 수 있을 것이다.

3. 2가지 관찰법과 질문법: 맥크로이즘과 마이크로이즘

사물을 관찰하는 눈은 두 가지가 있다. 맥크로이즘(maccroism)과 마이크로이즘(microism)이다. 전자는 전체 숲의 아웃트라인을 보는 것이라면, 후자는 그 숲 속에 있는 세세한 것들(예: 솔잎이나 송충이 등)을 발견하는 것이다. 전자가 멀리 그리고 큰 것을 관찰하는 망원경이라면 후자는 근거리의 지극히 작은 것들을 관찰하는 현미경이다.

저자는 책을 저술할 때 전체 주제에 대한 중심 질문을 던진다. 그리고 책의 전체 숲을 먼저 그려본다. 주제를 정하고 대략적인 차례를 정한다. 그리고 첫 주제부터 저자 자신의 의견을 서술해 나간다.

그 다음 서술한 내용들에 대하여 세세한 질문들을 하고 답변을 하면서 논리를 전개해 나간다. 그리고 책 전체를 마쳤을 때는 각 주제를 참고하면서 균형과 조화를 맞춘다.

따라서 이 전체 과정은 3단계로 나눌 수 있다. 1단계는 맥크로이즘(maccroism)으로 시작한다. 2단계는 마이크로이즘(microism)으로 내용을 보충한다. 3단계는 다시 맥크로이즘으로 전체의 균형과 조화를 맞추며 마친다.

많은 분들이 저자에게 묻는다. 어떻게 저자의 책들이 나오면 대부분 세계 최초인가? 저자는 책을 쓸 때에 다른 저자의 책을 보지를 않는다. 그 이유는 다른 학자들의 책을 보기 시작하면 저자가 그들의 논리에 빠져 들어가 나의 독창적인 것이 나오지 않기 때문이다. 물론 또 다른 이유는 다른 학자들의 연구 자료의 내용이 무엇인지 대충 짐작하고 있기 때문이기도 하다.

그렇다면 다른 학자들의 책은 참고하지 않는가? 물론 참고한다. 언

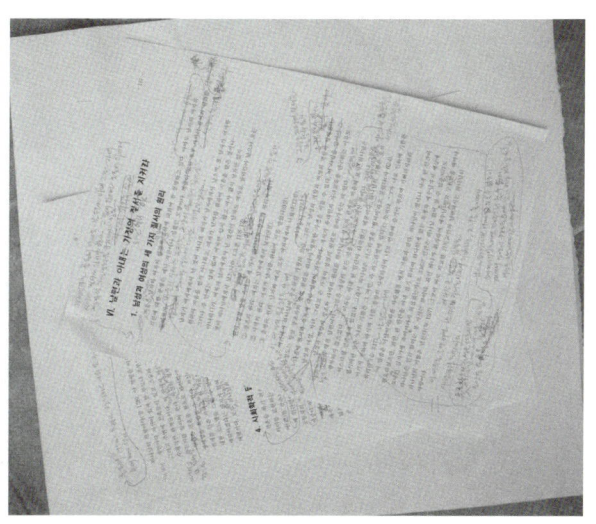

저자는 글을 쓸 때 질문에 질문을 계속하며 답을 찾는다. 그리고 여러 번 고치고 또 고치는 중에 내용이 늘어난다. 사진은 한 번 쓴 글을 프린트하여 다시 펜으로 고치며 보완한 부분들

제, 왜 하는가? 매 주제마다 그 주제에 대한 글을 쓴 이후에 참고한다. 그 이유를 몇 가지로 소개한다.

첫째, 저자의 책에는 언제든지 먼저 문제점을 제시한다. 문제가 없으면 답이 없다. 그 문제는 질문으로 시작한다. 예를 들면 저자는 인성교육의 전체 주제를 위한 중심 질문을 이렇게 했다. "왜 현대교육은 점점 발달하는데 자녀들의 인성은 점점 더 타락하는가?"

그 다음에는 이 질문이 왜 맞는지를 증명해야 한다. 현대교육이 역사적으로 얼마나 발달했는지를 증명해야 하고, 그 교육을 받고 자란 자녀들이 얼마나 타락하고 있는지를 통계로 제시해야 한다.

둘째, 저자가 그 문제를 해결할 수 있는 방법을 주장할 때에는 다른 학자들이 먼저 그런 이론이나 주장을 했는지를 확인해야 한다. 만약 다른 학자들이 먼저 동일한 이론을 만들고 주장을 했다면 저자의 것은 쓸모가 없기 때문에 버려야 한다.

셋째, 저자의 이론과 주장이 학문적으로 맞다는 것을 증명하기 위해서는 다른 학자들의 이론이나 주장들을 객관적으로 나열(fact-support)하며 논리적으로 증명해야 한다. 즉 저자의 이론이나 주장이 옳다는 것을 증명하기 위하여 다른 학자들의 연구 결과들을 증거로 제시해야 한다.

넷째, 또한 저자의 이론이나 주장이 다른 학자의 이론이나 주장과 상반된다면 왜 저자의 것이 옳고 다른 학자의 것이 틀렸는지를 논리적으로 증면하기 위하여 제3의 다른 학자들의 연구 결과들을 증거로 제시해야 한다.

저자의 책들이 처음에는 불과 25쪽의 논문(Talbot 신학대학원 박사과정 중에 기독교교육 철학 과목에서 쓴 논문)이었으나 현재 40여권으로 늘어난 이유는 어떤 주제에 대해 글을 썼을 경우에는 그것으로 끝나는 것이 아니라 계속해서 질문에 질문을 하기 때문이다. 그 결과 계속 수정 증보판이 나오게 된다. 본서도 세 번째 수정증보판이다.

모두 마치고 나면 저자 자신이 이렇게 감탄한다.

"아, 이 작품도 하나님이 하셨구나!"

왜냐하면 저자가 생각해도 도저히 본인 실력으로는 할 수 없는 작품이 나왔기 때문이다. 따라서 독자들에게 도움이 되었다면 부족한 저자에게 지혜를 주신 하나님께 감사와 찬송과 영광을 돌려드린다.

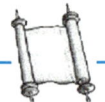

저자의 글은 질문에서 시작한다.
그 질문에 답을 하다보면 질문에 질문이
꼬리에 꼬리를 물고 나온다.

4. 질문의 달인이 되는 법: 북 스마트 vs 스트리트 스마트

영어에 '북 스마트'(Book Smart)와 '스트리트 스마트'(Street Smart)라는 말이 있다. 전자는 학교에서 교과 공부를 잘한 똑똑한 모범적인 우등생(Academically Smart)을 뜻하고, 후자는 학교공부는 별로지만 어려서부터 사회에서 산전수전을 다 겪으며 삶의 현장에서 문제가 닥쳤을 때 그 문제를 해결할 수 있는 능력이 많은 사람을 말한다.

전자는 책상에서 이야기를 듣는 정형화된 학습을 중시하지만, 후자는 실생활에서 일을 하면서 터득한 문제 해결 기술이나 경험을 중시한다.

따라서 북 스마트 사람은 각 전공에서 성적은 좋을지라도 삶의 현장에서 문제가 닥쳤을 때 그것을 해결할 능력 및 적응력이 부족할 수 있다. 반면 스트리트 스마트한 사람은 성적은 떨어진다고 해도 각 분야의 삶의 현장에서 적응력이 빠르고 문제가 생겼을 때 그것을 해결할 수 있는 능력이 뛰어날 수 있다.

비유로 말하면 태권도나 유도를 도장에서 체계적으로 배운 사람과 어려서부터 거리에서 싸움을 많이 해본 싸움꾼과 싸우면 누가 이기겠는가? 구한말에 세기의 싸움꾼 시라소니나 김두한은 후자에 속한다.

또한 돈을 벌 때 경제학을 연구하는 경제학 교수보다는 초등학교 5학년이 학벌의 전부이지만 어려서부터 삶의 현장에서 돈 버는 법을 터득했던 정주영 씨가 훨씬 나았던 것과도 비유할 수 있다.

물론 전자이면서도 후자가 될 경우 더 시너지 효과가 나타날 수 있을 것이다. 유대인의 교육이 이에 해당한다.

유대인의 질문의 기술은 어떻게 습득할까? 물론 개방형 질문, 이해

유대인은 하브루타의 원리와 공식을 가르쳐서 그들이 질문을 잘 만들고 토론을 잘 하는 것이 아니라 자녀들에게 어려서부터 가정에서 부모와 하브루타로 성경과 탈무드 학습을 했기 때문이다. 유대인은 죽을 때까지 질문하며 산다.
사진은 LA 정통파 유대인촌에 있는 그린버그 가정에서 하브루타로 토론하는 모습.

를 위한 질문 및 심화질문 등의 하브루타의 이론도 중요할 것이다. 그러나 더 중요한 것은 이런 것들을 따지기 보다는 유대인처럼 어려서부터 계속 아버지나 혹은 형제끼리 질문을 많이 하다보면 스스로 질문의 달인이 될 수 있다는 것이다.

　기억하라. 유대인은 죽을 때까지 질문하며 산다.

5. 질문의 열매 소개: 저자가 개발한 두 가지 학문의 영역

A. 질문 중에 개발한 새로운 인성교육학

〈저자 주: 질문하기가 얼마나 중요한지를 설명하기 위하여 저자가 개발한 인성교육학과 쉐마교육학이 태동하게 된 과정을 소개해 보자. 이 글은 저자의 자서전, 쉐마교육 개척기 제4부 제3장 '유대인 자녀교육을 연구하게 된 동기'를 수정 증보한 것이다.〉

저자는 하나님의 은혜로 두 분야의 새로운 학문을 개발했다. 하나는 1) 유대인을 모델로 한 '인성교육학'이고, 다른 하나는 2) 유대인의 '쉐마교육학'이다.

먼저 '인성교육학'은 어떻게 태동되었는가? 앞에서 설명한대로 질문에서 나왔다.

"왜 현대 교육은 점점 더 발달하는데 인간은 점점 더 타락하는가?"

이것은 다음 질문과 일맥상통 한다.

"왜 신학이 발달한 나라일수록 교회의 성장은 점점 더 어려워지는가?"

두 번째 질문은 쉐마교육학에 관한 질문이다.

"유대인은 어떻게 아브라함 때부터 현재까지 4000년간 하나님의 말씀을 자손 대대로 전수하는 데 성공했는가?"
"왜 한국인은 세대차이가 많이 나는데 유대인은 어떻게 아브라함 때부터 현재까지 4000년간 세대차이가 거의 없는가?" "유대인은 어떻게 세대차이 없는 교육을 시키는가?"

저자는 이 질문들에 대한 답을 찾기 위해 자신의 신앙과 뿌리문화를 지키면서 자신들이 거주하는 국가에서 성공적으로 안착한 유대인을 주목했다. 그들은 시간과 공간을 초월하여 조상 대대로 전해 내려오는 성경 말씀을 지키며 말씀과 언어와 전통과 역사에 세대차이가 거의 없는 민족이다.

그리고 어디를 가든지 자신들이 거주했던 지역의 이방문화에 동화되지 않았던 민족이다. 그들은 어떻게 2세 교육을 하고 있는가? 그들의 교육 방법은 우리와 무엇이 다른가?

마침내 이를 연구할 기회가 찾아왔다. 바이올라(Biola) 대학교 탈봇(Talbot) 신학대학원에서 기독교교육철학 과목을 택할 때 한 학기 동안 '유대주의(쥬다이즘)와 존 듀이의 교육철학 비교'(The Educational Philosophy of Judaism in Comparison with Deweyanism)를 연구했다.

존 듀이는 현대 교육의 아버지로 불린다. 오늘날 한국 교육도 그의 교육철학 영향권에 있다.

〈자세한 논문 내용은 저자의 저서 '현용수의 인성교육 노하우'(쉐마, 2015), 제2권 제3부 제1장 '현대 교육과 유대인 자녀교육, 무엇이 다른가' 참조〉

연구 결과 저자는 존 듀이의 이론에 의한 현대 교육의 허점과 독소를 발견했고, 반면 유대인 자녀교육의 우수성을 확인했다. 유대인 자녀교육이 성경에 기초하고 있음도 그때 깨달았다. 구약 성경에 기독교교육의 원리와 방법이 모두 있었다.

존 듀이 이론이 학생중심과 전문가 교육 중심이라면, 유대인 자녀교육은 하나님 중심과 가정의 부모 교육 중심이다. 따라서 현대교육은 세대차이를 많이 나게 하는 교육이고, 유대인 자녀교육은 세대차이를 막는 교육이다. 현대의 가정교육, 교회교육 그리고 교회성장 위기에 대한 대안이 여기에 모두 있었다. 저자는 엄청난 충격을 받았다.

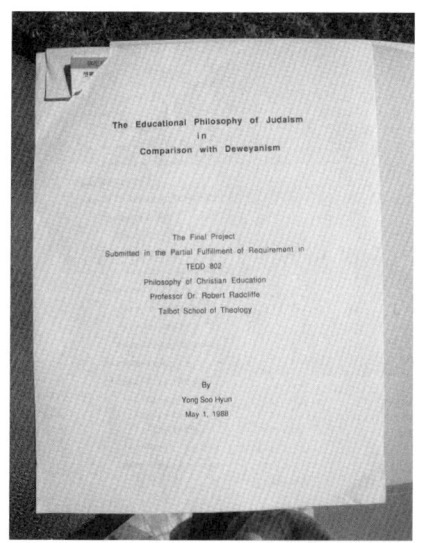

저자의 인성과 쉐마교육 연구는 탈봇신대원에서 처음 쓴 죤 듀이의 교육철학과 유대주의 교육철학을 비교한 33쪽짜리 소논문에서 시작되었다. 이 논문은 저자의 박사학위 논문으로 이어졌다. 그리고 박사학위 논문은 '인성교육학'이라는 새로운 학문을 개척하게 된 학문적인 근거가 되었다. 사진은 시계방향으로 최초의 소논문, 한글로 번역된 저자의 학위 논문인 '문화와 종교교육' 그리고 4권으로 발전한 '현용수의 인성교육 노하우'

'아하, 세대차이를 없애는 비결이 바로 이것이구나!'

하나님의 크신 은혜였다. 힘이 솟으면서 강한 사명감을 느꼈다.
"하나님은 바로 이것을 이루시기 위하여 부족한 나를 택하셨구나!"
저자는 굳게 결심했다. "이것을 더 연구하여 세상에 알리자!" 그 동안 박사과정에서 연구해온 내재적 종교성을 위한 성경적, 철학적 그리고 심리학적 이론(*문화와 종교교육*, 쿰란출판사, 1993)이 모두 적용되었다. 그들이 지키는 일부 율법주의적인 것을 빼고 구약과 그들의 지혜에 근거한 기독교교육의 원리를 우리가 새로이 적용해야 한다는 것을 깨달았다.

저자의 박사학위 논문(1990) 주제는 미국에 거주하는 한국인 2세 교육의 방향을 제시하는, 즉 2세들이 한국인의 정체성을 가져야 하는가, 아니면 미국 문화에 동화해야 하는가를 정하는 과학적인 근거를 제시하는 연구였다.

저자는 이 논문을 1993년 한국어로 번역하여 '문화와 종교교육'이란 책으로 펴내게 되었고, 이 책은 현재까지도 미국의 유수 신학대학원의 D.Min. 과정의 교과서로 사용된다. 왜냐하면 한국인 2세 교육을 과학적으로 연구한 최초의 책으로 꼽히기 때문이다.

훗날 세계 최초로 이 논문을 통해 제시된 인성교육의 원리가 된 '수직문화와 수평문화'의 이론은 '현용수의 인성교육 노하우'(쉐마, 2015)라는 전4권의 책을 집필하는데 기초가 되었다. 모두 하나님의 은혜였다.

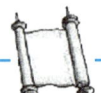

"왜 현대 교육은 점점 더 발달하는데
인간은 점점 더 타락하는가?"
"왜 한국인은 세대차이가 많은데 유대인은 없는가?"

B. 질문 중에 발견한 역사적인 구약의 지상명령

〈저자 주: 이제 '쉐마교육학'을 개발하게 된 과정에 대해 설명해 보자. 이 글은 저자의 자서전, 쉐마교육 개척기 제5부 제2장 '역사적인 구약의 지상명령 발견, 어떻게?'를 수정 증보한 것이다.〉

저자는 자서전을 쓰면서 구약의 지상명령을 발견하게 된 동기를 설명하지 않을 수 없었다. 저자는 왜 창세기 18장 19절을 구약의 지상명령으로 명명했는가?

저자는 늘 유럽교회가 죽어져 있고, 미국교회와 한국교회가 쇠퇴해 가는 모습을 보며 이런 질문을 했다. 왜 신약시대 2000년 동안 세계 선교는 성공했는데 초대교회는 살아남지 못했는가? 어떻게 유대인은 아브라함 때부터 현재까지 4000년 동안 자손 대대로 말씀과 신앙 그리고 전통을 자손 대대로 전수하는데 성공했는가?

저자는 신약교회의 문제점을 유대인 자녀교육에서 찾으려고 노력했다. 유대인 가정을 연구하면서 그들의 가정을 통하여 부모가 자녀들에게 말씀을 전수하고자 하는 강열한 의지를 많이 보아왔기 때문이다. 이것이 그들의 간절한 소원이었다. 그들의 삶은 구약 성경에 나타난 하나님의 소원과 매우 일치했다. 그들의 이런 강한 신본주의 사상은 신학적으로 어디에 근거하는가?

그런데 이런 신본주의 사상과 행동이 구약성경 시대 언제부터 시작되는지 궁금했다. 저자의 연구는 항상 어떤 주제에 대한 문제점을 발견하고, 의문을 품고 질문하면서 시작한다. 그러던 중 창세기 18장 19절을 주목하게 되었다. 이 말씀 안에 무엇인가 있을 것 같은 예감이 들었다.

> 내가 그로 그 자식과 권속에게 명하여 여호와의 도를 지켜 공
> 의와 정의를 행하게 하려고 그를 택하였나니 이는 나 여호와
> 가 아브라함에게 대하여 말한 일을 이루려 함이니라. (창 18:19,
> 개역성경)

이 본문 말씀에서 "… 그를 택하였나니 이는 나 여호와가 아브라함에게 대하여 말한 일을 이루려 함이니라."를 주목하게 되었다. 그리고 히브리 원전을 분석하였다. 그리고 표준새번역 성경을 보았는데 히브리 원전을 더 쉽게 풀어서 변역해 놓았다.

> 내가 아브라함을 선택한 것은 그가 자식들과 자손을 잘 가르쳐
> 서, 나에게 순종하게 하고, 옳고 바른 일을 하도록 가르치라는
> 뜻에서 한 것이다. 그의 자손이 아브라함에게 배운 대로 하면
> 나는 아브라함에게 약속한 대로 다 이루어 주겠다. (창 18:19)

"내가 아브라함을 선택한 것은"이란 번역에서 하나님이 아브라함을 선택하신 이유를 발견했다. 즉석에서 이것을 질문으로 만들었다. "하나님은 왜 아브라함을 선택하셨는가?" 이어서 답이 나왔다.

"그가 자식들과 자손을 잘 가르쳐서, 나에게 순종하게 하고, 옳고 바른 일을 하도록 가르치라는 뜻에서 한 것이다(19b)." 여기에서 아브라함의 교육의 대상이 이웃 이방인이 아니고, 가정의 자녀들과 후손임을 발견하였다. 즉 쉐마교육이다.

여기에서 또 다른 질문을 했다. "아브라함은 평생 몇 명을 목회했는가?" 언약의 아들 이삭 한 명이다. 그렇다면 아브라함이 그렇게 세계적인 인물이 된 것은 만 명 목회가 아니고, 한명 목회에 있었다는 것이다.

이것은 신약교회적 측면에서 패러독스(a paradox)이며 패러다임 쉬프트(paradigm shift)다.

그렇다면 왜 하나님이 그렇게 하시기를 원하시는가? 연이어 답이 이어진다. "그의 자손이 아브라함에게 배운 대로 하면, 나는 아브라함에게 약속한 대로 다 이루어 주겠다"(창 18:19c). 이 가정문(假定文)에서 결정적인 답을 찾았다. 만약 그 자손들이 그대로 하지 않으면 하나님은 그렇게도 소원하시는 아브라함에게 약속하신 말씀을 이룰 수 없다는 것을 깨달았다.

때문에 그것은 하나님이 아브라함에게 약속하신 말씀, 즉 아브라함을 통한 온 열방의 구원을 이루게 하기 위하여 반드시 해야 하는 구약의 지상명령이라고 결론지었다. 그리고 정통파 유대인 주석을 읽어보았다. 그런데 이 말씀이 신 6장 4-9절에 있는 쉐마와 정확하게 연결됨을 발견하였다.

따라서 쉐마교육은 곧 하나님이 아브라함에게 약속하신 것을 이루시기 위한, 즉 열방을 구원하러 오실 메시아 예수님을 준비하기 위한 지상명령임을 깨닫게 되었다. 이것은 신약(예수님)의 지상명령(마 28:19)과 완벽한 짝이 지상명령이다. 전자가 수직선교라면 후자는 수평선교다.

세계적인 구약학자인 월터 카이저(Walter C. Kaiser, Jr.)가 창 12:1-3절을 구약의 지상명령이라고 주장했는데, 그 학설을 뒤집는 사건이었다. 카이저는 현재 트리니티 신학교의 부총장을 거쳐 고든 커넬 신학교 석좌교수로 재직하고 있다.

쉐마교육학은 구약의 지상명령을 발견함으로 전체적인 윤곽의 틀이 잡혔다. 그리고 이전에 연구해놓았던 유대인을 모델로 한 모든 소주제들; 가정신학, 아버지 신학, 어머니 신학, 효신학, 고난의 역사신학 등은

유대인의 쉐마교육의 척추와 같은 기본 저서는 '잃어버린 구약의 지상명령 쉐마'(전3권)다. 이 저서를 쓰게 된 동기도 질문에서 시작되었다. 그리고 약 40여권의 저서도 거의 질문으로 시작되었다.

구약의 지상명령을 성취하기 위한 도구들임을 알았다. 현재 저자가 쓰고 있는 유대인 아버지의 하브루타도 구약의 지상명령을 성취하기 위한 하나님의 교육 방법이다.

요약하면 저자의 두 논문과 구약의 지상명령 발견; 1) 2세 교육의 방향을 제시하는 박사학위 논문과 2) '유대주의(쥬다이즘)와 존 듀이의 교육철학 비교' 그리고 3) '잃어버린 구약의 지상명령 쉐마'가 인성교육학과 쉐마교육학을 개발하게 된 근거가 되었다.

하나님께서 부족한 저자에게 질문하는 지혜를 주시지 않으셨다면 결코 성취할 수 없는 쾌거였다.

> 저자가 구약의 지상명령을 발견한 것도 질문을 했기 때문이다.
> "아브라함은 평생 몇 명 목회했는가?"
>
> 세계적인 구약학자인 월터 카이저가
> 창 12:1-3절을 구약의 지상명령이라고 주장했는데,
> 그 학설을 뒤집는 사건이었다.

IV
질문으로 가르치는
유대인의 율법교육

1. IQ + 인성을 동시에 계발하는 질문식 율법교육

한국은 자녀들의 인성교육 문제로 몸살을 앓고 있다. 자녀들이 점점 '얕은 생각, 제멋대로의 행동'에 익숙해져 있기 때문이다. 어떻게 자녀를 한 인간이 갖추어야 할 인성의 요소마다 최고급의 가치를 갖도록 양육시킬 수 있을까?

가장 현실적인 교육방법은 각 인성의 요소마다 부모가 자녀에게 그 요소의 중요성과 그 요소를 갖게 하는 방법을 반복적으로 교육시킴으로 그 결과를 얻을 수 있다.

〈이것은 인성교육의 극히 일부 단편적인 예다. 자세한 것은 저자의 저서 '*현용수의 인성교육 노하우*, 2017, 제1권 제1부 제1장 IV. 1. '인성의 요소를 반복적으로 교육시켜라(유대인의 예)' 참조).

여기에도 유대인의 인성교육 노하우를 주목해야 한다. 유대인은 왜 인성의 각 요소가 중요한지 그 이유를 먼저 하나 하나 설명해 준다. 그래야 행동이 바뀔 명분이 생긴다.

명분이 생기면 행동이 쉬워지고 행동이 반복될 때 당연한 습관으로 자리 잡게 된다. 이렇게 될 때 자신이 행하는 행동에 자긍심이 높아져 내면적 자신감을 갖게 된다. 유대인이 다른 민족보다 자긍심이 높은 이유가 여기에 있다.

다시 말하면, 유대인 교육의 우수성은 인성의 각 요소마다 그 요소를 왜 언제 어디에서 누가 어떻게 교육시켜야 하는지 그 논리적 근거와 교육방법이 준비되어 있다는 점이다. 그리고 이를 대를 이어 실천하는데 성공한 민족이다.

2. 질문식 율법교육의 사례

사례 1: 옆집 장미 꺾은 아들에게 질문으로 훈계하는 아버지의 인성교육 방법

실제로 예를 들어보자. 여섯 살 된 아들(이름은 다윗)이 옆집을 지나다가 그 집의 장미를 꺾었다면 유대인 아버지는 아들에게 어떻게 교육시키는가 알아보자. 유대인은 가르치는 방법이 주입식이 아니라 질문식이다. 유대인 부모는 답을 빨리 주지 않는다. 답을 찾을 때까지 거의 질문을 끊임없이 한다.

그래서 유대인은 세계에서 가장 말이 많은 민족이다. 세 사람이 모이면 다섯 가지 의견이 나올 정도다. 다음은 유대인 아버지가 아들에게 인성교육을 시키는 구체적인 방법 중 하나다.

1. 아버지가 아들에게 묻는다.
 "다윗아. 왜 장미를 꺾었니?"
 아들은 장미가 예뻐서 집에 갖고 가고 싶어 꺾었다고 대답했다고 가정하자.

2. "그 장미는 누구의 소유이지?"
 "네 것이냐, 아니면 옆집 주인의 것이냐?"
 아들은 "옆집 주인의 것이요."

3. "왜 남의 집 소유의 장미를 꺾으면 안 되는지 아니?"
 "내 것이 아니니까요."
 "왜 네 것이 아니면 꺾으면 안 되니?"

4. 아들이 머뭇거릴 때 유대인 아버지는 성경에서 그 근거를 찾는다.
 "남의 장미를 꺾는 행위는 하나님이 주신 십계명 중 어느 계명을 어겼는지 아니?"
 "제8계명 '도둑질 하지 말라'지요." (십계명은 이미 아버지가 3살 때부터 가르쳐 주었다)
 "맞아, 그렇지."

성경은 그들의 절대적인 삶의 기준이다. 따라서 인성교육에 종교의 계율은 그들의 가치관을 정립하는데 필수 내용이다.

5. 이제 아버지는 아들에게 왜 제8계명을 어기면 죄인지를 묻고, 아들의 답을 들어본다. 답이 틀렸을 경우 그 이유를 설명해 준다. 왜 하나님이 유대인에게 율법을 주셨는가를 설명해준다. 하나님이 유대인에게 율법을 주신 목적은 하나님이 창조하신 생명을 보호하기 위함이다. 즉 강자로부터 약자를 보호하기 위함이다. 율법이 없으면 힘 있는 강자가 약자를 해치어 약자가 억울함을 당하고 마침내 멸종되기 쉽기 때문이다.

6. 그렇다면 아들은 엉뚱하게 또 이런 질문을 할 수 있다.
"왜 하나님은 남의 생명을 보호하시기를 원하시는가요?"
아버지는 이렇게 설명해 준다.
"그 이유는 하나님은 자신이 창조하신 모든 생명들을 너무나 사랑하시기 때문이지."
좀 어렵지만 아버지는 아들에게 율법의 정신은 하나님의 생명 사랑의 정신에서 나왔음을 설명해 준다. 그래서 하나님은 남의 생명을 살인하지 못하도록 제6계명 '살인하지 말라'를 주셨다고 설명한다.

7. 아들은 또 이렇게 질문한다.
"왜 하나님은 인간을 사랑하시지요?"
아버지의 답변. "참 좋은 질문이구나. 하나님이 자신의 형상대로 창조하셨기 때문이야."

"마치 어머니가 자신이 낳은 자녀를 사랑하듯이 말이야."

8. 아버지는 아들에게 다시 원점으로 돌아가서 질문한다.

"아버지가 남의 생명을 해치면 안 되는 이유를 설명했는데, 남의 집 장미를 꺾으면 왜 안 되는지 설명해 볼래?"

곧이어 "남의 집 장미는 그 집 주인의 생명과 어떤 관계가 있을까?" 아버지는 아들의 답을 들은 후 다음의 내용을 설명해 준다.

"남의 집 장미는 그 집 주인의 재산에 속하지. 그 집 주인의 모든 재산은 그 집 주인의 생명에 속해 있기 때문에 그의 재산을 빼앗거나 해치는 것은 그의 생명을 간접적으로 해치는 것이야. 이것을 막기 위하여 하나님은 '도둑질하지 말라'란 제8계명을 주셨지. 따라서 남의 집 장미를 꺾는 행위는 남의 재산을 해치는 것이고, 이것은 남의 생명을 해치는 것이야."

9. 그렇다면 어린 아들이 이런 질문을 할 수도 있다.

"왜 사람은 죄를 지으면 안 되나요? 조그만 죄는 지어도 괜찮지 않나요?"

이럴 때 아버지는 참 좋은 질문이라고 칭찬을 해 준다. 그리고 죄를 지으면 왜 안 되는지를 설명해준다.

첫째, "네가 죄를 짓게 되면 하나님의 형상으로 지음 받은 누군가가 그만큼 손해를 보고 아픔을 당하겠지. 누군가 네 것을 훔쳐가서 너도 그런 피해를 받으면 좋겠니?" "피해를 당한 사람은 가만히 있겠니? 또 보복을 하려고 한다면 평화가 깨지겠지?"

둘째, "그래서 하나님은 사람이 사는 공동체의 평화와 번영을 위하여 지켜야 할 율법을 주셨단다. 그 율법을 안 지키는 자는 하나님이 벌하신단다. 너는 그런 벌을 받고 싶니 안 받고 싶니?"

셋째, "그리고 왜 조그만 죄도 지으면 안 되는지 아니?"
"죄는 큰 죄나 조그만 죄나 모두 하나님이 기억하신단다. 만약 음식에 조그만 독약이 있어도 사람이 그것을 먹으면 죽는 것처럼 하나님은 조그만 죄도 결코 용납하지 않으신단다."

10. 그리고 아버지는 아들에게 남의 생명과 재산을 해치는 것이 왜 그를 창조하신 창조주 하나님을 해치는 것인지를 설명해 준다.

"남의 생명과 재산을 해치는 것은 바로 하나님을 해치는 것이야. 왜 그런 줄 아니?" 아들이 반응할 기회를 준다. 그 다음 설명해 준다.

"하나님은 자신의 형상대로 지으신 인간을 누군가 해치면 바로 하나님을 해치는 것으로 간주하시지. 그래서 벌하시는 거야."
"반면에 가난하고 불쌍한 사람을 도와주면 하나님은 어떻게 하시겠니?" "하나님을 도와주시는 것으로 간주하시고 그 사람에게 복을 주신단다."

11. 마지막으로 묻는다.
"이제 너는 꺾은 장미를 어떻게 처리해야 되겠니?" (아들의 의견을 충분히 들은 다음 이렇게 얘기해 준다.)
"꺾은 장미를 들고 주인을 찾아가서 너의 잘못을 빌고, 그 장미를 주인에게 돌려주어라. 만약 주인이 그것을 받지 않을 때에는 주인이 요구하는 장미 값을 대신 계산해 주어라. 아버지가 그 돈을 줄게. 그리고 하나님에게 용서를 빌고 죄사함을 받아라."

12. 모든 것이 끝났을 때 아버지는 아들을 껴안고 이렇게 기도해 준다.
"하늘에 계신 하나님. 다윗이 무의식적으로 남의 집 꽃을 꺾었습니다. 이제 그 집 주인이 용서해 주신 것처럼, 하나님도 용서해주신 줄 믿습니다. 이번 계기로 다윗이 더 정직하고 남을 배려하는 사랑스러운 아들로 성장 할 것을 믿고 감사드립니다. 아멘."

이것은 하나의 예에 불과하다. 이런 교육을 받으면 아들은 어떻게 변하겠는가?

첫째, 인성교육에 유익하다.
남을 배려하는 마음이 생긴다. 인간의 존엄성을 깨닫는다. 왜냐하면 모든 인간은 하나님의 형상대로 지음을 받았기 때문에 신분 고하를 막론하고 잘 생긴 사람이나 못생긴 사람이나 귀중한 존재임을 깨닫게 된다.

그리고 하나님이 창조하신 생명을 보호하기 위하여 법을 주셨다는 사실을 깨닫고, 성경의 법뿐만 아니라 일반 사회공동체를 위한 법도 잘 지켜야 한다는 준법정신이 투철해 진다. 이에 더하여 인간의 근원을 생각하는 철학적 사고가 싹트기 시작한다.

둘째, 유대인 부모가 자녀를 가르칠 때 사용하는 질문식 교육은 자녀의 IQ계발에 유익하다.

질문식 교육은 자녀들의 사고를 깊게 하고, 분석적인 사고와 창의력 및 통합력을 키워준다. 그리고 선과 악을 분별하게 하고 그 토론의 내용을 기억하는데도 도움을 준다. 유대인 아버지는 평상시에도 자녀들과 율법을 이것보다 더 자세하게 토론하며 까다롭게 가르친다. 유대인의 질문식 영재교육 방법이다.

따라서 다음부터는 아들에게 이런 일이 거의 일어나지 않는다. 만약 이런 일이 다시 일어날 경우는 인내를 갖고 똑같이 반복하여 가르친다. 교육은 반복이다. 그리고 반복은 습관을 낳는다.

이런 교육을 받으면 어떤 인성의 요소에 영향을 주겠는가? 사랑, 진실성, 절제력, 수양(修養, self-discipline), 예의 바름, 정직한 생활, 완전(혹은 정직, integrity), 질서 의식, 남을 돕는 생활, 친절한 행동, 책임감 등에 영향을 준다.

한국인 가정에서 자녀에게 인성교육을 시키는데 문제점은 무엇인가? 이런 인성교육을 시킬만한 논리적 근거가 너무나 빈약하다. 율법이 없어 선악의 기준이 명확하지 않다. 선과 악을 구별해 주는 종교교육을 시키지 않기 때문이다. 무조건 "안 된다"는 말 한 마디로 밀어붙이기 일쑤다.

이런 방법은 자녀들에게 설득력이 약하다. 그나마 있었던 한국인이 지켜왔던 도덕의 근거인 유교적 교훈도 옛 것이라고 하면서 가르치지 않는다. 그러니 자녀들의 인성교육을 어떻게 시킬 수 있겠는가? 참으로 답답한 노릇이다.

> 한국인 가정에서 자녀에게 인성교육을 시키는데 문제점은 인성교육을 시킬만한 논리적 근거가 너무 빈약하다. 기존의 도덕의 근거인 유교적 교훈도 옛 것이라고 가르치지 않는다.

사례 2: 도둑질 하지 말라는 계명을 가르치는 방법

더 구체적인 예를 들어보자. 유대인의 가정에서 아버지가 자녀들을 가르치는 교육 내용은 구약 성경, 즉 율법이다. 그들은 매우 구체적으로 율법을 하나하나 구체적으로 까다롭게 가르친다. 가르칠 때 그들은 성경을 IQ계발 방법으로 가르쳐서 자녀의 IQ도 계발시키고 인성교육도 시켜서 'IQ 계발'과 '인성교육'이라는 두 마리의 토끼를 함께 잡는다.

예를 들어 십계명 중 제8계명인 "도둑질하지 말라"(출 20:13c)를 가르칠 때 어떻게 해야 할까? 먼저 도둑질에 대한 정의를 내린다. 물론 아버지가 직접 답을 가르쳐주는 방식으로 접근하지 않도록 한다. 그리고 자녀에게 묻는다.

"도둑질이 무엇인지 설명 좀 해볼래?"

아들은 여러 가지로 답변한다.

"형의 연필을 몰래 가져가 사용하고 그것을 내 필통에 넣어 내 것으로 만드는 것입니다."

그러면 아버지는 또 묻는다.

"네가 형의 연필을 몰래 가져가 사용하고 그것을 다시 형의 필통에 넣으면 도둑질이 아니니?"

형제가 여럿이면 함께 토론에 참여시키고 여러 가지 토론 내용을 갖고 결론을 도출한다.

"도둑질이란 남의 생명이나 재산을 주인의 허락 없이 내 마음대로 훔치거나 빼앗아 내 소유로 만드는 것이야."

여기에는 사람을 납치(kidnaping)하는 것도 포함된다. 납치란 본인의 의사에 반하여 강제로 몸을 움직이거나 움직이게 하여 다른 곳으로 데려가는 것을 말한다.

아버지는 도둑질에 대해 더 명확한 정의를 내리기 위하여 이렇게 질문한다.

"훔치는 것과 빼앗는 것은 어떻게 다르니?"

"어느 것이 더 나쁘다고 생각하니?"

이제 도둑질이 왜 죄악인지를 묻는다.

"남의 생명이나 재산을 허락 없이 훔치거나 빼앗는 것이 왜 죄인 줄 아니?"

"그리고 도둑질이 얼마나 큰 죄악인지 아니?"

아버지는 묻고 토론을 유도하며 이렇게 답을 도출한다.

"그것은 우주를 창조하시고 역사를 운행하시며 인간의 생사화복을 주관하시는 하나님에게 대적하는 것이기 때문이야."

다음 단계는 그 이유를 묻는다.

"왜 그런지 아니?"

이 역시 질문과 토론으로 여러 가지 답들을 도출해낼 수 있다. 하지만 여기에서 결정적인 답을 말하기 전에 먼저 한 개인의 생명이 왜 그토록 귀중한지에 대하여 설명한다.

"왜 인간의 생명이 그토록 귀중한지 아니? 하나님이 자신의 형상대로 창조하셨기 때문이야. 그렇기 때문에 아무리 하찮게 보이는 사람이라도 그의 생명이 천하보다도 귀중한 거야. 따라서 한 인간의 생명을 해하는 것은 바로 하나님을 해하는 것이고, 하나님을 해하는 것은 하나님에게 대적하는 것이 되는 거야."

그리고 계속해서 정리해준다.

"그렇다면 왜 그의 생명을 해치는 것뿐만 아니라 그에게 속한 재물을 해치거나 도둑질하는 것도 죄악인지 아니?"

"그것은 그에게 속한 재물(소유물)이 그의 생명을 보존하는 데 필요한 것이기 때문이야. 따라서 한 개인이 소유한 모든 재산은 오직 그만이 사용하거나 매매할 권한이 있어."

이 과정에서 아들은 도둑질이 왜 나쁘고, 얼마나 나쁘고, 개인의 권리가 왜 소중하며, 왜 그것이 법으로 보호받아야 되는지를 확실하게 배운다. 남의 권리를 침해하지 않는 것 자체가 남을 배려하는 마음의 시작임을 알게 된다.

이제 실제 무엇이 도둑질인지를 설명하기 위하여 도둑질에 대한 여러 가지 예를 들면서 다시 묻는다.

"이웃집의 마당에 핀 장미를 재미로 꺾으면 어떻게 되겠니?"

"엄마에게 드리려고 이웃집의 마당에 핀 장미를 꺾어 집으로 갖고 오면 어떻게 되겠니?"

"형의 장난감을 허락 없이 사용하면 어떻게 되겠니?"

이러한 예들을 들어 토론하면서 실생활에 응용할 수 있는 힘을 길러준다.

사례 3: 남의 물건을 주었을 경우 가르치는 방법

이제 좀 더 어려운 상황을 들어 도둑질에 대해 질문하고 토론한다. 예를 들어 길을 가다가 많은 돈을 주웠다면 어떻게 할 것인가? 아무도 본 사람이 없다면 돈의 주인이 없으니 그냥 가져도 되는 것인가?

그렇게 하면 도둑질인가? 도둑질을 안 하려면 어떻게 해야 하는가? 주인에게 돌려주어야 한다. 어떻게 주인을 찾아 돌려주는가? 주인은 어떻게 찾는가? 파출소에 신고를 한다.

파출소에 돈을 찾으러 온 사람이 있다고 하자. 그렇다면 그가 주인인지 아닌지 어떻게 증명할 수 있는가? 만약 또 한 사람이 나타나 그 돈을 자신의 것이라고 주장한다면, 두 사람 중 누가 진짜 주인인지 어떻게 구별하는가? 진짜 주인을 구별하려면 법도 알아야 하지만 지혜가 필요하다. 일정 기간 동안 주인이 나타나지 않으면 그 돈은 어떻게 될까? 그 돈을 주운 사람의 소유가 되는가? 왜 그런가? 질문과 토론이 계속된다.

이번에는 길에서 딸이 강아지를 주웠을 경우다. 역시 아무도 본 사람이 없다. 이 강아지는 주인이 없는 가운데 주웠으니 그냥 데려다가 키워도 되는가? 그것이 도둑질이라면 도둑질을 안 하기 위하여 어떻게 해야 하는가?

주인에게 돌려주어야 한다. 어떻게 주인을 찾아 돌려주는가? 파출소에 신고하는 것이다. 그런데 파출소에 강아지를 찾으러 온 사람이 있다고 하자. 그렇다면 그가 주인인지 아닌지 어떻게 증명할 수 있는가?

만약 또 다른 사람이 나타나 이 강아지가 자신의 것이라고 주장한다면, 두 사람 중 누가 진짜 주인인지 구별할 수 있는가? 주인이 얼마동안 나타나지 않아야 주운 사람의 소유가 되는가?

왜 그런가? 강아지에게 밥을 주고 돌봐야 하는데 그 비용은 누가 부담해야 하는가? 데리고 있는 동안 그 강아지가 다른 사람을 물었다면 누가 법적 책임을 질 것인가? 그 강아지를 보호하고 있는 동안 다리를 다쳤다면 누가 치료비를 부담해야 하는가? 역시 질문과 토론으로 답을 도출한다.

<u>답을 도출하는 과정에서 가장 강조해야 할 것은</u> 하나님의 형상대로 지음 받은 천하보다도 귀중한 개인의 생명과 소유를 해치지 않아야 한다는 것이다. 한 생명의 권리가 그만큼 중요하다는 것을 강조하는 데 목표를 둔다.

만약 강아지 주인이 나타나지 않았을 경우 그 강아지를 주어왔던 딸에게 소유권이 주어진다. 그 때 그 딸은 매우 기뻐할 것이다. 이럴 때 그녀의 아버지는 이렇게 질문한다.

"딸아, 네가 이렇게 기뻐해도 되니?"
"왜 안 되는데요?"
"이 강아지를 잃어버린 사람의 마음은 어떨까? 네가 강아지를 잃어버렸다고 생각해봐"

"매우 슬프겠죠."
"너는 그에게 어떤 마음을 품어야 하지?"
"아빠, 듣고 보니 그에게 너무 미안하네요."
"그러면 너는 강아지에게 어떻게 대해야지."
"잃어버린 사람을 생각하며 잘 키워야죠."
유대인의 남을 배려하는 좋은 성품은 이렇게 만들어진다.

유대인 아버지는 613개의 율법 중 하나인 '도둑질'이란 주제를 놓고 일주일에 한두 차례씩 6개월에서 1년 동안 끊임없이 질문하고 토론한다. 질문의 수준에는 앞서 언급한 6가지의 단계가 모두 들어 있다.

이런 식으로 유대인 어린이는 세 살 때부터 613개 율법을 하나하나 배운다. 그러니 유대인의 두뇌가 얼마나 분석적이고 창조적이며 통합적이겠는가? 학교교육만 받은 이방인과는 사물을 보는 시각이 확연히 다를 수밖에 없다.

그리고 이런 교육을 통해 유대인 수직문화의 핵심인 신본주의 사상이 얼마나 강하게 심어지겠는가? 뿐만 아니라 그가 받은 인성교육의 내용을 얼마나 실생활에 잘 적용하겠는가? 미국에 200여 종족이 살고 있지만 그중 유대인의 범죄율이 가장 적은 이유는 바로 이런 율법교육에 있다는 것을 알아야 한다.

그러나 자녀를 이렇게 교육하려면 먼저 아버지가 가르칠 만한 자격을 갖춰야 한다. 율법에 대한 해박한 지식은 물론, 가르치는 기술도 있어야 한다.

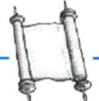

> 유대인 아버지는 자녀들과 율법을 끊임없이 질문하고 토론한다.
> 아버지는 먼저 가르칠만한 자격,
> 즉 율법에 대한 해박한 지식과 가르치는 기술도 있어야 한다.

3. 한국인과 유대인의 법사상 차이

A. 인성교육의 내용(율법)과 방법이 빈약한 한국

여기서 한국의 상황을 돌아보자. 왜 학교와 직장에서 왕따가 문제가 되고 남의 생명과 재산을 해하는 인명 경시 풍조가 만연한가? 올바른 인성교육의 내용이 빈약하고, 그것을 교육하는 방법을 모르기 때문이다. 한국에서 어느 교육상담가로부터 들은 얘기다. 어느 학부형이 찾아와 고민을 털어놓았다.

"두 아들(여섯 살, 여덟 살)이 있는데 동생이 형의 물건만 보면 갖고 싶어해서 수없이 싸웁니다. 말릴 수가 없어요. 이럴 때 어떻게 하면 되죠?"

교육전문가는 2가지 제안을 했다.

"첫째, 형이 먼저 가지고 논 다음 동생에게 기회를 주세요. 둘째, 형의 것과 똑같은 것을 동생에게도 사서주세요."

이것은 근본적인 해결책이 아니다. 유대인이라면 어떻게 지도했을까? 저자는 이렇게 하도록 제안했다. 먼저 남의 소유를 탐내는 것 자체가 죄악임을 지적해주어야 한다. 아무리 형의 것이라도 남의 것을 허락 없이 사용하거나 가져가는 것은 제8계명인 "도둑질하지 말라"는 계명을 어기는 죄이기 때문이다.

왜 그런가? 형의 재산은 형에게 속한 것으로 오직 형만이 그것을 사용하고 관리할 권한이 있기 때문이다. 따라서 형의 권리를 이유 없이 빼앗는 것은 그의 생명이나 재산을 해치고 빼앗는 것이기 때문에 죄악이다.

또다시 묻는다. "네가 도둑놈이 되고 싶은가? 만약 모든 사람들이 이런 죄를 짓는다면 어떻게 공동체가 살아남을 수 있겠는가? 네 것을 빼앗아 형에게 주면 좋겠는가?" 물론 아이에게 설명할 때는 좀 더 부드럽게, 아이의 눈높이에서 납득할 수 있도록 대화식으로 가르쳐야 한다. 그것이 가장 효과적이다.

예의란 무엇인가? 인간과 인간 사이에 지켜야 할 도리를 말한다. 가까이는 '너와 나'에서 시작하여 가족끼리 그리고 더 나아가 한 공동체가 건전하게 유지될 수 있는 보편적 가치, 즉 눈에 보이지 않는 계약이다.

따라서 예의는 남을 배려하는 마음에서 나와야 한다. 그것은 근본적으로 하나님이 창조하신 생명을 사랑하는 마음에서부터 시작하여 한 생명과 그 소유를 해치지 않게 하는 율법을 지키는 행동으로 드러나야 한다.

한국의 교육전문가와 유대인 아버지의 차이점은 무엇인가?

B. 법과 멀었던 한국인 vs. 법과 친밀한 유대인

유대인의 법 정신은 미국에서 생활하는 한국인의 생활 습관과 대조적인 모습을 보여 준다. 예를 하나 들어 보자. 만약 어떠한 상점을 사고판 후 문제가 발생했다고 가정하자. 이럴 경우 한국인과 유대인의 대처 방법은 어떻게 다른가?

한국인은 소개한 부동산 중개소 주인에게 모든 책임을 떠맡긴다. "선생님만 믿고 샀다"라고 하면서 그 사람을 원망한다. 왜냐하면, 한국인은 사기 전에 계약서는 읽어 보지도 않고 소개한 사람만 믿고 계약하기 때문이다. 그러나 유대인은 우선 차분히 계약서를 꺼내 읽어 본다. 그리고 필요할 경우 법을 전문으로 하는 변호사와 상의한다. 전자는 법 대신 사람을 더 의지했고, 후자는 법과 친밀했기 때문이다.

한국인의 법을 멀리하는 습관은 어디에서 왔는가? 한국인은 문자로 증거를 남기는 것 대신에 인정에 이끌리어 사람의 말을 잘 믿는다. 한국인의 사고는 공동체의 수직적 개념이다. 전통적인 한국인 마을에서 어떤 사건이 발생했을 경우, 그 해결책을 법에 의하여 결정하는 것보다는 덕이 있는 마을 어른의 결정(말)에 따르는 것이 관습이었다. 한국은 유교 전통상 법보다 윤리와 도덕을 내세우는 경향이 있다(이회창, *월간 조선*, 1995년 1월호, p. 142).

저자가 충북 보은 고향에서 자랄 때에도 경찰서에 가본 적도 없거니와 중학교 갈 때까지 경찰서가 왜 있는지조차 몰랐다. 그만큼 한국인은 실정법보다는 유교적 윤리와 도덕에 의한 지연, 학연 및 친지 등 인맥 위주의 삶이 강했다. 따라서 한국인은 문제가 발생하면 법 대신 사람을 찾아가 인정(人情)에 호소하는 경우가 많았다. 그리고 인정에 이끌리어 거짓 증언도 잘 하는 편이다.

이러한 한국인의 삶은 민주주의 국가에서 사는 한국인의 위법 통계에서도 잘 나타난다. 1995년 10월, 광복 50주년을 맞이하여 김영삼 대통령이 대사면을 발표했을 때였다. 일반 사면 대상자가 1천만 명이었다. 국민 네 사람 중 한 명이 전과자였다는 말이다. 온 국민이 놀란 통계였다. 물론 일반 사면에는 경범죄 처벌법, 도로 교통법, 향군법, 주민등록법, 민방위법 등 행정법규 위반 사안이 포함되었다고 한다(중앙일보, *사설: 1천만 명이 전과자였다니*, 1995년 8월 14일).

그뿐인가? 전국은행연합회가 국회에 제출한 국정감사 자료에 따르면 한국인의 신용 불량은 가히 세계적이다. 2004년 6월 말 현재 카드 빚 때문에 신용불량자가 된 사람들이 무려 400만 명, 20대 성인들은 4명 중 1명꼴이다. 이외 다른 신용불량자까지 합치면 한국 국민 10명 가운데 1명은 대출심사 등에서 제약을 받을 수 있는 신용정보 관리대상자인 것으로 나타났다. 가계 부채가 260조 원에 달했다. 네 집 중 한 집 꼴로 신용불량자 가정으로 전락하는 등 가계가 급속히 피폐해졌다(조선일보, *카드 빚, 신용대란 위기*, 2004년 7월 17, 30일).

신용이란 무엇인가? 자신의 말과 행동에 책임을 지는 것이다. 특히 법적 계약에는 더 책임을 져야 한다. 그렇지 못할 때는 신용불량자로 낙인이 찍힌다. 따라서 신용이 좋다는 사람은 바로 법을 잘 지키는 사람이다.

수준 높은 질서 의식은 선진 국민의 모습이다. 질서는 국민이 법을 지킬 때 이루어진다. 법조인이었던 이회창 전 국무총리는 한국인의 약한

법 정신을 개탄하면서 법은 윤리와 도덕 위에 있는데도 불구하고 현재 한국의 법은 정치에도 약하다면서 정치가 법을 만들지만 법치는 정치 위에 있다고 역설하였다(이회창, 월간 조선, 1995년 1월호, p. 138). 한국 사회의 질서를 정립하기 위하여 기독교인이 먼저 법을 지키도록 노력해야 한다.

한국의 어린 학생들이 학교에서 교사들과 동료들에게 피해를 주는 사건이 점점 늘어나는 원인도 법이 느슨하거나, 법 집행을 단호하게 하지 못하는 데 있다고 본다. 악인에 의한 의인의 피해를 막는 것은 사회 정의를 세우는 것이다. 이를 위해서는 강력한 법과 법 집행이 필수다. 가해자를 보호할 것이 아니라, 피해자를 보호하기 위함이다.

유대인뿐만 아니라 독일, 일본 및 미국 등 세계 1등 국민들은 법을 잘 지키어 국제적으로 신용을 얻고 있다. 그 나라에는 국민 전체가 법을 따라 질서를 잘 지키고 이웃과 사회에서 신용을 얻고 있다. 따라서 선진국에서는 신용 회사가 검증한 개인의 크레딧 카드뿐만 아니라 개인이 발행한 개인수표도 그대로 믿고 거래할 수 있다.

유대인은 '정확하다', '까다롭다', '잘 따진다' 등의 말을 많이 듣는다. 또한 유대인은 '지독하다'라는 소리도 듣는다. 그들의 종교교육의 배경을 연구해 보지 않고서는 이 모든 것이 잘 이해가 되지 않는다.

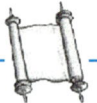

한국인의 사고는 실정법보다 윤리와 도덕을 내세운다.
그 결과 광복 50주년 대사면에,
국민 네 사람 중 한 명이 전과자였다.

V
유대인 학교의
그룹 토론식 IQ계발

1. 유대인 학교의 그룹 토론 참관기

정통파 유대인들이 모여서 탈무드를 공부하는 데 참여해 보면 우리 입장에서는 도저히 이해하지 못하는 부분이 많다. 저자가 탈무드 고급반에 참석하여 경험한 예를 하나 들어 보겠다. 탈무드 중에서 경제 문제를 다루는 반으로 학생 수는 열 명 정도 되었다. 주제는 경영주와 노무자의 관계였다. 실지 예는 농촌에서 농업을 경영하는 농장주와 일꾼들과의 대화에서 시작된다.

농장주가 일꾼들에게 내일 아침에 밭에 나와 일을 하도록 부탁하였다. 그런데 아침에 비가 와서 일을 할 수가 없었다. 이런 경우 주인이 일꾼들에게 일당을 주어야 하느냐 안 주어도 되느냐 하는 문제와 각각의 경우에 대한 근거는 무엇인가 하는 문제였다.

정답은 이렇다. 만약 주인이 일꾼들에게 일일이 내일 할 일과 비가 올 경우를 대비할 수 있는 일의 조건을 확실하게 제시했으면 주인의 책임은 없다. 그러나 막연히 일하러 오라고만 했다면 주인이 일당을 변상해야 된다. 왜 그런가? 이에 대한 현자들의 풀이(주석) 또한 자세히 나와 있다.

저자가 그들과 함께 탈무드를 공부하며 놀란 점은 네 가지였다.

첫째, 그들은 탈무드도 하나님이 선민인 자신들에게 주신 법이라고 여긴다는 점이다. 농장주와 일꾼들 간의 임금에 관한 이야기는 신학적인 입장에서 보면 영적 구원론과는 전혀 관계가 없다. 그러나 이것은 그들이 선민으로 올바르게 살아가기 위해 지켜야 할 윤리적인 법이다. 즉 사업주로부터 노동자의 권리를 보장해주기 위한 것이다.

둘째, 이 주제 하나를 놓고 랍비와 학생들이 토론해 가는 과정과 토론 내용에 놀랐다. 랍비가 본문에 대하여 질문을 하면 학생들이 서로 손을 들고 기다리다가 자기 차례가 되면 답변한다. 랍비는 그 답변을 받아, 그렇다면 이 문제는 어떻게 생각하느냐고 다시 질문한다.

그 학생이 답을 못할 경우 다른 학생이 이것에 대하여 답을 하면 랍비는 또 다른 질문을 한다. 끝없는 질문과 답이 이어져 이 주제로 한 시간 반 동안 토론을 벌였다. 한 주제를 놓고 있을 수 있는 모든 가능성을 생각하며 이에 대하여 서로 갑론을박하며 변론하였다.

셋째, 토론하는 동안의 강의실 분위기는 온통 열기로 가득 차있었다. 서로 답을 하기 위하여 "나요, 나요"하면서 시간 내내 손을 들고 있는 학생들이 많았다. 어떻게 이들은 그토록 질문에만 열중할 수 있는가?

그것은 이들이 이미 교육의 내용을 충분히 알고 있기 때문이다. 일반 학교에서는 교육의 내용을 배우기 위하여 학교에 가지만 유대인 학교는 교육의 내용은 이미 집에서 모두 숙지해 오고 학교에서는 그 내용을 갖고 질문하는 토론에만 열중한다.

넷째, 토론식 교육을 할 경우 학생들은 끊임없이 생각한다. 여러 학생들과 항상 첨예한 경쟁을 하기 때문에 최선을 다한다. 그리고 다른 학생들의 의견들을 들으면서 많은 도전을 받는다. 자신의 수준을 평가하게 된다. 즉 무한대의 경쟁력을 키운다.

어려서부터 남 앞에서 자신의 의견을 발표하는 과정을 통하여 언어의 구사 능력은 물론 대화 및 토론의 방법을 배운다. 이런 교육은 재치와 순발력을 뛰어나게 한다. 유대인은 글만 잘 쓰는 것이 아니라 어디서나 말을 잘하는 것도 이런 교육 때문이다.

자신의 의사를 잘 표현하는 능한 언변은 동서고금을 막론하고 일생을 살아나가는 데 큰 재산이다. 그리고 지도자가 갖추어야 할 귀한 덕목 중 하나다. "세상에 금도 있고 진주도 많거니와 지혜로운 입술이 더욱 귀한 보배니라"(잠 20:15).

뿐만 아니라 토론 속에서 기상천외한 의견들이 많이 나올 수 있다. 어떤 때는 폭소가 터지기도 한다. 이것이 바로 돈 주고도 살수 없는 엄청난 시너지 효과를 발휘할 수 있다.

미국 교육은 학생 스스로 연구하는 방법을 가르치고 토론을 많이 시킨다. 반면 한국 교육은 교사가 학생에게 강의하는 주입식 교육이 많다. 유대인은 기본 내용은 집에서 공부해 오게 하고 학교에서는 주로 토론을 한다. 사진은 쉐마교사대학 현장실습 시간에 유대인 학생 넷이 탈무드 논쟁법으로 격렬하게 토론하는 모습.

유대인의 탈무드 교육은 강의식이 아니라 시끌벅적한 토론식이다. 랍비와 학생들 간에 끝없는 질문과 논쟁이 이어진다. 따라서 더 좋은 질문을 하고 답하기 위하여 선생은 강의 준비를 더 많이 해야하고 학생들은 더 많은 예습과 복습을 해야 한다. 사진은 랍비의 설명에 반론을 펴는 학생이 그 증거를 제시하고 있는 장면.

암기식 학습법에 따라 빨리빨리 '정답'을 내는 데 익숙한 한국인에게는 이런 토론 수업이 지루하고 답답할 뿐이다. 그러나 유대인의 교육방법을 이해하면 유대인이 왜 까다로운지, 유대인 변호사가 왜 유능하며, 유대인 학자는 왜 우수한가에 대한 답을 얻을 수 있다.

유대인 변호사와 다른 나라 변호사가 어떻게 다른가 보여 주는 예를 들어보자. 다른 나라 변호사들이 계약서를 작성하면 분량이 고작 2-3쪽 되는 것도 유대인 변호사가 작성하면 수십 쪽이 되어 책으로 나온다. 유대인 변호사는 그 계약이 발효되었을 경우 발생할 수 있는 모든 위험 부담들을 일일이 나열하여 대비책을 세우기 때문이다.

요즘 한국에도 은행이나 병원에 가면 돈을 빌리는 사람이나 환자에게 서류를 내주며 여러 곳에 사인을 하라고 한다. 미리 공지했으니 혹시 손해를 본다고 해도 다른 말을 하지 말라는 법적인 조치다. 이런 법적 장치들이 거의 모두가 유대인에게서 나왔다는 것을 뒤늦게 알았다.

이것은 하나의 예에 불과하다. 탈무드의 많은 부분들이 이렇게 각 주제마다 구체적인 질문과 응답으로 구성되어 있다. 따라서 종교생활을 잘 못하는 율법에 약한 유대인은 일일이 랍비에게 물어 생활한다.

물론 그들에게는 십계명을 포함한 모세오경이 제일 중요하다. 그러나 탈무드의 교육 내용은 가정, 교육, 정치, 의학, 법학, 경제 등 지혜로운 삶을 영위하는 데 필요한 모든 분야를 망라한다. 이것이 바로 그들로 하여금 영적 세계뿐 아니라 각 분야에서 두각을 나타나게 해주는 저력이다. 그리고 우주를 품는 넓은 마음을 갖게 해주는 힘이다. 하나님은 실로 우주를 주관하시는 분이 아니신가!

> 어려서부터 남 앞에서 자신의 의견을 발표하는 과정에서
> 언어 구사 능력은 물론 토론의 방법을 배운다.
>
> "세상에 금도 있고 진주도 많거니와
> 지혜로운 입술이 더욱 귀한 보배니라" (잠 20:15).

2. 랍비의 성적 산출법과 '마 아타 호세브'

A. 랍비가 학생에게 하는 질문, '마 아타 호세브'

유대인 부모나 교사가 많이 하는 질문 중 하나는 "마 아타 호세브" [מה אתה חושב, Mah(what) Atah(you) Choshev(think or thought)]다. 한국말로는 "네 생각은 어떠냐?(What do you think?)"이다. 이것은 유대인은 자녀가 자기 스스로 생각하여 자신의 의견을 가지도록 교육시킨다. 예를 들어보자.

〈저자 주: 아래 글은 현용수의 인성교육 노하우 제1권 제2부 제2장 II. 1. B. '자녀를 깊이 생각하는 인간으로 키워라'의 글을 수정증보한 것임〉

이스라엘 공립초등학교에서는 공식적으로 체벌이 금지되어 있다. 그러나 예외가 있다. 랍비가 가르치는 성경공부 시간에는 약간의 체벌(?)을 가할 수 있다.

〈저자 주: 유대인 학교에서 성경이나 탈무드 과목은 꼭 랍비가 맡는다.〉

그렇다면 성경공부 중 어느 때에 체벌이 가능한가? 토라(성경) 수업 시간이다. 교사가 학생들에게 성경을 읽게 하고는 각 학생에게 다가가 "너는 이 내용에 대해 어떻게 생각하느냐?"고 묻는다.

이때 학생이 예를 들어 출애굽기 12장을 읽고 "저는 우리 조상이 이집트에서 그 혹독한 노예 생활에서 해방된 유월절에 너무나 감사했습니다. 저도 크면 모세처럼 하나님과 우리 민족을 위해 살겠습니다."라고 대답하면, "좋아!" 하고는 다음 학생에게 다가간다.

이때 만약 다음 학생이 아무런 대답을 못하면 "너는 왜 생각이 없느냐? 생각 좀 해라!"고 다그치며 매를 든다고 한다. 생각이란 의문을 제기하고 그에 대한 답을 찾는 것으로 이루어진다.

그래서 탈무드는 의문이 많은 사람을 지혜자라고 한다(Tokayer, 탈무드 3, '배움은 통찰력을 기르는 것' 참조). 이것은 무엇을 뜻하는가? 이스라엘에서는 '머리가 좋아지는' 교육이 아니라, '머리를 쓰는' 교육을 하고 있다는 것이다.

여기에서 또 다른 중요한 교훈을 얻을 수 있다. "네 생각은 어떠냐?"는 질문도 중요하지만, "무엇(what)에 관한 생각이냐?", 즉 텍스트도 대단히 중요하다는 것이다. 유대인처럼 인생의 의미를 찾는 성경과 탈무드에 나오는 내용에 관한 것을 묻는 것과 TV먹방 프로그램이나 야한 사진을 보고 그 내용에 관한 것을 묻는 것과 다르다는 것이다.

전자는 정신세계를 살찌우는 수직문화가 충만해질 것이고, 후자는 먹음직도 하고 보암직도 한 것(창 3:6), 즉 육신의 정욕과 안목의 정욕과 이생의 자랑(요일 2:16)이 충만해질 것이다. 이런 점에서 유대인의 하브루타와 이방인의 토론 차이를 발견할 수 있다.

"너는 왜 생각이 없느냐? 생각 좀 해라!"

B. 랍비의 탈무드 강의 성적 산출법

탈무드를 강의하는 랍비는 학생들의 성적을 어떻게 산출하는가? 물론 랍비에 따라 다를 수도 있다. 보편적으로 랍비는 전 학생들에게 강의를 한다. 그리고 그 내용에 대해 둘씩 짝을 지어 토론하게 한다.

시험을 보는 방법은 대체로 세 가지다.

1) 각 개인이 탈무드의 히브리어 텍스트를 읽게 한다. 텍스트는 내용도 어렵지만 히브리어 성경처럼 구두점이나 쉼표 등이 없기 때문에 읽는 것이 쉽지 않다.

2) 배운 내용에 대해 얼마나 아는지 시험을 본다. 시험지에 답을 쓰는 경우도 있지만 구두시험(oral test)도 있다. 그리고 학생이 답을 썼으면 랍비는 왜 그런 답을 썼는지 질문하며 논쟁한다. 이때 "마 아타 호세브"란 말을 많이 사용한다.

3) 배운 내용을 집에 가서 얼마나 복습을 많이 했는지 숙제를 내준다. 학생은 SNS로 숙제를 보고하고 랍비는 그것을 점검한다.

여기에 수업시간에 좋은 질문과 답변을 얼마나 많이 했는지, 그리고 논쟁할 수 있는 수업 분위기에 얼마나 많이 공헌했는지도 참조한다. 출석과 숙제는 기본으로 가산에 넣는다.

"많은 사람은 생각하고 싶지 않아 도망치기 위해서 책을 읽는다."

유대인의 속담이다.

유대인 학생들은 시간만 나면 동료끼리 하브루타를 한다. 사진은 예시바 학생들끼리 쉬는 시간에 탈무드 책을 펴 놓고 토론하는 모습

책을 읽는 것도 중요하지만 그 책을 읽고 생각하는 것은 더 중요하다는 말이다. 유대인은 자녀들에게 성경을 읽고 자신에 대해, 부모에 대해, 가정에 대해, 민족에 대해, 하나님에 관하여 넓고 깊게 생각하도록 가르친다. 그리고 끊임없이 진리를 찾기 위해 토론한다. 자녀를 매사에 생각하는 사람으로 키워야 똑똑하고 정체성이 뚜렷한, 즉 내면적 자신감이 강한 큰 인물이 될 수 있다.

"마아타호셰브" = "네 생각은 어떠냐?"
매사에 깊이 생각이 있는 자녀로 키워라

C. 랍비가 원하는 학생의 공부: 창의적인 독서술이란 무엇인가

한국인의 독서술(讀書術)과 유대인의 독서술과는 무엇이 다른가? 한국인은 책을 읽고 그 책의 내용을 암기하는 것이 주목적이다. 예를 들면 법조인이 되기 위하여 고시를 공부하는 사람은 육법전서를 읽고 그 내용을 암기해야 고시에 합격할 수 있을 것이다. 이런 사람을 머리가 좋은 사람이라고 한다.

그러나 유대인은 다르다. 저자는 앞에서 유대인은 평생 토라와 탈무드를 공부하는 '공부의 민족'이라고 했다. 물론 평생 공부를 열심히 해서 지식을 습득하는 것도 중요하다. 그러나 그 '공부'라는 말 속에는 더 깊은 뜻이 포함되어 있다.

탈무드 독자는 탈무드를 읽는 사람은 탈무드로부터 배워서는 안 된다고 엄하게 경고를 받고 있다. 이러한 말이 있다.

> 탈무드를 단지 암기만 하는 것은 또 한 권의 탈무드를 증가
> 시킬 뿐이지 한 사람의 인간을 만드는 일은 되지 못 한다.
> (Tokayer, 탈무드 4: 탈무드의 생명력, 쉐마, 2013, pp. 130-131)

이것은 탈무드적 인간이란 어떤 인간인가를 설명해주는 대목이다. 탈무드를 읽고 몇 페이지에 어떤 내용이 있다고 하며, 그것을 설명하는 것만으로는 부족하다는 것이다.

그 내용을 자기 스스로 해석하고, 그것을 깊게 생각을 하고, 그것에 대하여 질문을 하고, 진리를 찾아 실천하는, 즉 하나님이 원하시는 삶으로 변하는 인간이어야 한다는 것이다. 그렇지 않으면 한 사람의 인간을

만드는 일은 되지 못 한다는 것이다.

고명한 유대인 랍비는 이렇게 말했다.

"책을 많이 읽어도 단지 읽었다는 것만으로는 당나귀가 많은 책을 등에 지고 있는 것과 다를 바가 없다. 당나귀는 아무리 많은 책을 등에 지고 있어 봤댔자 나귀 자신에게 아무런 쓸모가 없다. 인간은 책에 의해서 가르침을 받는 것이 아니라 책을 통하여 질문을 얻는 것이라네." (상게서, p. 92)

물론 인간은 책에 의해서 가르침을 받는다. 그러나 더 확실하고 깊은 가르침을 받기 위해서는 책을 통하여 질문을 얻고 그 질문에 대하여 생각하여 자기 것을 만들어야 한다는 것이다. 이것은 무엇을 뜻하나? 한국인의 독서술이 50%의 효과를 얻는다면, 유대인은 100%의 효과를 얻는 것과 같다.

유대인의 이러한 탈무드적 사고방식은 일반 학문을 하는데도 그대로 적용된다. 두뇌는 단지 지식을 저장해두는 곳이 아니다. 저장된 지식들을 꺼내어 질문하고 생각하여 화학 작용을 일으켜 더 나은 창조를 만들어 내는 곳이다. 이것이 유대인 창의적인 독서술이다.

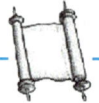

"인간은 책에 의해서 가르침을 받는 것이 아니라
책을 통하여 질문을 얻는 것이라네."

랍비 강의

질문과 호기심의 인간

탈무드에 실려 있는 이야기다.

어느 날 젊고 우수한 학생이 랍비를 찾아 왔다. 그리고 지난 6년 동안 얼마나 열심히 탈무드를 공부했는가를 랍비에게 설명하고 자기를 시험해 달라고 했다. 그래서 랍비는 탈무드의 책장을 넘기다가 어떤 페이지에 실려 있는 내용에 대해 물었다.

그곳에서는 아주 어려운 논쟁을 하고 있었다. 그러자 그 학생은 그 논쟁하는 부분에 대해서 정확하게 설명하였다. 랍비는 "자네는 아직도 틀렸네."라고 대답했다. 그리고 또 다른 데를 넘겨서 또 학생에게 그 페이지에 씌어 있는 것에 대해서 문제를 내었다. 그것은 더욱 어려운 문제에 대해서 논쟁을 펴고 있는 대목이었다.

학생은 거침없이 그 페이지에 무엇이 씌어 있고, 어떤 것이 문제점이 되고, 어떤 의문이 제기되었으며, 어떤 대답이 나왔는가를 말하였다. 그런데도 그 고명하신 랍비는 "자네는 아직도 틀렸다."라고 대답했다.

그리고는 이렇게 말했다.

"책을 많이 읽어도 단지 읽었다는 것만으로는 당나귀가 많은 책을 등에 지고 있는 것과 다를 바가 없다. 당나귀는 아무리 많은 책을 등에 지고 있어 봤댔자 나귀 자신에게 아무런 쓸모가 없다. 인간은 책에 의해서 가르침을 받는 것이 아니라 책을 통하여 질문을 얻는 것이라네."

〈출처: Tokayer, *탈무드 4: 탈무드의 생명력*, 쉐마, 2013, pp. 91-92.〉

VI 하브루타식 〈탈무드 논쟁식〉 IQ계발

1. 탈무드 논쟁 방법

A. 좋은 토론자의 자격

유대인 가정이나 회당 또는 탈무드의 집(Beit Midrash or Yeshiva, 옛날 한국의 서당 같은 곳: 저자 주)에 가면 흔히 볼 수 있는 광경이 있다. 아버지와 아들, 혹은 동료들끼리 둘씩 짝을 지어 책상을 마주하고 한쪽에서 탈무드를 소리 내어 읽으면, 다른 쪽에서 그것을 따라 읽는 모습이다.

그리고는 그들은 그 내용에 대하여 서로 자기의 의견을 제시하며 열을 내면서 토론한다. 이런 방법으로 탈무드를 깊고 넓게 연구하는 것을 '탈무드 논쟁법'(A Talmudic Debate)이라고 부른다.

〈저자 주: 하브루타와 탈무드 논쟁의 차이에 대해서는 앞의 I항에서 설명했다.〉

토라와 탈무드를 공부할 때 서로 짝을 지어야 한다는 것은 서로 토론할 파트너가 있어야 한다는 것을 뜻한다. 좋은 파트너의 자격은 어떤 것일까? 이때 토론자는 가르치는 교사(teacher)이며, 또한 학습자(learner)다.

서로가 동일한 교육의 환경에서 동일한 주제를 놓고 함께 가르치고 배우는 사람들이기 때문이다. 토론자도 좋은 토론자가 있고 나쁜 토론자가 있을 것이다. 좋은 자격을 가진 토론자에 관하여 몇 가지 설명해 보자.

첫째, 상대방을 잘 배려해 주는 학습자 (인성교육학적 측면)

토론을 할 때는 서로 예(禮)를 갖추어야 한다. 예를 갖춘 학습자는 상대방을 잘 배려해 주는 학습자다. 어떻게 해야 상대방을 잘 배려해 주는 것일까? 몇 가지를 소개해 보자.

1) 상대방의 마음을 편안하게 해 주는 학습자

상대방을 한 사람의 인격체로 존중해 주어야 한다. 상대방의 나이나 외모, 스펙, 직업, 가문 및 인종이나 종교 등을 이유로 차별을 하는 모욕적인 말이나 행동을 삼가야 한다. 정중하고 겸손해야 한다.

한국에서 바둑이나 태권도를 배울 때도 예를 갖추라고 가르친다. 그런데 더구나 하나님의 말씀을 배우는 이들은 더 예를 갖추어야 하지 않겠는가!

2) 상대방의 말과 질문에 귀를 잘 기울여 주는 학습자

상대방의 말이 끝나기 전에 말을 막으면 안 된다. 어떤 파트너는 자기의 주장만 강하게 말하며 상대방을 의도적으로 무시하는 경우가 있다. 이것은 하브루타의 예법에 어긋나는 행동이다.

'쉐마'란 '듣는다'(hear, 청종하다, 신 6:4a)는 뜻이다. 순종한다는 뜻도 있다. 하나님의 백성은 하나님의 말씀을 잘 청종하고 순종하듯이 토라와 탈무드를 공부할 때는 상대방의 말이나 질문에도 배려하는 마음으로 잘 들어주는 학습자가 되어야 한다.

유대인이 상대방을 배려하는 마음은 어디에 기인하는가? 그들이 말하는 하브루타의 기본 목표는 너와 내가 함께 성장해야 한다는 동족끼리의 공동체 의식에 기인한다. 유대인은 한 조상(아브라함)으로부터 태어난 한 형제자매이기 때문이다. 따라서 유대인에게는 설사 상대방이 좀 둔하여 더디게 반응한다고 해도 함께 성장해야 하는 동반자라는 강한 동족 의식이 있다.

이런 공동체 의식은 모든 이방인에게도 동일하게 적용해야 한다. 더구나 기독교인은 이방에게 착한 행실을 보여 하나님 아버지께 영광을 돌려야 할 책임이 있다(마 5:16). 그리고 큰 틀에서 온 인류는 한 사람, 아담의 후예라는 점에서 서로 차별을 하면 안 될 것이다.

둘째, 상대방의 말과 질문에 잘 반응하는 학습자
(인성교육학적 및 소통의 측면)

토론은 상호작용이 다이내믹하고 긴장감이 있어야 한다. 때문에 좋은 파트너란 상대방의 말과 질문에 잘 반응해 주는 학습자다. 어떻게 하는 것이 잘 반응하는 것일까?

먼저 자신이 탈무드의 미쉬나 본문을 읽고 해석한 것을 상대방에게 짧고 정확하게 효과적으로 잘 전달하는 기술, 즉 대화의 기술이 있어야 한다. 그리고 상대방은 이것에 잘 반응해 주는 것이다. 그것은 상대방의 해석에 동의하든지, 동의하지 아니하는지에 대해 반응해 주어야 한다.

상대방의 해석에 동의를 한다면 어떤 부분에 왜 동의하는지, 동의하지 않으면 그 해석의 어떤 부분에 왜 동의하지 않는지를 분명히 반응하고 그것에 대한 재반박을 할 수 있어야 한다. 그리고 이런 동의와 재반박을 반복하며 격렬하게 토론한다.

물론 동의를 하지 않을 경우에 상대방의 마음이 상하지 않게 하기 위하여 예의 상 먼저 "물론 그렇게도 해석할 수 있겠지만, 내 생각에는 ….."식의 대화도 좋을 것이다. 특히 처음 대하는 상대에게는 많은 배려가 필요할 것이다.

〈저자 주: 이것은 교과서적 이론이다. 저자의 경험에 의하면 실제로 유대인 랍비들은 토론을 할 때 상대방이 미쳐 생각할 틈도 주지 않고 계속 질문하며 몰아붙이는 경우가 많았다.〉

그럴지라도 좋은 토론은 학습자끼리 상대방에게 좋은 질문과 좋은 답변이 오가는 것일 것이다. 좋은 질문이 좋은 답을 가져오기 때문이다. 탈무드에 나오는 말이다.

하나나의 아들인 랍비 하마가 말했다. "철이 철을 날카롭게 한다"(잠 27:17)는 구절의 의미가 무엇입니까? 이 구절

의 뜻은 철이 철을 날카롭게 갈 듯이 토라를 통해 두 학자
가 서로의 생각을 더 날카롭게 한다는 것을 가르쳐준다.
(Babylonia Talmud, Ta'anit 7a)

두 학자가 서로의 생각을 어떻게 더 날카롭게 할 수 있나? 토라 본문에 대한 간결하고 정확한 해석에 날카로운 질문이 오가야 한다. 물론 여기에는 1) 예상치 못했던 해석과 2) 예상치 못했던 질문 3) 예상치 못했던 반론 4) 그리고 답변들도 포함된다.

이것이 "철이 철을 날카롭게 해주는 것처럼"(잠 27:17), 두 학자가 토라를 통해 서로의 생각을 더 날카롭게 할 수 있다는 것을 뜻한다.

이것이 두뇌를 최고로 자극하고 활동하게 하는 창조적인 유익한 시간이다. 즉 다이내믹하고 긴장감이 있는 상호작용이다. 이것은 독학으로는 불가능한 것이다.

만약 이것이 약하다면 철이 철을 날카롭게 하는 것이 아니라 논쟁에 김이 빠져 시간만 낭비할 수도 있을 것이다. 따라서 상대방에 대한 배려를 위해서도 반응을 잘 해주어야 한다. 이런 환경을 만들기 위해서는 사전에 공부를 많이 하고 와야 한다.

요약하면 상대방에 대한 배려는 두 가지, 1) 상대방의 마음을 상하지 않게 하는 배려와, 2) 빠르고 정확한 반응하기다.

셋째, 토론에 집중하는 학습자 (영재교육학적 측면)

왜 유대인은 토론을 할 때 모든 이들에게 토론에만 집중하라고 하는가?

1) 다른 세상 학문을 연구하는 것이 아니라 하나님의 말씀을 연구하기 때문이다. 유대인은 최고의 기도는 하나님의 말씀을 공부하는 것이라고 가르친다. 유대인에게 토라와 탈무드를 공부하는 시간은 기도 시간처럼 하나님께 바치는 시간이다.

따라서 탈무드 논쟁 시간에는 하나님에게 대하듯이 마음을 다하고 성품을 다하고 힘을 다하여(신 6:5) 토론에 집중해야 한다. 그럴 때 기존의 해석을 뛰어넘는 새로운 해석들을 발견할 수 있다.

2) 효과적인 학습 측면에서 유대인은 혼자보다 여럿이 함께 연구하는 것이 더 유리하다고 가르친다. "나뭇개비 하나로는 불을 피울 수 없듯이 토라의 진리도 독학으로는 깨달을 수 없다"(Talmud, Ta'anit 7a)고 가르친다.

여럿이 토론할 때 한 사람이라도 집중에 소홀하다면 좋은 결과, 즉 토라의 진리를 더 빨리 찾는데 어려움이 있을 것이다. 따라서 모두 함께 토론에 집중하는 것은 매우 중요하다.

만약 그 시간에 한 사람이라도 엉뚱한 생각을 하거나, 간간히 핸드폰 SNS의 문자를 확인한다면 제대로 된 토론이 진행되기 힘들 것이다. 그리고 이 또한 상대방에 대한 배려가 아니다. 집중력이 얼마나 강하냐 하는 것은 영재를 측정하는 기준이기도 한다.

설사 다른 세상 학문이나 다른 직업의 일을 한다고 하더라도, 집중력이 강해야 작업의 완성도가 높을 뿐만 아니라, 새로운 아이디어들이 많이 떠오를 수 있을 것이다.

넷째, 배움에 갈증을 느끼는 학습자 (영재교육학적 측면)

근거리에서 유대인을 관찰해보면 그들은 한사코 무엇인가 배우려고 하는 열기를 느낄 수 있다. 배움에 대한 갈증이 심하기 때문이다.

유대인의 배움에 대한 동기부여는 어디에서 나오는가? 그것은 하나님이 그들에게 명령하신 구약의 지상명령에서 나온다. 이것은 마치 사도 바울의 전도 열정의 동기부여가 예수님의 신약의 지상명령에서 나온 것과 동일하다. 물론 그만큼 하나님의 말씀을 더 배우고 정확하게 실천하기 위해서는 진리에 대한 호기심도 많다.

〈저자 주: '호기심'에 관한 주제는 제2부 제4장 II. 4. A. '호기심 · 의문 · 질문이 많은 아이가 영재다'와 III. 2. * 랍비 강의: 질문과 호기심의 인간'에서 다루었기 때문에 여기에서는 생략한다.〉

저자는 미국에서 유대인의 그런 모습을 보다가 한국에 오면 실망감이 크다. 많은 이들의 관심이 주로 풍요 속에서 먹음직도 한 TV먹방이나 보고, 보암직도 한 지나친 외모나 좋은 차 및 이생의 자랑(창 3:6; 요일 2:16) 등 세상의 수평문화에 너무 치우친 것 같기 때문이다. 인생의 내면적 의미를 찾는 수직문화, 즉 진리를 찾으려는 의지가 거의 보이지 않는 것 같다.

다섯째, 항상 노트 준비를 한 학습자

인간의 머리는 어떤 일이나 사고(思考)를 기억하는데 한계가 있다. 그것을 극복하는 방법이 어떤 아이디어(발상)가 떠오르면 그것을 노트하는 습관을 가지는 것이다. 유대인의 교실에 가보면, 매 학습자마다 본인 노트북도 있지만 노트와 연필이 항상 준비되어 있다. 거기에는 자신이 공부해 온 준비 자료들도 있지만, 한편 토론하며 얻은 아이디어들도 많다.

토론의 목적은 콘텐츠를 효과적으로 학습하여 배우는 것도 중요하지만, IQ도 증진하는 것이다. 그 IQ증진이란 말 속에는 새롭고 깊은 통찰력(a new and deep insight)을 키우는 것도 포함된다. 또한 노트하는 습관은 나중에 정리하는 기술, 즉 좋은 글쓰기의 자산이 된다.

저자의 경험을 소개해 보자. 저자는 어떤 주제를 생각하면 혼자서 속으로 그 주제에 관해 계속 중얼거리며 가상의 토론을 한다. 그 때 기상천외한 아이디어들이 떠오른다. 이것을 즉시 노트를 해둔다.

물론 이런 아이디어는 남과 토론을 할 때도 떠오르는 경우가 있다. 저자가 직접 강의를 때도 새로운 발상이 떠오를 때가 있다. 저자의 저서들이 계속 수정 증보판이 나오는 이유가 여기에 있다.

새로운 아이디어는 남의 책을 읽을 때만 습득하는 것이 아니다. 스스로 생각하는 머리에서 나온다. "나는 생각한다. 고로 나는 존재한다." 데카르트의 유명한 명제를 기억할 필요가 있다. 물론 이런 습관은 다른 학문을 할 때에도 그대로 적용할 수 있을 것이다.

유대인은 이런 논쟁 방법을 누구로부터 배웠는가? 가정의 아버지로부터다. 3살 때부터 배워 온 이런 학습법은 성장을 한 이후에는 자연스럽게 학교에서 동료들끼리 습관적으로 잘 활용할 수 있다.

이외에 유대인 여성 교수 오릿 켄트(Orit Kent)의 박사학위 논문에 나타난 학습자의 자격에 대한 것을 소개한다.

··· 더 많은 학습자들을 참여시켜 그들의 의미 형성 과정

을 분석하고 하브루타 주요 학습법을 다음 세 쌍으로 정리했다. 1) 경청하기와 표현하기, 2) 추측하기와 집중하기, 3) 지지하기와 문제 제기다. (Elie Holzer & Orit Kent, A Philosophy of Havruta, 2018, 한글판 p. 44)

물론 앞의 글에 이 내용들도 표현되어 있다.

파트너의 반응이 부실하면
논쟁에 김이 빠져
시간만 낭비할 수도 있을 것이다.
좋은 토론은….

B. 하브루타 체험기

〈저자 주: 앞의 V. 1. '유대인 학교의 그룹 토론 참관기'에서는 실제 토론 내용을 중심으로 기술했지만, 여기에서는 큰 틀에서 하브루타 방법을 구체적으로 기술한다.〉

유대인의 탈무드는 주로 모세의 때로부터 구전으로 내려오던 것들을 모은 그들의 경전(장로의 유전)이다. 주로 모세의 율법(모세오경)을 설명한 책이다. 그 내용이 너무 방대하고 어려워 "읽는 책이 아니라 연구하는 책이다"라고 한다. 글자 크기도 깨알같이 작아 어려서부터 탈무드를 많이 연구한 사람들은 눈이 나빠져 안경을 쓴 이들이 많다.

유대인의 공부 방식이 특이한 것은 교사가 탈무드의 내용을 학생들에게 하나하나 일일이 가르치는 것이 아니다. 대강의 줄거리만 말해주고, 그에 따른 방향만 제시해 주는 것으로 그친다. 낮은 학년의 학생들은 빙 둘러앉아 공부하는데, 그때 교사는 멀찍이 떨어진 자리에 앉아 잠자코 보고만 있다. 물론 수업 준비에 대한 의문점은 교사에게 수시로 물어볼 수 있다.

탈무드 논쟁을 할 때는 학생 스스로 그 속에 담긴 참다운 진리를 파악해 내야 한다. 그러므로 1시간의 수업을 위해 4-5시간의 예습과 복습이 반드시 필요하다. 이것도 랍비신학교를 졸업할 고학년쯤이 되면 1시간의 수업에 무려 20여 시간의 준비 학습이 필요하다(Tokayer, 탈무드의 지혜 1, 2013. p. 436).

유대인은 탈무드의 내용 중 한 구절을 가지고 한두 시간씩 서로 논쟁한다. 한쪽이 탈무드를 해석하면 다른 쪽은 그것을 왜 그렇게 해석하는지 조목조목 따지며 질문한다. 그리고 그에 대한 답을 말하면 상대방은 다시 그 답의 부당성을 조목조목 반박한다.

그리고 상대방이 조금이라도 허점을 보이면, 사정없이 날카롭게 그곳을 파 집고 들어와 질문하며 공격한다. 그리고 가능한 한 모든 가정(假定)을 제시하며 그 경우마다 대책을 세운다.

처음에는 순조롭게 평화적으로 나가기도 하지만, 나중에는 상대방을 더 힘들게 하기 위하여 답과 정반대되는 것을 가정하여 교묘한 질문으로 공격하여 그를 곤경에 빠뜨리기도 한다. 그러다가 어느 정도 시간이 지나면 해석하고 답변하는 역과 질문하는 역을 바꾸어 서로 논쟁한다.

탈무드 논쟁을 할 때에는 종종 책상을 쳐가며 큰 소리로 격렬하게 논쟁한다. 옆에서 보면 마치 서로 싸우는 듯하다. 서로 지지 않으려고 토론에만 집중한다. 누구도 두려워하지 않는 싸움꾼(?)의 자질은 이렇게 키워진다. 일종의 독수리 훈련이다.

<u>한국의 도서관은 조용하지만 유대인이 탈무드를 공부하는 방</u>(Yeshiva 혹은 Beit Midrash)은 항상 시끄럽다. 그러나 누구도 이에 관여하지 않는다.

그렇다면 유대인이 하브루타를 하면서 실제로 서로 싸우는 일은 없는가? 저자의 생각으로는 있을 법도 하다. 왜냐하면 상대방을 너무나 거세게 몰아붙이며 공격을 할 때는, 그리고 상대방의 날카로운 질문에 답변을 하지 못할 때는 수치심과 함께 섭섭함도 있을 수 있기 때문이다. 그런데도 불구하고 그들이 원수가 되지 않고 더욱 친하게 되는 이유는 무엇인가? 서로를 배려하고 노엽게 하지 않으려고 노력하기 때문이다.

랍비 히야아바가 말했다.

> "토라를 같이 공부하면 아버지와 아들의 관계이든 스승과 제자의 관계이든 서로 원수가 될 수 있다. 하지만 그들은 서로를 사랑하게 되기 전까지는 결코 서로를 노엽게 하지 않는다." (Talmud, Tractate Kiddushin 30b)

바울도 아버지에게 자신의 자녀를 노엽게 하지 말라(엡 6:4)고 했다. 따라서 유대인은 어려서부터 상대방을 노엽게 하지 않으려고 노력한다. 한 번 상대방을 노엽게 했을 경우 그것을 풀기가 얼마나 힘든지를 잘 알기 때문이다. "노엽게 한 형제와 화목하기가 견고한 성을 취하기보다 어

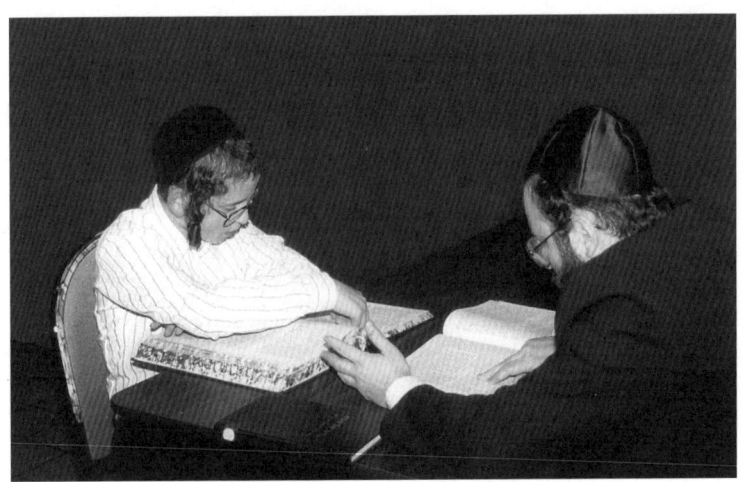

미드라쉬의 집에서 아버지가 아들과 '탈무드식 논쟁'을 벌이며 아들에게 탈무드를 가르치고 있다

정통파 유대인은 탈무드를 공부할 때 때때로 둘씩 짝을 지어 논쟁식으로 공부한다. 이때 이들은 상대방의 허점을 사정없이 날카롭게 공격하는데, 이를 '탈무드식 논쟁'이라고 한다. 일종의 영재교육 방법이다. 이러한 교육 방법에도 조상 대대로 세대차이가 없다. 사진은 어른들이 '탈무드식 논쟁'을 벌이며 공부하는 모습.

어린이들이 '탈무드식 논쟁'을 하고 있는 모습

려운즉 이러한 다툼은 산성 문빗장 같으니라"(잠 18:19).

따라서 유대인은 설사 상대방을 노엽게 했다고 하더라도 해지기 전에는 그것을 풀려고 노력한다. 마귀로 틈을 타지 못하게 하기 위함이다.

> 분을 내어도 죄를 짓지 말며 해가 지도록 분을 품지 말고, 마귀로 틈을 타지 못하게 하라. (엡 4:26-27)

따라서 토론자들은 상대방의 학습태도나 방법을 존중하려고 노력한다. 토론이 끝난 후에는 언제 논쟁을 했느냐는 듯이 금방 다정해진다. 저자는 그들의 이런 모습을 보고 유대인은 따질 때 따질 줄 알고 절제가 필요할 때 절제하는 능력을 어려서부터 키워 온 민족이라는 느낌을 받았다. 위아래 질서가 없는 자유로운 분위기 같은데도 엄격한 질서가 있다.

이는 엄격한 질서가 있는 것 같은데도 그렇지 않은 한국과 크게 다르다. 랍비 토카이어는 이렇게 말한다.

> 탈무드를 일관하고 있는 것은 토론이다. 또한 탈무드적 발상을 지탱하고 있는 것은 논쟁이다. 이것은 '화(和)'를 존중하는 사회에서는 이해하기 어려운 일인지도 모른다. 그러나 건전한 대립이야말로 사회를 전진시키는데 불가결하다고 생각한다. 유대인은 끝없는 논의를 중시한다.
> (Tokayer, 탈무드 4: 탈무드의 생명력, 쉐마, 2013, pp. 246-247)

서로 다른 상대가 대립적인 관계에서 논쟁을 하지만, 끝나면 하나가 되는 유대인의 공동체. 이것이 한국 사회가 본받아야 할 공동체가 아닌가! 그래야 공동체가 정체되거나 썩지 않고 끊임없이 새롭게 발전한다.

아버지와 아들 또는 동료들끼리 둘씩 짝을 지어
책상을 마주하고 서로 열을 내면서
토론하는 방법이 탈무드 논쟁법이다.

C. 하브루타 실력 순으로 줄 세우는 유대인 사회

저자가 목격한 한 가지 장면을 소개한다. 랍비와 학생 사이에 탈무드 논쟁이 붙었다. 랍비는 사정없이 그 학생에게 날카로운 질문을 퍼부었다. 그런데 그 학생은 처음에는 답변을 하는듯하더니 곧 머뭇거리며 답변을 제대로 하지 못했다.

그것을 본 랍비는 그 학생의 준비 부족을 큰 소리로 꾸짖었다. 그 학생은 기어코 울음을 터뜨렸다. 독수리 훈련은 다르다. 참새떼보다 질문으로 강한 훈련을 시킨다. 만약 한국의 공교육에서 이런 일이 벌어졌다고 하면 어떻게 되었을까? 교사가 학생에게 갑질을 했다고 전교조에서 들고 일어났을 것이다.

한 개인의 실력을 시험하는 방법은 여러 가지가 있다. 그 중 하나가 그와 같은 전공을 한 사람이 그의 전공 지식에 대해 몇 가지 질문을 해 보는 것이다. 그리고 그의 답변의 내용과 표현력을 보면 어느 정도 윤곽이 드러난다. 이에 더하여 어떤 주제로 그와 하브루타식 토론을 해보면 더 잘 알 수 있을 것이다. 그때 그의 질문의 질을 보면 더 확실하게 알 수 있을 것이다.

사실 이방인에게 이런 질문 행위는 대학원 입학 면접시험이나, 혹은 기업체 입사 면접시험을 볼 때나 가능하다. 평상시에는 피차 실례(失禮)가 되기 때문에 질문하기가 쉽지 않을 것이다. 그러나 유대인의 경우는 이런 일이 일상이다.

유대인은 오랜 동안 탈무드의 내용 중 주제를 바꾸어가며 매일 파트너를 바꾸어가며 일평생 동안 질문하고 답하는 논쟁을 한다. 그러니 얼마나 상대방의 실력을 훤하게 알겠는가? 실력은 단지 말을 잘 하는 것만으로는 알기 힘들다. 논쟁으로 더 확실하게 상대방의 깊고 넓은 지식과 지혜를 가늠해 볼 수 있다.

저자가 관찰한 바에 의하면, 유대인은 이런 방법으로 학생은 학생들끼리, 랍비는 랍비들끼리 실력 순으로 줄이 세워지는 것 같았다. 그들 사회에서는 그들 개인이 맡은 사회생활의 직책에 따른 권위도 있지만, 그 보다도 개인이 쌓은 실력에 의한 권위가 더 많고 센 것 같았다. 그들 사회에 나와 있는 평판이 있기 때문이다. 한 마디로 저자의 눈에는 유대인은 직분에 따른 권위보다 실력에 따른 권위가 더 커보였다.

마치 유도 도장에서 선수들끼리는 어느 선수가 자기보다 더 고수인지를 알고 그의 실력의 권위에 순복하는 것처럼, 유대인은 무수한 상대를 바꾸어가며 일평생 탈무드 토론을 함으로 고단수 실력자가 누구인 줄을 미리 알고 그가 나타나면 그의 실력의 권위에 순복하는 것 같았다.

하브루타를 통해 서로의 실력을 잘 아는 유대인 사회.
유대인은 직분에 따른 권위보다
실력에 따른 권위가 더 커보였다.

D. 하브루타는 자신과 타인을 시험하는 도구다

1) 하브루타는 자신의 실력을 드러낸다

앞에서 질문을 해보면 개인의 실력이 드러난다고 했다. 이것은 무엇을 뜻하는가? 질문은 시험의 도구다. 그런 면에서 유대인에게 하브루타는 자신과 타인을 시험하는 도구다. 그들은 가정과 학교 그리고 예시바에서 하브루타를 통하여 늘 자신과 상대방의 실력을 시험한다.

상대방의 실력이 얼마나 늘었는지, 혹은 줄었는지를 시험해 본다. 따라서 서로가 상대방의 영적 및 지적 발달은 물론, 인간관계의 발달, 즉 도덕 발달까지 너무나 잘 알고 있다는 것이다. 심지어 성격의 장단점까지도 잘 알고 있다.

따라서 랍비는 하브루타 실력이 없으면 누가 말하기 전에 스스로 교직을 사임해야 한다. 다른 교사들과 학생들이 모두 알기 때문이다. 무언의 막중한 압력이다. 그러니 누구든지 자신의 자리를 지키기 위하여 얼마나 심한 노력을 하겠는가! 유대인 학교에서는 실력 없는 교사를 보호해 줄 한국의 전교조 같은 귀족 노조가 없다.

실력 없는 교사가 사임을 한다고 하여 누구 하나 붙잡지를 않는다. 완전히 실력 위주다. 그런 면에서 유대인 사회는 냉혹한 사회라고 볼 수도 있다. 물론 개인별로 남을 이기기보다 자신을 이기려고 노력은 하지만, 유대 공동체에서는 무한 경쟁을 피할 수가 없다.

유대인의 직장 생활도 마찬가지다. 완전히 실력 위주이고 성과 위주다. 실력이 없거나 빈둥거리는 사람은 자동으로 해임 될 수밖에 없는 분위기다. 그렇다고 그들 사회에는 직장에서 실력 없고 게으른 사람을 보호해 주는 한국의 민노총 같은 귀족 노조도 없다.

> 질문은 시험의 도구다.
> 랍비는 하브루타 실력이 없으면
> 누가 말하기 전에 교직을 사임해야 한다.

2) 하브루타 실력으로 권위를 세우는 유대인 아버지

이런 실력 위주의 공동체 논리는 가정의 아버지에게도 적용된다. 아버지는 가정의 제사장으로서 자녀들에게 토라와 탈무드를 가르칠 의무가 있다. 그래서 하나님은 아버지에게 그 의무를 수행하라고 권위를 주셨다. 그리고 자녀들은 그의 권위에 순종한다.

그런데 저자의 관찰에 의하면, 유대인 아버지는 '아버지'라는 직분 때문에 자녀들로부터 권위를 인정받는 것도 있지만, 아버지가 평소에 보여 왔던 하나님 경외와 토라와 탈무드에 대한 실력에 대한 권위가 자녀들에게 더욱 힘 있게 작동하는 것 같았다.

그 결과 유대인 자녀들은 아버지에 대한 존경과 애착이 얼마나 큰가? 한국인은 '어머니'라는 말에 눈물을 흘리지만, '아버지'라는 말에는 반감을 갖는 경우가 많다. 그러나 유대인은 '어머니'나 '아버지'라는 말에 모두 감동을 진하게 받는다(Solomon, 2005).

아버지와 아들들끼리 평생 하브루타를 하는 장면을 생각해 보라. 얼마나 감동적인가!

이것은 무엇을 뜻하는가? 유대인 아버지는 자기 스스로 아버지다운 아버지가 됨으로 다른 가족으로부터 존경을 받는다는 것이다. 만약 그가 자신의 의무를 제대로 하지 않으면서 가족에게 순종을 강요한다면 그는 악한 권위주의자가 될 뿐이다. 모든 아버지는 의무를 행하는 자만이 권리도 누릴 수 있다는 것을 명심해야 한다.

여기에서 한 가지 집고 넘어가야 한다. 유대인 학교의 교사들(랍비)끼리의 하브루타 실력의 차이에서 오는 인사 문제와 가정의 아버지와 자녀들 사이의 실력 차이에서 오는 문제는 다른 결과를 가져 온다는 것이다.

전자의 경우에는 교사와 교사들 사이, 즉 수평적 관계에서 실력이 없는 교사가 사임을 해야 하지만, 후자의 경우에는 그렇지 않아도 된다. 왜냐하면 가정에서 아버지와 자녀의 관계는 수직관계이기 때문이다. 하나님은 이 관계를 유지하기 위하여 제5계명 효계명을 주셨다.

아버지는 오히려 아들이 성장해가며 자신보다 더욱 실력이 느는 모습에 자랑스러워할 것이다. 자녀 또한 평생 동안 자신에게 토라와 탈무드를 가르쳐준 스승인 아버지를 더 없이 존경할 것이다. 물론 유대인 학교에서 사제지간도 이런 모습이다.

온 이스라엘 국민이 이런 가정생활과 사회생활을 한다고 하면 얼마나 큰 국력이 형성되겠는가! 그뿐만 아니라 전 세계 유대인 디아스포라가 이런 가정생활과 사회생활을 한다고 하면 얼마나 큰 파워를 가진 민족이 되겠는가!

작은 이스라엘이 경제와 안보 그리고 첨단 과학 면에서 세계적인 대국이 된 비밀이다. 이것은 유대인을 독수리 민족이라고 일컫는 이유이기도 하다.

왜 유대인 자녀들은
아버지를 어머니만큼 존경하는가?
작은 이스라엘이
세계적인 대국이 된 비밀은?

2. 탈무드 논쟁에 정답은 없는가

A. 하브루타는 왜 진리를 찾는 도구여야 하는가

1) 이방인 토론의 위험성 (인성교육학적 입장)

한국에서 유대인의 하브루타를 가르치는 강사가 이런 말을 하는 것을 들었다(김정완, 2017년 11월 19일, *EBS 유대인과 질문 강좌*).

"주제를 놓고 토론을 하라. 그러나 정답은 없다.
자기의 주장을 펼치라."

이것은 개인의 다양한 창의성을 키우기 위함이다. 이방인의 토론의 목적이다. 이럴 경우 다양한 좋은 견해들이 나올 수 있다. 이것은 긍정적인 측면이다. 예를 들어 하버드대 교수인 마이클 샌들의 "정의란 무엇인가"란 토론이다(한국판 김영사, 2014). 이것은 정의에 대해 다양한 입장에서 다시 생각해보자는 것이다.

그러나 인성교육학적 입장에서 부정적인 측면도 있다. 잘못하면 말만 잘하는 악인이 어눌한 진실한 의인을 이길 수도 있기 때문이다. 즉 슈르드한 뱀이 이길 수 있다. 이럴 경우 도덕과 윤리적인 면에서 매우 잘못될 수도 있다.

토론 주제 중 "신은 있다. vs 없다." "동성애 차별 금지법(양성 평등 vs. 성 평등)", 군대내 "항문 성교의 자유 vs. 규제", "학생이 수업시간에 자도 깨우지 말라는 학생인권조례"(학생 휴식권 보장, 제10조) 등이 대표적인 사례다.

육의 본능이 한참 강한 청소년 시기에 볼 것을 금하고 절제를 권해도 이탈이 나올 수 있는데, 인간의 본능에 충실하라고 한다면 얼마나 더 타락하겠는가! 짐승 중에도 애완견은 주인의 말을 잘 듣고 절제하지 않는가? 따라서 정답이 없다는 가정을 놓고 토론을 한다면 걷잡을 수 없는 방종을 부를 수도 있다.

이런 것들은 특정 종교가 가진 95%의 긍정적인 측면보다, 표면에 나타나는 극히 일부 개인의 이탈(5% 정도의 부정적인 면)만 부각시키어 그 종교를 말살하려는 불순한 의도도 있을 수 있다. 세계적인 인권 탄압 지도자를 영웅으로 치켜세우는 경우도 있을 수 있다(예: 독일의 히틀러나 북한의 김정은 등). 이것이 바로 바른 인성교육 없이 학생들의 IQ만 증진 시킬 경우 올 수 있는 폐단이며 위험성이다.

그 결과 현재 수업시간에 학생이 자도 교사가 깨우면 벌을 받는 세상이 왔다. 한국인의 미풍양속을 해치는 학생들의 발언이 그들 또래에서 더 영웅시 되는 경우도 있기에 더욱 우려스럽다. 중3 여학생이 TV 토론에 나와 "어른들은 섹스를 즐기면서 왜 우리가 즐기면 안 되지요? 우리도 즐길 권리가 있잖아요?"라고 말했다(2016년).

어린 학생의 인권(제5조 차별받지 않을 권리)을 너무 키워놓은 참혹한 결과다. 부작용이 속출한다. 2020년 말 출산율(0.84명)이 세계 최하다(조선일보, *작년 4분기 합계출산율 0.7명대 추락, 역대최저*, 2021년 2월 24일). 가족 공동체가 점점 해체된다. 가문이 문을 닫게 된다. 이대로 간다면 한국 민족이 지구상에서 없어질 날도 올 것이다.

인간으로서 할 말과 하지 말아야 할 말을 가릴 줄을 모른다. 이것이 유대인의 하브루타의 목적은 결코 아니다. 국민들이 이런 간교한 뱀의 계략(슈르드)에 속지 않는 것도, 또한 슈르드한 현명함이다.

우리는 분명히 알아야 한다. 배우는 학생의 입장에서 그 학생의 인권보다는 그 학생의 미래에 도덕이나 윤리적으로 어느 것이 더 유익하느냐를 가르쳐줘야 한다. 어느 것이 가족 공동체와 대한민국이란 공동체의 발전에 도움을 주느냐 하는 면에서 토론해야 한다. 아무리 상상력이 풍부하다고 해도 신성한 보금자리인 가정과 대한민국의 미래를 파괴하는, 잘못된 토론은 교사가 반드시 바른 답을 제시해야 한다. 정답은 없다고 하여 무한정 공론화하면 안 된다.

그리고 인성교육학적으로 부모와 교사는 학생들에게 바른 답을 주어야 한다. "옳은 것은 옳다." "그른 것은 그르다"고 가르쳐줘야 한다. 특히 교육부 장관이나 여성가족부 장관 그리고 학교의 교사들은 마땅히 그래야 하지 않겠는가? "옳은 것은 옳다", "그른 것은 그르다"고 말하면, 집단 괴롭힘을 당하거나 감옥에 가는 세상을 만든다면 이것이 제대로 된 국가인가?

정답이 없을 경우
인성교육학적 입장에서
말 잘하는 슈르드한 뱀이 의인을 이길 수 있다.

2) 유대인 토론의 장점 (인성교육학적 입장)

인성교육학적인 입장에서 유대인의 경우 "정답이 없다"는 가정하의 토론은 하지 않는다. 왜냐하면 선악을 구별하는 기준이 되는 율법이 있기 때문이다.

물론 그 율법을 해석하는데 약간의 이견(異見)이 있을 수도 있다. 그럴 경우에는 다수의 견해 순으로 노트를 한다. 탈무드 책에 보면 텍스트 주변에 많은 주석들이 있는데, 그것이 그런 내용들이다. 그러나 그 견해들이 율법의 근본정신을 벗어나지는 않는다.

왜 그런가? 유대인이 토라와 탈무드를 토론하는 목적 자체가 하나님이 원하시는 바른 진리를 찾아내어, 그것에서 교훈을 얻고 실천하기 위함이다. IQ와 창의성 계발은 이런 토론의 부산물로 얻는 보화다. 이 보화는 독수리 민족이 될 수 있는 도구가 된다.

하나님이 유대인에게 가장 원하시는 것은 가정에서 자녀를 잘 가르쳐 하나님의 말씀이 자손대대로 전수될 뿐만 아니라, 의와 공도를 지켜 행하라(창 18:19; 신 6:4-9)는 것이다. 이것이 구약의 지상명령이다.

따라서 하나님의 형상을 닮은 구별된 거룩한 백성으로 가정의 순결(purity)을 강조한다(레 19:1-2). 가문의 번성(창 1:26-28)을 강조한다. 모든 성경 해석이 여기에 초점이 맞추어졌다.

〈저자 주: 물론 유대인 중에도 진보학자들도 있다. 대부분 그들은 정통파 유대인이 믿는 성경의 가치를 무시한다.〉

이러한 유대인의 선민교육 개념은 유대인이 사용하는 10여 가지의

인성교육학적 입장에서 본 이방인과 유대인 토론 비교

구분	이방인	유대인
토론의 목적	- IQ를 높여라. - 다양한 창의성을 키워라 한 가지에 집중 1) 다양한 창조성 개발	- 거룩한 백성의 기준, 진리를 찾아라 - 더 발전된 인류 사회 만들기 두 가지에 집중 1) 거룩한 백성 + 2) 더 좋은 인류 사회 만들기
'교육'의 뜻	개인의 내재된 능력을 밖으로 이끄는 행위다	- 선악을 분별하여 잘못을 교정하라. - 더 선한 것과 더 악한 것을 분별하라
인성교육의 기준	- 윤리와 도덕의 기준이 없다 - 본능을 부추길 수 있다(방종 조장)	- 윤리와 도덕 기준(율법)이 있다 - 본능을 율법으로 절제한다
토론의 방법	- 정답은 없다 - 마음껏 자기의 주장을 펼쳐라	- 정답은 있다 - 선악의 기준(율법) 안에서 토론하라 - 더 옳은 진리를 찾아라
위험성 유무	- 뱀의 계략(슈르드)에 속을 수 있다 - 인성이 타락할 수 있다	- 뱀의 계략(슈르드)에 안 속는다 - 거룩성을 지킨다
결과	* 장점: IQ와 창의성은 계발된다 * 단점: 가정과 사회를 깨끗하게 지키기 힘들다. 가문이 끊어진다 * 사례 - 동성애 비판하면 감옥갈 수 있다. - 군대 항문성교 즐길 권리를 줘라. - 어린이도 즐길 성 권리를 주어라. - 학생이 수업 도중 자도 깨우지 말라.	* 장점: 가정과 사회가 깨끗하다 - 하나님의 말씀이 자손 대대로 전수된다. - 가정과 사회에서 의와 공도를 지킨다. 〈공정과 사랑이 숨쉬는 사회 구현〉 - 가정이 순결하고 가문이 번성한다. - IQ와 창의성 계발 + 독수리 민족은 하브루타의 부산물이다.

'교육'을 의미하는 히브리 단어에서도 나타난다(Zuck, Hebrew Words for "Teach", *Bibliotheca Sacra* 121 (1964): 228-235). 물론 교육을 뜻하는 히브리 단어들 중에는 지혜나 지식을 키운다는 단어들도 있다. 그러나 "선악을 분별하다"(BIN, בין, "to distinguish, to separate"). 또는 "잘못을 교정하다"(YASAR, יסר, to chasten, to correct)는 뜻도 있다.

이것은 무엇을 뜻하는가? 성경적인 유대인의 교육이란 자녀에게 무엇이 선이고 악인지를 구별하는 능력을 키우고(helping others acquire the ability or skill to discern), 잘못을 교정하여 선을 따르게 하는 것이다(a process of involving the correcting of pupils' wrong ways or ideas).

그렇게 하려면 자녀들에게 율법책(성경)을 가르쳐야 한다. 그리고 자녀들의 마음과 행위들이 율법책(성경)에 비추어 무엇이 잘못되었는지를 알아야 한다. 그래서 바울은 "모든 성경(율법책)은 하나님의 감동으로 된 것으로, 교훈과 책망과 바르게 함과 의로 교육하기에 유익하다"고 했다.

"이는 하나님의 사람으로 온전케 하며 모든 선한 일을 행하기에 온전케 하려 함이니라."라고 했다(딤후 3:16-17). "All Scripture is God-breathed and is useful for teaching, rebuking, correcting and training in righteousness, so that the man of God may be thoroughly equipped for every good work" (2Tim. 3:16-17).

그들이 일반적으로 많이 쓰는 히브리어 교육 용어로 '히눅(hinukh)'이라는 단어도 있다. 이 말도 단지 정해진 학업을 시키는 것이 아니고, 하나님에게 드리는 '헌신(consecration)'이나 생명을 위한 훈련을 의미한다(Donin, 1972, pp. 129-130). 또 생업의 중요성보다는 선민인 유대인으로서 자녀들에게 하나님이 원하시는 도덕과 윤리적 가치관 교육을 강조한다. 이것은 학교에서 정의하는 '교육', 즉 개인의 내재된 능력을 '밖으로 끌어내는 (eduction)' 행위와 매우 다르다.

　여기에서 또 하나 첨언할 것이 있다. 선과 악은 서로 상대적일 때가 많다. 동일한 선이더라도 여러 것을 비교해 한 가지를 취사선택해야 할 때가 있다. 이 때 여러 선들의 강도를 비교해 그 차이들을 구별해내는 것도 지혜에 해당한다.

　예를 들어 예수님이 말씀하신 한 가난한 과부가 연보궤에 넣은 두 렙돈과 풍족한 사람들이 넣은 이보다 더 큰 금액의 헌금과 어느 것이 더 큰 선인지, 즉 가치가 있는지를 구별해 내는 능력이다(막 12: 41-43). 마찬가지로 악도 더 큰 악과 그 보다 더 작은 악을 구별해야 할 때가 있다. 예를 들어 어린 형제들이 싸웠을 때 누가 더 나쁜지를 구별해 내는 능력도 이에 해당한다.

　요약하면, 유대인의 하브루타와 이방인의 토론을 비교하면 유대인은 인간이 지켜야 할 보편적 윤리와 도덕을 지키면서 창의성을 발휘하지만, 이방인은 전자 없이 창의성만 강조한다.

　그 결과 유대인은 더 발전된 인류 사회를 만들지만, 이방인은 일부 학문은 발전할지 모르나 인류의 보편적 가치를 짐승 수준으로 낮추어 타락하기 쉽다.

B. 하브루타를 통해 진리를 찾은 3가지 예

　하브루타의 목적은 바른 진리를 찾아 교훈을 삼고 후대에게 가르치기 위함이다. 예를 들어보자.

예) 주제 1: 지도자의 비극

성경에는 열두 지파의 후손들에 대한 기사는 많은데, 모세의 아들이나 후손들이 유대인을 위해 어떤 역할을 했는지 전혀 알 길이 없다. 랍비들이 의문을 제기하고 그 이유를 찾기 위해 토론을 했다.

마지막 결론은 모세가 너무 바빠서 자녀교육에 힘쓸 기회가 없었다는 것이다. 다른 이들의 교육에는 관심이 많았지만 자신의 아내와 아들은 처가 집(이드로의 집)에 맡겨놓고 냉정하게 찾지 않았기 때문이다(Tokayer, 탈무드 2: 랍비가 해석한 모세오경, pp. 195-197).

따라서 랍비들은 이 문제가 자신의 문제라는 점을 알고 아무리 바빠도 가정을 챙겨야 한다는 교훈을 준다.

예) 주제 2: 노인

너는 센 머리 앞에 일어서고, 노인의 얼굴을 공경하며, 네 하나님을 경외하라. 나는 여호와니라. (레위기 제19장 제32절)

여기서는 똑같은 사상이 두 번 되풀이되고 있는 듯이 보인다. 유대인적인 해석에 의하면 두 번 되풀이 되고 있다는 것은, 하나는 노인을 존경하라는 것과 또 하나는 노인은 자기 자신을 존경해야 한다는 것이다.

즉 흔히 노인들은 나이를 먹게 되면 게을러지거나 일을 하지 않거나 한다. 그러나 노인은 오랜 경험을 쌓고 있으므로, 젊은 사람을 가르치거나 여러 가지 충고를 하도록 항상 마음을 쓰지 않으면 안 된다는 교훈인 것이다(Tokayer, 탈무드 2: 랍비가 해석한 모세오경, p. 232).

또 다른 예를 보자.

예) 주제 3: 토라의 연구와 행동 중 어느 것이 중요한가

탈무드는 토라를 연구(Torah study)하는 것은 다른 모두의 계명보다도 중요하다고 가르친다(Shabbat 127a). 그러나 랍비 전통에 의하면 각종 절기를 어떻게 지켜야 하고, 윤리적 행위를 어떻게 해야 하는지, 그 세부사항을 정하는데 고민한다. 토라의 연구(study)와 행동(action)은 유대인의 종교생활에 가장 기본적인 요소다.

자주 거론되는 유대인의 탈무드 주제, "토라의 '연구'와 '행동' 중 어느 것이 더 중요한가"[Talmud(Kiddushin 40b)]에 대해 랍비 아키바 (Rabbi Akiva)와 랍비 타폰(Rabbi Tarfon)이 논쟁했다.

타폰은 행동이 더 중요하다(greater)고 했고, 아키바는 연구가 더 중요하다고 했다. 나머지 사람들은 아키바의 손을 들어주었다. 연구가 행동을 리드한다는 이유에서였다. 아키바의 의견은 더 지혜롭다.

연구나 행동은 모두 꼭 해야 할 필수 주제다. 따라서 우리는 둘 중 어느 것이 어느 것을 돕느냐 하는 것에 우선권을 주어야 한다. 행동은 연구 없이도 할 수 있다. 그러나 아키바에 의하면 연구 자체가 행동을 촉진시키고 분발시킬 것이다. 그래도 이 해결책은 흥미롭다. 만약 행동이 최종 목적이라면 왜 연구를 제외시키지 않는가?

답은 연구가 우리를 행동으로 리드할 뿐만 아니라 행동의 과정이기 때문이다. 연구는 우리가 어떤 행동을 할지에 대하여 가이드라인을 준다. 유대인의 전통에 의하면 연구나 행동, 모두 중요한 가치다. 두 사이의 관계는 견고하고 신성하다. 그들은 전통적인 텍스트를 연구하는 것이 세상에서 그들의 책무를 이해하게 하는데 뼈대를 놓게 한다고 한다.

유대인의 세계(유대주의의 가치)를 연구하는 것은 그들의 책무를 더 시급하고 즉시 시행하게 한다. 다시 말하면 연구가 더 중요한 것은 행동을 하게끔 동기를 부여해주어 리드하기 때문이다. 그러나 행동을 리드한다는 조건이 꼭 붙어야 한다.

〈출처: 배움과 행위, 유대인의 두 가지 가치의 관계와 조화(Learning and Doing, The relationship and reconciliation of two Jewish values), https://www.myjewishlearning.com/article/learning-amp-doing/〉

C. 정답이 없는 토론도 있다

물론 경우에 따라서는 정답이 없는 질문과 토론도 있을 수 있다. 이것은 성경과 탈무드 외에 관한 질문과 토론일 경우다. 예를 들면 그레고리 스톡(Gregory Stock)이 지은 '무엇을 질문할 것인가'(북뱅, 2016)란 책에 있는 질문들이다.

- 존경했던 아버지가 사실 사기꾼이라면?
- 성공한 외톨이가 좋은가, 아니면 친구가 많은 평범한 사람이 좋은가?
- 섹스만 없는 완벽한 결혼이라면 결혼할 것인가?
- 5명을 죽이고 95명을 살릴 것인가, 실패하면 모두 죽을 수 있는 100명을 살릴 것인가?
- 리스크는 크지만 성공의 기회가 많은 사회와 성공의 기회는 많지 않지만 사회적 안전망이 갖춰진 사회가 있다면 당신은 어디를 택할 것인가?
- 이별을 고하면 자살하리란 걸 아는데도 연인과 헤어지겠는가?

- 아이가 발달장애아로 태어나 5세까지 살다 죽는다면 뱃속의 아이를 지울 것인가?

누가 이런 질문을 잘 만들 수 있는가? 토라와 탈무드를 연구할 때 하브루타 방법을 많이 익힌 사람들이다. 하브루타 방법이 습관이 되면 모든 사물과 학문에 질문을 많이 하게 된다. 수학, 과학, 미술, 음악, 경제, 정치, 이념, 문화 등 모든 분야에 해당된다. 따라서 모든 질문들은 하브루타 교육을 한 결과 얻는 부산물(byproducts)이다.

⟨저자 주: 자세한 사례는 아래 제3부 제4장 IV. 4. '탈무드 논쟁의 위력' 제목하의 A. B. C. 항목 글 참조⟩

우리가 꼭 기억해야 할 것은 표면에 나타나는 일부 하브루타의 부산물을 전체로 알고 만족할 것인가, 아니면 그 부산물을 나오게 한 하브루타의 근본 목적과 내용(원 주류)을 찾을 것인가이다. 후자를 선택하는 이가 지혜로운 교사일 것이다.

또한 스톡이 질문한 것들에 대해 답변하는 것도 쉽지 않다. 자신의 인생철학과 현명한 지혜가 필요하다. 이것도 성경이나 탈무드에 근거하여 답을 할 것인가, 아니면 어떤 근거 없이 자기 생각대로 답을 할 것인가에 따라 다른 답이 나올 수 있다. 전자의 경우는 "유대인이라면 어떤 답을 할 것인가?"라는 뜻이다. 유대인의 성경과 탈무드에는 거의 모든 답들이 들어 있다. 탈무드를 연구해야 할 이유다.

일부 하브루타의 부산물로 만족할 건가,
그것을 있게 한 원 주류를 찾을 것인가?

3. 탈무드 논쟁의 효과

유대인 교육 방법의 특징 중 하나는 그들은 어려서부터 영상 문화를 사용하지 않는다는 점이다. 일반 학교에서 흔히 사용하는 TV는 물론 OHP도 없다. 오직 깨알처럼 쓰여진 책만을 교육의 내용으로 삼고 서로 토론을 많이 한다. (왜 영상문화가 자녀교육에 해로운지는 '인성교육 노하우' 제1권 p. 202, 현실문제 4 참조)

하브루타 교육에 빠지면 육적 쾌락을 위한 수평문화에 관심을 가질 겨를이 없다. 오로지 진리 탐구에만 열중하게 된다. 내면적 세계를 살찌우는 성경의 내용을 깊고 넓게 연구하면서 이를 어떻게 생활에서 실천할까에 몰두하게 된다.

유대인 자녀들이 밤 1시나 2시까지 탈무드의 집에서 오직 탈무드를 연구하는 이유가 여기에 있다. 대부분 일반 이방인의 자녀들이 그 시간까지 놀이 문화에 심취되어 있거나 인터넷의 게임이나 TV에 매달려 있는 것과 얼마나 대조적인가!

유대인은 자녀의 나이가 몇 살 때부터 이런 교육 방법으로 가르치는가? 세 살 때부터다. 다른 민족들이 유대인 자녀교육을 따라 잡을 수 없는 또 하나의 비밀이 그들만의 조기 교육에 있다.

토론식 교육 방법은 자녀의 머리를 비평적이며 분석적이고, 조직적이며 통합적이 되도록 해 자녀의 IQ계발에 지대한 공헌을 한다. 어디 이뿐인가? 토론을 하는 동안 본인도 평상시에는 감히 생각할 수 없었던 아이디어들이 무수히 떠오른다. 이 얼마나 큰 창의력 계발 방법인가. 또한 토론하는 두 사람의 창의력이 부딪치면서 파생되는 더 고차원적인 창의력의 시너지 효과는 대단하다.

특히 성경을 근거로 한 신학적 토론의 장점은 날카로운 마음과 선한 성품을 계발하여 인간에게 기쁨을 준다는 점이다. 잠언에 "철이 철을 날카롭게 하는 것같이 사람이 그 친구의 얼굴을 빛나게 하느니라"(잠 27:17)는 말씀을 이루는 것이다. 철이 철과 서로 부딪치면서 더욱 날카로워지는 것처럼, 유대인은 성경과 탈무드를 하브루타로 학습함으로써 1) 지능(IQ)이 발달되고 2) 신의 성품이 얼굴에 나타나 빛나게 된다는 뜻이다.

유대인은 이런 토론 방식을 통하여 성경에서 언급한 다섯까지 지혜; 즉 문제를 해결을 위한지혜 '호크마'(지혜), 바른 선택을 할 수 있는 지혜 '비나'(명철), 악인이 놓은 올무에 걸리지 않는 지혜(현명함) '아름'(슈르드, 교활한, 현명한), 삐뚤어 진 것을 바로 세우는 데 필요한 지혜 '투시야' 그리고 경험에서 얻는 지혜 '다스'(지식) 등을 얻을 수 있다.

그리고 성경적 가치관이 몸에 배어 도덕과 윤리적 삶이 강해진다. 함께 논쟁함으로 자기민족끼리의 형제애가 강해진다. 성경에 근거한 신본주의 사상이 투철해지는 것만큼 자신들의 민족주의와 애국심이 강해진다. 그 결과 어떤 것도 두려워하지 않는 독수리 민족이 된다.

철이 철과 서로 부딪치면서
더욱 날카로워지는 것처럼(잠 27:17),
유대인의 탈무드 논쟁법은
IQ를 계발하고 신의 성품이 얼굴에 빛으로 나타난다.

랍비의 유머

탈무드란?

〈저자 주: 다음은 탈무드를 공부하면 한 가지 사물을 보고 다양한 견해를 낼 수 있게 한다는 것에 대한 유머다. 이것이 유대인의 영재교육의 비밀 중 하나다. 자세한 것은 제3부 제4장 '제2차원 영재교육: 질문식과 탈무드 논쟁(하브루타)식 IQ계발교육' 참조〉

"요이네 씨, 유대민족 5천년의 지혜를 모았다는 탈무드에서는 무엇을 가르쳐 주지요?"

"한 가지 예를 들어 말해 주지. 두 사나이가 굴뚝 속으로 떨어졌다고 하자. 그런데 한 사람은 검정 투성이고, 또 한 사람은 깨끗하다고 하면 몸을 씻는 쪽은 어느 쪽이라고 생각하지?"

"그건 물론 더러운 사람이지요."

"그런데 그게 그렇지 않단 말이야. 더러운 친구가 깨끗한 사람을 보고 '나도 검정이 묻지 않았군.'이라고 생각할 것이 틀림없지. 그런데 깨끗한 쪽에서 더러운 사람을 보면 자신도 검정이 묻었으려니 하고 생각할 거야. 그러니까 깨끗한 사람이 씻게 마련이지.

"또 다시 묻겠는데, 두 사람이 다시 한 번 굴뚝 속으로 떨어졌다면 이번에는 누가 씻을 거라고 생각하나?"

"그건 이미 알고 있는 사실이 아닌가요?" 하였다.

그런데도 그 고명하신 랍비는 "자네는 아직도 틀렸다."라고 대답했다. 그리고는 이렇게 말했다.

"그렇게 생각하겠지. 깨끗한 사람은 자기가 씻을 때 별로 더러움을 타지 않았다는 사실을 알았어. 그런데 더러운 쪽은 '깨끗한 사람이 어째서 씻었는가?'라는 이유를 알게 됐지. 그래서 이번에는 더러운 사람이 씻었다는 것이 정답일세."

"자, 그렇다면 세 번째 질문인데 두 사람이 세 번씩 굴뚝 속으로 떨어졌다면 이번에는 누가 씻을 거라고 생각하나?"
"그건 그 다음부터는 언제나 더러운 사람이 씻게 되겠죠 뭐."
"그것이 또 틀렸단 말이야. 이봐, 도대체 두 사람이 함께 굴뚝 속으로 떨어졌는데, 한 사람은 깨끗하고 한 사람에게만 검정이 묻었다는 말을 들어본 일이 있는가? 이것이 탈무드라고 하는 거야."

〈출처: Tokayer, 탈무드 6: 탈무드의 웃음, 쉐마, 2017, pp. 26-27.〉

> 두 사나이가 굴뚝 속으로 떨어졌다.
> 한 사람은 검정 투성이고, 다른 사람은 깨끗하다고 하면
> 누가 몸을 씻겠는가?

4. 탈무드 논쟁의 위력

A 유대인은 어떻게 전 영역에서 노벨상을 석권하나

미국 웨스트 로스앤젤레스 유대인 촌에는 정통파 사람들을 위한 책방이 하나 있다. 그런데 그 책방 이름도 '613 율법들'이다. 그 정도로 그들은 율법을 사랑한다. 여호와의 정의, 즉 율법이 통하는 세상을 만들어야 한다. 의인은 여호와의 법을 지킨다.

법조계에 몸담고 있는 저자의 친구 정통파 유대인 랍비 에들러스테인(Adlerstein)은 이렇게 말했다.

> "우리는 어려서부터 기본적인 613개의 율법과 그 율법을 지키는 코드(codes)를 분석하고 그 의미를 알아 실천하면서 율법에 통달하게 됩니다. 이렇게 되면 각 나라의 어떤 난해한 법이라도 쉽게 이해할 수 있습니다." (미국 쉐마목회자클리닉 제3차 학기, 랍비 에들러스테인 강의에서 발췌, 2001년 2월 15일)

놀라운 사실이다. 그는 미국 서부의 로욜라 법학대학원 교수다. 그는 많은 법조인들에게도 유대인의 율법에 대하여 강의한다. 그의 말에 의하면, 그의 강의를 들은 후 많은 법조인들이 "유대인들은 이런 법을 수천 년 전부터 만들어 지켰는데 우리는 이제 이 법을 연구하고 있다니……" 하며 웃는다고 한다.

전 세계에서 대부분 영향력 있는 법조계의 판사, 검사, 변호사는 물론 과학자들이 유대인인 것은 우연이 아니다. 미국의 세기적인 O. J. 심슨(O. J. Simpson) 재판 때(1995-6년)의 변호사 사피로(Shapiro)나 검사 마타 클락(Martha Clark)도 모두 유대인이었다.

법조계뿐만이 아니다. 세상만사 모든 분야에서 유대인이 우수하다. 유대인은 전체 노벨상 중 32%를 수상했는데(Murray, Jewish Genius, Commentary, 2007, p. 30), 거의 모든 분야에 골고루 퍼져 있다.

〈저자 주: 더 많은 유대인의 우수성에 대한 자료는 저자의 저서 '현용수의 *인성교육 노하우*', 제1권 제1부 제3장 Ⅰ. '유대인의 우수성' 참조〉

그 이유는 무엇인가? 랍비 에들러스테인(Adlerstein)은 두 가지를 지적했다.

첫째는 유대인이 공부하는 내용이 하나님이 유대인에게 주신 토라와 탈무드이기 때문이고, 둘째는 그것을 공부하는 방법이 하브루타이기 때문입니다.

그렇다면 여기에서 다음 질문에 대한 답을 찾을 수 있다. 왜 동일한 토라를 가진 개신교나 천주교 및 이슬람이 유대인의 우수성을 따라잡지 못하는가?

그 이유는 1) 기독교인에게는 토라는 있는데, 탈무드가 없기 때문이고, 2) 그것을 공부하는 방법이 하브루타가 아니기 때문이다.

〈저자 주: 이 주제는 앞의 Ⅲ. 1. B. 2) '구약성경을 믿는 유대인과 기독교인, 왜 생활 방식이 다른가'와 연관되었음〉

질문이 많은 사람은 까다롭고 말도 많다. 따라서 세계에서 가장 말이 많은 민족이 유대인이다. 세 사람이 모이면 다섯 가지 의견이 나온다. 오죽하면 이스라엘인을 '누에'라고 하겠는가? 왜냐하면 그들은 항상 입을 놀리고 있기 때문이다. 여기서 "항상 입을 놀리고 있다"는 것은 "항상 기도하고 있다"는 뜻이기도 하다(Tokayer, 탈무드 잠언집, 2013. p. 281). 왜냐하면 유대인이 기도문을 빠르게 음송하며 읽는 모습이 마치 누에가 뽕잎을 먹는 모습과 닮았기 때문이다.

유대인에게 배움이라는 것은 하나님에게 봉사하고 기도하는 것이다. 그래서 유대인은 배움, 즉 교육에 많은 열성을 보였다. 다른 민족들이 무조건 신들을 경배하고만 있을 때 유대인들은 배우고 있었다. 수천 년에 걸쳐서 배움이 유대인 생활의 많은 부분을 차지해 왔으므로 유대인의 교육 수준은 언제나 높았다(상게서).

말 많은 유대 민족의 지도자가 되기는 얼마나 힘이 드는가? LA의 유대인 지도자 랍비 쿠퍼는 저자에게 이런 말을 한 적이 있다(2000년). 1948년은 이스라엘이 독립한 해다.

미국의 트루먼 대통령과 이스라엘의 벤구리온(Ben-Gurion) 수상이 만났을 때였다. 트루먼 대통령이 1억 5천만 미국 국민의 지도자가 된 후 "실직자 때문에 골치 아프다"라고 말했더니, 벤구리온은 "이스라엘 인구는 2백만밖에 안 되는데도 미국보다 더 골치 아프다"라고 말했다고 한다.

세상만사에서 유대인이 우수한 이유는
1) 그들은 토라와 탈무드를 가졌기 때문이고,
2) 그것을 공부하는 방법이 하브루타이기 때문이다.

B. 유대인은 어떻게 새로운 기업을 많이 창안하나

1) '남을 이겨라' 대신 '남과 다르게 되라' (창의력 개발 측면)

미국 로스앤젤레스에 가면 코리아 타운 윌셔의 빌딩 숲에 커다란 광고가 나타난다. 아인슈타인 사진 옆에 "Think Differently"(2012년)라고 크게 쓰여 있다. 현재까지의 고정 관념을 깨고 다르게 생각하라는 뜻이다. 유대인의 격언이다.

유대인에게서는 어떻게 이런 교육철학이 나오는가? "남을 이기기 위해 노력하라"가 아니고 "남과 다르게 되라"고 가르치기 때문이다 (Solomon, 2005; Tokayer, 2007). 유대인은 그들의 수직문화적 입장에서 동일한 신본주의 사상을 갖고 있지만 획일적인 인간교육은 싫어한다.

이런 교육철학이 나온 배경은 무엇인가? 하나님께서는 모든 인간을 각각 다르게 창조하셨다는 것을 강조하기 때문이다. 바울도 "각각 자기의 일을 살피라. 그리하면 자랑할 것이 자기에게만 있고, 남에게는 있지 아니하다"(갈 6:4)고 했다.

따라서 유대인 부모는 자녀들을 책망할 때 "형은 이렇게 하는데 너는 왜 그 모양이냐?"는 식의 비교는 안한다. 다른 집 자녀들과도 비교하지 않는다. 형제의 지능 지수 비교는 양쪽을 죽이지만, 개성의 비교는 양쪽을 살리기 때문이다(Shilo, 1993, pp. 62–63).

그 대신 유대인 부모는 자녀들의 특성을 장점으로 살린다. 우리가 알아야 할 것은 같은 형제라고 하더라도 개성이나 성품 및 재주는 다를 수 있다는 것이다(창 25:27). 따라서 유대인 부모는 각자에게 너는 다른 사람과 다르게 생각하고 창의적으로 계발하라고 가르친다. 즉 너만이 갖고 있는 특성을 가지라고 가르친다. 그들의 이러한 사고방식은 남과는 뭔가 다른 개개인의 창조성을 가져오게 했다.

따라서 그들 중에는 독특한 개성을 계발한 재주꾼들이 많다. 유대인의 신본주의적인 삶의 추구가 그들의 영재 교육의 한 방법이 되었다. 그렇기 때문에 그들의 종교 교육을 이해하지 않고는 그들의 영재 교육을 설명할 길이 없다.

지식보다 지혜를 특별히 강조하면서 "'남을 이기라'가 아니고 '남과 다르게 되라'"고 가르치는 유대인 교육은 그들의 삶에도 적용된다. 가령 신발 끈을 매더라도 다른 사람들이 매는 방법을 따르지 말고 다른 방법으로 매보라고 가르친다.

따라서 그들은 남이 만든 기존의 물건이나 기술을 그대로 모방하는 단계를 넘어 항상 새로운 기술과 새로운 분야를 개척해 나가는 역사를 창조한다. 즉 선구자 역할을 자처한다. 새로운 종류의 사업이나 상품을 개발하는 데에 천재적인 소질을 갖고 있다.

창조적 지혜 교육에 힘입어 역사적으로 남이 생각하지 않는 분야를 많이 개발하여 인류에 공헌했다. 오늘날의 금융업을 처음으로 창안한 로스차일드뿐만 아니라 경제, 사회, 학계, 심지어 할리우드의 영화 산업에 이르기까지 그 예는 다양하다.

미국의 백화점 제도도 유대인이 창조했다. 유럽에서 이민 온 유대인이 길거리에서 노점상을 하다가 아이디어를 얻었다. 자신이 파는 상품뿐만 아니라 다른 다양한 상품들을 한 곳에 모아 놓고 팔면 어떨까? 이것이 백화점의 효시가 되었다.

할리우드 영화계를 주름잡는 유대계 출신 스필버그(Steven Spielberg) 감독도 그 중의 한 사람이다. 그는 UCLA에 재학 중이던 20세부터 특출한 영화를 만들어 주목을 끌다가 지구인이 우주인과 만나는 '만남(Encounter)'에 이어, 한 소년이 우주인을 만나 우정을 나누는 'E.T.'를 만들어 온 세계에 화제가 되었다. 보통 사람들이 감히 생각할 수 없는 주제를 너무 사실적으로 표현했다. 그 후 그는 '쥬라기 공원'으로 더 유명해졌다.

또한 그는 1987년부터 사양 산업으로 제쳐놓았던 만화 영화업계에서 실사 영화와 만화 영화의 접목 작품인 '누가 로저 래빗을 모함했는가'를 만들어 만화 영화업계를 활성화시켰다. 그는 또한 유대인의 대학살에 관한 영화 '쉰들러 리스트'로도 유명하다. 여기에서 주목할 것은 그가 손대는 작품마다 기성 영화인이 생각하지 않은 다른 것에 몰두함으로 성공했다는 점이다.

유대인 과학자 알베르트 아인슈타인(Einstein, 1978-1955)은 8세까지 열등아였다. 그는 어릴 때에 정신적으로 부진한 상태가 너무 심해 부모나 학교 교사들 모두 '저능아'라고 믿었을 정도였다. 그러나 유대인은 저능아를 저능아로 놔두지 않고 그 상태에서 아이의 독창적인 개성을 발견하여 키워 준다. 아인슈타인은 후에 회고하기를 그가 15세가 되었을 때에는 강한 지식욕을 갖고 많은 고전을 독파했다고 한다. 그 후 그는 상대성 이론을 발견하여 세기적인 과학자가 되었다. 만약 그를 저능아로 제쳐놓고 교육을 중단했다면 그것은 인류사의 커다란 손실이 되었을 것임이 분명하다(Shilo, 1993, pp. 22-23).

인간은 누구나 장점과 단점이 있다. 지능 지수(IQ)는 인간 능력의 일부분을 테스트하는 것이지 전인적인 능력을 테스트하지 못한다. 어떤

유대인의 지혜교육 중 하나는 '남을 이겨라'가 아니고 '남과 다르게 되라'고 가르치는 것이다. 어려서 이런 유대식 지혜 교육을 받고 세상 학문을 연구한 큰 인물들은 수없이 많다. 사진은 20세기 100년간 인류에게 가장 커다란 영향을 미친 4인에 뽑힌 2명의 유대인, 아인슈타인과 프로이드.

자녀는 자동차를 만드는 기술, 어떤 자녀는 수학, 어떤 자녀는 운동, 그리고 어떤 자녀는 예술에 소질이 있을 수 있다.

또한 사람에 따라서는 암기력에 능한 사람도 있고, 암기력은 둔하나 사고나 상상력이 남보다 깊고 넓은 사람도 있다. 따라서 유대인 부모는 자녀들의 지능 지수를 비교하지 않고 각 자녀가 갖고 있는 특성과 개성을 중요시하며 이를 계발시키는 데 주력한다.

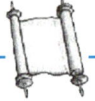

> 형제의 지능 지수 비교는 양쪽을 죽이지만
> 개성 비교는 양쪽의 재능과 창의력을 살린다.

2) 남을 뛰어넘지 말고 자신을 뛰어넘어라 (의지력 개발 측면)

동물은 태어나면서부터 완성품이다. 그러나 갓 태어난 사람은 원료를 이용해 어떤 모습의 인간을 만들어 가느냐 하는 것은 부모의 책임이다(Tokayer, 탈무드 5: 탈무드 잠언집, 2009, 쉐마, 2013, p. 213). 염소나 송아지는 태어나면서부터 걷지만, 인간은 2살(약 15개월)이 되어야 걷는 이유가 여기에 있다.

유대인 부모가 자녀들에게 하는 말 중에 이런 것이 있다.

"남을 뛰어넘지 말고 자신을 뛰어 넘어라."

왜냐하면 인간은 천성적으로 게으르기 때문이다. 그러므로 가끔 새로운 사상에 관심을 갖지 않는다면 생활도 사고도 단조로운 반복으로 일관해 버린다.

아인슈타인 박사는 이렇게 경고했다.

"인간은 항상 새로운 것을 생각하지 않으면 로봇처럼 되어버린다."

생각하지 않고 그저 내키는 대로 습성에 따라 움직이면 기계나 다름없이 된다는 말이다(Tokayer, 탈무드 3: 탈무드의 처세술, 쉐마, p. 78).

늘 개인이 반복되는 타성을 벗어나 새로운 길을 찾는 것은 하나님이 원하시는 것이다. 우리는 개인과 대중은 다르다는 점을 알아야 한다. 하나님은 인간 하나 하나를 자신의 형상을 따라 만드셨다(창 1:27-28)고 할 때에만 개인이 위대한 것이다.

하나님은 인간을 자신과 같게 만드셨다고 하지만, 하나님에게 맞추어서 대중을 만드신 것은 아니다. 인간은 하나님을 닮았지만 대중은 그렇지 않다. 그러므로 개인이 대중을 무턱대고 모방한다면 타고나면서 부여받은, 스스로 창조해 나가야 한다는 사명을 잊어버리게 된다(Tokayer, 탈무드 5: 탈무드 잠언집, 2009, 쉐마, 2013, p. 23).

그렇다면 '나'라는 개체가 어떻게 위대한 존재가 될 수 있겠는가? 1) 하나님의 형상대로 지음 받았다는 것을 인지하고, 2) 어디에서나 무조건 대중을 따라가는 것이 아니고, 3) 자기의 특성을 살려 새로운 길을 개척하여, 4) 대중(공동체)의 발전에 도움을 주는 사람으로 변해야 한다.

살아 있는 물고기와 죽은 물고기의 차이는 무엇인가? 전자는 거센 강물 줄기에 대항해 반대로 힘차게 올라가지만, 후자는 강물에 휩쓸려 내려간다.

이처럼 개인도 타성에 젖은 대중에게 휩쓸려 떠내려가기 보다는 강물을 가르고 올라가는 자신의 강한 의지력과 창의력이 있어야 살아 있다는 존재감을 보여주는 것이다. 이를 위해서는 항상 게으르지 않기 위하여 남을 뛰어넘지 말고 자신을 뛰어넘으려는 강한 의지력이 있어야 한다.

그런 면에서 앞의 1)항에서 설명한 '남을 이겨라' 대신 '남과 다르게 되라'는 격언은 창의력 계발 측면에서 한 말이고, 2)항의 "남을 뛰어넘지 말고 자신을 뛰어넘어라"는 격언은 의지력 계발 측면에서 한 말이다.

왜 공산주의가 악한가? 왜 공산주의가 인류의 발전을 저해하는가? 공산주의 국가는 공산주의라는 이데올로기에 집중된 하나의 대중을 만드는 것을 목표로 하기 때문이다. 그 대중을 위해서는 인민 개인의 특성이나 발언을 버리도록 강요한다. 사상의 다양성을 금지한다. 정당도 공산주의를 뒷받침하는 노동당 하나뿐이다.

따라서 공산주의 사회에서는 발전할 수가 없다. 세월이 지나면 자연사하게 되어 있다. 특히 북한이 다른 나라의 공산주의보다 더 참혹한 악의 축이 된 것은 김일성, 김정일, 김정은을 비판하면 무조건 악명 높은 정치 수용소로 보내지기 때문이다.

그런 나라는 하나님의 창조 원리에 반하는 적그리스도다. 그런 면에서 종북좌파들이 주장하는 "사람이 먼저다"라는 프로파간다는 사기 선동이다.

> 개인은 하나님의 형상을 닮았지만 대중은 아니다.
> 왜 공산주의가 악한가?

C. 유대인은 어떻게 예술·예능·스포츠계의 학문도 석권하나

한국은 경제 발전과 더불어 음악, 미술, 연기자 및 스포츠 분야에 세계적인 인물들(재주꾼)을 많이 배출했다. 백남준(설치미술가), 정경화(바이올리니스트), 김승연(판화가), 조수미(성악가), 김연아(피겨인), 차범근(축구), 박지성(축구), 싸이(대중음악가), 방탄소년단(대중음악가) 등 수없이 많다. 올림픽에서 각 종목의 금메달리스트를 더하면 훨씬 더 많다.

그러함에도 불구하고 그들은 세계적인 재주와 기능을 겨루는 무대에서는 두각을 나타냈지만, 그 분야의 학문 분야에서는 별 영향력이 없다. 즉 자신의 분야에서 논문이나 저서를 남긴 학자는 거의 없다. 대학에서 가르치는 그 분야의 저서들은 거의 외국 학자들이 썼다.

그런데 유대인은 어떻게 그런 육체적 재주도 있으면서 머리를 쓰는 그 분야 학문에서도 두각을 나타내는가? 어떻게 그들은 학자로서 예술, 예능 및 스포츠 등 다양한 분야에 관한 저서들을 많이 집필할 수 있었는가?

한국에서는 피아노를 전공한다고 하면, 다른 나라 학생들보다 피아노만 열심히 반복하여 연습한다. 미술도 마찬가지다. 성악가나 가수도 마찬가지다. 축구를 연습할 때도 운동장에서 밤늦도록 공만 찬다. 즉 자신이 가지고 있는 천부적인 육체적인 재능을 연마하고 개발한다. 그러나 그 재능을 머리를 써서 논리적인 글로 표현할 학자적 재능(능력)은 매우 약하다.

그런데 유대인은 어느 분야를 전공하든 두 가지(육체적 재능과 학자적 재능)가 가능한 이유는 무엇인가? 하브루타 교육 덕분이다. 그들은 기본적으로 가정에서 13세 이전에 어떤 주제가 나오면 이에 대해 질문을 많이 하는 습관이 있다. 이런 습관은 논문을 쓸 때 필요한 문제제기(problem statement)를 하는데 도움을 준다.

그리고 그 문제를 풀기 위한 다양한 가정들(hypothesis)을 설정한다. 그 가정들을 하나씩 테스트하여 바른 것을 찾아내기 위함이다. 이를 위해서는 과학적으로 실험을 하거나 검사나 변호사들처럼 증거들을 수집하여 분석하고 기록하는 능력이 있어야 한다.

기록을 위해서는 글쓰기가 필수다. 글쓰기나 말하기도 가벼운 것보다는 무게 있는 글이나 말을 해야 한다. 유대인은 이 두 가지 교육이 너무나 잘 되어 있다. 따라서 유대인 교육을 배우면 한국의 대학 입시 논술시험은 논술학원에 가지 않아도 자동적으로 합격할 가능성이 많다.

대부분 유대인 자녀들은 기본적으로 어떤 주제를 만나든 논리적(logic)으로 사고하고 그것을 글이나 말로 표현하는 능력을 개발해 놓았기 때문이다. 남의 글을 인용할 때는 출처(footnote)도 정확하게 밝혀 저작권 침해를 막는 법도 알고 있다. 글 도둑을 하지 않기 위함이다. 십계명 중 "도둑질 하지 말라"는 제8계명을 지키기 위함이다.

유대인 자녀들은 가정에서 피아노를 치든, 축구를 하든, 그림을 그리든, 가수를 하든, 배우를 하든 어느 분야를 전공하든 학문을 할 수 있는 기본이 되어 있는 상태에서 시작한다. 따라서 그들은 자기가 전공하고 있는 예술이나 예능 및 스포츠 분야에서도 문제를 제기하고 새로운 학설을 만드는 학자가 되는 데는 별 어려움이 없다.

이것은 정통파 유대인 가정에서 자란 켄트 교수(Orit Kent)의 회고에서도 확인된다. 그녀는 일반 세상의 대학에 들어가서 '해석적 토론', '능동적 독서법', '상상하며 읽기', '다양한 관점의 채택', '근거를 들어 추측하기', '설명하며 대화하기', '공백 메우기', '적극적인 대화', '창조적 본문 만들기' 등과 같은 학문적 개념들에 대해 전혀 알지 못했지만, 이미 그들이 해오던 관습으로 이 개념들을 평소에 모두 실천하고 있었다고 했다⟨Holzer & Kent, *A Philosophy of Havruta*(하브루타란 무엇인가), p. 26⟩.

그녀는 자신이 받았던 교육은 매우 '전인적인' 교육이었다고 했다(David Perkins, 2009). 일상에 존재하는 실제적인 자료가 풍부하게 사용되었고, 지적 발달뿐만 아니라 사회적, 정서적, 영적 발달로 이어졌기 때문이라고 회고했다(상게서).

저자가 어릴 때는 눈으로 보는 영상문화를 배격하라는 이유가 여기에 있다. 눈으로 보는 것 대신에 책을 읽어야 한다. 그리고 그 책의 내용에 대해 질문하고 토론하고 토론한 내용을 글로 남겨야 한다. 책도 인생의 의미를 찾는 종교서적이나 고전을 읽어야 한다.

그런데 한국의 아이들은 유치원이나 초등학교부터 육을 자극하는 영상문화에 익숙해져 깊이 생각하게 하는 고전을 읽거나 글쓰기를 싫어한다. 안타깝다.

> 한국에서는 피아노나 축구에만 몰두하여 육체적 재능은 많지만 그 재능을 글로 표현할 학자적 재능은 약하다.
> 유대인은 어떻게 두 가지가 가능한가?

D. 유대인 밑에서 연구하는 하버드대 한인 교수의 슬픈 고백

저자가 미국 보스턴에서 개최한 '세계를 제패하는 유대인 교육' 세미나 강사로 간 적이 있었다. 그곳에서 하버드대학 의과대학원에 재직하고 있는 한국인 교수들을 몇 명 만났다. 그 의대에는 각 분야별 단과대학원이 여러 개 있는데, 학장들은 모두 유대인 학자들이라고 했다.

자신들은 그들이 시키는 대로 실험실에서 죽어라하고 밤을 새워 실험을 해야 한다고 했다. 유대인은 안식일이나 다른 절기 때 하루나 며칠씩 학교에 나오지 않고 가정에서 가족과 함께 쉬지만 자신들은 나가야 한다고 했다. 그래서 가족에게 미안하다고 했다. 저자가 물었다.

"그렇게 푸대접 받고 힘든데 왜 그곳을 떠나지 않습니까?"

"하버드 교수라는 직함을 가지고 있어야 한국에 나가면 알아주기 때문입니다. 그나마 그 자리를 얻기 위한 경쟁도 심합니다. 그래도 한국인이 성실하기 때문에 붙어 있는 겁니다."

미국에서 다른 대학에 근무하는 대부분의 한국인 교수들도 대동소이하다. 안간힘을 써야 생존할 수 있다. 그래서 결혼도 하지 않고 싱글로 사는 이들도 많다. 동일한 연구를 하는데 어떻게 유대인은 여유를 가지며 빨리 끝내는가?

어려서부터 축적한 앞에서 언급한 5가지 지혜들이 있기 때문이다. 때문에 유대인과 이방인은 능률면에서 큰 차이가 난다. 그들은 연륜이 지날수록 지혜가 늘어나며 능률은 가속도가 붙는다.

그 지혜는 연구를 하면서 위기가 닥칠 때 그 위기를 대처할 수 있는 강력한 도구가 된다. 물론 그들의 장점 중 하나는 시간 관리가 너무나 철저한 것도 있다. 이것이 노벨상 32%의 비밀이다.

유대인의 벽을 넘는 길은 무엇인가? 그들의 교육을 배워 실천하는 길밖에 없다.

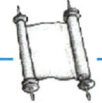

유대인은 어떻게 연구를 빨리 끝내는가?
유대인의 벽을 넘는 길은 무엇인가?

VII 질문으로 가르치는 유대인의 율법교육

1. 제4장 요약 및 결론

유대인 아버지는 자녀에게 지혜 교육이나 슈르드 교육만 시키는 것이 아니다. 유대인에게는 조상대대로 내려오는 최첨단 IQ계발 노하우가 있다. 하나님께서 가르쳐주신 학습 방법이다. 앞에서 유대인의 4차원 영재교육 중 세 번째 높은 단계인 질문식 및 하브루타 교육에 대하여 설명했다.

즉 1) 질문식과 하브루타(탈무드 논쟁식) 교육이란, 2) 코헨 씨 가정의 질문식 영재교육법, 3) 질문의 여섯 단계: 낮은 수준에서 높은 수준의 질문, IQ계발과 인성교육을 동시에 성취하는 질문식 율법교육, 유대인 학교의 그룹 토론식 IQ계발, 하브루타식(탈무드 논쟁식) IQ계발 그리고 한국인과 유대인의 법사상 비교에 대해 설명했다.

'하브루타'는 문자적으로 '우정' 혹은 '동반자'란 뜻이다. 그런데 유대인 커뮤니티에서는 탈무드를 연구할 때 둘씩, 혹은 그룹으로 짝을 지어 그 내용을 분석하고, 의논하고, 토론하는 방법을 하브루타라고 말한다(Wikipedia). 즉 토론 기술(skill)이다.

유대인 아버지는 자녀들과 율법을 끊임없이 질문하고 토론한다. 아버지는 먼저 가르칠만한 자격, 즉 율법에 대한 해박한 지식과 가르치는 기술도 있어야 한다. 철이 철과 서로 부딪치면서 더욱 날카로워지는 것처럼, 유대인은 성경과 탈무드를 하브루타로 학습함으로써 1) 지능(IQ)이 발달되고 2) 신의 성품이 얼굴에 나타나 빛나게 된다(잠 27:17).

예시바에서는 종종 책상을 쳐가며 격렬하게 논쟁한다. 서로 지지 않으려고 토론에만 집중한다. 누구도 두려워하지 않는 싸움꾼(?)의 자질을 키워나간다. 유대인은 이런 토론 방식을 통하여 성경에서 언급한 다섯까지 지혜; '호크마'(지혜), '비나'(명철), '슈르드', '투시야' 그리고 '다스'(지식) 등을 얻을 수 있다.

유대인이 토라와 탈무드를 토론하는 목적 자체가 하나님이 원하시는 바른 진리를 찾아내어, 그것에서 교훈을 얻고 실천하기 위함이다. IQ와 창의성 계발은 이런 토론의 부산물로 얻는 보화다.

이 보화는 독수리 민족이 될 수 있는 도구가 된다. 하브루타를 통해 진리를 찾는 목적은 성경적 인성교육에 있다. IQ계발이라는 열매는 부산물이다. 인성교육 없는 IQ교육은 지혜로운 것이 아니라 어리석은 것이다.

결론적으로 한국의 전통적인 주입식 교육과 유대인의 하브루타 교육의 방법과 결과의 차이를 요약하면 다음과 같다.

― 한국의 주입식 교육과 유대인의 하브루타 교육의 방법 차이 ―

강의식 vs 질문식, 듣는 교육 vs 묻는 교육, 혼자 하는 공부 vs 더불어 하는 공부, 내용 전달 vs 내용 비판, 암기 위주 vs 의문 제기 위주, 하나의 정답 vs 다양한 가설〈전자는 상대방이 다른 시각에서 공격할 때 자신이 믿는 것에 흔들릴 수 있지만, 후자는 잘 흔들리지 않음〉, 외적 동기 vs 내적 동기, 의무적인 공부 vs 자율적인 공부, 약한 성취욕 vs 강한 성취욕, 참새(보통) 교육법 vs 독수리 교육법〈도표 참조〉

한국의 주입식 교육과 유대인의 하브루타 교육의 방법 차이

구분	한국의 전통적인 주입식 교육	유대인의 하브루타 교육
1	강의식	질문식
2	듣는 교육	묻는 교육
3	혼자 하는 공부	더불어 하는 공부
4	내용 전달	내용 비판
5	암기 위주	의문 제기 위주
6	하나의 정답 〈전자는 상대방이 다른 시각에서 공격할 때 자신이 믿는 것에 흔들릴 수 있지만, 후자는 잘 흔들리지 않음〉	다양한 가설
12	외적 동기	내적 동기
13	의무적인 공부	자율적인 공부
14	약한 성취욕	강한 성취욕
15	참새(보통) 교육법	독수리 교육법

– 한국의 주입식 교육과 유대인의 하브루타 교육의 결과 차이 –

개인주의+이기주의 발달 vs 이타주의 발달, 낯선 이와 대화 힘듦(낮은 인간관계성 발달, 약한 글로벌 리더십) vs 누구와도 사귀는 대화 기술 발달(높은 인간관계성 발달, 강한 글로벌 리더십), 객관식 단답형 성적 향상 vs 객관식 및 주관식 실력 향상, 지식 축적 vs 지혜 축적 및 지혜 계발, 약한 논리 vs 강한 논리, 하나에 굳어진 머리 vs 다양한 창조적 머리, 습득한 많은 지식이 사장됨 vs 습득한 많은 지식을 생활에 활용, 대충 대충(수준 낮은 기준) vs 까다로움(수준 높은 기준), 은혜로 대충 넘어가기 쉬움 vs 강한 율법(원칙) 고수, 약한 IQ계발 vs 강한 IQ+인성계발, 임기응변(순발력) 약함 vs 임기응변(순발력) 강함, 교과서 내용만 습득 vs 교과서 내용+α 습득(시너지 효과), 좁은 시야 매임 vs 넓은 시야 가능, 의사 표현 기술 약함 vs 의사 표현 기술 발달(뛰어난 발표력), 자신감 결여 vs 자신감 강함, 순종만 하는 착한 아이 vs 순종도 하지만 잘못을 따지는 독수리 같은 착한 아이 〈도표 참조〉

* 이런 하브루타의 기원은 유대인 가정의 안식일 식탁예배에 있다. 목적은 자녀들에게 자손대대로 말씀을 전수하기 위함이다.

한국의 주입식 교육과 유대인의 하브루타 교육의 결과 차이

구분	한국의 전통적인 주입식 교육	유대인의 하브루타 교육
1	개인주의 + 이기주의 발달	이타주의 발달
2	낯선 이와 대화 힘듦(낮은 인간관계성 발달, 약한 글로벌 리더십)	누구와도 사귀는 대화 기술 발달(높은 인간관계성 발달, 강한 글로벌 리더십)
3	객관식 단답형 성적 향상	객관식 및 주관식 실력 향상
4	지식 축적	지혜 축적 및 지혜 계발
5	약한 논리	더불어 하는 공부
6	하나에 굳어진 머리	다양한 창조적 머리
7	습득한 많은 지식이 사장됨	습득한 많은 지식을 생활에 활용
8	대충 대충(수준 낮은 기준)	까다로움(수준 높은 기준)
9	은혜로 대충 넘어가기 쉬움	강한 율법(원칙) 고수
10	약한 IQ계발	강한 IQ + 인성계발
11	임기응변(순발력) 약함	임기응변(순발력) 강함
12	교과서 내용만 습득	교과서 내용 + α 습득(시너지 효과)
13	좁은 시야 매임	넓은 시야 가능
14	의사 표현 기술 약함	의사 표현 기술 발달(뛰어난 발표력)
15	자신감 결여	자신감 강함
16	순종만 하는 착한 아이	순종도 하지만 잘못을 따지는 독수리 같은 착한 아이

2. 까다로운 유대인 덕분에 성공한 이정남 씨 이야기

미국에서 유대인 교육을 강의하고 나면 가끔 받는 질문이 있다. 유대인이 너무 까다롭게 굴어 피해를 보았다는 얘기다. 유대인은 율법교육을 받아 매사에 까다롭다. 그렇다면 유대인처럼 까다로운 것이 무조건 해로운 것일까? 실 예를 들어 이에 답하고자 한다.

필자가 미국의 모대학원에서 유대인 교육을 강의 했을 때였다. 한인 한 분이 손을 들더니 "나도 한마디 하게 해달라"고 간청했다. 그는 LA에서 유대인들을 상대로 청소회사를 운영하여 성공한 분이었다. 유대인 때문에 고생하고 유대인 때문에 성공한 이정남 사장(현재는 목사)의 이야기를 들어보자.

한국에서 미국에 이민 와서 마땅하게 할 것도 없어 두 내외가 청소를 하기 시작했다. 얼마 후 개인 사업으로 미국 유대계 체인 식당 하나를 맡았다. 처음 하는 사업이라 유대인 매니저에게 잘 보이기 위하여 최선을 다했다. 식당 문을 닫은 후 밤 10시부터 부인과 함께 밤새도록 청소를 했다.

새벽이 되면 매니저가 식당에 나와 청소 검열을 했다. 그는 언제든지 하얀 손수건을 타일 바닥 위에 놓고 구두 뒤꿈치로 밟아 한 바퀴 돌았다. 또한 구석진 창가 드레이프로 가려진 곳만을 골라 물기 있는 하얀 손수건으로 닦는다.

그리고 조금이라도 검은 것이 묻어 나오면 무조건 모든 청소를 다시 시켰다. 이유가 통하지 않았다. 하루 이틀이 아니고 매일같이 들들 볶았다. 권리금을 주고 샀으니 안 한다는 말도 못하고 두 내외는 울며 너무나 힘들게 청소를 했다.

그 유대인이 너무 까다롭게 굴어 하루는 집에 와서 어머님에게 "내가 총이 있으면 그 x의 xx, 팍 쏴 죽이고 나도 죽었으면 좋겠다"고 말씀했다. 그랬더니 기도 많이 하시는 노모님이 "애야! 장로 입에서 사람 죽이는 얘기를 하면 되냐. 앞으로 이렇게 기도하자. 하나님에게 그 매니저 잘 되게 기도하여 그가 승진하여 더 좋은 곳으로 가게하고 좋은 새 매니저가 오게 해 달라고…."

그는 청소하면서 때가 벗겨지지 않으면 책을 사다 공부하고 끊임없이 연구하며 청소 실력을 쌓았다. 청소 전문학교도 다녔다. 그렇게 시달리기를 1년. 더 이상 연장 계약을 맺고 싶지 않았다. 그런데 바로 그때 그 유대인 매니저가 그를 사무실로 불러 많은 종업원들 앞에서 청소를 잘 해주어 고맙다며 감사패를 주었다.

그리고 이렇게 격려해 주었다.

"당신은 이제 세계에서 가장 청소를 잘하는 전문인입니다. 미국 유대인인 자신에게 훈련받아 통과한 청소부는 세계에서 최고입니다. 이제부터 내가 마음 놓고 청소 일감을 줄 테니 계속 도와주십시오."

그 후 그 유대인 매니저는 그 지역 전체 체인식당을 관할하는 지역 매니저로 승진했다. 그는 자기가 관할하는 모든 식당들의 청소를 그에게 맡기었다. 그뿐 아니라 타주에 있는 유대인 친구에게 소개하여 굵직한 빌딩들을 몰아주었다.

소문이 나면서 그는 일이 넘치기 시작했다. 인원을 보충하고 장비를 더 샀다. 그리고 3개주에 42개의 빌딩을 맡아 출장을 다니면서 청소업을 확장했다.

유대인 친구들의 소개로 유대인 집만 골라 하는 '홈 클리닝' 사업도 시작했다. 몇 년 후에는 정말 큰 돈을 모으게 되었다. 지독하게 까다로운 유대인 덕이었다. 이정남 사장은 스스로 "내가 세계 제1의 청소 전문인"이라고 말했다.

까다로운 것이 무조건 나쁜 것만은 아니다. 인간관계에는 너그러움이 좋지만 자신의 전문직에는 철저함이 있어야 한다. 자신의 이익을 위해 남을 골탕 먹이는 율법주의자들의 '부정적인 까다로움(the destructive complication)'에는 문제가 있지만 자신의 전문직의 질을 높이기 위한 '긍정적인 까다로움(the constructive complication)'은 배우고 본받아야 할 필요가 있다.

좋은 말로 '까다롭다'는 말은 '많은 원칙들(codes)을 만들고 그 원칙에 충실하다(strict),' '복잡하다(complicated, complexity)'는 뜻이 있다. 매사에 '꼼꼼하다'는 뜻이다. 사고의 수준(critical thinking)이 더 분석적이고 높아졌다는 뜻이다. 즉 매사에 '대충 대충'이 아니고 '단순'하지 않다는 뜻이다.

전문직의 질을 높이기 위한 까다로움의 정도는 문명의 발달과 비례한다. 선진국 대열에 선 민족들은 대개 후진국 민족들보다 더 까다롭고 부지런하다. 그만큼 세련되었다는 말이다. 미국의 한국인 1세들은 주로 별로 까다롭지 않은 라티노와 흑인들을 상대로 사업을 한다.

그 이유는 영어가 부족해도, 대충 대충해도 넘어가기 때문이다. 우리는 한인뿐 아니라 과거 영어를 제대로 못했던 유럽에서 이민 온 유대인

1세들도 처음에는 까다로운 백인 지역이 아닌 흑인 지역에서 삶의 터전을 잡았음을 기억해야 한다.

한국도 이제 1960년대보다 여러 분야에서 까다로워졌다. 그만큼 사고의 수준과 판단기준이 높아져 전문화되었다는 말이다. 눈높이가 그만큼 높아졌다는 말이다.

그렇다면 우리 한국인은 어느 선까지 발전하여야 하는가? 가장 까다로운 유대인까지도 넘어서야 세계 최고가 될 수 있다. 이는 청소뿐만 아니라 봉제업, 학문, 과학, 정치, 경제, 의학, 교육, 법조계 그리고 예술 등 모든 분야에 해당된다.

이 때 비로소 유대인이 석권한 노벨상도 석권할 수 있다. 어느 분야나 대충 대충해서는 노벨상을 바라볼 수 없다. 우리는 유대인 자녀교육에서 비판할 것은 비판하되 배울 것은 배워야 한다.

세계 평화와 번영에 공헌할 수 있는 우뚝 선 한국인이 되기 위해서다. 따라서 이제 우리도 성경적 유대인 자녀교육에 귀 기울여야 할 때다.

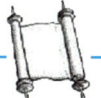

청소업자 L씨는 너무 까다로운 유대인 매니저를 죽이고 싶었다.
1년 후 그는 '세계 제1의 청소 전문인'이 되었다.
유대인보다 더 까다로운 훈련을 받아야 노벨상도 받을 수 있다.

3. 유대인은 왜 정확한 암기에도 능한가

유대인의 율법 교육은 질문식이나 하브루타식(탈무드 논쟁식)뿐만 아니라 암기교육도 상당히 강조한다. 그 이유는 그들은 하나님 말씀에 대해 엄청난 경외심을 가지고 있기 때문에 글자 한자라도 틀리면 안 되기 때문이다.

더 정확하게 말하면 성경 말씀의 일점일획이라도 틀리면 저주를 받는다고 가르친다(마 5:18, 눅 16:17). 따라서 그들은 하나님 말씀을 잘못 외우면 안 되기 때문에 반복하여 정확하게 외운다. 따라서 탈무드에서 랍비 힐렐(Hillel)은 "100번 연습하는 것보다 101번 연습하는 것이 낫다"라고 말했다(Drazin, 1940, p. 112).

유대인의 토라 말씀에 대한 정확도는 유대인 서기관(Soferim, Scribes)이 토라를 양피지에 복사할 때 얼마나 정확하게 썼는지 검열하는 데서도 나타난다. 서기관이란 구약성경을 펜으로 써서 그대로 복사하는 직업에 종사는 이를 말한다. 구약성경은 히브리 문자로 쓰여져 있는데, 점 하나만 잘못 찍어도 다른 뜻이 되는 경우가 많다.

따라서 서기관은 토라 전체를 펜으로 써서 복사 한 후 글자 한 자 한 자를 세면서 맞는지, 틀린지를 검사한다. 만약 그 많은 글자들 가운데 세 군데만 틀려도 모두 폐기처분한다.

유대인은 쓰여진 성경(토라, WRITTEN LAW)만 그렇게 정확을 기하는 것이 아니다. 장로의 유전은 아예 모든 지도자들이 모든 내용을 암기하여 모세의 때부터 초대교회 당시, 즉 탈무드가 완성될 때까지 무려 1500여년 동안을 다음세대에 전수해 왔다.

그래서 그 성경을 쓰여진 성경과 대조하여 'ORAL LAW'라고 한다.

유대인은 현대에도 회당에서는 서기관이 양피지에 쓴 두루마리 토라를 사용하고 있다. 사진은 두루마리 성경을 잡고 저자에게 토라에 대해 설명하고 있는 서기관 랍비 크레프트(Kraft) 씨

유대인은 현재도 두루마리 토라를 서기관이 양피지에 펜으로 써서 복사를 한다. 사진은 서기관 랍비 크레프트 씨가 양피지에 성경을 필사하는 모습을 지켜보는 김진섭 박사 일행과 저자

모든 지도자들이 그 많은 양을 정확하게 암기하는데 얼마나 정성을 들였겠는가!

우리는 흔히 암기교육이 잘못된 교육으로 인식하기 쉽다. 그러나 그렇지 않다. 교육학적 입장에서도 암기교육 자체가 나쁜 것이 아니다. 머리에 필요한 정보, 즉 지식의 입력 없이 어떻게 새로운 것을 발전시킬 수 있겠는가?

한 개인의 더 나은 발전은 그가 가지고 있는 '선역사'(prior history)라는 바탕 위에서 시작한다. 하이데거(Martin Heidegger)는 이를 '선지식'(fore-knowledge)이라고 불렀고, 가다머(Gadamer)는 학습자의 '선의미'(fore-meaning), 혹은 '선입견'(preconceptions)이라고 불렀다〈Holzer & Kent, *A Philosophy of Havruta*(하브루타란 무엇인가), p. 72〉.

따라서 개인의 두뇌에 새로운 것을 창조하기 위해서는 그가 암기하고 있는 기본 인프라, 즉 기본 지식은 꼭 필요한 것이다. 문제는 암기교육 위주의 교육이 나쁜 것이지, 유대인처럼 4차원 영재교육과 병행하여 암기교육을 시킨다면 이것이야말로 금상첨화다.

"100번 연습하는 것보다 101번 연습하는 것이 낫다."
- 랍비 힐렐 -

제1차원 영재교육과
제4차원 영재교육 요약

유대인 자녀들이 일반 학교에 들어가면 비유대인 아이들보다
100m 정도 앞에서 뛰기 시작하는 것과 같다.
더 무서운 것은 그들은 뛸수록 가속도가 붙는다는 것이다.
세 살 때부터 닦아온 4차원 영재교육 때문이다.

Ⅰ. 제1차원 영재교육: 일반 학교교육
Ⅱ. 이스라엘의 일반 학교교육도 한국과 다르다
Ⅲ. 유대인의 4차원 영재교육 요약 및 결론

I
제1차원 영재교육:
일반 학교교육

　　제1차원 영재교육은 일반적인 정규 학교에서 가르치는 세상학문 교육을 말한다. 즉 유치원, 초등학교, 중학교, 고등학교 및 대학교에서 제공하는 교육을 말한다. 이 교육은 각 나라가 정한 제도교육이다. 원칙적으로 언어, 수리, 문학, 예능, 역사 및 자연과학 등의 영역을 기초 수준에서부터 높은 단계의 수준까지 가르치는 것을 목표로 한다.

　　교육의 내용은 주로 지식을 쌓거나 과학에 근거한 진리를 탐구하는 영역에 전념한다. 여기에는 이방인이나 유대인의 차이가 있을 수 없다. 왜냐하면 세상을 사는 데 필요한 지식을 얻을 뿐만 아니라 어느 특정 분야에서 전문가가 되기 위함이기 때문이다.

일반 학교교육과 유대인 영재 교육의 근본적인 차이는 일반 학교교육에서는 유대인이 가르치는 지혜, 슈르드 및 하브루타식 IQ계발 교육을 하지 않는데 반하여, 유대인은 그것을 먼저 시키고 그 후에 일반 정규학교 교육을 시킨다는 것이다.

> 제1차원 영재교육은
> 초중고 및 대학교에서 제공하는 세상학문 교육이다.

II
이스라엘의 일반 학교교육도 한국과 다르다

〈저자 주: 유대인은 일반 학교교육도 다른 나라에 비하여 그 관심과 제도면에서 월등이 좋다. 다음은 전 한국 이스라엘 영사의 부인 루스 아라지가 쓴 이스라엘의 일반 학교교육에 관한 글이다.〉

교육은 가정이나 사회의 가장 중요하고 큰 관심거리로 존중되어 왔으며 평생교육이 강조되어왔다. 이런 오랜 교육의 전통은 현재 이스라엘 사회의 높은 교육 수준에도 많이 반영되어 있다.

이스라엘 어린이들은 거의 100퍼센트가 학교교육을 받고 있으며, 이스라엘 인구 세 명 중 한 명은 정규 교육을 받는다. 그 결과 인구 당 연구개발에 종사하는 과학자와 엔지니어의 수가 세계에서 가장 많다.

이스라엘은 1948년 건국된 젊은 나라다. 건국 당시 60만 명이었던 인구는 600만 명으로 늘었다. 유럽, 아프리카, 아시아, 아메리카 등 세계 각국에 흩어진 유대인이 계속 이스라엘로 귀환하고 있다. 국가는 이들을 계속 흡수, 정착시키고 있다. 이민자들은 다양한 지역에서 이주하여 왔기 때문에 다양한 언어와 문화적 배경을 가지고 있다. 이들은 이스라엘의 교육제도 하에 흡수, 통합되어 다섯 살부터 12년 동안 의무 교육을 받는다.

이스라엘의 교육은 개개인의 능력과 기호를 존중하는 것을 중요하게 여긴다. 어린이의 단계와 수준에 맞추어 능력을 발전시키는 것이 어린이가 가지고 있는 잠재력을 최대한 발휘시키는데 도움이 된다.

다양한 교육방법과 프로그램으로 창의력을 키워주고 어릴 때부터 컴퓨터를 다루게 하여 재능과 인지개발을 돕는다. 이런 프로그램들은 영재 아동들과 특별히 관심을 가진 어린이들에게 과외활동을 통해 진행된다.

교육을 국가목표의 '최우선'으로 여기기 때문에 1994년 GNP의 9퍼센트가 교육비로 책정되었으며, 이는 계속 증가추세로서 현재는 9.8퍼센트이다. 열악한 환경에도 불구하고 이스라엘이 교육에 GNP의 10퍼센트를(한국은 4.2퍼센트) 책정한 것은 이스라엘 국가와 국민들의 높은 교육열을 입증해준다.

이 국가 교육 예산으로 다양한 교육 개발 및 발전을 위한 프로그램이 실행된다. 학교 수업이 연장되었고 보충수업도 가능해졌다. 과학기술 교육과 외국어 교육이 강화되어 초등학교 2, 3학년부터 영어 교육이 실시되고 6학년부터 아랍어, 불어 등 제2 외국어 교육과 교원 실무 연수도 실시한다.

이스라엘의 대학들은 전체 정기 예산의 50퍼센트와 발전 예산의 15퍼센트가 공공기금으로 조달되지만 예산 집행의 경우 대학들이 자치 예산 범위 내에서 자율, 독립적으로 대학 행정 및 학무 프로그램을 진행한다.

〈출처: 미주복음신문, 탈무드식 탐구정신, 2005년 1월 23일.〉

III
유대인의 4차원 영재교육 요약

앞에서 유대인 아버지의 4차원 영재교육에 대하여 설명했다. 요약하면 다음과 같다.

제1차원 영재교육은 일반학교에서 배우는 '세상학문 교육'이다. 제2차원 영재교육은 질문식과 하브루타식(탈무드 논쟁식) IQ계발 방법이다. 유대인만의 특수한 토론법으로 철이 철을 날카롭게 하듯 인간의 IQ를 계발하는 방법이다.

제3차원 영재교육은 '슈르드' 교육이다. 세상을 살면서 악인의 올무에 걸리지 않아 피해를 보지 않는 지혜(현명함)을 말한다. 그리고 이것은 선과 악을 구별하는 순발력으로 죄를 멀리하여 재앙을 피하게 한다.

제4차원 영재교육은 '지혜 계발'이다. 인생을 살아나가면서 어려운 문제가 생길 적마다 그 문제를 해결할 수 있는 능력을 기르는 것이다. 지혜는 인생의 문제를 해결하는 도구다.

이에 대한 자세한 분석 및 결론은 제7장 '유대인의 4차원 영재교육 요약 및 결론'을 참조하기 바란다.

유대인의 제4차원 영재교육

구분	내용
제4차원 영재교육	지혜교육 문제 해결의 도구, 지식을 담는 그릇
제3차원 영재교육	슈르드 교육 악인의 올무에 걸리지 않는 지혜
제2차원 영재교육	질문식과 하브루타식 〈탈무드 논쟁식〉 IQ계발 교육
제1차원 영재교육	일반학교의 세상학문 교육 지식 위주의 단계별 학습법

제1차원 교육은 이방인이나 유대인 모두 유사하지만
제4·3·2차원 교육은 유대인만이 갖는 독특한 영재교육 방법이다.

> 저자가 서울의 모 여자 중·고등학교에 강의를 했을 때였다.
> 전교생에게 물었다.
> "여러분의 집에서 할머니와 어머니 중 누가 더 지혜로운가요?"
> "할머니요!"
> 학생들이 합창을 했다. 그들은 대학 나온 자신의 젊은 어머니보다
> 못 배운 늙은 할머니가 더 지혜롭다는 것을 알고 있었다.

한국의 수직문화와 지혜 교육

I. 한국인의 수직문화에도 지혜와 슈르드가 있다
II. 사업가 정주영 회장이 받은 한국식 지혜 및 슈르드 교육
III. 민족의 지도자 안창호 선생이 받은 한국식 지혜와 슈르드 교육
IV. 결론

I
한국인의 수직문화에도
지혜와 슈르드가 있다

〈저자 주: 수직문화에 대한 설명은 본서 제3부 제2장 III. 3. '수직문화에서 지혜를 얻어라: 지혜는 지식을 담는 그릇이다'에서 했기 때문에 중복을 피하기 위하여 여기에서는 생략한다.〉

1. 한국에도 까다로운 율례와 법도 및 지혜서가 있었다

한국에도 훌륭한 지혜 교육인 수직문화 교육이 있었는가? 비록 유대인에게는 못 미치지만 한국인에게도 역사적으로 지혜 교육의 내용과 방법이 있었다. 한국인의 내면적 정신세계를 이루는 수직문화, 즉 역사, 철학, 사상, 전통, 고전, 효도, 애국심 및 종교 등이 그것들이다.

예를 들면, 한국인의 바른 인성교육을 위한 '인의예지신(仁義禮智信)'과 '신언서판(身言書判)'이 그것이다. 신언서판은 인의예지신을 실천하는 방법을 말한다.

한국도 예수님의 복음을 받기 이전부터 막연하나마 지혜는 하늘에서 내리는 것으로 가르쳤다. 그래서 조선의 교육 이념을 '인의예지신(仁義禮智信)'으로 정하고, 그것을 백성에게 알리고 교육시키기 위하여 한양(서울)에 사대문(四大門)을 세웠다.

그 중 '지(智)'에 해당하는 문이 홍지문(弘智門, 북쪽의 북한문)이다. "큰 지혜는 하늘로부터 오니 하늘의 지혜를 구하라"는 뜻이다. 한학(漢學)에서 북쪽은 하늘을 상징한다. 인간은 자신을 낮추고 겸손하여 하나님을 의지하며 오직 그분께 지혜를 구하라는 뜻이다.

유대인에게나 한국인에게나 지혜의 근본은 무엇인가? 하나님을 경외하는 것이다(잠 1:7). 한국 민족도 이스라엘 민족처럼 나라가 작기 때문에 하나님을 잘 섬겨야 하나님의 보호로 주변 열강 속에서 살아남을 수 있었다. 한국의 애국가에도 "... 하느님이 보우하사 우리나라 만세"라고 쓰여 있지 않은가. 그러나 현재는 가정과 학교에서 얼마나 하나님을 의지하고 잘 섬기라고 가르치는지 모르겠다.

뿐만 아니라 이에 더하여 한국인에게도 유대인의 탈무드에 비유되는 까다로운 율례와 법도가 있었다. 또한 토라의 레위기에 비유되는 제사법과 각종 절기들이 있었다. 그리고 이를 지키는 까다로운 코드들이 있었다. 물론 이것들이 구원론적으로 옳다는 것이 아니고, 4차원 영재교육학적인 입장에서 그렇다는 것이다.

명심보감(明心寶鑑)이나 사서삼경(四書三經)은 성경의 잠언이나 전도서

과거 한국에서도 지혜교육인 수직문화를 서당에서 강하게 가르쳤다. 사진은 서당에서 훈장이 어린이들의 지혜를 키우기 위해 고전을 가르치는 모습. (사진 출처: 고등학교 교육학 교과서)

훈장은 신교육을 받지 않았는데도 지혜가 번뜩인다. 한국의 수직문화가 강하기 때문이다. 사진은 송우영 훈장이 쉐마지도자클리닉에 와서 교육을 받으며 저자와 담소하는 모습.

의 역할을 하는 지혜서들이다. 예를 들어 한국에서 가르치는 '식자우환'(識字憂患)은 전도서에서 가르치는 "지혜가 많으면 번뇌도 많으니 지식을 더하는 자는 근심을 더하느니라"(전 1:18)와 같다.

동양의 고서들은 한 결 같이 자녀들에게 물질을 유산으로 물려주는 것보다는 세상을 살아나가는데 필요한 지혜를 전수해 주기를 가르친다.

명심보감 '훈자' 편에 이런 글이 나온다. "漢書에 云 黃金滿盈이 不如 敎子一經이요, 賜子千金이 不如敎子一藝니라(한서에 운 황금만영이 불여교 자일경이요, 사자천금이 불여교자일예니라). 한서에 이르기를 황금이 상자에 가득함이 자식에게 한 권의 경서를 가르치는 것만 같지 못하고, 자식에게 천금을 물려주는 것이 한 가지 기예를 가르치는 것만 못하느니라.)

자녀에게 일반 학교교육을 시키기 이전에 경서, 즉 동양의 지혜를 먼저 가르치란 말이다. 그 후에 천금을 물려주기보다 생활 능력을 키우기 위해 기예(技藝; 기술과 예능)를 가르치란 말이다. 얼마나 훌륭한 잠언인가? 성경 잠언에 있는 "지혜를 얻는 것이 은을 얻는 것보다 낫고, 그 이익이 정금보다 나음이니라. 지혜는 진주보다 귀하다"(잠 3:13)는 말씀과 일맥상통하지 않는가!

저자는 하나님께서 한국 민족을 사랑하시어 복음이란 특수계시를 주시기 이전에도, 한국 민족이 도덕적으로 타락하지 않게 하기 위하여 보편적 인성교육의 내용을 주셨다고 생각한다.

한국인에게도 탈무드에 비유되는
까다로운 율례와 법도가 있었다.
명심보감이나 사서삼경은
성경의 잠언이나 전도서의 역할을 하는 지혜서들이다.

2. 왜 할머니가 어머니보다 더 지혜로운가

현재 한국의 문제는 무엇인가? 예부터 전해오는 많은 지혜서들이 있는데도 불구하고 그것을 구식이라 하여 가르치지 않는 데 있다. 우리는 흔히 사상이나 철학은 학교교육을 받은 사람들의 전유물로 착각하고 있다. 그 결과 어떻게 되었는가?

예를 하나 들겠다. 저자가 서울의 모 여중·고에 강의를 갔을 때였다(2001년 여름). 전교생이 모인 강당에서 어린 여학생들에게 물었다.

"여러분의 집에서 할머니와 어머니 중 누가 더 지혜가 많은가요?"
"할머니요!"

학생들이 합창을 했다. 학생들이 자신의 어머니가 할머니보다 지혜가 없는 것을 더 잘 알고 있었다. 현재 연세 많으신 할머니들은 낫 놓고 'ㄱ'자도 모를 뿐만 아니라, 지게 놓고 'A'자는 더 모르는 세대다. 그런데도 그들은 요즘 대학 나온 어머니보다도 더 지혜가 많다. 그 이유는 무엇인가?

1980년대 할머니들은 지혜를 키우는 한국의 전통적인 수직문화 교육을 철저하게 받으며 성장했고, 현대 여성들은 수직문화 교육보다 학교교육(세상학문 교육)을 중점적으로 받았기 때문이다.

따라서 요즘 젊은 부모들은 대부분 대학을 나왔지만 지혜가 부족하여 자녀교육에 실패하고 있다. 다시 강조하지만 현대 학문 위주의 영재교육은 수평문화임을 명심해야 한다. 또한 학교에서 지식을 많이 배울수록 상대적으로 지혜는 그만큼 없어진다는 점도 명심해야 한다.

한국의 옛 할머니들에게는 수직문화가 강하여 인생을 살아나가는 데 필요한 지혜와 함께 은근과 끈기가 있다. 하지만 수평문화의 한 영역인 지식에 속하는 컴퓨터나 영어는 못한다. 반면 현대 여성들은 컴퓨터나 영어에 대한 지식은 소유했지만, 지혜는 거의 없다.

따라서 한국인의 더 나은 미래 교육은 어떤 것이어야 하는가? 할머니의 지혜와 며느리의 지식이 합쳐져야 한다. 즉 할머니에게는 지식이 필요하고 며느리에게는 지혜가 필요하다. 이것이 하나님이 원하시는 교육이다. "지혜 있는 자는 강하고 지식 있는 자는 힘을 더 한다"(잠 24:5).

현대의 경쟁 사회에서 능동적으로 살아나가기 위해서는 둘 중 어느 한쪽으로만 치우쳐서는 안 된다. 공자는 이렇게 말했다. "子曰: "學而不思則罔, 思而不學則殆(자왈, 학이불사즉망 사이불학즉태)" "배우기만 하고 생각하지 않으면 멍청해지고, 생각하기만 하고 배우지 않으면 위태롭다." 유대인의 교육이 이런 것 아닌가!

따라서 자녀가 멍청해지지 않기 위해서는 먼저 인생의 의미를 생각하는 인간이 되도록 수직문화를 가르치고, 그 후 삶이 위태롭지 않기 위해서는 수평문화에 속하는 학교의 세상학문도 가르쳐야 한다는 말이다. 이것이 내면적 자신감과 외면적 자신감을 함께 키우는 길이다.

〈더 자세한 것은 저자의 '유대인의 인성교육 노하우' (전3권, 도서출판 쉐마, 2005) 제1권 제2부 제2장 '수직문화와 수평문화' 참조〉

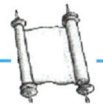

학교에서 지식을 많이 배울수록
상대적으로 지혜는 그만큼 없어지는 법이다.

> II
> **사**업가 정주영 회장이
> 받은 **한**국식 지혜 및
> **슈**르드 교육

〈저자 주: 상대적이긴 하지만 근현대사에 한국에도 동양의 지혜와 투철한 의지 교육으로 큰 인물들이 많이 나타났다. 정주영 전 현대그룹 회장과 독립 운동가 도산 안창호 선생의 예를 들어보자.〉

1. 정주영 회장은 언제 어디에서 지혜 및 슈르드 교육을 받았나

정주영(1915-2001) 씨는 강원도 통천 출신이다. 그는 일제시대 때 초등학교만 나왔는데도 어떻게 한국에서 뿐만 아니라 세계에서도 인정받는 재계 인사가 될 수 있었는가? 그는 유대인처럼 한국의 수직문화 교육을 철저하게 배웠다.

할아버지가 마을 훈장선생이셨다. 정주영 씨는 초등학교 시절에 이미 명심보감은 물론 사서삼경까지 통달한 인물이다. 뿐만 아니라 그는 한국 역사 중에서 가장 고난의 시기였던 일본의 식민지 시대에 태어나 온갖 고난을 겪으며 자라 민족의식과 애국심이 투철하고 의지가 누구보다도 강한 사람이었다.

이는 무엇을 말하는가? 제4차원 한국인의 지혜 교육을 누구보다도 13세 이전에 잘 받았다는 얘기다. 그가 전 세계를 누비며 수많은 시련 속에서도 그 문제를 잘 해결할 수 있었던 것은 그가 수직문화 교육에서 습득한 지혜라는 도구가 있었기 때문이다.

또한 그는 인성교육에서 가장 중요한 고난의 역사의식과 효도교육을 가장 잘 받았던 인물이다. 그렇기 때문에 그가 큰 인물이 된 이후에도 그의 정신세계를 그대로 죽을 때까지 흔들리지 않고 유지시킬 수 있었다.

그렇다면 제3차원 슈르드 교육은 어떻게 받았을까? 즉 율법 교육은 언제 어떻게 받았을까? 이 역시 13세 이전에 한국의 반상의 법도인 양반교육을 잘 받으며 율법교육을 익혔다. 옛날 한국의 양반교육도 유대인의 율법처럼 양반으로서 해야 할 율법과 하지 말아야 할 율법으로 나뉘어져 있었다.

정주영 씨는 이를 누구보다도 잘 받았고 또 실천한 인물이다. 그가 어떤 경우라도 신용을 중히 여기고 가문의 번성과 번영을 중히 여긴 것은 이를 반증한다. 그가 사업을 하면서 그를 잡으려는 많은 올무가 기다리고 있었지만 그 때마다 이를 잘 피한 것은 그가 받은 양반의 율법교육 덕분이다.

제1차원 일반학교 교육은 어떻게 받았는가? 그의 정규 학교의 학력은

정주영 전 현대그룹 회장은 초등학교 출신이지만 그의 지혜는 세계인을 놀라게 했다. 최고 대학에서 IQ교육을 받은 이들보다 문제해결을 더 잘 했다. 그리고 매사에 슈르드하여 그를 잡으려는 악인의 올무도 잘 피해 다녔다. 13세 이전에 배웠던 한국인의 수직문화 교육(서당교육) 덕분이다.

초등학교가 전부다. 그런데 그가 어떻게 일반 학교에서 가르치는 지식을 그렇게 해박하게 알 수 있었나? 그는 그것을 혼자 책을 사서 독학으로 마쳤다. 물론 부기(회계) 학원에서 공부한 경력도 있지만 그는 책을 닥치는 대로 읽었다. 학교에서 가르치는 내용은 물론 서양의 고전까지 섭렵했다.

이것은 무엇을 뜻하나? 학교교육의 내용은 검정고시로 통과해도 된다는 뜻이다. 현재 미국의 홈 스쿨 출신 학생들도 검정고시로 정규 학교교육을 대신한다. 뿐만 아니라 한국에도 일부 인성교육 위주로 가르치는 기독교의 대안 학교에서는 검정고시로 정규 학교교육을 대신한다.

정주영 씨의 밑에는 국내외 일류학교 출신들뿐만 아니라 국내외 유명 대학 출신 박사들이 수없이 많았다. 그런데도 그가 그들을 앞서가며 놀라운 리더십을 발휘할 수 있었던 것은 세상학문에서 얻은 것이 아니고 바로 13세 이전에 받았던 수직문화 교육 덕이었다. 명심보감이나 사서삼경에는 사람을 다루는 인간 관리의 원리와 큰 지도자가 되는 원리는 물론 세상에서 머리가 될망정 꼬리가 되지 않는 지혜들이 수두룩하다.

뿐만 아니라 그가 수많은 세상 박사들도 풀지 못하는 난제(難題)들을 너무나 많이 해결한 것은 바로 그가 13세 이전에 받은 지혜와 슈르드 교육과 율법교육의 힘에 기인한다는 사실을 명심해야 한다.

물론 그의 지혜에는 유대인의 5가지 지혜들 중 4가지, 즉 1) 호크마 (חכמה, 지혜), 2) 비나(בינה, 명철), 3) 아룸(ערום, 슈르드, 교활한, 현명한), 4) 다스(דעת, 지식) 등이 포함되어 있다. 그러나 투시야 (תושיה, 하나님께 답을 구하는 지혜)가 빠진 것은 그는 하나님을 믿지 않았기 때문이다.

2. 2가지 예화: 박사 엔지니어를 능가하는 정주영 회장의 지혜

예화 1: 아산만 간척지 공사의 난제를 푼 지혜

일례로 1988년 현대에서 아산만의 간척지 공사를 할 때에 어려운 난제를 풀었던 그의 지혜를 들 수 있다. 간척지 사업이란 육지와 육지 사이에 움푹 들어간 바다의 면적을 사용하기 위하여 육지와 육지를 연결하여 막고 바다였던 면적을 흙으로 메우는 공사다. 당시 200m를 남기고 8m의 간만의 차이가 났었다. 바닷물의 파도가 세기 때문에 육지와 육지 사이의

정주영 회장의 지혜는 세계적이다. 사진 설명: 아산만 간척지 사업 중 바닷물의 파도가 세기 때문에 육지와 육지 사이의 바다를 도저히 막을 수 없었다. 그러나 정주영 회장은 박사 엔지니어들의 만류에도 불구하고 고철이 된 대형 선박을 견인해와 바다의 파도를 막고 공사를 마감했다.

바다를 도저히 막을 수 없었다. 수많은 국내외 박사 학위 출신 엔지니어들도 이를 해결하지 못하고 계속해서 실패에 실패를 거듭하고 있었다.

이 소식을 들은 정주영 씨는 즉시 그곳으로 내려갔다. 그리고 쉽게 답을 찾았다. 울산에 정박해 있는 2천 톤급 고철이 된 대형 선박을 견인해와 바다의 파도를 막았다. 물론 공사는 매우 성공적이었다. 당시 모든 사람들이 선박으로 되지 않는다고 만류했다고 한다. 그러나 그의 고집이 이를 꺾었다. 이는 공학적인 이론(IQ)보다 지혜가 우선한다는 것을 보여주는 좋은 예다.

예화 2: 소양강 다목적댐 공사의 난제를 푼 지혜

다른 예를 들어보자. 춘천의 소양강 다목적댐 공사다(1967년 4월 – 1973년 10월 15일). 한강의 고질적인 홍수를 해결하고 부족한 물과 전기를 확보하기 위한 댐이었다.

일본 최고의 기술 집단인 공영에 의해 콘크리트 방식으로 설계되었다. 정주영 사장은 이 설계에 문제점을 발견했다. 막대한 비용이 들어가는 춘천까지의 자재 운반, 자재비 및 설계비 등이다. 정주영 사장은 대안을 찾기 위해 주변에 널려진 모래와 자갈에 주목했다. 그리고 박정희 대통령에게 모래와 흙, 자갈로 된 사력댐으로 바꿀 것을 건의했다.

당시 도쿄(東京)대 출신 일본 공영 하시모토 부사장은 정 사장에게 이렇게 면박을 주었다. "소학교밖에 안 나온 사람이 도쿄대 출신들이 모인 세계적 댐 건설 회사를 이렇게 무시해도 되는 겁니까?"

서울대 공대 출신 건설부 고위 관료들은 아예 정 사장의 제안을 우습게보고 '무식쟁이'라고 나무라기까지 했다. "사력댐을 만들면 비용은 줄어도 댐 만드는 도중에 큰 비가 와 무너지면, 서울이 잠긴다"는 논리였다.

의외로 정 사장의 제안을 후원했던 이는 박정희 대통령이었다. 그는 건설부 장관의 보고를 받고 이렇게 반박했다.

"댐이 반쯤 찼을 때 무너져 서울이 물바다가 될 것 같으면 콘크리트 댐이 완공되어 물이 찼을 때 이북에서 폭격이라도 하면 그 때는 끝나는 것 아닌가?"

포병 출신 박 대통령은 항시 전시 체제를 생각하고 있었다. 그는 폭격을 맞아도 한번 들썩하고 조금 파일뿐 파괴될 걱정이 없는 사력댐을 수용했다. 결정된 지 2개월 후 일본 공영 구보타 회장과 사장이 정 사장을 찾아왔다. 팔순을 넘긴 구보타 회장은 90도로 허리를 굽히며 이렇게 사과했다고 한다.

"당신의 식견에 존경을 표합니다."

물론 국가 예산을 30% 절약시켰다. 그리고 막대한 외화 유출도 막았다. 정주영 사장의 지혜 덕이었다. 당시 정주영 사장의 지혜도 중요하지만, 그의 지혜를 알아본 박정희 전 대통령의 지혜도 대단한 것이었다. 원래 인물은 인물이 알아보는 법이다.

이외에도 많은 예화가 있으나 지면상 생략한다.

출처 및 참조: 고 정주영 회장

현대그룹의 창업자로 아호는 아산(峨山)이다. 1915년 강원도 통천군 송전리 아산 마을에서 아버지 정봉식(鄭捧植)과 어머니 한성실(韓成實)의 6남 2녀 중 장남으로 태어났다. 그는 타임지 선정 '아시아를 빛낸 6인의 경제인'(1996), 매일경제신문사와 전국경제인연합회가 뽑은 '20세기를 빛낸 기업인 1위'(1999)에 올랐다.

주요 저서에 회고록 《시련은 있어도 실패는 없다》 (1991), 자서전 《이 땅에 태어나서-나의 살아온 이야기》 (1998) 등이 있다. 〈자료: 정주영 웹사이트 및 정주영의 뚝심, 허문영, 동아일보, 2005년 10월 15일, 참조〉

> 정주영의 제1차원은 초등학교 졸업이 전부다.
> 그런데도 세계적인 거물이 된 이유는 제4차원 지혜 교육이나
> 제3차원 슈르드 교육을 유대인처럼
> 한국의 수직문화 교육에서 배웠기 때문이다.
> 학교나 학원에서 배우는 세상 지식은 혼자 독학으로 마쳤다.

III
민족의 지도자 안창호 선생이 받은 한국식 지혜와 슈르드 교육

1. 안창호 선생의 업적

한국민족이 역사를 통 털어 정신적으로 가장 존경하는 인물 중 한 분이 도산(島山) 안창호(安昌浩) 선생이다. 그의 큰 그릇됨은 어떻게 형성되었는가?

안창호 씨는 1878년 평남 강서군 초리면의 대동강 하구 동롱섬에서 농사를 짓던 안교진(安敎晉)의 3남으로 출생했다. 그 후 평양 대동면 국수당과 남천면 노남리 등으로 옮겨 15세까지 서당에서 한문을 수학하고 목동생활을 하는 등 어려운 서민 생활을 했다.

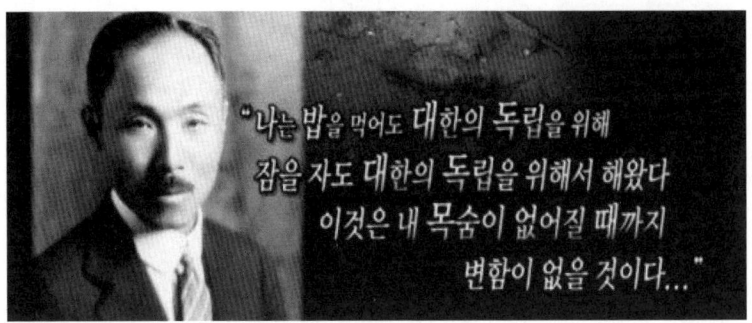

도산 안창호 선생과 그의 어록 중에서 발췌한 글

17세 되던 해인 1894년에는 상경하여 경신학교(儆新學校)의 전신인 구세학당(救世學堂, 일명 언더우드학당)에 입학하여 공부하는 한편 예수교장로회에 입교했다. 구세학당을 졸업한 후에는 잠시 그곳의 조교로 일했으며, 청일전쟁을 목도하자 우리 민족에게 힘이 없음을 통감하고 힘만이 독립의 기초요 생명임을 깨달아 이를 신념화했다.

1897년에는 독립협회에 가입하여 민중계몽에 앞장서는 한편, 필대은(畢大殷)과 더불어 만민공동회(萬民共同會)의 관서(關西) 지부를 발기했다.

그가 세상의 주목을 받게 된 것은 19세의 약관으로 평양 쾌재정(快哉亭)에서 평양 감사 조민강 등 수백 군중이 참석한 만민공동회에서 한 첫 번째 강연 때문이었다. 당시에 그는 '18조의 쾌재와 18조의 불쾌'를 열거하며 민중의 새로운 자각을 호소했다. 이 강연을 필두로 도덕과 지식, 애국심을 기초로 한 실력 배양론을 주창함으로써 근대화에 대한 열풍을 불러 일으켰다.

이어서 1899년에는 강서군 동진면 암화리에 점진학교(漸進學校)를 설립하여 평소 그의 지론인 점진적 민족개조사업에 투신했다. 이 학교는 우리나라 최초의 지방 사립 초등학교였다. 그의 연령으로 본 이력서를 요약해 보자.

2. 안창호 선생의 간추린 약력

- 19세에 독립협회에 가입. 동회(同會)가 만민공동회(萬民共同會)로 발전함에 따라 필대은 등과 평양에서 만민공동회 관서지부(關西支部)를 발기. 여름, 평양 감사 조민강 등 수백 군중이 참석한 평양 쾌재정(快哉亭)에서 만민공동회를 개최하고 첫 열변. 18조의 쾌재와 18조의 불쾌를 열거하며 민중의 새로운 자각을 호소함.

- 20세에 11월 서울 종로에서 열린 만민공동회에서 7대신을 탄핵하고, 6개조의 정치혁신안(政治革新案) 건의.

- 21세에 강서군 동진면 암화리에 점진학교(漸進學校) 설립.

- 24세에 이혜련과 결혼(9월 3일). 다음날 부부 동반으로 인천항을 출발, 일본 동경에서 1주일을 체류한 후 도미. 하와이 근해에서 아호를 도산(島山)으로 함. 10월 14일 샌프란시스코에 도착. 가정 고용인으로 청소하는 일 등 노사에 종사하며 미국 소학교 통학.

- 25세 9월 23일 재미교포의 단결과 계몽을 위해 한인친목회(韓人親睦會) 조직, 회장에 피선됨.

- 26세에 샌프란시스코에서 리버사이드로 이주. 기독교 경영의 신학강습소에서 영어와 신학 수업.

- 27세에 4월 5일 한인친목회를 발전시켜 공립협회(共立協會) 창립, 초대 회장이 됨. 11월 공립협회 회관 설립. 11월 20일 순국문판 〈공립신보〉 발행.

- 29세에 동경 거쳐 환국. 동경 체류 중 한국인 유학생 단체인 태극학회(太極學會)에서 애국 웅변. 귀국 후 서울에서 이갑 등과 비밀결사 신민회(新民會) 창립. 평양에 대성학교(大成學校) 설립을 비롯하여, 평양·서울·대구에 태극서관(太極書館)을 두고, 평양 마산동 자기회사(磁器會社) 설립. 이토 히로부미와 회견하고 소위 안도산 내각의 조각(組閣)을 일축함.

- 31세에 청년학우회(青年學友會) 창설. 육당 최남선(六堂 崔南善)이 중앙총무로 도산을 도와 실무 담당. 안중근(安重根) 의사 의거로 서울 용산 헌병대에 수감되었다가 두 달만에 석방됨.

- 34세에 11월 샌프란시스코에서 해외 지방총회를 망라한 대한인국민회(Korean national association) 중앙총회 조직, 초대회장에 선임됨. 한편 민족운동의 핵심체로서 민족성부흥운동을 위한 청년 엘리트 단체의 필요성을 절감, 흥사단(興士團) 조직에 착수. 〈공립신보〉를 〈신한민보(新韓民報)〉로 개제(改題) 속간.

- 35세에 청년학우회 후신(後身)으로 흥사단 창립. 발기인은 전국 8도를 대표하는 25인의 동지로 함.

- 41세(1919년)에 상해 임시정부 내무총장 겸 국무총리 대리 취임 연통제(聯通制)·독립 운동 방략 제창. 임시정부 기관지 〈독립〉 발간. 내각 개편으로 국무위원 노동국 총판이 됨.

- 45세(1923년)의 나이에 봄에 상해에서 국민대표회 개최, 동 부회장이 됨. 그러나 동회가 개화파와 창조파로 대립되어 결렬되자 대독립당

(大獨立黨) 결성과 독립 운동 근거지 이상촌(理想村) 건설 계획 수립.

- 50세 이동녕, 이시형, 김구 등과 상해에서 한국독립당 결성. 이때 대공주의(大公主義) 제창.

- 54세 일본의 중국 본토 침략 정책에 따라 독립 운동 근거지의 건설 계획을 재검토 중인 4월 29일 윤봉길 의사의 상해 홍구 폭탄사건으로 이날 오후 피체되어 일경에 인도됨. 6월 7일 인천에 호송되어 서울로 압송. 4년 실형을 받고 서대문 감옥, 대전 감옥에서 복역.

- 60세 3월 10일 자정 경성대학 부속 병원에서 간경화증으로 서거. 망우리 공동묘지에 안장됨.

3. 민족 개조를 위한 안창호 선생의 교육 사상

한국 근대사의 큰 별 안창호 선생의 생애는 민족 계몽운동을 위한 중등교육기관으로 대성학교 설립과 독립운동으로 요약된다. 그가 주도하여 만든 흥사단(1913년)은 한국의 차세대 인재양성에 엄청난 공헌을 했다. '흥사단'이란 "사(士)를 일으킨다"는 뜻으로 "진정한 애국자를 일으킨다"는 뜻이다. 그 맥은 현재까지 이어오고 있다.

도산은 우리 민족이 독립을 이룩하려면 민족의 힘을 길러야 한다고 생각했다. 사람은 제 힘만큼 밖에 달릴 수 없듯이 민족도 제 능력만큼 밖에 발전할 수 없다는 것이다. 힘이 있으면 살고 힘이 없으면 죽는다. 이것이 자연과 역사의 준엄한 법칙이다.

그는 어떤 힘을 기를 것이냐를 논했다. 그는 단결의 힘, 도덕의 힘 그리고 지식의 힘, 금전의 힘, 인격의 힘을 기르자고 주장했다.

특히 도산은 강조한 힘은 '인격의 힘'이다. 이것은 평생 독립운동의 중심에 두고 추구했던 힘이다. 그는 개인 하나하나의 건전한 인격은 집을 짓는데 쓰이는 재목과 벽돌과 같다고 했다. 그것들 하나하나가 튼튼하고 견고해야 좋은 집을 짓는 것처럼, 개개인의 인격도 모두 튼튼하고 견고해야 민족의 힘이 튼튼하고 견고해질 수 있다는 것이다.

도산은 건전한 인격은 다음 세 가지 요소를 갖추어야 한다고 했다.

첫째, 사(思)·언(言)·행(行)에 있어서 남의 본보기가 될 만한 건실한 도덕적 품성을 가져야 한다. 건전한 인격은 먼저 덕성을 지녀야 한다. 인격적 덕성을 함양하기 위해서 도산은 무실(務實), 역행(力行), 충의(忠義), 용감(勇敢)의 4대 정신을 강조했다.

둘째, 건전한 인격은 한 가지 이상의 전문 지식과 생산 기능을 가진 생산적 직업인이라야 한다. 도산은 특히 이것을 강조했다. 우리 민족은 옛날부터 기술자를 장(匠)이라고 하여 생산 기능을 멸시하는 폐습이 있었다.

그래서 놀고먹음을 부끄러워하지 않는다. 이런 불로(不勞)의 악습에서 민족의 번영과 부강을 바랄 수는 없다. 도산은 일하는 것은, 즉 민족의 번영을 위하는 애국행위라 하여 이를 늘 장려했다.

마지막으로 도산은 건전한 인격의 내용으로서 튼튼한 신체를 강조했다. 도산은 언제나 4대 정신과 3대 육을 역설했다. '3대 육' 이란 '덕육(德育)'·'체육(體育)'·'지육(智育)'인데, 그는 지육보다도 덕육과 체육을 앞세웠다. 덕이 없는 지(知)는 악의 힘이 되고, 건강 없는 자의 지(知)는 불평밖에 되지 못한다고 생각한 것이다.

도산은 이 같은 세 가지 요소를 두루 갖춘 인재를 수만 명 기를 수 있다면 우리는 일제의 탄압 밑에서라도 자주독립국가가 되어 민족의 영원한 번영을 이룰 수 있다고 믿었다. 도산은 흥사단을 비롯한 여러 수양단체를 조직하고 교육 활동을 활발히 펼침으로써 그 신념을 실천에 옮겼다.

그가 설립한 대성학교 운동장에서는 곤봉을 둘러메고 〈행보가〉를 부르며 행진하던 학생들은 "일본의 무력 앞에 힘없이 쓰러지는 망국의 비운을 눈앞에 둔 우리들에게 가장 필요한 것은 강병이나 군대는 이미 해산되어 강병정책의 수행이 불가능하니, 학교교육의 체조 시간을 통해서나마 이러한 민족적인 과제를 수행해야 한다."며 우렁찬 기상을 내보였다.

또 이따금 야간에 비상소집령을 내려 험산 준곡에서 담력을 기르게 하기도 했다. 눈 덮인 광야나 폭염을 가리지 않고 전술 강화 훈련을 시켰다고 한다.

〈참고 사이트: http://www.ahnchangho.or.kr/index.asp, http://edupoint.co.kr/inmul/index1.html〉

덕이 없는 지(知)는 악의 힘이 되고
건강 없는 자의 지(知)는 불평밖에 되지 못한다.
- 도산 안창호 -

4. 안창호 선생이 받은 인성교육과 4차원 영재교육

인성교육학적인 측면에서 도산 안창호 선생의 인성교육 우선주의는 유대인의 교육 목적과 동일하다. 그리고 강인한 정신력과 체력을 주장하는 것도 유대인의 성경적인 독수리 교육과 비슷하다.

물론 그의 성품도 겸손했다. 그는 자신의 학벌이 시원치 않아서 늘 앞장 서는 데는 다른 사람을 내세웠다. 봉건권위주의 시절에 그가 앞장서면 그의 조직인 신민회와 대성학교가 전국적인 국민적 호응을 받지 못할 것이라고 판단하여 윤치호를 내세웠다. 윤치호는 당시 안창호보다 13년 연상으로 일본을 거쳐 미국에 유학을 가서 신학문까지 익힌 엘리트 중의 엘리트였다.

안창호가 애국가를 지었다는 설도 있다. 당시 30세의 약관의 나이로 애국가를 지었는데 자신의 학벌이 변변치 못하여 윤치호의 명의로 발표했다고 한다(김지수, 도산 안창호와 애국가, 코리언드림, 2004년 10월호, pp. 36-38; 이영일 칼럼, 2005, 그 끝나지 않은 애국가 작사자 논란, http://wnetwork.hani.co.kr/ngo201/133, 2005년 11월 23일).

그가 19세(요즘 대학생의 나이)에 뚜렷한 사상을 갖고 18조의 쾌재와 18조의 불쾌를 열거하며 민중의 새로운 자각을 호소할 수 있는 지혜와 용기는 어디에서 나왔는가? 당시 일반학교에서 현대학문을 배운 엘리트들이 그를 존경하고 따르게 할 수 있는 리더십은 어디에서 나온 것인가?

일반 학교교육인가? 아니면 한국의 수직문화 교육인가? 당연히 고향에서 받은 한국의 전통적인 가정교육과 15세 이전까지 받았던 서당 교육, 즉 한국의 수직문화(하드웨어)에 기인한다. 거기에서 그는 지혜와 슈

안창호 선생은 학벌은 없지만 한국인뿐만 아니라 미국인에게도 많은 정신적 영향을 미쳤다. 그는 미국 캘리포니아 주 리버사이드 시의 오렌지 농장에서 근면한 노동자로 일하며 한국인의 위상을 높였다. 사진은 리버사이드 시공원에 건립된 안창호 선생 기념비와 오렌지농장 앞에 선 저자 내외.

르드를 키운 것이다.

　물론 그의 강연에 미국 선교사들로부터 받은 3년간의 기독교 사상교육과 선진 현대교육은 그의 세계관에 매우 큰 영향을 주었을 것이다. 그의 조선인 개조론(민족개조사업)은 기독교 사상에 근거한 한국인의 고질적인 적폐를 없애자는 것일 것이다. 참고로 기독교 사상교육 역시 수직문화에 속한다.

　안창호 선생 역시 학교에서 배울 수 있는 현대교육의 내용은 정주영 씨처럼 책으로 독학을 했을 것이다. 우리는 교육에 관한 분명한 철학이 있어야 한다. 요즘처럼 자녀들에게 일반 학교교육의 내용만 가르쳐서는 그런 큰 인물들이 나올 수 없다.

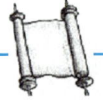

안창호 선생은 초등학교도 졸업하지 못했다.
그런데 어떻게 세계적인 거물이 되었는가?
제4·3차원 지혜와 슈르드 교육을
유대인처럼 한국의 수직문화 교육에서 배웠기 때문이다.

리버사이트 시 공원에 건립된 안창호 선생 기념비 옆에는 인도의 간디의 기념비와 그의 교훈비가 나란히 있다.

간디는 자신이 발행한 영자 주간 '영 인디아(젊은 인도, 1925.10.22)'에 '사회를 병들게 하는 7대 사회악'을 발표했다. 나중에 간디 자신이 하나 더 추가했다고 한다.

"There are seven sins in the world:

Wealth without work,
Pleasure without conscience,
Knowledge without character,
Commerce without morality,
Science without humanity,
Worship without sacrifice, and
Politics without principle."

간디의 7대 사회악 (There are seven sins in the world)

1. 노동 없는 부 (Wealth without Work)
2. 양심 없는 쾌락 (Pleasure without Conscience)
3. 인격 없는 지식(교육) (Knowledge without Character)
4. 도덕 없는 상업(장사) (Commerce without Morality)
5. 인간성 없는 과학 (Science without Humanity)
6. 희생 없는 예배(종교) (Worship without Sacrifice)
7. 원칙 없는 정치 (Politics without Principles)
8. 책임 없는 권리 (Rights without Responsibilities)

〈나중에 간디 자신이 하나 더 추가했다고 한다.〉

간디는 영국에서 법학을 공부했던 엘리트였다. 그러나 그의 이런 지혜의 교훈은 인도의 수직문화의 바탕 위에 영국에서 배운 기독교(성경)문화(영국의 수직문화)에서 나왔을 것이다. 당시 인도는 영국의 식민지였다.

IV 결론

1. 한국인도 수직문화를 교육시키면 지혜자가 된다

한국 개화기에 큰 인물들이 많이 나타났다. 도산 안창호 선생, 독립운동가 김구 선생, 안중근 의사, 김좌진 장군, 기독교의 영웅 주기철 목사, 손양원 목사 및 정주영 회장 등이다. 그들이 갖고 있는 네 가지 특징이 있다.

첫째, 일반 학벌이 변변치 못했다.

둘째, 일반학교에서 가르치는 교육의 내용은 독서로 독학을 했다.

셋째, 인생의 초반인 10대 중반이나 후반에 큰일을 시작했다. 즉 요즘으로 얘기하면 인터넷 챗팅이나 할 나이에 민족의 큰 별이 되었다.

넷째, 일반 학교에서 IQ교육만을 받은 학벌 좋은 사람들에게 기가 죽지 않았다. 오히려 그들의 옹졸함을 꾸짖는 경우가 많았다. 대표적인 인물이 정주영 회장이다.

그들은 그 나이에 학벌도 변변치 못한데 어떻게 그렇게 큰 그릇으로 성장할 수 있었는가? 한국인에게도 유대인처럼 까다로운 율례와 법도가 있었다. 명심보감이나 사서삼경은 성경의 잠언이나 전도서의 역할을 하는 지혜서들이다.

즉 그들은 대부분 서당교육이나 한국의 전통사회에서 수직문화 교육을 철저히 받았기 때문이다. 한국인으로 큰 그릇이 된 인물 중에 이런 교육을 밟은 이들은 수 없이 많다.

설사 학벌 좋은 큰 인물들이 있다고 하여도 그들이 큰 인물이 된 것은 그들이 미국이나 일본에 유학을 가서 박사학위를 받았기 때문이라고 보기는 힘들다. 그들은 이미 13세 이전에 자신들의 고향에서 인간의 큰 그릇(하드웨어)이 될 수 있는 한국의 수직문화 교육을 철저히 받은 후 외국에서 세상학문(소프트웨어)을 했기 때문이라고 보아야 한다. 일본에서 공부한 이병철 회장 그리고 미국에서 공부한 윤치호 선생이나 이승만 박사 등이 대표적인 예다.

요약하면, 한국 근대사에 빛나는 민족의 영웅들은 거의 10대에 큰일을 시작했다는 것이다. 요즘 인터넷 채팅하는 나이다. 그들은 일반 학교에서 배우는 IQ교육은 거의 독학을 했다. 그런데도 큰 인물이 된 이유에 대해 고민하고 연구해야 한다.

이들을 보면서 한국이 왜 그토록 자녀교육에 열심이면서도 큰 인물이 나타나지 않나 하는 의문에 대한 해답을 얻을 수 있다. 유대인의 4차원 영재교육의 이론에 의하면 일반 학교교육은 아무리 열심히 해봐도 제일 낮은 제1차원의 교육에 불과하다는 사실임을 명심해야 한다! 그것을 위해 그렇게 큰돈을 탕진하며 목숨을 걸 필요가 있겠는가!

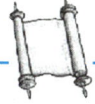

한국 근대사에 빛나는 민족의 영웅들은
거의 10대에 큰일을 시작했다.
요즘 인터넷 채팅하는 나이다.
그들은 일반 학교에서 배우는 IQ교육은 거의 독학을 했다.
그런데도 큰 인물이 된 이유는 무엇인가?

2. 도덕과 윤리적 입장에서 본 안창호 선생과 정주영 회장 비교

저자는 지도자를 대상으로 한 세미나에서 강의를 자주한다. 강의 시간에 한국 현대사에 큰 인물 중 존경받는 인물로 도산 안창호 선생이나 정주영 회장의 예를 들면, 남성들은 대체로 수긍하는 편이나 젊은 여성들 중에는 정주영 회장에 대해 비판적인 이들이 많음을 발견한다.

그 이유인 즉, 안창호 선생은 여성 관계가 일평생 동안 깨끗한 반면, 정주영 회장은 몇 번의 스캔들이 있었기 때문이라고 했다.

그런데 더 큰 문제는 종종 여성 편력이 있다는 것 때문에 정주영 회장의 큰 업적까지 무시하는 경향이 있다는 점이다. 매우 잘못된 것이다. 그의 공과 과를 공평하게 평가해야 한다. 저자의 견해로는 그의 공이 99%라면 과는 1%도 안 된다고 생각한다. 1%의 과로 99%의 공을 무력화시키는 것은 폭력과 같다.

왜 정주영 회장은 안창호 선생보다 여성 관계가 깨끗하지 못한가? 수직문화가 지혜를 갖게 하고 인간의 그릇을 키우기는 하지만, 도덕적 행위는 개인의 종교적 가치관에 의해 결정된다는 것을 알아야 한다. 즉 안창호 선생은 일찍이 기독교에 입문했기 때문에 제7계명을 지키기 위해 남성이라도 성적 순결을 지키고자 노력했지만, 정주영 회장은 한국적 관습에 의해 다른 여성과의 관계를 별 죄의식 없이 가졌다는 사실을 발견할 수 있다.

당시 한국 사회는 본부인 외에 첩을 얻는 것은 공인으로서 지탄의 대상이었으나 일시 외도를 하는 정도는 묵인되었다. 뿐만 아니라 안창호 선생은 기독교 관례에 따라 술을 마시지도 않았지만 정주영 회장은 유교적 관습에 의해 술도 잘 마셨다.

더구나 직업적인 면에서 정주영 회장은 평생 사업가였고, 안창호 선생은 도덕을 중시한 '인격의 힘' 배양과 실천을 주창한 한국인의 정신세계를 리드했던 지도자였다는 점도 간과하지 않을 수 없을 것이다.

따라서 자녀를 도덕적인 인물로 키우기 위해서는 수직문화 중에 건전한 종교적 가치관 교육을 함께 시키는 것이 그 만큼 중요하다는 사실을 깨달아야 한다. 그런 면에서 저자는 정주영 회장의 예를 인성교육 측면에서보다는 4차원 영재교육학적 측면에서 분석했다.

〈저자 주: 인간의 그릇을 키우는 수직문화에 대해서는 저자의 '*유대인의 인성교육 노하우*'(쉐마, 2005) 제1권 참조〉

자녀들에게 학교교육만 시켜서는 큰 인물이 나올 수 없다.
학교교육은 아무리 열심히 해봐도
제일 낮은 제1차원 교육에 불과하다!

제3부
〈유대인의 4차원 영재교육〉
요약 및 결론

I. 작은 민족 큰 나라, 이스라엘 교육의 힘
II. 유대인과 한국인 교육의 비교
III. 결론
IV. 한국인 기독교인에 적용

I
작은 민족 큰 나라
이스라엘 교육의 힘

유대인 교육의 힘은 얼마나 강력한가? 이스라엘의 통계를 보면, 이스라엘 과학자들의 과학 논문 발표 건수는 세계 최고다. 1만 명당 미국이 27건, 영국이 26건, 일본이 16건인 데 비해 이스라엘은 63건으로 가장 높다. 이스라엘 대학들이 낸 특허출원은 미국 대학의 2배, 캐나다의 9배나 된다. 이러한 연구개발(R&D)의 성과로 생산된 제품들이 이스라엘 수출의 반 이상을 차지한다. 이스라엘은 불안정한 지리적 위치와 척박한 땅에도 불구하고 국가와 사회의 번영을 위하여 50년 동안 교육을 활성화하는 데 노력을 기울여왔다(미주복음신문, 탈무드식 탐구정신, 2005년 1월 23일).

이스라엘의 연구개발은 7개 대학교, 정부 출자 및 공공 연구소들과 많은 군수 및 민간 업체에서 시행되고 있다. 이스라엘의 인력자원은 나라 전체가 교육에 대한 관심과 노력으로 창조해낸 무엇과도 견줄 수 없는 나라의 '귀중한 보배'다(상게서).

그렇다면 모든 나라들이 교육에 투자를 많이 하면 이스라엘처럼 될 수 있겠는가? 아니다. 또한 유독 유대인 중에서 천재들과 역사를 움직인 위대한 인물들이 많이 배출된 까닭은 무엇인가? 노벨상 수상 32%의 비밀은 무엇인가?

교육학적 입장에서 두 가지로 답을 할 수 있다.

첫째는 유대인처럼 하나님이 원하시는 교육의 목표와 목적을 세워야 한다. 가정에서 구약의 지상명령(창 18:19)을 실천하여 자손대대로 하나님의 말씀을 전수하는 것이 교육의 목표다. 이를 위한 교육의 목적은 하나님의 형상을 닮은 유대인의 정체성이나 인생철학과 사상을 형성하는 것이다(고후 4:4; 갈 4:19). 즉 유대인의 신본주의 같은 성경에 기초한 확고한 정신세계를 구축해야 한다.

둘째는 첫째 항목을 이룰 수 있는 우수한 교육 방법을 사용해야 한다. 그 방법이 하나님께서 주신 4차원 영재교육이다. 즉 제1차원 영재교육: 일반 학교의 세상학문 교육, 제2차원 영재교육: 유대인의 질문식과 하브루타식(Havruta, 탈무드 논쟁) IQ계발, 제3차원 영재교육: 유대인의 슈르드(shrewd, 교활함, 현명함) 계발 및 제4차원 영재교육: 유대인의 지혜(wisdom) 계발 등이다.

결론적으로 유대인에게 4차원 영재교육은 구약의 지상명령을 성취하기 위한 수단(도구)이다. 세상에서 성공하기 위한 수단이 아니다. 이것은 무엇을 뜻하나? 구약의 지상명령을 열심히 실천하면 세상의 성공은 부산물로 따라온다는 것을 뜻한다. 이것은 하나님이 유대인에게 약속하신 것이다(신 28:1-14). 유대인은 이 약속을 믿고 구약의 지상명령을 실천했고, 하나님은 그들에게 그 보상으로 세상에서도 으뜸이 되게 하셨다.

> 네가 네 하나님 여호와의 말씀을 삼가 듣고, 내가 오늘날 네게 명하는 그 모든 명령을 지켜 행하면, 네 하나님 여호와께서 너를 세계 모든 민족 위에 뛰어나게 하실 것이라. (신 28:1)

왜 유대인의 4차원 영재교육이 우수한가? 한국인의 교육과 무엇이 다른가? 유대인의 제4·3·2차원 영재교육은 각각 별도로 개발되는가? 아니면 함께 개발되는가? 아래에서 이 질문들에 답하면서 결론을 맺고자 한다.

> **II**
> **유대인과 한국인**
> **교육의 비교**

이제 유대인의 4차원 영재교육을 요약하면서 유대인과 한국인 교육을 비교해 보자.

1. 유대인과 한국인 교육의 내용 비교

유대인과 한국인의 교육은 교육의 내용면에서 많이 다르다. 한국인의 일반 학교교육은 처음부터 언어, 수리, 과학, 지리, 역사, 문학, 예술 및 문화 등 세상 지식(학문) 위주의 내용을 가르친다. 이것은 종교교육의 내용이 아니다.

그러나 유대인 교육의 내용은 유대교의 내용, 즉 하나님이 유대인에게 주신 성경과 탈무드다. 이것은 지혜 교육과 슈르드 교육을 시키는데 필요한 교과서다. 그들은 이것을 신본주의 사상학문의 내용이며 지혜의 원천이라고 믿는다.

두 교육의 차이를 인성교육학적 그리고 세계 경쟁력적 입장에서 비교해 보자.

첫째, 일단 대부분 한국인은 어려서부터 자녀 교육의 목표가 일류학교에 입학시키는 것이다. 따라서 입시 위주의 세상학문을 가르치는 제1차원 학교교육에 매진한다. 그럼으로 자신(한국인)의 내면적 정체성이나 인생철학과 사상 형성에 대하여 깊은 고민을 할 여유가 없다.

반면 유대인의 교육 목표는 입시 위주보다 유대인의 정체성이나 인생철학과 사상 형성에 치중한다. 한국인 자녀가 유대인 자녀보다 수직문화가 약한 이유가 여기에 기인한다.

둘째, 인성교육학적인 입장에서 한국인이 제1차원 학교에서 가르치는 교육의 내용, 즉 세상학문과 유대인 교육의 내용, 즉 성경과 탈무드의 차이를 비교해 보자. 세상학문이 항상 변하는 가치인 수평문화라면, 성경과 탈무드는 변치 않는 가치들인 수직문화다. 이것을 컴퓨터에 비유하면 전자는 소프트웨어이고, 후자는 하드웨어이다.

하드웨어는 인간의 그릇에 비유할 수 있다. 하드웨어의 용량을 키워야 소프트웨어를 많이 수용할 수 있는 것처럼, 인간도 그릇이 커야 많은 세상학문을 안전하게 수용할 수 있다. 그리고 그것을 유용하게 사용할 수 있다.

반면 하드웨어 용량이 작으면 많은 소프트웨어 용량을 수용할 수도 없고, 초과하면 컴퓨터에 부작용이 나타난다. 이처럼 인간도 그릇이 작은 데 세상학문만을 너무 많이 배우면 인성에 부작용이 나타난다. 분명한 것은 세상학문만으로는 인간의 그릇을 크게 만들 수 없다는 것이다.

따라서 유대인은 수직문화인 성경과 탈무드에서 얻은 지혜와 슈르드로 하드웨어의 용량을 크게 늘린 후 일반 학교에서 가르치는 세상학문을 가르친다. 그러나 현대 한국인은 수직문화 교육을 거의 하지 않고 세상학문만 가르친다. 따라서 유대인에게서 큰 인물이 많이 나오지만, 한국인에게는 잔재주(소프트웨어)가 많은 이들은 많은데 큰 인물을 찾기 힘들다.

〈저자 주: 수직문화와 수평문화에 대해서는 저자의 저서 '현용수의 인성교육 노하우' 제1-2권, 제2부 '인성교육의 본질과 원리: 수직문화와 수평문화'를 참조 바람〉

셋째, 인성교육학적인 입장에서 세상학문만 공부한 사람들과 유대인의 성경과 탈무드를 공부한 사람들의 차이를 비교해 보자. 세상학문만 공부한 사람들은 세계 경쟁력이 약한 반면, 유대인 교육을 한 사람들은 세계 경쟁력이 강하다. 그 이유는 무엇인가?

수직문화가 약하면 정신세계에 사상과 철학이 빈곤하여 수평문화에 물들어 타락하기 쉽기 때문이다. 내면적 자신감이 약하여 성공을 할 경우 교만하기 쉽다. 줏대가 약하여, 즉 은근과 끈기가 약하여 성공을 했더라도 그것을 오래 지탱할 능력이 부족하여 오래가지 못할 가능성이 많다. 매사를 쉽게 포기하기 쉽다. 한국의 경우 최첨단의 세상학문을 배웠다는 지식인에게 인성의 한계를 드러내는 이유가 여기에 있다.

그러나 유대인은 수직문화가 강한 것만큼 정신세계가 단단하여 수평문화를 절제할 수 있는 능력이 있다. 따라서 쉽게 타락하지 않는다. 내면적 자신감이 강하여 성공을 했어도 겸손하기 쉽다. 그리고 줏대가 강하여, 즉 은근과 끈기가 강하여 성공을 오래 지킬 능력이 있다. 매사를 쉽게 포기하지 않는다. 끈질기다.

세상학문만 공부한 사람들은 처음에는 앞서는 것 같아도 나중에는 뒤쳐지기 쉽다. 법과 원칙을 무시하는 경우가 많아 매사에 탄탄하지 못하여 안정감이 덜하다. 자기 꾀에 자기가 넘어가는 경우가 있다. 슈르드하지 못하여 악인이 쳐 놓은 올무에 걸려 피해를 보기도 쉽다.

일을 처리하는 데 단견적(短見的)이며, 미래를 내다보는 안목이 적다. 지식은 있는데 지혜의 결핍으로 숲 전체를 보지 못하고 나무만 보고 판단하기 때문이다. 우리가 기억해야 할 것은 지식교육이 늘어나는 것만큼 지혜 교육은 반비례한다는 사실이다.

그러나 유대인은 이와 반대다. 처음에는 느리지만 갈수록 세상을 이긴다. 법과 원칙을 존중하여 신용이 좋아 매사가 탄탄하고 안정감이 있다. 슈르드하여 악인의 올무를 피해 손해를 막을 수 있다. 큰 숲을 보며 미래를 내다보는 안목이 있다. 마침내 세계를 제패할 수 있다.

따라서 한국에도 바람직한 것은 세상학문만을 많은 배운 지식인들보다 유대인처럼 지혜와 슈르드를 가진 지혜자이면서 동시에 최첨단 세상학문도 겸한 지식인이 많이 나오도록 해야 한다.

〈저자 주: 유대인의 단점도 있다. 율법 공부를 너무 많이 하면 율법주의자가 되기 쉽다. 그럴 경우 사랑이 약하여 자기보다 못한 순진한 사람을 괴롭힐 수도 있다. 자세한 것은 제3부 제3장 I. 2. '슈르드한 바리새인과 예수님의 차이' 참조 바람〉

2. 유대인과 한국인의 학습 방법 비교

유대인과 한국인의 교육은 학습 방법 면에서도 많이 다르다. 한국인 중에서도 기독교인은 탈무드는 없을 지라도 구약성경은 가지고 있다. 그런데도 그들이 유대인에 비해 월등하게 지혜와 슈르드가 부족한 이유는 성경의 말씀에서 지혜와 슈르드를 더 얻을 수 있는 질문식과 탈무드 논쟁(하브루타) 교육방법이 없기 때문이다. 한국인에게는 탈무드가 없으니 탈무드 논쟁법이 없는 것은 당연하다.

유대인의 제4·3·2차원 영재교육은 각각 따로 계발되는가? 아니면 동시에 계발되는가? 둘 다 맞다. 유대인은 제2장(지혜 교육)과 제3장(슈르드 교육)에서 언급한대로 가정에서 다양한 방법으로 지혜와 슈르드를 계발한다. 기본적으로 성경이나 탈무드는 그들의 율법책이며 하나님이 주신 지혜의 내용을 담고 있기 때문에 그 공부를 많이 하면 할수록 하나님의 지혜를 많이 받을 수 있다.

뿐만 아니라, 이에 더하여 아버지의 질문식이나 하브루타를 통하여 IQ가 계발됨과 동시에 지혜와 슈르드도 함께 계발된다. 즉 제4·3·2차원 영재교육이 동시에 엄청나게 계발된다. 이때에 창의력도 월등히 계발된다. 이것이 현재 한국에서 가르치는 하브루타와 다른 점이다.

어려서뿐만 아니라 대학에 들어가서도 유대인의 질문식과 하브루타를 통한 독특한 IQ계발 방법은 세상학문을 배우는데 크게 공헌한다. 그 결과 인성교육과 영재교육이라는 두 마리 토끼를 한꺼번에 잡을 수 있다. 그리고 그들은 세계를 제패할 수 있다. 교육의 투자에 비해 얼마나 많은 열매를 거두는가!

저자가 그들을 연구한 결과, 유대인 자녀들이 일반 학교에 들어가면

유대인과 한국인 교육의 비교

구 분		한국인 교육	유대인 교육
교육내용	교육 목표	일류학교에 입학	가정에서 자녀에게 말씀 전수 유대인의 정체성·인생철학·사상 형성
	종교적 측면	비종교적 내용: 일반학교의 세상 학문 언어·수리·역사·과학 등	유대교 내용: 신본주의 사상 학문 성경과 탈무드: 하나님의 지혜의 말씀
	인성 교육에 비유	세상학문은 수평문화 영역임 IQ교육의 내용, 즉 세상 지식	성경과 탈무드에서 얻는 지혜+슈르드는 수직문화의 영역임 하나님의 지혜
	컴퓨터에 비유	소프트웨어 용량을 늘리는 내용. 잔재주는 많으나 큰 인물이 되기 힘든 이유	하드웨어를 인간의 그릇에 비유 하드웨어의 용량을 늘리는 내용 유대인에게 큰 인물이 많은 이유
		하드웨어 용량이 커야 소프트웨어 프로그램들이 잘 작동하는 것처럼, 유대인은 수직문화인 지혜 교육과 슈르드 교육으로 하드웨어의 용량을 크게 늘린 후 일반 학교에서 세상학문 교육을 시킨다.	
교육방법	교육 방법	강의중심, 학생은 노트, 암기식. 제1차원 학교교육, 입시위주 교육 한국인의 정체성이나 인생철학과 사상 형성을 등한시 한다	1. 성경과 탈무드를 늘 연구하여 지혜(4차원)와 슈르드(3차원)를 개발 2. 질문식과 하브루타로 지혜(4차원), 슈르드(3차원), IQ개발(2차원)을 동시 개발 3. 입시위주보다 유대인의 정체성이나 인생철학과 사상 형성에 치중
	교육에 투자 비율	입시 위주의 제1차원 학교공부에 시간과 물질을 100% 투자. 그래도 문제가 많다. 교육 투자에 비해 적은 결실	제4·3·2차원 영재교육에 시간과 물질을 80% 투자, 1차원 세상학문에 20% 투자 그래도 일류 대학에 많이 합격 인성+영재교육에 모두 성공 교육 투자에 비해 많은 결실
		* 세상 지식교육이 늘어나는 것만큼 지혜 교육은 반비례한다.	

결과	경쟁력	- 처음에 앞서지만 나중에 뒤쳐짐 - 창의력이 빈곤	- 처음에 느리지만 갈수록 세상을 이긴다 - 창의력이 월등하다
	인성의 성공 여부	- 큰 인물이 많이 안 나온다 - 정신세계가 빈곤하여 수평문화에 물들어 타락하기 쉽다 - 성공을 할 경우 교만하기 쉽다 - 성공을 오래 지키기 힘들다 - 가정이 붕괴되기 쉽다	- 큰 인물이 많이 나온다 - 정신세계가 단단하여 수평문화를 물리쳐 쉽게 타락하지 않는다 - 성공을 해도 겸손하기 쉽다 - 성공을 오래 지킬 수 있다 - 자녀에게 하나님 말씀전수에 성공
		단, 유대인이 율법을 너무 많이 공부하면 율법주의자가 되어 순진한 사람을 괴롭힐 수도 있다	
결론		한국인도 유대인의 영재교육 방법을 도입하여 한국적 지혜 교육과 슈르드 교육의 내용을 만들고, 이를 질문식이나 토론식 교육방법으로 가르쳐서, 지혜와 슈르드 및 IQ를 계발한 다음에 사회에서 필요로 하는 전문인을 키워내야 한다.	

비유대인 아이들보다 100m 정도 앞에서 뛰기 시작하는 것과 같다. 더 무서운 것은 그들이 세 살 때부터 닦아온 지혜와 슈르드 그리고 독특한 IQ계발 교육 덕분에 뛸수록 가속도가 붙어 도저히 그들을 따라잡을 수가 없다는 점이다. 세상에 나와 사회생활을 할 때는 더 유익하다. 치열한 생존을 위한 경쟁 사회에서 그들의 지혜는 더 큰 빛을 발한다.

유대인의 영재교육에 비하여 한국 교육의 허점은 무엇인가? 그토록 공부, 공부 하면서도 대부분 입시 위주의 제1차원적인 공부에 시간과 물질을 100% 투자한다는 점이다. 천문학적인 사교육비를 낭비한다. "연간 총 사교육비는 초·중·고교생 인구 감소에도 불구하고 2014년 18조2000억원 대비 2017년에 18조6000억원으로 오히려 상승했다"(매일경제, 초등학교 입학전까지 의료비 제로, 2018년 12월 8일).

또한 학교교육 방법도 유대인의 영재교육 방법에 비하면 너무나 뒤떨어져 있다. 교사의 강의와 학생의 암기 위주 교육이기 때문이다. 이것은 학생의 창의력을 키우는데 별 도움을 주지 못한다. 다시 말해 한국의 학교교육은 서구의 토론이나 실험을 통한 학생 주도교육보다도 더 뒤쳐져 있다. 교육의 투자에 비해 열매가 적은 이유다.

한국의 제도교육으로는 어린 학생들의 타고난 지혜나 슈르드를 계발하기 힘들다. 더 안타까운 것은 그나마도 이런 재능을 계발한 사람들이 세상의 평가에서 밀려 그 능력을 인정받거나 발휘하지 못하고 사장(死藏)되기 쉽다는 것이다. 이는 한국의 사람 평가가 세상학문의 지식만을 측정하여 그 결과로 판단하기 때문이다.

요약하면 유대인 교육의 장점은 그들이 1) 제4·3·2차원 영재교육을 먼저 한 다음 2) 세상학문을 일반학교에서 가르친다는 점이다. 그들은 전자에는 약 80%의 시간과 물질을 투자하지만, 후자에는 약 20% 정도만 투자한다. 그래도 그들은 세상학문을 가르치는 미국의 유명한 아이비리그 대학을 석권한다. 세계를 제패한다. 뿐만 아니라 가정에서 자손대대로 하나님의 말씀전수에 성공한다.

반면 한국은 입시 위주의 제1차원 공부에 시간과 물질을 100% 투자한다. 그런데도 교육에 문제가 많다. 그리고 가정교육을 등한시하여 가정은 해체되기 쉽다.

따라서 한국인도 유대인의 영재교육 방법을 도입하여 1차원 학교교육 이전에, 한국적 지혜 교육과 슈르드 교육의 내용을 만들거나, 유대인의 성경과 탈무드를 텍스트로 하여 이를 질문식이나 토론식 교육방법으로 가르쳐야 한다. 즉 제4·3·2차원 영재교육을 먼저 한 다음에 사회에서 필요로 하는 전문인을 키워내는 교육을 해야 한다.

예수님은 인류를 구원만 하신 분이 아니라, 영재교육면에서도 모델이 되셨다. 그분은 바리새인들이나 서기관들보다도 율법에 더 능통하셨다. 따라서 그분은 하나님의 사랑인 EQ는 물론 유대인의 3가지 영재교육인 지혜, 슈르드 그리고 하브루타를 통한 IQ계발에 통달한 최고의 모델이셨다.

따라서 기독교인도 예수님을 닮기 위해 자녀들의 마음은 순결하면서도 머리는 지혜롭고 슈르드하게 키워야 한다(눅 2:40, 52; 마 10:16).

유대인의 노벨상 32%의 비밀은 제4차원 지혜 교육이 먼저고,
다음에 제3차원 슈르드 교육,
그 다음에 제2차원 탈무드 논쟁 교육(IQ계발 교육) 그리고
마지막에 제1차원의 학교교육을 시키기 때문이다.

3. 이스라엘 대사 부인 인터뷰

〈저자 주: 유대인과 한국인 교육의 비교를 위해 유대인 어머니의 인터뷰 기사를 싣는다. 출처: 한국일보, 2004년 8월, 12일. 김일환 기자〉

과학자 아인슈타인과 뉴튼, 영화감독 스티븐 스필버그, 미국 연방준비제도이사회 의장 앨런 그린스펀, 세계 투자계의 '큰손' 조지 소로스, 색채의 마술사 샤갈, 작곡가 쇼팽, 정신분석학자 프로이트 등의 공통점은? 세계인구 60억명의 0.3%밖에 안 되지만 역대 노벨상 수상자의 30%를 차지한 민족은? 정답은 유대인이다. 세계사에서 빛을 발한 이토록 수많은 천재들을 만든 원동력은 무얼까. 나오미 마노르(61) 주한 이스라엘 대사 부인에게 들었다.

그는 먼저 이스라엘 신문부터 펼쳐보였다. 정갈하게 수염을 길러 정통 유대인 모습을 한 아빠가 어린 아들을 무릎에 앉히고 도서관에서 책을 읽는 사진이 실려 있었다.

> "이 한 장의 사진이 유대인 교육의 모든 것을 말해주죠. 부모가 아이에게 말만이 아닌 행동으로 보여주는 것이 유대인 교육의 핵심이에요. 나 역시 어렸을 때 집이나 도서관에서 책 읽는 할아버지와 아버지 무릎에 앉아 놀던 기억이 많아요."

높은 교육열은 같지만 방법은 달라 2001년 9월 한국에 온 마노르씨의 서울살이는 이번이 두 번째. 1970년 남편 우지 마노르씨가 주한 이스라엘 부대사로 부임했을 때 한국에 와 74년까지 살았다.

> "30년 전과 비교해 한국은 눈부시게 발전했어요. 그런데 변
> 하지 않은 게 있어요. 바로 높은 교육열이죠."

그는 이스라엘과 한국은 침탈과 수난의 아픈 역사, 국방의 의무 등 많은 면에서 닮았지만 교육열이야말로 가장 큰 공통점이라고 덧붙인다. 1948년 중동에 국가를 세운 이후 가장 먼저 제정된 법이 국가방위법이고, 그 다음이 의무교육법이다. 정부 예산 또한 교육비가 국방비 다음으로 두 번째로 많다.

그런데 교육열의 내용은 한국과 크게 다르단다. 이스라엘에서는 5살이 되면 유치원을 다니며 의무교육을 받기 시작한다. 유치원에서는 오직 놀이와 게임을 통해 상상력과 창의성을 키워주고 아이들의 잠재능력을 발견한다.

> "건국 전까지는 2~3살부터 읽기와 쓰기를 배웠죠. 나라 없
> 는 민족의 설움을 조금이라도 안 받으려면 어릴 적부터 철저
> 히 실력으로 무장하는 수밖에 없다는 생각이었어요."

하지만 나라를 세우면서 교육의 속도와 양보다는 무게와 질에 관심을 가지게 되었다. "세 살짜리 아이가 책을 읽어 뭐하나." "좀 더 성숙하면 일주일이면 받아들일 것을 왜 굳이 몇 달씩 아이들 고생시키며 가르치나" 등 조기교육에 대한 회의론이 힘을 얻은 것이다. 그래서 유치원은 물론 가정에서도 취학 전 아이에게 읽기, 쓰기를 가르치지 않는다. 조기교육·유학이 유행처럼 번지는 우리 사회가 새겨봐야 할 대목이다.

부인의 세 아들은 어떻게 컸을까. 외교관 아버지를 따라 아이들도 미

국 스위스 등 해외에서 더 많은 날을 살았다. 그 와중에도 부인은 아이들이 초·중·고교 1학년 과정은 반드시 조국에서 다니게 했다.

"아이들을 더 나은 환경에서 가르치지, 왜 그랬냐고 사람들이 의아해 하지만 특별한 이유는 없어요. 이스라엘 교육 환경이 월등히 좋기 때문도 아니에요. 그냥 당연히 조국에서 공부하는 것이 아이에게 좋을 거라 생각했죠."

현재 미국에 있는 첫째(35)와 서울에서 태어나 이스라엘에 사는 둘째(34)는 모두 엔지니어이고, 셋째(26)는 용산 미군부대 내 대학에 다니고 있다.

전 세계 유대인은 총 1500만명. 역대 노벨상 수상자 중 유대인은 약 100명에 이른다. 정말 유대인 교육의 비법이라도 있는 걸까. 무슨 비결이 있겠냐고 웃어넘기던 부인이 사뭇 진지해졌다.

"한국 엄마들은 아이가 학교에서 오면 선생님께 무얼 배웠는지 물어보잖아요. 그런데 이스라엘 엄마들은 선생님께 무슨 질문을 했고 아이가 무슨 말을 했는지 묻죠. 세상엔 바보 같은 질문이란 없어요."

이스라엘의 부부는 대부분 맞벌이다. 그래서 퇴근 후나 휴일은 반드시 아이와 함께 시간을 보내고, 밀린 집안일이나 각자의 일도 아이가 잠들 때까지 미룬다고 한다.

그는 "이스라엘에서 아이교육을 책임지는 건 아버지에요. 성경에 그렇게 적혀있어요. 하지만 마지못해 아이 교육에 참여하는 아버지들은 없어요. 즐거운 마음으로 아이 학교 소풍을 따라가고 행사에 참가하죠."

이스라엘 부모가 아이를 학원에 보내지 않는 이유에 대해 그는 "이스라엘 부모들에게 이유를 물어보면 아마 '학교에서 다 가르쳐주는데 왜 돈내고 학원을 보내느냐'는 대답이 돌아올 거예요"라고 쉽게 말한다. 그만큼 이스라엘 공교육에 대한 부모들의 신뢰는 공고하다.

부인은 다시 신문 속 사진을 가리켰다.

"유대인 교육의 목표는 사회적 성공이 아니라 지식 자체에요. 여기 이 사진 속 아버지의 직업은 학자일 수도, 상인이나 기계 수리공일 수도 있죠. 중요한건 이렇게 교육이 일상생활에 자연스레 스며들어야 한다는 거예요."

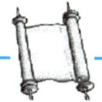

"건국 전에는 2~3살부터 읽기와 쓰기를 배웠죠.
하지만 **교육의 속도와 양보다
무게와 질에 관심을 가지게 되었죠**."

1. 유대인 종교교육에서 답을 찾아라

앞에서 살펴본 것같이 유대인의 우수성은 학교교육에서 나오는 것이 아니라, 특수한 종교교육에서 비롯되었다. 그러므로 유대인의 영재교육은 그들의 종교교육을 거론하지 않고는 설명할 길이 없음을 알아야 한다. 그들의 민족적인 응집력 역시 그들의 성경적인 종교교육에 기인한다.

지금까지 유대인의 영재교육에 대해 많은 학자들이 관심을 갖고 연구했음에도 불구하고 왜 그 핵심을 놓쳤는가? 저자는 제3부에서 그 답을 설명했다. 즉 유대인의 종교교육을 등한시했기 때문이다. 저자가 그 핵심을 찾을 수 있었던 것은 정통파 유대인들과 20여년을 함께 생활하며 연구했기 때문이다(Heir, IQ는 아버지 EQ는 어머니 몫이다. 서문 참조).

그렇다면 왜 다른 학자들은 유대인의 종교교육을 등한시할 수밖에 없었는가? 그들 공동체에 들어가는 것 자체가 불가능했기 때문이다. 그 이유는 보수 정통파 유대인들은 원칙적으로 이방인에게 그들의 생활을 공개하지 않기 때문이다.

저자도 그들로부터 세 번이나 거절당한 뒤에야 그들 공동체 속에 들어갈 수 있었다. 이 모든 것이 하나님의 은혜라고 생각한다. 이 글을 읽는 독자들에게 유익이 있다면 오직 하나님께만 영광을 돌린다.

2. 한국인의 수직문화에도 지혜와 슈르드가 있다

〈저자 주: 이 부분은 앞의 제6장에서 충분히 설명했기 때문에 중복을 피한다. 요약본은 IV. 1. '한국인도 수직문화를 교육시키면 지혜자가 된다' 참조 바란다.〉

IV
한국인 기독교인에 적용

〈저자 주: 본 주제 전체 항목은 매우 중요하다. 탈무드 교육의 9가지 유익에 관해서는 앞의 제3부 제2장 III. 1. B항목의 1) '유대인의 탈무드 교육의 9가지 유익'과 2) '기독교인 성경교육의 2가지 유익'에서 설명했다. 함께 읽기를 권한다.〉

1. 구약성경을 믿는 유대인과 기독교인, 왜 생활방식이 다른가

〈저자 주: 여기에서는 구원론적 입장에서 기독교인과 유대인을 비교하는 것이 아니고, 교육학적인 입장에서 비교하는 것이다. 구원론적 입장에서 비교하는 것과 왜 기독교교육에 유대인 자녀교육이 필요한가에 대해서는 저자의 저서 '부모여 자녀를 제자 삼아라' 제1권을 참조하기 바란다.〉

구약성경은 구약시대에 하나님이 그분의 선민 유대인에게 주신 거룩한 경전이다. 이 경전은 후에 천주교나 개신교 그리고 이슬람교의 경전도 되었다. 그런데 이슬람교를 믿는 모슬렘은 여러 가지 면에서 유대인과 비슷한 점이 있지만 천주교나 개신교(이후 기독교인으로 통일함)는 다른 점이 너무나 많다.

물론 이슬람도 영재교육 측면에서는 유대인에 많이 뒤쳐져 있다. 여기에서는 왜 기독교인은 유대인과 여러 가지 면에서 많은 차이가 나는지 그 이유를 설명하고자 한다.

예수님을 구주로 믿는 기독교인은 구약시대에 하나님의 선민 유대인으로부터 구약성경을 물려받았다. 따라서 기독교인도 구약성경을 정확무오(正確無誤, infallibility and inerrancy)한 하나님의 말씀으로 믿는다. 그리고 구약성경을 많이 가르친다. 더 나아가 하나님의 말씀대로 살 것을 강조한다. 물론 기독교인에게 하나님의 말씀은 구약성경과 신약성경 모두를 포함한다.

그런데도 구약성경에 근거한 유대인의 생활 방식과 기독교인의 생활 방식에는 너무나 많은 차이가 난다. 물론 기독교인은 유대인의 제사법이나 절기 등을 제한다고 해도, 도덕이나 윤리는 물론 가정생활, 사회, 노동, 경제, 정치 및 문화 등에서 너무나 많은 차이를 보이고 있다.

여기에서 우리는 두 가지 질문을 할 수 있다. 1) 유대인과 기독교인은 동일한 구약성경을 믿고 가르친다. 그런데 생활 방식에 왜 많은 차이가 나는가? 또한 2) 왜 기독교인은 유대인보다 영재교육에 뒤쳐져 있는가?
대략 3가지 이유를 들 수 있다.

첫째, 큰 틀에서 유대인에게는 장로의 유전을 기본으로 한 탈무드가 있고, 기독교인에게는 탈무드가 없기 때문이다. 탈무드는 구약의 율법을 해석하고 그 율법을 실천하는 방법을 구체적으로 제시하여 지키게 하는데, 기독교에는 그것이 없기 때문에 성경적 생활 방식을 제대로 알 수 없다. 따라서 생활 방식이 다를 수밖에 없다.

유대인은 자신들의 생활 방식이 곧 하나님이 원하시는 삶의 방식이라고 굳게 믿고 실천한다. 하브루타 학습법도 성경에는 없고 탈무드에 있는 방법이다. 따라서 탈무드는 인간의 구원론을 위한 책이 아니고, 선민교육을 위한 책이다.

둘째, 성경을 읽는 목적이 기독교인은 주로 영의 양식을 먹기 위함이지만, 유대인은 물론 그것도 있지만 더 중요한 것은 하나님의 명령(율법)을 잘 실천하기 위함이다. 왜냐하면 하나님이 그렇게 하라고 누누이 명령하셨기 때문이다.

> 가라사대, 너희가 너희 하나님 나 여호와의 말을 청종하고 나의 보기에 의를 행하며, 내 계명에 귀를 기울이며, 내 모든 규례를 지키면, 내가 애굽 사람에게 내린 모든 질병의 하나도 너희에게 내리지 아니하리니, 나는 너희를 치료하는 여호와임이니라. (출 15:26)

> 너희가 나의 규례와 계명을 준행하면 … (레 26:3)

> 네가 네 하나님 여호와의 말씀을 삼가 듣고 내가 오늘날 네게 명하는 그 모든 명령을 지켜 행하면, 네 하나님 여호와께서 너를 세계 모든 민족 위에 뛰어나게 하실 것이라. (신 28:1)

셋째, 물론 기독교인이 2000년 동안 구약성경을 주로 교육학적인 입장보다는, 예수 그리스도의 복음과 관련하여 구속사적 입장에서 연구해 왔던 것도 한 이유가 될 것이다.

그렇다면 어느 것이 더 하나님이 원하시는 삶의 방법인지를 알기 위해서는 저자의 저서 '부모여 자녀를 제자 삼아라' 제1-2권을 참조 바란다. 그 책에 왜 기독교교육에 유대인 자녀교육이 필요한지에 대한 이유를 교육학적으로 잘 설명해 놓았다.

국진호 목사(동탄지구촌교회)는 쉐마교육을 받은 이후 자신이 미국 유학시절 하나님의 형상을 가장 많이 닮은 기독교인이 보수 백인 기독교인인 줄 알았는데, 그들이 아니고 정통파 유대인임을 깨달았다고 했다 (쉐마목회자클리닉 사례발표, 2013년 여름학기). 대단히 중요한 관찰이다.

물론 그의 발언은 탈무드의 내용 중 신약시대에 구약의 제사 및 절기, 그리고 성경이 완성된, 즉 예수님 오신 이후 랍비들이 예수님이나 기독교를 비판한 것 등은 기독교인에게 맞지 않다는 것도 있다는 것을 전제로 한 발언이었다.

유대교인과 기독교인은 동일한 구약성경을 믿고 가르친다.
그런데 생활 방식과 영재교육에 왜 많은 차이가 나는가?

2. 유대인과 기독교인, 생활방식을 같게 하는 방법

A. 신약교회가 간과했던 3가지를 바꾸어야 한다

기독교인도 유대인과 동일하게 구약성경을 하나님의 말씀으로 믿고, 그 말씀대로 살 것을 강조한다. 그런데도 구약성경 말씀을 실천하는 유대인의 생활 방식과 너무나 많은 차이가 난다. 그렇다면 기독교인 자녀를 하나님이 원하시는 자녀로 만드는 방법은 무엇인가?

그것은 성경에 근거한 유대인의 생활 방식을 본받으면 된다. 어떻게 본받을 수 있을까? 우선 큰 틀에서 다음 세 가지가 필요하다.

첫째, 이제라도 유대인처럼 탈무드를 성경적 선민교육의 교과서로 사용해야 한다. 물론 탈무드의 모든 내용을 성경처럼 사용하자는 것이 아니고, 신구약 주경신학에 어긋나는 것들은 제거해야 한다는 것을 전제한다.

예를 들면 탈무드의 내용 중에 다음과 같은 부적합한 것들은 제거해야 한다. 1) 신약시대에 기독교와 유대교 학자들이 싸우는 동안 기독교를 적대시했던 내용은 제거해야 할 것이다. 2) 구약은 신약의 그림자로서 이미 메시아이신 예수님이 오셨기 때문에 성막, 제사법 및 절기 등에 있는 율법들 중 영적 의미는 그대로 가르치되, 실천할 것에 대한 것들은 제외 할 수 있을 것이다.

이런 것들은 교단의 교육국 심사위원회에서 613개의 율법 중 신약시대에 어느 것은 가능하고 어느 것은 지키지 않아도 된다는 가이드라인을 정하여 실천 가능한 것부터 실천하는 것이 좋을 것이다. 그리고 신약

성경에 포함된 예수님이 주신 율법이나 다른 저자들이 준 율법도 새롭게 첨가해야 할 것이다.

둘째, 기독교인도 성경을 읽는 목적이 영의 양식을 먹는 데 그칠 것이 아니라, 유대인처럼 "어떻게 하나님의 율법을 잘 실천할 수 있을까?"에도 관심을 갖고 실천하려고 노력해야 한다.

셋째, 기독교인이 구약성경을 해석하는 것도 예수 그리스도의 복음과 관련하여 구속사적 입장에서 뿐만 아니라, 교육학적인 입장에서 해석하고 그것을 생활에서 실천하려고 노력해야 한다.

B. 저자의 책은 어떤 면에서 탈무드를 대신할 수 있는가

〈저자 주: 본란의 내용은 저자가 스스로 자랑하는 것 같아 매우 조심스럽다. 그러나 바울이 부득불 자신의 영적 은사들(주의 환상들과 계시들)을 자랑했듯이(고후 12:1), 저자도 하나님의 영광을 위하여 부득불 하나님이 주신 지혜로 쓴 저서들에 관하여 언급하지 않을 수 없음을 이해해 주기 바란다. 다음의 글은 쉐마교육을 받은 학자들이 2009년 6월 6일 쉐마교육학회(대표 준비위원장 김진섭 박사, 백석대 신학부총장)를 창립할 때 쓴 창립 취지문의 내용 중 일부를 수정 증보하여 다시 실은 것이다.〉

기독교인에게는 탈무드가 없기 때문에 유대인의 것을 그대로 본받기는 힘들다. 그리고 탈무드를 연구하여 한국인 기독교인에게 맞는 새로운 탈무드를 만들려면 시간이 많이 걸릴 것이다.

그럴지라도 상대적이나마 성경을 근거로 유대인의 교육방법을 한국인 기독교인교에게 적용할 수 있는 길이 있다. 그것은 저자의 저서들을 읽고 실천하면 된다. 왜냐하면 저자의 저서들은 상대적이나마 유대인의 탈무드를 대신할 수 있기 때문이다.

어떤 면에서 대신 할 수 있는가? 기독교는 단지 유대인 삶의 방식이 좋다고 하여 무조건 그것을 모방하면 안 된다. 아무리 그들의 것이 좋다고 해도 몇 가지를 검증해야 한다.

첫째, 왜 유대인 교육이 기독교교육에 필요한지, 그 당위성을 증명해야 한다. 그래야 기독교에서 유대인 교육을 기꺼이 수용할 수 있다. 이것이 증명되면 큰 틀에서 기독교에 유대인의 토라(구약성경)뿐만 아니라, 토라를 해석하고 실천 조항이 있는 탈무드도 필요하다는 것을 뜻한다. 단 탈무드 사용의 조건은 앞의 첫째 항목 설명 참조 바란다.

둘째, 신학 혹은 교육신학적인 측면에서 그들의 방식이 성경에 근거했는지를 철저히 검증해야 한다.

셋째, 교육학적인 측면에서 그들의 삶의 방식이 효과가 있는지를 검증해야 한다.

넷째, 유대인의 정확한 삶의 방식에 직접 참여하며 그들 교육의 실체를 체험하며 연구했는지를 검증해야 한다. 그래야 신뢰도를 높일 수 있다.

저자는 하나님의 은혜로 미국 LA에 위치한 정통파 유대인의 공동체에서 약 20여년을 그들과 함께 살면서 이 네 가지를 중점적으로 연구했다. 그리고 약 40여권의 저서들을 저술 및 편역을 했다. 거의 모두 신약교회가 몰랐던 새로운 학설들이다.

이 저서들을 학문의 영역으로 구분한다면 인성교육학적 및 성경을 근거로 한 쉐마교육학적 저술서다. 한 마디로 가정에서 부모가 자녀를 어떻게 하나님이 원하시는 교육을 시켜야할 것인지를 유대인을 모델로 저술한 것이다.

저자 저서들의 공헌을 간단히 요약하면 다음과 같다.

1) 왜 유대인 교육이 기독교교육에 필요한지, 그 당위성을 증명했다. 이것은 기존에 구약성경을 구원론적 입장에서 연구하던 것을 교육학적 입장으로 바꾸었다는 점에서 특이하다. 또한 구약을 연구하던 기존의 많은 학문의 영역들에는 '교육신학'이 빠졌는데, 저자는 이것을 하나 더 새롭게 첨가했다.

2) 인성교육학적인 측면에서 유대인은 하나님의 말씀을 자손대대로 전수하기 위하여, 그리고 이방문화에 물들지 않게 하기 위하여 왜 수직문화가 필요한지를 밝혀냈다.

3) 유대인은 어떻게 세대차이 없이 자손대대로 토라와 역사 및 전통을 전수하는데 성공했는지를 밝혀냈다. 그들에게는 하나님이 명령하신 구약의 지상명령이 있었기 때문이었다.

4) 저자는 구약의 지상명령을 성취하기 위한 각론들, 즉 가정신학, 아버지 신학, 어머니 신학, 효신학, 고난의 역사신학 등을 개발했다. 그리고 주제별로 유대인을 모델로 한 한국인 기독교인에게 맞는 실천 방안들도 소개했다.

5) 유대인의 노벨상 수상자 32%의 비밀을 밝혀냈다. 그리고 그들의 가르치는 방법도 소개했다. 따라서 한국인 기독교인들도 이것을 실천할 경우 유대인과 같은 큰 인물들을 많이 기대할 수 있을 것이다.

6) 비즈니스 세계에서도 유대인과 같이 머리가 될 수 있는 경제신학도 밝혀냈다.

7) 탈무드적인 사고를 하기 위해서 저자는 토라의 해석과 할라카와 아가다를 잘 요약한 랍비 토카이어의 탈무드 시리즈 6권과 솔로몬의 '옷을 팔아 책을 사라'를 편역하여 출판했다.

주목할 것은 1), 2), 3)항의 주제들은 탈무드에 속한 주제들과 별개의 것이다. 따라서 1), 2), 3)항에 관한 저서들은 모든 기독교와 인류에게 꼭 필요한 필독서가 되어야 할 것이다.

요약하면 저자의 저서들은 앞에서 언급한 네 가지 측면에서는 탈무드를 대신할 수 있다. 그러나 저자의 저서들이 유대인의 장로의 유전을 담은 탈무드처럼 토라를 해석했다는 것은 전혀 아니다. 그리고 613개의 율법을 실천하는 방법, 즉 방대한 할라카는 더욱 아니다. 그리고 그들 조상들의 지혜를 담은 아가다도 아니다.

그렇다고 전혀 없다는 것도 아니다. 상대적으로 매우 적다는 말이다. 왜냐하면 저자의 저서에는 각 주제에 필요한 탈무드의 내용을 부분적으로 많이 인용했기 때문이다. 오해가 없기를 바란다.

저자의 저서들은 앞에서 언급한
네 가지 측면에서는 탈무드를 대신할 수 있다.

3. 왜 유대인을 모델로 한 저자의 책을 읽고 실천해야 하나

〈저자 주: 이 글은 쉐마교육학회(준비 위원장 김진섭 교수) 창립 취지문(2009.6.6.)에 있는 내용을 수정 증보한 것이다〉

저자가 유대인의 자녀교육을 연구하면서 깨달은 것은 기독교에 조직신학은 성경적인 논리가 매우 잘 정리되어 있는데 반하여, 기독교교육에는 제대로 된 성경적 논리가 너무 부족하다는 것이다. 조직적이고 정확한 논리가 부실하면 유대인과 같은 교육 사상을 갖기도 힘들거니와 그 교육 사상을 자녀에게 제대로 가르치거나, 실천하기도 힘들다. 그러니 교육의 열매가 유대인만큼 풍성해질 수 없다. 따라서 저자는 30년 넘게 하나님이 주신 지혜로 유대인을 모델로 한 자녀교육에 대한 논리를 하나씩 정리해 왔다.

독자들이 유대인 교육을 좀 더 잘 이해하고 실천하는데 도움을 주기 위해서, 현재까지 저자가 정리했던 모든 총서들을 간단히 소개한다. 이는 자랑을 하기 위함이 아니고 하나님께 영광을 돌리기 위함이다.

저자의 저서들은 매 권마다 뚜렷한 저술의 목적이 있다. 왜 그 저서들을 썼는지 그리고 그 저서들은 어떤 면에서 유익하고 인류 사회에 어떤 공헌을 하는지를 알 수 있다.

A. 기독교교육에 유대인 교육이 필요한 당위성 증명

먼저 저자는 유대인 자녀교육이 왜 기독교교육에 필요한지를 구원론적 입장이 아닌, 선민 교육신학적 입장에서 논증했다. 이것은 기독교인들이 가졌던 유대인에 대한 깊은 부정적인 편견을 없애는 데 공헌했다. 그리고 신약교회가 가졌던 교육신학의 약점을 구약 성경에 근거한 유대인 교육에서 그 원안을 찾았다는 점에서 특이하다.

이 저서로 말미암아 2000년 동안 기독교와 유대교 사이에 막혔던 증오의 담을 허물 수 있었다. 따라서 이제 기독교인과 유대인은 원수의 관계가 아니고, 예수님의 재림을 함께 준비해야 하는 동반자의 길을 갈 수 있게 되었다.

〈출처:
현용수. (2005). *부모여 자녀를 제자 삼아라*. 전2권. 서울: 쉐마.
_____. (2009). *잃어버린 구약의 지상명령 쉐마*. 전3권. 서울: 쉐마.
제2권. 제3부 '왜 기독교교육에 유대인 자녀교육이 필요한가' 〈바울의 참감람나무(유대인)와 가지(이방 기독교인)의 이론〉 참조.
_____. (2020). *제2의 이스라엘 민족 한국인*. 서울: 쉐마.
_____. (2021). *실패한 다음세대 교육, 왜 유대인 교육이 답인가*. 서울: 쉐마.
_____. (2021). *세계선교의 한계, 왜 유대인 교육이 답인가*. 서울: 쉐마.〉

B. 구약의 지상명령 발견: 유대인의 삶의 목표는 구약의 지상명령 성취다

신약시대의 교회가 2000년간 세계선교에는 성공했지만 자손 대대로 말씀을 전수하는 데는 실패했다. 그런데 유대인은 어떻게 아브라함 때부터 현재까지 4000년 동안 하나님의 말씀을 자손들에게 전수하는 데는 성공했는가?

저자는 이에 대한 답은 하나님이 아브라함과 모세에게 주신 구약의 지상명령(창 18:19; 신 6:4-9)이 있었기 때문이라는 것을 발견했다. 하나님이 유대인에게 구약의 지상명령을 주신 목적은 하나님께서 그들에게 토라를 다음세대에게 자손대대로 전수하여 오실 예수님을 준비하라는 것이었다.

따라서 저자는 그들의 삶의 목표가 수직적으로 구약의 지상명령을 성취하는 것임을 확인했다. 이것은 예수님의 복음을 수평적으로 만방에 전파하라(마 28:19-20)는 신약의 지상명령과 짝을 이룬다.

이런 유대인의 믿음이 그들로 하여금 아무리 힘든 상황에서도 좌절하지 않고 끊임없이 삶에 도전하는 의욕의 원천임을 발견했다(히 11장). 유대인 부모는 왜 자손 대대로 자녀에게 말씀을 전수해야 하는가? 구약의 지상명령을 성취하기 위함이다. 이것은 쉐마교육신학이라는 몸통을 지탱해주는 척추가 되었다.

〈출처: 현용수, (2009). *잃어버린 구약의 지상명령 쉐마*, (전3권). 서울: 쉐마.〉
〈아래 저서들은 모두 구약의 지상명령(쉐마)이라는 유대인의 삶의 목표를 성취하기 위한 각론에 관한 저서들이다.〉

C. 구약의 지상명령 성취를 위한 새로운 인성교육학 이론 개발

저자는 유대인이 전 세계를 유랑하면서도 자신들의 토라, 역사 및 전통을 자녀들에게 전수하고, 자신들의 정체성을 지키며, 다른 이방문화에 동화되지 않았던 이유를 교육학, 문화인류학 및 철학적 측면에서 분석하고, 그 대안을 제시했다. 이것은 새로운 인성교육의 학설이다. 이 학설에 기초가 된 '수직문화와 수평문화'의 이론은 저자의 박사학위 논문에서 창안되고 그 신뢰성(reliability)이 증명되었다(현용수, *문화와 종교교육*, 2007, p. 345).

이것은 또한 왜 현대에 자녀교육이 힘들어졌는지, 그리고 자녀들과 현대인에게 전도하기가 힘든지 인성교육학적 및 종교심리학적 측면에서 그 이유를 분석하고, 이에 대한 대안을 효과적으로 제시했다.

이것은 예수님을 믿기 이전의 복음적 토양교육(Pre-Evangelism)의 중요성을 강조하고, 그 교육 방법을 구체적으로 제시해준다는 점에서 특이하다. 이런 면에서 '수직문화와 수평문화'의 이론은 비기독교인에게도 적용된다.

이에 더하여 저자는 하나님이 유대인 스스로 그들의 강한 수직문화를 형성하도록 율법과 절기 등을 만들어 주셨다는 것을 발견하고 그것이 왜 중요한지 그 이유를 인성교육학적인 측면에서 정리했다.

기독교에서 수직문화의 중요성을 더 잘 이해하기 위해서는 이 질문의 답에 주목해야 한다. 하나님은 왜 이스라엘 백성을 출애굽 시킬 지도자로 100% 성경교육을 받았던 아론을 택하지 않으시고, 애굽의 우상을 숭배하는, 바로의 왕궁교육을 40년 동안 받았던 모세를 지도자로 택하셨는가?
〈저자 주: 자세한 답은 저자의 저서 '*현용수의 인성교육 노하우*', 제2권, pp. 195-199 참조〉

〈출처:
현용수. (1993, 2007). *문화와 종교교육*. 서울: 쿰란출판사, 쉐마.
　　　　(저자의 Ph.D. 논문을 재편집한 것임)
＿＿＿. (2009, 2015). *현용수의 인성교육 노하우*. 전4권. 서울: 동아일보사, 쉐마.
＿＿＿. (2020). *제2의 이스라엘 민족 한국인*. 서울: 쉐마.〉

D. 구약의 지상명령 성취를 위한 가정신학 정립

하나님이 창조하신 거룩한 기관은 두 가지, 즉 1) 가정과 2) 공동체 교회다. 저자는 구약의 지상명령을 성취하기 위한 교육의 장(場)이 바로 회당이나 교회가 아니고 가정임을 밝혀냈다. 가정은 하나님이 최초로 창조하신 거룩한 성전이다.

저자는 왜 유대인의 가정은 구약의 지상명령을 실천하는 교육의 센터인가라는 질문에 교회론적으로 답했다. 그리고 왜 가정에서 부모가 자녀들에게 하나님의 말씀을 전수해야 하는지, 그리고 어떻게 자녀를 거룩한 경건한 자손으로 양육할 수 있는지에 대해 성경을 근거로 제시했다.

이것은 유대인을 모델로 한 가정의 정체성과 그 기능과 방법을 설명한 가정신학서다. 한 마디로 이 저서는 유대인은 왜 자신의 행복은 가정 밖이 아닌 가정 안에서 찾는가? 이를 위해 유대인의 가정철학은 무엇이고, 그 실체는 어떤 모습인지를 설명한다.

〈출처:
현용수. (2011). *신앙명가 이렇게 시켜라(부제: 현용수의 쉐마가정신학 노하우)* 전2권. 서울: 쉐마.

_____. (2013). *가정 해체로 인한 인성교육 실종 대재앙을 막는 길*. 서울: 쉐마〉

E. 구약의 지상명령 성취를 위한 아버지 신학 정립

저자는 성경을 근거로 구약의 지상명령적 측면에서 아버지의 정체성과 교육학적인 임무가 무엇인지를 밝혀냈다. 가정의 제사장은 아버지이고 아버지는 하나님의 말씀을 맡은 자(롬 3:2)로 자녀에게 말씀을 전수할 책임이 있다. 자녀는 가정의 아버지를 통하여 하나님 아버지의 이미지와 속성을 알도록 창조하셨다.

그리고 저자는 유대인 아버지가 자녀에게 성경을 가르칠 때 IQ도 함께 계발하는 하브루타식 토론 학습법도 발견했다. 그것이 바로 하나님께서 그들에게 약속하신 세상에서도 머리가 될 수 있는(신 28:13) 그들만의 독특한 '유대인 아버지의 4차원 영재교육' 학습법이다.

〈출처:
현용수. (2006). 유대인 아버지의 4차원 영재교육. 서울: 동아일보사
＿＿＿. (2021). 하브루타, 왜 아버지가 나서야 하는가. 서울: 쉐마.
＿＿＿. (2021). 하브루타식 4차원 영재교육의 비밀, 서울: 쉐마.〉

F. 구약의 지상명령 성취를 위한 경제 신학 정립

저자는 구약의 지상명령을 성취하기 위해서는 가정의 가족들에게 공급할 일용할 양식이 얼마나 중요한지를 성경적으로 설명했다. 유대인 아버지의 경제교육을 모델로 성경에 기초한 노동신학 및 돈 버는 법과 쓰는 법을 정리하여 경제신학서를 저술했다.

기독교인도 하나님께서 약속하신대로 많은 민족에게 재물을 꾸어 줄지라도 꾸지 아니하는 방법(신 28:12)을 배워 세상에서도 풍요를 누려야 한다는 근거를 유대인을 모델로 성경에서 찾아 제시했다.

〈출처: 현용수. (2007). *자녀들아 돈은 이렇게 벌고 이렇게 써라*. 서울: 동아일보사; 쉐마(2015).〉

G. 구약의 지상명령 성취를 위한 효신학 정립

저자는 구약의 지상명령 성취를 위해 가장 필요한 계명이 제5계명 부모공경임을 발견했다. 왜 제5계명이 없으면 하나님의 말씀이 자손대대로 전수될 수 없는지에 대한 이유를 구원론적인 입장에서 설명했다. 이것은 기존의 효가 윤리적인 측면에서 조명한 것과 다르다.

왜 하나님께서는 불효자는 죽이라고 하셨는가? 왜 효는 약속 있는 첫 계명(엡 6:1-3)인가? 왜 제5계명은 하나님과 인간을 이어주는 연결고리인가? 왜 효는 인성교육을 위한 가장 중요한 계명인가? 저자의 효신학은 이런 질문들에 답을 준다.

〈출처: 현용수. (2010). *자녀들의 효도교육 이렇게 시켜라(부제: 현용수의 효신학 노하우)*. 전3권. 서울: 쉐마.〉

H. 구약의 지상명령 성취를 위한 어머니 신학 정립

저자는 구약의 지상명령을 성취하기 위하여 유대인을 모델로 성경에 근거하여 가정에서 어머니의 정체성과 교육학적 임무가 무엇인지를 설명했다(어머니 신학). 어머니는 남편(말씀 맡은 자)을 어떤 면에서 돕는 배필이어야 하고, 자녀에게 무엇을 어떻게 가르쳐야 할 것인지를 설명했다.

왜 모든 이들은 어머니만 생각하면 눈물이 나는가? 하나님은 왜 각 가정에 그분 대신에 어머니를 하나씩 두셨는가? 왜 유대인은 어머니가 유대인이어야 자녀가 유대인인가? 왜 현대는 생명이 잉태되고, 살 수 있는 토양이 거의 죽어가고 있는가? 어머니 신학은 이에 대한 답을 준다.

〈출처: 현용수. (2013). *성경이 말하는 어머니의 EQ교육(부제: 현용수의 어머니 신학 노하우)*, 전2권, 서울: 쉐마.〉

I. 구약의 지상명령 성취를 위한 성신학 정립

저자는 구약의 지상명령을 성취하기 위하여 유대인을 모델로 성경에 근거하여 여성의 정체성과 바른 성교육 지침서인 성신학을 정립했다.

하나님은 왜 남과 여를 만드시고 복을 주시며 생육하고 번성하여 충만하라(창 1:28)는 계명을 주셨는지, 그리고 이 계명을 실천하기 위해 유대인은 자녀들에게 어떤 성교육을 시키는지를 자세히 설명했다.

하나님은 허다한 무리로부터 영광을 받기 원하시는데, 허다한 무리를 만드는 방법이 남과 여가 연합하여 자녀를 많이 생산하는 것이다. 이것은 구약시대에 하나님 나라를 확장시키는 유일한 방법이다.

왜 하나님은 남과 여가 결혼하여 성을 즐기라고 하셨는가? 왜 유대인은 성 관계를 할 때 아내가 오르가슴에 달하지 못하면 강간하는 것이라고 하는가? 아내를 오르가슴에 달하게 하는 방법은 무엇인가?

왜 딸은 순결하고 정숙하게 키워야 하는가? 왜 여성의 몸은 남성에 비해 많이 가려야 하는가? 왜 여성의 자궁은 성소인가? 왜 여성은 결혼식에 남성보다 늦게 들어가는가? 왜 집안의 어두움은 어머니가 밝혀야 하는가? 왜 하나님은 동성애자는 죽이라고 하셨는가? 성신학은 이에 대한 답을 준다.

〈출처:
현용수. (2012). *성경이 말하는 남과 여(부부-성신학)*. 서울: 쉐마.
____. (2021). *유대인의 성교육*. 서울: 쉐마.〉

J. 구약의 지상명령 성취를 위한 고난의 역사교육신학 정립

저자는 유대인이 구약의 지상명령의 성취, 즉 4000년 동안 세대차이 없이 토라와 역사 및 전통을 자녀들에게 전수하는데, 고난의 역사교육이 왜 얼마나 귀중한지를 깨달았다. 저자는 유대인의 고난의 역사교육 모델이 왜 성경적인지를 밝혀내고, 자녀의 인성 형성에 어떤 영향을 미치는지를 설명했다(고난의 역사교육 시리즈 전5권). 그리고 그 방법론도 자세히 설명했다.

왜 자녀의 인성에 가장 큰 영향을 미치는 것이 '효'이고, 둘째가 고난의 역사를 기억하는 것인가? 왜 하나님은 유대인을 전갈과 들짐승이 우글거리는 광야 메마른 땅으로 인도하셨나? 왜 하나님은 그토록 사랑하는 사람에게 고난대학을 통과하게 하시는가? 왜 그들을 굶기셨는가? 왜 그들은 승리한 날보다 패배한 날을 더 기억하는가?

하나님은 유대인이 고난의 역사를 기억하는 방법으로 왜 많은 절기들을 만드시고 그것을 지켜 행하라고 강하게 명령하셨는가? 고난의 역사신학은 이에 대한 답을 준다. 물론 여기에는 유대인의 절기교육과 고난의 역사현장 교육도 소개한다. 그리고 적용편에서 유대인을 모델로 한 한국인의 고난의 역사교육 방법도 제시한다.

〈출처:
현용수. (2014). *하나님의 독수리 자녀교육*. 서울: 쉐마.
_____. (2015). *유대인의 고난의 역사교육*. 서울: 쉐마.
_____. (2015). *승리보다 패배를 더 기억하는 유대인*. 서울: 쉐마.
_____. (2018). *고난을 기억하는 유대인의 절기교육의 파워*. 서울: 쉐마.
_____. (2019). *유대인의 고난을 기억하는 역사현장 교육*. 서울: 쉐마.)

K 구약의 지상명령 성취를 위한 한국형 주일가정식탁예배 예식서 발간

저자는 구약의 지상명령을 성취하기 위하여 유대인의 안식일 절기 방식을 한국인 기독교인식으로 만들었다. 이 책은 이론과 함께 실제 방법도 구체적으로 설명했다. 유대인의 것을 그대로 모방하는 것이 아니고, 그것의 부족한 두 자기, 즉 1) '복음'(기독교의 정체성)과 2) '한국 문화'(한국인의 정체성)를 첨가한 예식서, 즉 '한국형 주일가정식탁예배 예식서'를 만들었다.

2019년 현재 약 3000여 가정이 매주일 이 방식대로 가정예배를 드리고 있다. 그로 인한 선한 열매 또한 기하급수적으로 늘어나고 있다. 한국의 가정들이 살아나고 있다는 증거다.

〈출처:
현용수. (2013). *한국형 주일가정식탁예배 예식서*. 서울: 쉐마.
_____. (2013). *한국형 주일가정식탁예배 예식서 순서지*. 서울: 쉐마. 〉

L 구약의 지상명령 성취를 위한 정치신학 정립

저자는 구약의 지상명령 성취를 위한 성경적인 정치신학을 정립했다. 한국은 문재인 정권이 들어서면서 국가 이념이 좌편향된 주사파 출신들이 권력을 장악하고 있다. 자유민주주의 나라가 없어지고 북한 정권에 넘어가려는 공산화 위기를 맞고 있다. 정부는 코로나19를 핑계로 노골적으로 교회를 핍박하고 있다. 나라가 공산화되면 하나님의 나라, 즉 교회도 없어질 것이다.

그런데도 대부분 기독교 목사들은 예수님처럼 정치발언을 삼가야 한다며 침묵하고 있다. 목사들 중에도 우파와 좌파로 나뉘어져 있다. 교회의 교인들 사이에도 우파와 좌파로 나뉘어져 있다. 어떤 목사들은 자신은 우파도 좌파도 아니고 '예수파' 혹은 '중도'라고 하며 뚜렷한 정치발언을 하지 않고 있다.

저자는 왜 목사는 국가의 위기에 정치 발언을 해야 하는지, 왜 이념적으로 좌파나 중도가 아닌 우파여야 하는지, 그리고 왜 '예수파'라고 하면 안 되는지를 성경적으로 밝혔다. 기독교인의 국가관이나 민족관 그리고 정치관은 왜 성자 하나님이신 예수님을 모델로 하면 안 되고, 성부 하나님의 입장에서, 즉 구약시대의 이스라엘을 모델로 해야 하느냐를 삼위일체론을 근거로 설명했다.

구약성경을 근거로 성부 하나님은 왜 우파의 원조가 되시고 원조 정치가의 되시는지를 설명했다. 따라서 만약 목사가 우파가 아니고 좌파라면, 그리고 정치발언을 하지 않는다면 하나님의 형상을 닮지 않겠다는 것과 마찬가지다. 그리고 왜 목사는 한 손에는 성경을 한 손에는 신문을 보며 설교해야 하는지를 밝혔다. 양들을 위기에서 보호하기 위함이다.

〈출처: 현용수. (2021). *이스라엘을 모델로 좌파 조개기(부제: 기독교인의 성경적 국가관과 정치관)*. 서울: 쉐마.〉

M. 유대인의 탈무드적 사고를 알기 위한 탈무드 시리즈 편역 발간

유대인의 삶의 목표는 구약의 지상명령 성취라고 했다. 그리고 토라를 해석하고 실천하기 위한 책이 탈무드라고 했다. 이것을 읽어야 유대인의 탈무드적 사고를 할 수 있다. 그러나 저자는 방대한 탈무드를 요약할 만한 능력과 시간이 없었다.

그래서 생각해 낸 것이 제한적이지만 랍비 토카이어가 저술한 탈무드 시리즈 전6권과 솔로몬이 저술한 1권을 편역하여 발간하는 것이었다. 자세한 유대인의 할라카는 빈약하지만 그들의 지혜와 사고의 발상을 이해하고, 닮는 데는 매우 효과적이다.

〈출처:
Tokayer, 탈무드 1: 탈무드의 지혜, 편저: 현용수, 서울: 쉐마.
_____. (2013). 탈무드 2: 탈무드와 모세오경, 편저: 현용수, 서울: 쉐마.
_____. (2013). 탈무드 3: 탈무드의 처세술, 편저: 현용수, 서울: 쉐마.
_____. (2013). 탈무드 4: 탈무드의 생명력, 편저: 현용수, 서울: 쉐마.
_____. (2013). 탈무드 5: 탈무드 잠언집, 편저: 현용수, 서울: 쉐마.
_____. (2017). 탈무드 6: 탈무드의 웃음, 편저: 현용수, 서울: 쉐마.
Solomon. (2005). 옷을 팔아 책을 사라, 편저: 현용수, 서울: 쉐마.〉

N. 결론

바른 교육을 하기 위해서는 바른 교육의 이론과 방법을 정립하는 것이 필수다. 이것들은 바른 교육의 교과서가 되기 때문이다. 위 저서들은 교육 이론과 함께 그 이론을 실천하는 방법들을 사진들과 함께 자세하게 설명해 놓았다.

그러나 이것만으로는 안 된다. 그것을 그대로 실천해야 한다. 그리고 최종적으로 그 교육의 결과를 평가해야 한다. 그 교육의 열매(결과)가 얼마나 선(good)한지, 혹은 악(evil)한지를 보고 그 교육의 이론과 교육 방법을 평가할 수 있기 때문이다.

예를 들면 공산주의의 이론과 교육 방법을 70년 동안 실천(실험)했던 구 소련과 동구권 및 중국과 북한 등은 악한 열매를 맺었다는 것이 증명되었다. 약 7000만 명 정도의 사상자를 냈고, 경제는 번영(prosperity)이 아닌 빈곤(poverty)을 가져왔다. 그들은 자유와 인권적인 면에서 평등을 부르짖었지만 모든 권력을 독점한 독재자에게 인권을 유린당해 왔다. 따라서 공산주의의 교육의 열매는 악하다. 이것은 공산주의는 더 이상 인류에게 실험해서는 안 된다는 것을 증명해 준다.

반면 유대인 교육의 이론과 방법은 4000년 동안 실험해 본 결과 수많은 선한 열매들이 나타났다. 그들은 가정만 거룩한 성전을 유지한 것이 아니라 세상에서도 머리가 될망정 꼬리가 되지 않았다는 증거들이 허다하다. 저자가 강력하게 유대인 교육을 추천하는 이유다. 더 이상의 논란의 여지가 없다.

> 여호와께서 너로 머리가 되고 꼬리가 되지 않게 하시며 위에만 있고 아래에 있지 않게 하시리니 오직 너는 내가 오늘날 네게 명하는 네 하나님 여호와의 명령을 듣고 지켜 행하며…. (신 28:13)

4. 성경적 교육은 바로 이것이었습니다! 다른 대안은 없습니다!

주예안 전도사

〈총신대학교 교육대학원 기독교교육학 석사〉

한동안 잊었던 현용수 박사님의 유대인의 IQ-EQ 교육

먼저 이 세미나에 참석하게 하신 하나님께 영광을 돌립니다. 저는 이 세미나를 아주 어렸을 때부터 국민일보나 성결신문에서 본 기억이 있습니다. 현용수 박사님의 IQ-EQ에 관한 기사도 많이 보았습니다. 한동안 잊고 살아오다가 교회 담임 사모로서, 교육부 전도사로서 배울 것이 많다고 생각되어 이번 세미나에 참석했습니다.

총신대학교 교육대학원 기독교교육학 석사공부를 시작하고 개척교회 교육부를 담당하면서 현 시대 한국교회 교육에 문제에 온 몸으로 부딪히고 그 답을 찾는 과정에서 고민하고 있던 날들이었습니다. 그런데 며칠 전 남편 목사님이 함께 원어공부하시는 추기철 목사님을 통해서 이 세미나를 들었을 때 예전에 봤던 글들이 생각나서 '이거다!'라는 insight와 함께 한걸음에 달려왔습니다.

제가 3박 4일 동안 경험한 쉐마교육은 실로 놀라웠습니다. 단순히 '쉐마'라는 유대인의 교육방법만을 따온 교육프로그램이 아니라 성경적, 신학적으로 또한 교육학적으로 올바르고 체계적인 구성과 내용이었습니다.

쉐마교육은 '대안'이 아닌 '원안'이라는 것을 깨달았습니다

'대안'을 찾으러 온 저에게 쉐마교육은 대안이 결코 아니고 '원안'이라는 것을 깨달았습니다. 하나님은 이렇게 신앙을 전수하라고, 이렇게 성경을 가르치라고 이미 구약의 이스라엘 백성에게 말씀하셨고, 지금도 영적 이스라엘 백성인 우리에게 말씀하고 계십니다.

쉐마는 하나님이 창조하시고 말씀하신 교육입니다. 쉐마는 하나님이 알려주신 신앙 전수 방법입니다. 그걸 모르고 우리는 그리고 우리 이전세대는 복음만을 전하고, 교회를 성장시켰습니다. 그러나 다음세대를 향한 선민교육에는 쉐마와 다른 방법으로 교육시켰습니다.

그 결과 신앙의 대가 끊어지고 교회의 미래가 안 보이게 되었습니다. 이제야 큰일이 났다고 대안을 찾아야 한다는 목소리를 내고 있습니다.

다음세대에게 쉐마가 아닌 다른 방법으로 교육시킨 결과 신앙의 대가 끊어지고 교회의 미래가 안 보입니다. 이제야 큰일이 났다고 대안을 찾고 있습니다

지금껏 몰라서 그랬습니다. 후대의 우리도 보고 배운 것이 그것이라 다들 갈 바를 알지 못합니다. 저는 그 무지함을 회개했습니다. 저 뿐만 아니라 이 땅의 수많은 목회자, 교육자들은 무지했고 아직도 모르고 있습니다.

가정에서 아버지의 정체성과 기능은 무엇인지, 어머니의 정체성과 기능은 무엇인지, 부모는 왜 어떻게 공경해야 하는지를 잘 몰랐습니다. 물론 '어떻게'라는 질문의 대답은 많이들 얘기했지만, 그것을 성경적으로 설명해주고 특히 '왜' 그래야 하는지 성경적, 신학적으로 명쾌하게 말해주는 이가 없었습니다.

그래서 한편으로는 이 강의를 듣는 지금 감사와 더불어 아쉬운 생각도 많이 들었습니다. 이 땅의 모든 가르치는 자들이 이 강의를 들어야 하는데 라는 생각이 끊이지 않았기 때문입니다.

가정이 무너졌습니다. 믿음의 가정들도 교육을 학교와 교회에 위탁합니다. 가정교육이 무너지니 곧 학교교육도 무너졌습니다. 그런데 교회교육도 세상의 이론과 논리를 따라가기 시작했습니다.

실용주의 교육이 교회 안으로 들어옴으로써 주일학교 예배가 정도를 벗어나고 각종 세속적 프로그램으로 물들었습니다. 어디서부터 잘못 되었나 고민했습니다. 문제의 뿌리는 교회가 아니었습니다. 학교가 아니었습니다. 바로 가정이었습니다. 믿음의 대를 잇는 전수는 수직문화가 이뤄지는 가정이 중심이라는 것을 이제야 알았습니다.

총신대 대학원 논문 주제를 쉐마로 잡겠습니다

쉐마교육은 가정만 살리는 교육이 아닙니다. 가정이 바로 섬으로써 그 믿음의 가정들이 모이는 교회가 바로 세워지며 민족과 나라가 올바르게 세워집니다.

먼저는 우리 가정을 쉐마교육으로 세워 나갈 것입니다. 너무 감사한 것은 하나님이 아직 우리가정에 아이를 주시기 전에 남편과 함께 쉐마교육을 받았다는 것입니다. 준비된 부모로써 앞으로 가정을 하나님의 뜻 안에서 바르게 세워나갈 것입니다.

또한, 사역하는 교회에서 목회의 방향성을 쉐마의 정신으로 온 성도가 함께할 수 있도록 할 것입니다. 마지막으로 대학원 논문에서 쉐마를 주제로 잡고 기독교교육적으로 학문적인 뒷받침을 하는 연구를 하려고 합니다.

우리는 쉐마를 바르게 널리 알려야 합니다

지금껏 쉐마교육을 받은 기독교 지도자들이 국내외에 허다하게 많은데 어째서 파급 효과가 적었을까를 생각해 봤습니다. 그건 아마 쉐마교육을 받은 분들이 쉐마교육의 원조가 누구인지를 주변에 알리지 않았기 때문일 것입니다. 전 세계적으로 쉐마교육을 성경에서 발견하고 체계화시킨 분은 현용수 박사님이십니다.

하지만 많은 교육자와 목회자들이 쉐마에 대한 설교나 강의를 단편적으로 하면서도 마치 자기 것인 양 포장하고 감춰왔습니다. 우리는 그 잘못을 바로잡고 바른 쉐마를 배우도록 알려야 합니다. 그리하여 많은 사람들이 제대로 된 쉐마교육을 배우고 삶으로 살아낼 수 있도록 길잡이 역할을 해야 합니다.

이 모든 계획을 주 하나님께서 이루어 가시기를 간절히 소망합니다. 더불어 피를 토하는 심정으로 열정과 쉐마교육의 논리를 쏟아 부어주신 현용수 박사님께 감사드립니다.

5. 쉐마교육을 잘 실천하는 이들의 특징

신약시대의 교회가 2000년간 세계선교에는 성공했지만 자손 대대로 하나님의 말씀을 전수하는 데는 실패한데 반해, 유대인은 어떻게 아브라함 때부터 현재까지 4,000년 동안 하나님의 말씀을 자손들에게 전수하는 데 성공했는가? 그것은 유대인에게는 구약의 지상명령이 있었고, 신약교회는 없었기 때문이었다.

또한 우리는 세 가지 질문을 할 수 있다.
1) 유대인과 기독교인은 동일한 구약성경을 믿고 가르친다. 그런데 생활 방식에 왜 많은 차이가 나는가?
2) 유대인과 기독교인 중 누가 더 성경말씀대로 사는가? 또한
3) 왜 기독교인은 유대인보다 영재교육에 뒤쳐져 있는가? 1)항과 3)항의 답은 유대인에게는 탈무드가 있고, 우리에게는 없기 때문이다. 2)

항의 답은 유대인이 기독교인보다 더 성경말씀대로 산다는 것이다.

많은 목사들이 저자의 강의를 들었다. 그러나 의외로 쉐마교육을 잘 실천하는 이들은 많지 않다. 그렇다면 누가 쉐마교육을 잘 실천하는가? 저자의 저서들을 교인들에게 뿐만 아니라 자녀들에게도 세뇌가 되도록 가르치는 분들이다. 예를 들면 박현준 목사(드림교회), 백승철 목사(새빛충신교회), 안병만 목사(열방교회), 권창규 목사(좋은가족교회), 노욱상 목사(우리품교회) 및 조수동 목사(동상침례교회) 등이다.

왜냐하면 저자의 저서들을 읽고 배워야 왜(why) 유대인의 생활을 본받아야 하는지를 알 뿐만 아니라, 자녀에게 무엇(what)을 어떻게(how) 가르쳐 실천해야 하는지를 알 수 있기 때문이다. 그런 면에서 저자의 저서들은 상대적으로 부족하지만 기독교인들에게 유대인의 탈무드의 역할을 대신해 주고 있다.

이것은 무엇을 뜻하나? 유대인이 탈무드를 읽고 연구하며 하나님이 원하시는 삶을 살 수 있듯이, 기독교인도 저자의 저서들을 읽고 연구함으로 하나님이 원하시는 삶을 살 수 있다는 것이다.

그렇다면 가정이나 교회 그리고 대안학교에서 하브루타의 본문은 무엇으로 해야 하는가? 많은 이들이 성경으로 하는 경우가 많다. 그러나 성경만 가르칠 경우 영의 양식은 잘 보충이 될 수 있지만, 하나님이 원하시는 삶을 사는 데는 한계가 있다는 것을 직시해야 한다. 2000년 동안의 기독교 역사가 이를 증명하고 있다.

그렇다면 어떻게 해야 하는가? 유대인이 토라를 강조하면서 탈무드를 함께 공부하는 것처럼, 기독교인도 성경과 함께 유대인의 탈무드를 대신하는 저자의 저서를 읽고, 또 읽고 열심히 공부해야 한다. 그래야 유대인처럼 신본주의 사상이 투철해지면서 구약의 지상명령을 지키려는 의지가 강하게 넘쳐날 수 있을 것이다.

많은 이들이 저자의 저서를 읽으면 신구약 성경이 매우 깊게 이해될 수 있다고 하는 이유가 여기에 있다. 또한 탈무드적 사고를 하기 위해서는 탈무드 편역서 시리즈를 본문으로 잡는 것도 좋은 방법이다.

그런 면에서 안병만 박사가 부모와 자녀들을 가르치기 위하여 부족한 저의 저서들을 스터디 북을 만드는 것은 매우 의미 있는 일이다. 많은 이들이 이 책들을 사용하여 가정도 살리고, 교회와 민족도 살릴 수 있기를 간절히 기원한다.

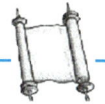

가정이나 교회 그리고 대안학교에서
하브루타의 본문은 무엇으로 해야 하는가?

6. 요약 및 결론

긴 여정을 마친 기분이다. 다시 보아도 저자가 쓴 것 같지가 않다. 누군가가 지혜와 능력을 주셨기 때문이다. 그분이 바로 하나님이시다.

대부분 문명국가에서는 자녀들을 학교교육에만 의존하는 경우가 많다. 그러나 유대인은 자녀교육을 여러 교육의 장소를 함께 이용한다. 첫째, 가정교육, 둘째, 회당 교육, 셋째, 학교교육, 넷째, 사회 교육 등이다.

가정에서는 종교 교육과 도덕 교육 및 지혜 교육을, 회당에서는 종교 교육과 종교적 민족적 공동체 교육을, 학교에서는 세상의 신학문 교육을, 그리고 사회에서는 사회 적응과 지혜를 습득하게 한다.

그 중에서도 유대인은 가정교육을 가장 강조한다. 유대인의 회당과 학교는 가정교육을 돕는 기관들이다. 즉 가정이 교육의 센터이며 주체라는 뜻이다.

많은 민족이 성경을 가르친다. 그런데 유대인은 그들과 무엇이 다른가? 그들이 가르치는 말씀 자체가 지혜의 말씀인데다 그 가르치는 방법 역시 영재교육의 방법으로 가르치기 때문에 그들은 하나님의 말씀을 가르치며 '인성교육'과 '영재교육'이란 두 마리의 토끼를 한꺼번에 잡는다. 이것이 자신들의 정신세계를 잃지 않고도 세상에서도 으뜸이 될 수 있는 비밀이다.

또한 유대인은 자녀에게 지혜 교육을 시킨다. 지혜가 있으면 하늘의 것과 땅의 것을 소유하지만 지혜가 없으면 하늘의 것은 고사하고 땅의 것도 오랫동안 간직하지 못하고 빼앗기기 쉽다. 물론 그들은 지식 교육도 강조한다.

따라서 그들의 교육은 평생 교육이다. 그들은 자녀교육에 유대 민족의 사활을 건다. 그들의 교육은 그들이 역사 속에서 멸망하지 않고 살아남은 원동력이 되었다. 유대인이나 기독교인이나 지혜의 원천은 성경 말씀임을 명심해야 한다.

교육에 가장 많은 것을 투자하면서도 교육에 가장 문제가 많은 한국의 현실이 안타깝다. 뿐만 아니라 좋은 아버지이기를 원하나 아버지의 역할이 무엇인지를 구체적으로 모르는 아버지들에게 본서가 최선의 대안이 되기를 간절히 기원하는 마음으로 글을 마친다.

도움이 되었다면 부족한 종에게 끊임없이 지혜를 주시는 우리 주 예수님에게만 감사와 찬송과 영광을 드린다.

부록 I

쉐마지도자클리닉 참석자들의 증언

편집자 주_ 쉐마클리닉을 수료하신 분들의 간증문들이 대부분 탁월하나, 부득이 몇 분만을 고르게 되어 나머지 분들께 죄송한 마음을 전합니다. 쉐마교육연구원 홈페이지(www.shemaiqeq.org)에 더 많은 간증문이 실려 있으니 참고하시기 바랍니다.

정필도 목사님의 충격 발언, "교회가 앞장서서 가정을
파괴했다는 것을 알게 되니 너무 가슴이 아픕니다"
- 조우영 목사 (부산 남부주영교회)

청년의 때에 이런 귀한 말씀을 들을 수 있다는 사실이 기적이다
- 주봉규 대학생 (늘푸른교회 청년부, 전남대학교 영어영문학과)

충격, 보수의 뿌리인 교회가 오히려 진보 아이들을
키워내는 역기능 역할을 했다
- 김성목 팀장 (부산 수영로교회, 정필도 원로목사님의 비서)

"누가 이 백성을 바른 국가관이나 충성심도 없는 존재로 만들었을까?"
〈왜 40대 이하는 애국심을 키우는 6.25나 광복절 노래를 모르는가?〉
- 선우미옥 교수 (성균관대 삼성창원병원 영상의학과 교수)

신앙생활의 궤도 수정을 가져 오게 한 쉐마전문직클리닉
- 황홍섭 교수 (부산교육대학교, 부산 수영로교회 집사)

> "교회가 앞장서서 가정을 파괴했다는
> 것을 알게 되니 가슴이 너무 아픕니다"
> – 정필도 목사님 –

조우영 목사 (부산 남부주영교회)

- 합동 남부산동노회장
- 총신대 신대원 졸
- 부산대학교 졸

"내가 현용수 박사님을 40년 전에 알았으면 내 목회가 달라졌을 텐데…."

"교회가 앞장서서 가정을 파괴했다는 것을 알게 되니
가슴이 너무 아픕니다."

　수영로교회 정필도 원로목사님이 지난 주(2020년 2월 3-6일) 4일 동안 부산 수영로교회 엘레브에서 쉐마지도자클리닉에 참석하신 후 하신 말씀입니다.
　그 분은 셋째와 넷째 날은 온종일 강의를 듣느라 그리고 전 주에 외국에서 계속 강의를 하신 관계로, 누적된 피곤으로 인하여 오전에 코피를 쏟게 되었습니다. 그러면 솜으로 코를 막고 계시다가 점심시간에 병원에 들러 치료를 받으시고 오후 강의 시간에는 정확하게 참석하시어 사모님과 함께 두 분이 온종일 강의를 빠지지 않고 들으셨습니다.

저는 현 교수님의 동일한 강의를 4번째 반복하여 들었습니다. 친구 목사인 이현국 목사(부산 운화교회)는 7번째 들었습니다. 들을 적마다 매번 새

쉐마지도자클리닉에서 그룹 토의를 하는 모습. 정도랑 목사 정필도 목사 황홍섭 교수 현용수 교수 이현국 목사 조우영 목사 (오른쪽부터 시계 반대 방향)

강의 소감을 말씀하시는 정필도 목사님

롭게 들리기 때문입니다. 이번에는 정필도 목사님과 함께 들으며 많이 놀라고 배웠습니다.

첫째는 정필도 목사님의 경건성입니다. 연세가 80이신데도 요즘도 새벽 2시 반에 일어나셔서 밤새도록 기도하시고 금식도 자주하신답니다.

둘째는 나라를 진정으로 사랑하는 애국자이십니다.

셋째는 그분의 겸손하심과 솔직함이었습니다. 그렇게 큰 목회자가 그렇게 솔직하기가 힘드실 텐데도, 부모가 자녀를 제자화시켜야 한다는 구약의 지상명령을 몰랐기 때문에 신약의 지상명령, 즉 교회 성장과 세계선교 사역에만 올인하셨다는 겁니다.

그 결과 교회성장과 세계선교는 성공했지만 성도들의 가정이 파괴되는 줄은 몰랐다는 겁니다. 때문에 다음세대에 희망이 없다는 겁니다. 대형교회 목사님으로서 이것을 솔직히 시인하셨다는 것은 보통 겸손하지 않으면 할 수 없는 것일 겁니다. 정녕 그분은 이 시대의 신앙의 본이 되시는 영웅이십니다.

그분은 이번 클리닉에서 한국교회가 쇠락하는 이유와 다음세대의 대안을 발견하시고 매우 심각하게 고민하시었습니다. 그분의 제안으로 금년 7월 6일부터 4일 동안 엘레브에서 쉐마지도자클리닉 2차 학기(쉐마편)를 개최하기로 했습니다. 이 글을 보시는 많은 분들도 함께 참석하여 들어보실 것을 권합니다. (쉐마교육연구원 홈피 참조 www.shemaIQEQ.org)

청년의 때에 이런 귀한 말씀을 들을 수 있다는 사실이 기적이다
〈나는 전라도 학생이지만 이승만, 박정희 대통령을 존경한다〉

주봉규 학생
(전남대학교 영어영문학과, 광주 늘푸른교회 청년부)

"쉐마교육을 받아야 결혼할 자격이 있다"는 말을 듣고 왔다

"결혼은 인생에 있어서 가장 중요하다."

교회에서 목사님을 통해 가장 많이 들었던 말씀 중 하나다. 그리고 쉐마교육에 다녀오신 여러 집사님들과 사모님께서 최근 청년들에게 하셨던 말씀은 "쉐마교육을 받아야 결혼할 자격이 있다"였다. 누구나 결혼을 하고 싶기에, 우리 청년들은 교회에서 함께 이 쉐마교육을 3박 4일 동안 들으러 오게 되었다.

첫 시간부터 내 가슴을 찢기 시작했다
나의 의식들이 깨지는 소리가 들렸다
눈물의 샘이 터지고 깊은 회개가 올라왔다

2019년 1월 21일 시작된 첫 시간부터 현용수 박사님의 한 말씀 한 말씀이 내 가슴을 찢기 시작했다. 내가 가지고 있던, 나의 이성 속에 자리 잡았던 의식과 인식들이 깨지는 소리가 들렸다.

아, 내가 얼마나 불효자였던가, 얼마나 가정의 중요성과 부모의 권위와 역할을 모르고 있었던가, 얼마나 내 삶속에 놓치고 있던 부분들이 많았던가, 얼마나 나의 부모님을 공경하지 못했는가. 셀 수가 없었다.

눈물의 샘이 터졌다. 머리가 아닌 가슴으로부터 깊은 회개가 올라왔다. 그와 동시에 또한 감사가 솟구쳐 올랐다. 청년의 때에 이런 귀한 말씀을 들을 수 있다는 사실이 기적 같았다. 아니 기적이었다.

이곳을 추천해 주신 담임 목사님께 감사한다

하나님이 직접 디자인하신 가정이라는 아름다운 모델을 꾸리고 세우기 전에, 주님의 인도하심 가운데 이곳에 오게 되었음을 믿어 의심치 않는다.

현용수 박사님과의 이 만남은 내 삶속에 가장 중요한 만남들 중 하나다. 무엇보다 이러한 가르침을 받을 수 있도록 늘 지도해주시고 이끌어주신 담임 목사님 사모님께 감사드리고, 이 귀한 목자와 교회를 만나게 하신 하나님께 진정으로 감사드린다.

쉐마교육을 남에게 뭐라고 설명하겠느냐고 물어본다면….

쉐마교육을 남에게 뭐라고 설명하겠느냐고 물어본다면 나는 이렇게 답할 것이다.

"쉐마교육은 마지막 시대의 생존의 비결이다."

이 땅에 가정이 무너지자 수많은 아이들이 타락하고 죄악의 길로 들어섰다. 교육이 무너졌고 대한민국의 현재와 미래의 희망들도 침몰해가고 있다.

대환란 때, 교회 예배가 사라지는 그 때를 준비하기 위해 쉐마가 필요하다

교회는 "마라나타 주 예수여 오시옵소서!"라고 외치며 주님의 재림을 준비하라고 하지만, 정작 교회 안에 있는 가정들은 깨지고 부서지고 천국이 아닌 지옥으로 변했다.

마음에 강한 다짐을 하게 된다. 이제 우리는 이 쉐마교육을 통해 무너진 가정을 회복시켜야 한다. 구약의 지상명령을 실천하기 위해 가정식탁예배로 말씀을 전수하며 예수님의 초림을 예비했던 유대인들처럼, 이제 이 대한민국 교회들은 구약의 지상명령을 실천하여 가정을 거룩하게 세워야 한다.

그리고 대환란 때, 교회에서 예배가 사라지는 그 때에, 가정식탁예배로 살아남아 끝까지 구원을 잃지 말아야 할 것이다. 따라서 신약시대의 구약의 지상명령은 주님의 재림을 준비하기 위한 명령이다.

나는 오늘 이 땅을 비출 빛을 발견했다

언더우드 선교사님이 조선 땅에 도착하여 이렇게 기도했다.

"주여, 지금은 아무것도 보이지 않습니다. 보이는 것은 고집스럽게 얼룩진 어둠뿐입니다."

현재 대한민국을 볼 때 나의 심정도 이와 같다. 어둠만이 가득한 이 땅, 그러나 나는 오늘 이 땅을 비출 빛을 발견했다. 쉐마교육을 통해 하나님 나라의 가정이 세워지고 권위의 회복과 말씀전수, 부모의 역할이 진리 안에서 올바로 확립될 때, 대한민국을 세운 이승만 대통령의 건국이념인 기독교 입국론이 회복될 것이다. 그리고 이 땅에서 우리는 주님의 재림을 맞이하게 될 줄로 믿는다.

나는 전라도 학생이지만 이승만, 박정희 전 대통령들을 존경한다

나는 전라도 학생이지만 대한민국을 건국하신 이승만 박사님과 경제대국을 이룬 박정희 전 대통령을 존경한다. 그분들의 피와 땀과 눈물과 헌신과 희생이 아니었다면 우리는 북한의 김일성, 김정일, 김정은의 억압 속에서 얼마나 많은 인권이 유린되었겠는가! 어떻게 하나님의 교회가 살아남을 수 있겠는가! 고로 나는 두 분 대통령을 존경하고 사랑한다.

종북좌파 세력들이 나라를 파괴하는데, 왜 교회 청년 보수들은 잠잠한가?

현용수 박사님의 강의를 들으며 안타까운 생각이 들었다. 저 종북좌파 세력들은 어떻게든 이 대한민국의 헌법과 질서를 파괴하기 위해 끊임없이 칼을 갈며 우는 사자와 같이 달려드는데, 왜 우리 청년 보수들은 이리도 순한 양처럼 관망만 하는가!

그 동안 받아왔던 교회교육이 잘못되었음을 깨달았다. 기독교인은 무조건 착하기만 하면 안 된다. 예수님처럼 비둘기처럼 순결해야 하지만 진리를 지키기 위해서는 뱀처럼 지혜(슈르드)로워야 한다. 즉 유대인처럼 진리와 나라를 사수하기 위해서는 뱀처럼 슈르드하고 독수리 같은 그리스도의 좋은 군사가 되어야 한다.

더 이상 물러설 곳이 없다. 현용수 박사님의 유대인의 4차원 영재교육과 고난의 역사교육 강의는 내 안에 숨어 있었던, 주님의 형상인 독수리 용사의 기질을 깨워주셨다. 박사님의 말씀처럼 청년인 우리부터 이제 자랑스런 대한민국을 지키기 위해 싸움닭이 돼야 한다. 거룩한 분노로 일어서야 한다.

하나님 나라의 거룩한 쉐마교육의 가치들을 이 땅에 온전히 풀어놓기 위하여 우리는 그 누구보다 열심히 달려가야 하리라. 세상을 향해 포효하시는 유다의 사자 예수 그리스도, 그분의 용맹함과 용기가 이 땅이 회복되길 원하는 주의 자녀들에게 쏟아지고 부어지기를 소망한다. 두려워하지 말아야 한다.

나는 결단한다. 이 청년의 때에 진리 안에서 올바른 자녀의 모습으로 살아가리라. 그리하여 훗날 가정 안에서 자녀를 교육할 때 올바른 자녀의 모습이 어떠한 것인지 나의 삶으로 보여주리라.

이 무너진 세대 가운데 내가 먼저 주님의 독수리가 되어 독수리 새끼들을 키울 수 있는 남편이자 아비이자 하나님 나라의 좋은 군사로 일어서리라 굳게 다짐한다.

> "더 이상 물러설 곳이 없다.
> 박사님의 말씀처럼 청년인 우리부터
> 이제 자랑스런 대한민국을 지키기 위해
> 싸움닭이 돼야 한다.
> 거룩한 분노로 일어서야 한다."

충격, 보수의 뿌리인 교회가 오히려 진보 아이들을 키워내는 역기능 역할을 했다

김성목 집사 (부산 수영로교회, 해외집회부 팀장)

- 인제대 경제학과 졸업
- ㈜태국 PMK 재무팀장
- 정필도 원로목사 비서

현존하는 세계 최고의 기독교 인성교육이다

제가 현용수 교수님의 쉐마교육 강의를 듣게 된 것은 수영로교회 권명옥 전도사님과 문은숙 선교사님의 권면이 있었기 때문입니다. 그리고 두 가지 동기가 있었습니다.

첫째는 성경에서 "네 입을 넓게 열라"고 했듯이, "우리 아이를 어떻게 복음 안에서 하나님의 사람으로 키워 나라와 민족과 세계를 살리는 인물로 키울 수 있을까?"라는 비전을 품었기 때문입니다.

두 번째는 "우리나라 청소년들이 기성세대와는 너무나도 다른 가치관을 가진 것을 목도하며 마치 기성세대와는 세대차이를 넘어 타 국가 사람들로까지 느껴지는 작금의 시대에 우리 자녀를 지금 세대와 같은 아이로 키우고 싶지 않아서'라는 고민을 했기 때문입니다.

강의를 들으면서 "만감이 교차한다"라는 표현 외에는 달리 표현 할 말이 없었습니다. 깊은 깨달음, 안타까움, 부끄러움, 충격 등의 감정을 복합적으로 느끼며 강의에 빠져 들었습니다. 모든 답을 찾았습니다.

특별히 이 강의를 가장 먼저 들어야 할 사람이 저라는 사실을 깨달았습니다. 왜냐하면 저는 늘 수영로교회 정필도 원로 목사님을 모시고 해외 출장이 너무 잦아 아내와 아들을 보살필 시간이 없었기 때문입니다. 저는 신약의 지상명령인 복음전파에만 충실했지, 구약의 지상명령인 가정 사역(쉐마)에는 무지했기 때문입니다. 이번 기도회 때에 저의 잘못을 철저하게 회개했습니다.

가장 충격을 받은 부분은 하나님의 말씀을 지키고 보수를 지향하는 뿌리의 근본인 교회가 오히려 진보성향의 아이들을 키워내는 역기능적인 역할들을 수행했다는 점입니다.

강의를 들으면서 '이러저러한 요소들로 인해 비롯된 잘못'들을 더욱 명확히 알 수 있었고 수직문화를 지향하는 교육만이 이 시대의 대안이라는 사실을 깊이 깨달았습니다. 옛 어르신들이 "교회 다니는 녀석들은 애비, 애미도 없더냐?"라는 말이 강의를 통해 깊이 이해가 되었습니다.

저는 오늘부터 성경의 진리를 똑바로 배우고 알아서 '하나님 사랑, 나라 사랑, 이웃 사랑'을 나부터, 우리 가정부터, 작은 것에서부터 지켜나가는 참 그리스도인으로 살아가겠습니다.

> "누가 이 백성을 바른 국가관이나
> 충성심도 없는 존재로 만들었을까?"
> 〈왜 40대 이하는 애국심을 키우는
> 6.25나 광복절 노래를 모르는가〉

선우미옥 교수
(성균관대학교 삼성창원병원 영상의학과 교수 및 대표과장)

- 신경두경부영상의학회 부산, 경남지부 회장
- 전, 왈레스기념침례병원 영상의학과 과장
- 부산 동상제일침례교회 집사

결론적으로 "참 잘 왔다"라는 생각이 들었습니다

저는 쉐마교육이 이번이 처음이 아니었습니다. 지난 2015년(1차 학기 인성교육편)과 2016(2차 학기 쉐마교육편)년 저희 교회에서 현용수 박사님을 초빙했을 때 처음 접했고, 그 후 간간히 박사님께서 관심을 놓아버릴 만 할 때마다 저희 교회에 방문하셔서 강의를 해주셨습니다.

그래서 이번 수영로교회에서 하는 쉐마클리닉은 더 들을 필요가 있을까 하는 마음이 많았습니다. 그런데 우연히 저희 담임 목사님 사모님과 이야기를 하다가 꼭 다시 들으라는 말씀에 며칠만 듣는 척이라도 해야겠다는 마음으로 교육에 임했습니다.

첫날 강의를 듣고는 "꼭 다시 잘 들어야겠다"라는 진한 감동이 왔습니다. 결론적으로 말씀드리면 "참 잘 왔다"라는 겁니다.

왜냐하면 전에 들었던 내용들이었지만 다시 들으니 그 때보다 훨씬 이해도도 높았고, 작금의 시대 상황에 적용도 잘 되었습니다.

가장 은혜가 되었던 것은
대한민국의 정체성(국가관)에 관한 강의였습니다

강의 내용 중에 저에게 가장 은혜가 되었던 것은 막바지 토요일 오전 강의였습니다. 고난의 역사를 돌아보고 국가관을 바라 잡아야 한다고 힘주어 말씀하시는 현용수 박사님의 말씀에 저희 교회에서 올해부터 새롭게 시도했던 6.25전쟁 절기 예배가 생각이 났습니다.

2019년 6월 25일이 화요일이었기 때문에 6월 23일을 전쟁 기념 절기로 지켰습니다. 그날은 온 교인 3세대가 화려한 한복대신 전쟁의 슬픔을 애도하는 검은 옷이나 흰 옷을 입고 예배에 참석했습니다.

오전 11시 예배 후 점심은 소금 외에 다른 양념을 전혀 첨가하지 않은 주먹밥과 쑥개떡으로 대신했습니다. 참고로 저희 교회는 유대인처럼 세대차이를 없애기 위해 언제나 전교인 3세대가 통합예배를 드립니다. 주일학교도 주중으로 옮겼습니다.

오후 2시 예배에는 현용수 박사님이 모친의 등에 업히어 피난을 가셨던 6.25전쟁 체험을 직접 듣는 시간을 가졌습니다. 우시면서 공산당 완장을 찬 인민반장에 끌려가 죽을 고비를 넘겼던 사건과 모친의 고난에 대한 간증을 들었을 때 온 교인들이 모두 함께 울었습니다.

이어서 영화 '국제시장'의 시발점이 되었다고 할 수 있는 흥남철수작전, 그것의 계기가 된 "장진호 전투"에 대한 역사 다큐멘터리를 다 같이 시청했습니다. 전쟁의 참혹함과 사회주의 이데올르기가 얼마나 많은 사람을 희생시켰는지를 알게 되었습니다. 모두가 함께 눈시울을 붉혔습니다.

67년생으로 전후세대인 저로써는 전쟁 이후의 어려움을 겪었을 지라도 실제 전쟁의 참혹함은 직접 보지 못했습니다. 그런데 다큐멘터리를 보면서 가장 큰 피해를 본 사람들은 다름 아닌 열심히, 묵묵히 자신의 일에 최선을 다했던 민초들임을 다시금 깨닫게 되었습니다.

현재 한국 지식층의 동요가 심상치 않습니다

저도 나름 지식층이라고 분류되는 의사라는 집단에 속해 있습니다. 그런데, 그 모임에서 최근 가장 많이 들리는 말이 "이 나라는 더 이상 희망이 없으니 다른 나라로 이민을 고려 중이다"라거나, 심지어 "누구는 하던 병원 다 정리해서 필리핀으로 갔고, 누구는 아이들과 함께 미국으로 이민갔단다"라는 말들입니다.

평소 저희 교회에서는 늘 '남은 자(remnants)'가 되어야 한다"라는 말씀을 귀에 못이 박히게 들었습니다. 때문에 그런 말들이 오갈 때마다 마음이 쓰라렸습니다. 그래서 그들을 부러워하는 듯한 말들을 하는 사람에게 "내 나라가 싫다고 떠난 사람이 어디서 만족하겠으며 나라가 어려울 때 떠난 자들을 어느 나라에서 환영할까요?"라는 마음에 있던 말을 하곤 했습니다.

"누가 이 백성을 바른 국가관이나 충성심도 없는 존재로 만들었을까"
40대 이하는 6.25나 광복절 노래 같은 것은 들어본 적도 없다고 했습니다

그렇지만 한편으로는 "누가 이 나라, 이 백성을 지금과 같이 바른 국가관이나 충성심도 없는 존재로 만들었을까?"라는 생각이 들었습니다. 올 6.25전쟁 절기를 지킬 때 저 스스로도 심각하다고 생각했던 것이 저희 교회의 40대는 애국심을 키워주는 6.25 노래나 광복절 노래 같은 것은 들어본 적도 없고 배워 본 적도 없다고 했습니다.
이것이 현재 이 나라를 이끌어 나아가야 하는 장년층의 한국역사와 반공교육의 현주소입니다. 그러니 그 아랫세대야 얼마나 더 하겠습니까?

이번 수영로교회 쉐마클리닉에는 금요일에 저희 교회에 속한 쉐마교육을 실천했던 쉐마한국사관학교와 모닝스타사관학교 학생들의 자랑스럽게 사례발표를 했습니다. 그 때 하남진 사모님은 교육의 결과는 당장 눈앞에 보이는 것이 아니라 오랜 시간이 지난 후에 나타난다고 했습니다. 그처럼 우리도 모르는 사이에 좌파 사람들이 행했던 잘못된 이데올로기 교육이 수 십 년이 지난 뒤 지금의 현실을 만들어 낸 것이라는 생각이 들었습니다.
그렇기 때문에 우리도 또한 희망을 봅니다. 지금이라도 수면 아래로 꺼져 사라져가는 대한민국과 국민들을 제대로 된 하나님 나라로, 하나

님 나라의 백성으로 다시 일으켜 세우고, 우리를 이 땅에 보내신 하나님의 뜻이 완성하기 위한 쉐마교육을 실천하는 이들이 있기 때문입니다.

그 아이들이 장년층이 되어 이 나라를 이끌어 갈 때 국기에 대한 맹세에 나오는 "자유롭고 정의로운 대한민국의 무궁한 영광을 위하며 충성"을 다 할 수 있는 자들이 될 수 있을 것입니다.

책꽂이에 꽂혀 있는 현 박사님의 저서들을 다시 꺼내어 읽고 저도 실천해 보렵니다

그런 의미에서 저도 지금까지 책꽂이에 꽂혀있었던 현용수 박사님의 저서들을 다시 꺼내어 차근차근 읽고 제가 할 수 있는 한 모든 것들을 실천해 보려고 합니다. 그리고 현재 현용수 박사님과 함께 동상제일침례교회에서 일으키고 있는 쉐마교육의 불꽃을 더욱 높이 지피고 전파하는 데 동참하려고 합니다.

더운 날씨에 연로하심에도 열성적인 강의로 저를 깨워주신 현용수 박사님에게 감사를 드립니다. 그리고 박사님의 강의를 듣고 깨닫게 해주신 동상제일침례교회 조수동 목사님 내외분에게 감사를 드립니다.

신앙생활의 궤도 수정을 가져 오게 한 쉐마전문직클리닉

황홍섭 교수 (부산교육대학교)

- 부산울산경남 기독교수연합회 회장
- 전 부산교육대학교 교육대학원장
- 한국사회과교육연구학회 회장
- 부산 수영로교회 집사

기독교 세계관과 정반대로 가는 포스트모더니즘의 가치관 혼돈으로 아사 직전에….

포스트모더니즘으로 전환은 기존 모더니즘의 세계관과 전혀 다른 관점과 그에 따른 가치관을 요구하고 있다. 특히 포스트모더니즘은 일면 장점이 있음에도 불구하고 기독교 세계관과 정반대로 가는 관점과 가치관을 요구하고 있다.

그 요구하는 가치관이 가정, 학교, 사회, 국가에 파고들어 기존 체제를 전복시키고, 기존 개념들을 재개념화하면서 가치관의 혼동을 격앙시키고 있다. 특히 가정교육, 교회교육은 쓰나미처럼 밀려오는 세상적 가치관에 밀려 질식내지 아사 직전이다. 특히 주일학교 교육에서 조차 어떻게 해야 할 바를 몰라 혼돈의 아우성이 여기저기에서 들려온다.

평생 교육에 고민하던 차에 현 박사님에게서 답을 찾았다

세상 풍조에 밀려 제대로 된 크리스천 학생들을 양성해야겠다는 목소리가 더 세다. 더 이상 제도권의 붕괴된 학교교육, 태풍가운데 휩싸인 교실에 맡길 수 없다는 생각을 오래 전부터 해왔다.

평생 교육관련 일과 글들을 쓰면서 기독대안학교도 컨설팅하고 교육과정도 만들어 보았지만, 마음 한 구석에 늘 아쉬움이 상존하고 있었다. 그러면서도 세상은 싫어할지라도 하나님이 기뻐하는 학교, 하나님이 찾는 학교를 꿈꾸면서 기독교적 세계관과 가치관에 철저한 대안학교를 계획하는 일에 참여하면서 현용수 박사님을 만나게 되었다.

현 박사님의 쉐마전문직클리닉에 참여하면서 클리닉을 받는 첫 번째는 현 박사님 강의를 통해 그가 정립한 '수직문화와 수평문화'라는 개념은 나의 신앙생활에 궤도 수정을 해야 하기에 충분했다.

교회가 내게 잘못된 개념을 형성하게 했다는 것을 깨달았다

특히 이번 클리닉을 통해 내가 지금까지 갖고 있던 관점, 특히 신앙생활을 하면서 교회가 내게 가르쳐 준 설교를 비롯한 신앙 내지 교회 교육이 나로 하여금 잘못된 개념을 형성하게 되었다는 것을 강의를 통해 점검하며 깨닫게 되었다. 그 중 몇 가지만 적어 보겠다.

첫 번째, 율법의 가치를 저하시키는 복음의 지나친 강조는 많은 선동적 표어를 만들어 냈다는 것이다. "복음에 미쳐라." "복음에 목숨을 걸어라" 등등.

그러다 보니 신앙생활에서 복음에 대한 나의 이해는 서로 사랑하라. 용서하라. 이해하라. 덮어라. 덮고 용서해라. 사실을 보지 말고 사실 넘어 믿음의 관점을 가져라 등이다.

틀린 말이 아니다. 그렇다고 모두 맞는 말도 아니다. 신앙생활의 한 면만을 강조하다 보면 다른 면은 보이지 못한다. 사랑과 용서와 이해가 있는 믿음을 강조하였다.

그러나 사랑은 때로 공의로 작동한다. 공의가 작동되지 않은 사랑은 신앙생활의 무기력증, 무절제, 개독교인들을 양산하지 않았나 되돌아본다. 공의가 있는 사랑, 공의가 있는 믿음 생활이 필요함을 다시금 깨닫게 되었다.

예수님은 율법을 무시한 것이 아니라 완성하러 오셨다. 우리는 신약의 복음에만 너무 열광하였는지 모르겠다. 공의(율법)도 있는 복음이 우리 사회에 절실히 필요하다.

두 번째, 교회는 나의 어릴 적 몸에 베인 좋은 습관을 아내는 선봉장이었다.

보편적 가치가 있는 우리 문화의 뿌리까지 뽑아 내는 것이 복음인 줄 착각했다. 나의 경우 믿음 생활은 학자로서 우리의 수직문화, 즉 전통,

고전, 사상, 철학에 대해 경시하도록 믿음의 경계 밖으로 밀어냈다.

하나의 예를 들어 보자면 기독교적 관점에서 나는 한복에 대해서도 그렇게 좋게 생각하지 않았다. 그것이 기독교적 관점인줄 착각했다. 그래서 한복은 평생 딱 한번 입어 본적이 있다. 결혼 식 후 폐백이라는 것을 할 때 입은 적이 있었다.

그때 나의 소감은 크리스천인 내가 왜 거추장스럽고 불편한 옷을 입어야지 하는 부끄러운 생각이 들었다. 전 지금 그 부끄러움에 부끄러움을 느낀다. 다문화 사회나 국가에서 살아가는 한국인들은 그 정체성의 뿌리가 의식주에서 나온다. 지구촌 사회, 한복입기를 부끄러워한 모습에서 한복입기를 즐겨하는 한국적 정체성을 가진 크리스천이 되어야겠다는 다짐을 해본다.

세 번째, 나는 평생 교육자로서 교육에 관련된 일을 하면서 지금까지 살아왔다. 누구보다 교육현장에 대해서 나름대로 잘 알고 있다고 생각하면서 살았다. 그런데 그것은 착각이었다.

나의 경우 어릴 적 문정에서 유교적 습관이 강한, 즉 수직문화가 강조되는 분위기에서 자랐다. 그러나 크리스천이 된 이후 우리의 전통가치가 훼손된다고 해도 별로 관심이 없었다. 기독적인 크리스천 문화를 만들어 가야 한다고 생각했기 때문이다.

그래서 절기에 대해서도 그렇게 중요하게 생각하지 않았다. 성탄절, 부활절 등은 중요하게 생각해도 삼일절, 6.25 전쟁기념일, 광복절 등은 그렇게 중요하지 않게 생각하였다.

그런데 이번에 한국인으로서 한국 땅에서 살면서 우리 문화에 대한 이해, 존중을 다시금 생각하게 되었다. 특히 클리닉을 받는 기간이 광복절을 포함하고 있어서 광복절 노래를 모두가 현 박사님과 함께 태극기를 흔들며 불렀다.

곧이어 현 박사님은 클리닉에 참가한 초중고 학생들을 불러세워 광복절 노래를 아느냐고 물었다. 모른다고 했다. 교과서에도 없다고 그들의 입을 통해 확인하면서 한국의 애국심을 갖게 하는 절기 노래가 음악 교과서에 빠져 있다는데 나는 새삼 놀랐다.

현 박사님은 이러한 한국의 국경일 절기 노래가 빠진 이유에 대해 설명했다. DJ 정권으로부터 시작된 진보 정권은 대한민국의 정체성을 말살시키기 위해 대한민국의 정체성을 키워주는 내용들을 국사교과서를 비롯한 모든 교과 영역에서 뺐다는 것이다. 너무나 안타까운 일이다.

마지막으로 현 박사님의 쉐마클리닉에 참여하여 현 박사님의 교육이론이 적용된 한국인의 쉐마 기독정신을 잘 담아낸 부산 동상제일침례교회의 대안학교 학생들을 만난 것이 큰 소득이었다. 그들이 받았던 쉐마교육의 열매들을 발표회를 통해 보게 되었다. 참으로 미래의 세계적인 한국인 크리스천 지도자들 만나는 기분이었다.

세상 사람들이 보기엔 세상과는 거꾸로 가는 학교로 무식하고 미련해 보이는 방식의 학교처럼 보일지라도, 하나님이 보시기엔 매우 기뻐하시고 지혜로운 학교라는 생각이 들었다. 저런 크리스천 학교가 현 박사님을 통해 많이 세워지고 있다니 너무나 감사한 일이다. 앞으로 저런 크리스천 학교가 많이 세워지길 바라는 마음 간절하다.

* 이외 다양한 쉐마교육 소감문을 보시려면 쉐마교육연구원 홈피(www.shemaiqeq.org)에서 '쉐마교육을 아십니까?'를 클릭하세요. 02-3662-6567

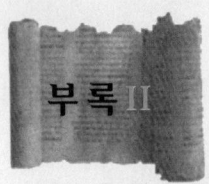

부록 II

우리의 각오
쉐마교사대학 졸업생 선언문

기독교 역사를 되돌아보면, 2000년간 계속 하나님의 말씀과 성령의 촛대를 간직하고 있는 민족이나 국가는 거의 없다. 많은 복음주의자들이 말한다. "초대교회로 돌아가자!"고. 그러나 초대교회였던 계시록에 나타난 터키의 일곱 교회도 모두 죽어 있다. 그렇다면, 현재교회가 초대교회로 돌아가 마침내 죽자는 얘기인가? 이것은 교회개척이나 성령운동은 초대교회처럼 해야 하지만, 기독교교육을 초대교회처럼하면 살아남지 못한다는 것을 뜻한다.

이러한 현상은 이제 남의 일이 아닌 우리의 일이 되었다. 한국은 1885년 4월 5일 하나님의 말씀이 어두움에 쌓였던 한반도에 들어오면서 우리 민족에게 밝은 빛이 보이며 경제성장과 아울러 평화의 시대를 구가해 왔다. 현재 한국 교회는 그 어느 때보다도 세계 선교에 열을 올리고 있지만 통계에 의하면, 한국의 유년 주일학교 증가율이 16년 전부터 줄고 있다(1993). 미국에 있는 교포 교회들의 경우도 2세 종교교육이 심각한 위기에 놓여 있다. 미주 교포 2세들이 대학을 졸업하면 90%가 교회에 안 나간다. 기존 교회 교육과 가정교육이 실패했다는 증거다.

우리가 명심해야 할 것은 역사적이나 지형학적으로 중국이나 일본은 하나님 없이도 잘살 수 있는 민족일지 모르나 한국만은 하나님 없이는 또다시 중국이나 일본의 종이 될 수밖에 없다는 사실이다. 이에 대한 대안을 찾기 위하여 우리는 무던히도 고민하며 기도하여왔다.

그런데 그 해답을 드디어 구약의 선민교육인 쉐마에서 찾았다. 이제 우리는 가정과 교회와 민족을 지키기 위하여 분연히 나설 때다. 1세 신앙의 유산을 자자손손 후세에게 물려주어 우리 민족의 영혼을 구원할 역사적인 사명을 인식해야 한다.

따라서 신약의 복음으로 구원받고 구약의 선민교육인 쉐마를 전수받은 우리는 모두 구약의 모세나 신약의 바울처럼 자기 민족을 먼저 뜨겁게 사랑해야 한다. 그뿐 아니라 전 세계에 흩어진 한국 민족 디아스포라에 복음과 함께 쉐마를 전하여 한국인 기독교인의 동질성을 회복하고, 자신의 자녀를 말씀의 제자삼아 자손만대에 하나님의 말씀을 전수해야 한다. 더 나아가서 온 세계에 쉐마를 전파하여 주님의 재림을 준비하는 역군이 되어야 한다.

참고자료 (References)

외국 자료

Abramov, Tehilla. (1988). *The Secret of Jewish Femininity*. Southfield, MI: Targum Press Inc.

Adahan, Miriam. (1995). *The Miriam Adahan Handbook: The Family Connection*. Southfield, MI: Targum Press Inc.

_____. (1994). *The Miriam Adahan Handbook: After the Chuppah*. Southfield, MI: Targum Press Inc.

_____. (1994). *The Miriam Adahan Handbook: Nobody's Perfect*. Southfield, MI: Targum Press Inc.

_____. (1988). *Raising Children to Care*. Jerusalem, Israel: Feldheim Publishers.

Aiken, Lisa. (1996). *Beyond bashert: A Guide to Enriching Your Marriage*. Northvale, NJ: Jason Aronson Inc.

Agron, David. (1992). *Soviet Jews: A Field God Has Plowed*. Fuller Theological Seminary School of World Mission, Th.M. Thesis. Pasadena, California.

Agus, J. B. (1941). *Modern Philosophies of Judaism*. New York, NY: Behrman's Jewish Book House.

Allis, O. T. (1982). *The Five Books of Moses*. Translated into Korean by Jung-Woo Kim. Seoul: Christian Literature Crusade.

Allport, G. W. (1946). Some Roots of Prejudice. *Journal of Psychology*, 22, 9–39.

_____. (1950). *The Individual and His Religion*. New York: Macmillan.

_____. (1954). *The Nature of the Prejudice*. Cambridge, MA: Addison-Wesley.

_____. (1959). Religion and prejudice. *Crane Review*, 2, 1–10.

_____. (1960). *Personality and Social Encounter*. Boston: Beacon.

_____. (1963). Behavioral Science, Religion, and Mental Health. *Journal of Religion and Health*, 2, 187-197.

_____. (1966a). The Religious Context of Prejudice. *Journal for the Scientific Study of Religion*. 5, 447-457.

_____. (1968). *The Person in Psychology*. Boston: Beacon.

Allport, G. W., & Ross, J. M. (1967). Personal Religious Orientation and Prejudice. *Journal of Personality and Social Psychology*, 5, 432-443.

Angoff, Charles. (1970). *American Jewish Literature*. New York, NY: Simon and Schuster.

Atari, Yonah. 기독일보, 유대인 비밀금고에서 방금 꺼내온 진짜 하브루타 이야기, 2019년 7월 17일.

Baeck, Leo. (1958). *Judaism and Christianity*. Philadelphia: Jewish Publication of America.

Barclay, William. (1959a). *Train Up A Child*. Philadelphia: Westminster Press.

_____. (1959b). *Educational Ideals in the Ancient World*. Grand Rapids, MI: Baker House.

Barker, K. (1985). *The NIV Study Bible*. Grand Rapids, MI: Zondervan.

Bavinck, Herman. (1988). *개혁주의 교의학*. 이승구 역, 서울: 기독교문서선교회.

_____. (1988). *개혁주의 신론*. 이승구 역, 서울: 기독교문서선교회.

Bedwell, et al. (1984). *Effective Teaching*. Springfield, IL: Charles C. Thomas.

Bennett, William J. (1993). *The Book of Virtues*. New York, NY: Simon & Schuster.

Benson, C. H. (1943). *History of Christian Education*. Chicago, IL: Moody Press.

Ben-Sasson, H. H. Editor. (1976). *A History of the Jewish People*. Cambridge, MA: Harvard University Press.

Berenbaum, Michael. (1993). *The World Must Know, The History of the Holocaust As Told in the United States Holocaust Memorial Museum*. Boston, MA: Little, Brown and Company.

Berkhof, Louis. (1971). *Systematic Theology*. London: Banner of truth.

_____. (1983). *Manual of Christian Doctrine*. Grand Rapid, MI: Eerdmans.

Bigge, Morris L. (1982). *Learning Theories for Teachers*. New York, NY: Harper & Row.

Birnbaum, Philip. (1991). *Encyclopedia of Jewish Concepts*. New York, NY: Hebrew Publishing Company.

Bloch, Avrohom Yechezkel. (   ). *Origin of Jewish Customs: The Jewish Child*. Brooklyn, N. Y: Z. Berman Books.

Botterweck & Ringgren, ed. (1977). *Theological Dictionary of the Old Testament*, Vol. 1. Grand Rapids, MI: Eerdman Publishing Company.

Bower, G & Hillgard, E. R. (1981). *Theories of Learning*. Englewood Cliffs, NJ: Prentice-Hall.

Branden, Nathaniel. (1985). *Honoring the Self: Self-Esteem and Personal Transformation*. New York, NY: Bantam.

_____. (1988). *How to Raise Your Self-Esteem*. New York, NY: Bantam.

_____. (1995). *Six Pillars of Self-Esteem*. New York, NY: Bantam.

Bridger, David. ed. (1962, 1976). *The New Jewish Encyclopaedia*. West Orange, NJ: Behrman House, Inc.

Brown, Collin, ed. (1975). *The New International Dictionary of New Testament Theology*, Vol. 1. Grand Rapids, MI; Regency Reference Library, Zondervan.

Brown, Driver & Briggs. (1979). *The New Brown – Driver – Briggs – Genesis Hebrew and English Lexicon*. Peabody, Ma: Hendrickson Publishers.

Brown, Michael. (1989). *The American Gospel Enterprise*. Shippensburg, PA: Destiny Image Publishers.

_____. (1992). *Our Hands Are Stained with Blood*. Shippensburg, PA: Destiny Image Publishers.

_____. (1994). Our Hands Are Stained with Blood. *Translated into Korean by Hansarang World Mission College Press*. Seoul: Hansarang World Mission College Press.

_____. (1990). *How Saved Are We?* Shippensburg, PA: Destiny Image Publishers.

_____. (1991). *Power of God*. Shippensburg, PA: Destiny Image Publishers.

_____. (1993). *It's Time to Rock the Boat*. Shippensburg, PA: Destiny Image Publishers.

_____. (1995a). *Israel's Divine Healer*. Grand Rapids, MI: Zondervan Publishing House.

_____. (1995b). *High-Voltage Christianity*. Lafayette, LA: Huntington House Publishers.

Bryant, Alton. Editor. (1967). *The New Compact Bible Dictionary*. Grand Rapids, MI: Zondervan.

Calvin, John. (1981). *Genesis, the Pentateuch, Vol. I*. Grand Rapid, MI: Baker Book House.

_____. (1981). *Exodus, the Pentateuch, Vol. II*. Grand Rapid, MI: Baker Book House.

_____. (1981). *Institutes of the Christian Religion*. Translated by Moon Jae Kim, Seoul: Haemoon-sa.

Canfield, Jack. (1993). *Chicken Soup for the Soul*. Deerfield Beach: Health Communications, Inc.

Chait, Baruch. (1992). *The 39 Avoth Melacha of Shabbath*. Jerusalem, Israel: Feldheim Publishers, Ltd.

Cohen. (1992). *The Psalms, Revised by Rabbi Oratz*. New York, NY: The Soncino Press, Ltd.

Cohen, Abraham. (1983). *Everyman's Talmud*. Translated in Korean by Ung-Soon Won, Seoul: Macmillian.

_____. (1995). *Everyman's Talmud*. New York, NY: Schocken Books.

Cohen, Simcha Bunim. (1993). *Children in Halachan*. Brooklyn, NY: Mesorah Publications, Ltd.

Coleman, William L. (1987). *Environments and Customs of Bible Times*. Seoul: Seoul books.

Commonweal(Magazine). (1981). April 24.

Complete Word Study Dictionary(The). (1992). *Complied and edited by Spiros Zodhiates*. Chattanooga, TN: AMG Publishers.

Cooper, James. (1986). *Class Room Teaching Skills*. Lexington, MA: D. C. Heath and Company.

Chung, Susan. (2001). Educational Advices, in *Christian Herald*, September 23, 2001. p. 9. LA, CA.

Daloz, Laurent A. (1986). *Effective Teaching and Mentoring*. San Francisco, CA: Jossey-Bass.

Darmesteter, A. (1897). *The Talmud*, Philadephia: The Jewish Publication Society of America.

Debour, Rolang. (1992). *Social Customs in Old Testaments(I)*. Seoul: Kidok Jungmoon-sa.

_____. (1993). *Social Customs in Old Testaments(II)*. Seoul: Kidok Jungmoon-sa.

Derovan & Berliner. (1978). *The Passover Haggadah*. Los Angeles, CA: Jewish Community Enrichment Press.

Dewey, John. (1916). *Democracy and Education*. New York, NY: The Free Press.

_____. (1938). *Experience and Education*. New York, NY: Macmillian publishing Co.

Ditmont, Max I. (1979). *Jews, God and History(한국역: 이것이 유대인이다)*. Translated into Korean by Young Soo Kim, Seoul, Korea: 한국기독교문학연구 출판부.

Dobson, James. (1992). *Dare to Discipline*. Wheaton, IL: Tyndale House Publisher, inc.

Doerksen, V. D. (1965). *The Biblical Doctrine of Progressive Sanctification*. Unpublished ThM. Thesis of Talbot Seminary.

Donin, Hayim Halevy. (1972). *To Be A Jew: A Guide to Jewish Observance in Contemporary Life*. USA: Basic Books.

_____. (1977). *To Raise A Jewish Child: A Guide for Parents*. USA: Basic Books.

_____. (1980). *To Pray As A Jew: A Guide to the Prayer Book and the Synagogue Service*. USA: Basic Books.

Drazin, N. (1940). *History of Jewish Education*. Baltimore: The Johns Hopkins press.

Eavey, C. B. (1964). *History of Christian Education*. Chicago, IL: Moody.

Ebner, Eliezer. (1956). *Elementary Education in Ancient Israel*. New York: Bloch publishing Co.

Emma Gee. (1976). *Counter Point, Perspectives on Asian America*.

Encyclopedia Britannica, *Macropaedia, Vol. 10. (1979)*. Chicago, IL: Encyclopedia Inc.

Encyclopaedia Britannica, *Micropaedia, Vol. V. (1979)*. Chicago, IL: Encyclopedia Inc.

Encyclopaedia Britannica, *Micropaedia, Vol. IX. (1979)*. Chicago, IL: Encyclopedia Inc.

Encyclopaedia of Judaica. (1993). *Decennial Books 1983-1992*. NY: Mc Millan.

Erikson, E. (1959). *Identity and the Life Cycle, Psychological Issues, Vol. 1*. New York: International University Press.

Erikson, E. (1959). *Dimensions of New Identity (1st Ed.)*. New York: W. W. Norton & Co.

_____. (1963). *Childhood and Society (2nd Ed.)*. New York: W. W. Norton & Co.

_____. (1968). *Identity Youth and Crisis*. New York: W. W. Norton & Co.

_____. (1982). *The Life Cycle Completed*. London: W. W. Norton & Co.

Feldman, Emanuel. (1994). *On Judaism*. Brooklyn, NY: Shaar Press.

Feldman, Sharon. (1987). *The River the Kettle and the Bird*. Spring Valley, NY: Philip Feldheim Inc.

Financial World, *The Most Influential 25 Persons*, 2004.

Fowler, J. W. (1981). *The Psychology of Human Development and the Quest for Meaning*. New York: Harper & Row, Publishers, Inc.

Forbes, *The Top 30 Companies in USA*, 2003.

Friedman, Avraham Peretz. (1992). *Table for Two*. Southfield, MI: Targum Press Inc.

Fromm, Erich. (1989). *The Art of Loving*. NY: Harper & Row, Publishers.

Fuchs, Yitzchak Yaacov. (1985a). *Halichos Bas Yisrael, A Woman's Guide to Jewish Observance*. Vol. 1. Oak Park, MI: Targum Press.

_____. (1985b). *Halichos Bas Yisrael, A Woman's Guide to Jewish Observance*. Vol. 2. Oak Park, MI: Targum Press.

Gangel, K & Benson, W. (1983). *Christian Education: It's History & Philosophy*. Chicago: Moody Press.

Geiger, K. (1963). *Further Insights Into Holiness*. Kansas City: Beacon Hill Press.

Goetz, Bracha. (1990). *The Happiness Book*. Lakewood, NJ: CIS Publishers and Distributors.

Gold, Avie. (1989). *Artscroll Youth Pirkei Avos*. Brooklyn, NY: Mesorah Publications Ltd.

Golding, Goldie. (1988). *Arrogant Ari*. Brooklyn, NY: Sefercraft, Inc.

Goleman, Daniel. (1995). *Emotional Intelligence*. New York, NY: Bantam Books.

Gollancz, S. H. (1924). *Pedagogies of the Talmud and That of Modern Times*. London: Oxford University press.

Gordon, M. M. (1964). *Assimilation in American Life*. New York, NY: Oxford University Press.

Greenbaum, Naftali. (1989). *Honor Your Father and Mother*. Bnei Brak, Israel: Mishor Publishing Co., Ltd.

Grider, J. K. (1980). *Entire Sanctification: The Distinctive Doctrine of Wesleyanism*. Kansas City: Beacon Hill Press.

Guder, Eileen. (1982). *We are Never Alone*. Translated by Eujah Kwon, Seoul: Voice Publishing Company.

Han, Woo Keun. (1970). *The History of Korea*. Seoul: Eul-yoo Publishing Co.

Hauslin, Leslie. (1990). *The Amish: The Ending Spirit*. New York: Crescent Books/Random House.

Hefley, James. (1973). *How Great Christians Met Christ*. Chicago, IL: The Moody Bible Institute of Chicago.

Heller, A. M. (1965). *The Jew and His World*. New York, NY: Twayne Publishers, Inc.

Heller, Rebbetzin Tziporah. (1993). *More Precious Than Pearls*. Spring Valley, NY: Feldheim Publishers.

Hertz, Joseph H. (1945). *Sayings of the Fathers(Ethics of the Fathers)*. USA: Behrman House Inc.

Hiebert, Paul G. (1985). *The Missiological Implications of an Epistemological Shift*. Theological Students Fellowship. 8(5): 12-18.

Hirsch, Samson Raphael. (1988). *Collected Writings of Rabbi Samson Raphael Hirsch*. Jerusalem, Israel: Feldheim Publishers Ltd.

_____. (1989a). *Genesis, the Pentateuch, Vol. I*. Gateshead: Judaica Press Ltd.

_____. (1989b). *Exodus, the Pentateuch, Vol. II*. Gateshead: Judaica Press Ltd.

_____. (1989c). *Leviticus, the Pentateuch, Vol. III*. Gateshead: Judaica Press Ltd.

_____. (1989d). *Numbers, the Pentateuch, Vol. IV*. Gateshead: Judaica Press Ltd.

_____. (1989e). *Deuteronomy, the Pentateuch, Vol. V.* Gateshead: Judaica Press Ltd.

_____. (1990). *The Pentateuch.* Edited by Ephraim Oratz, New York, NY: Judaica Press, Inc.

Holloman, H. W. (1989). *Highlights of the Spiritual Life(N. T).* Unpublished class syllabus of Talbot School of Theology.

Holocaust(The). (   ), *Yad Vashem*, Jerusalem: W. Turnowasky & Son Ltd.

Holy Bible. (NIV, KJV). (1985).

The Jewish Bible, TANAKH, The Holy Scriptures by JPS, 1985.

Hook, S. (1950). *John Dewey.* New York, NY: Barnes & Noble, Inc.

Hurh & Kim. (1984). *Korean Immigrants in America.* Cranbury, NJ: Associated University.

Hyun, Yong Soo. (1990). *The Relationship between Cultural Assimilation Models, Religiosity, and Spiritual Well-Being Among Korean-American College Students and Young Adults in Korean Churches in Southern California.* Doctoral dissertation, Biola University, Talbot School of Theology, La Mirada CA. Ann Arbor: University Microfilms International.

_____. (1993). *Culture and Religious Education.* Seoul: Qumran.

_____. (1993). *Jewish Education Seminar Note.* Los Angeles, CA: SCEI.

_____. (1993). *Jewish Education Seminar Cassette Tapes,* Los Angeles, CA: SCEI.

Ives, Robert. (1991). *Shabbat and Festivals Shiron.* Beverly Hills, CA: The Medi Press.

Jacobs, Louis. (1984). *The Book of Jewish Belief.* New York, NY: Behrman House, Inc.

_____. (1987). *The Book of Jewish Practice.* West Orange, NJ: Behrman House, Inc.

Jensen, I. R. (1981a). *Genesis: A Self-Study Guide.* Translated into Korean by In-Chan Jung. Seoul: Agape Publishing House.

_____. (1981b). *Exodus: A Self-Study Guide*. Translated into Korean by In-Chan Jung. Seoul: Agape Publishing House.

Josephus. (1987). *Wars of Jews, VII*. Translated by Jichan Kim, Seoul, Korea: Word of Life Press.

Joyce, B & Weil, M. (1986). *Models of Teaching*. Englewood Cliffs, NJ: Prentice-Hall.

Kaplan, Aryeh. (1983). *If You Were God*. New York, NY: Olivestone Print Communications, Inc.

Kaufman, Y. *The Lawyers Unite*. (Sept. 1985). Moment 10, 8, 45-46.

Keil & Delitzsch. (1989a). *Genesis, the Pentateuch, Vol. I*. Grand Rapid, MI: Hendrickson.

_____. (1989b). *Exodus, the Pentateuch, Vol. II*. Grand Rapid, MI: Hendrickson.

Kling, Simcha. (1987). *Embracing Judaism*. New York, NY: The Rabbinical Assembly.

Koh, Yong Soo. (1994). *A Theology of Christian Education as Encounter*. Seoul: Presbyterian Theological Seminary Press.

Kohlberg, L. (1981). *Essays on Moral Development: The Philosophy of Moral Development, (Vol. 1)*. New York: Harper & Row.

_____. (1984). *Essays on Moral Development: The Psychology of Moral Development, (Vol. 2)*. New York: Harper & Row.

Kolatch, Alfred J. (1981). *The Jewish Book of Why*. Middle Village, NY: Jonathan David Publishers, Inc.

_____. (1985). *The Second Jewish Book of Why*. Middle Village, NY: Jonathan David Publishers, Inc.

_____. (1988). *This Is the Torah*. Middle Village, NY: Jonathan David Publishers, Inc.

Korea Times(The), (Los Angeles Edition), (1989). *Korean-American Population Increase*. May 26.

Kosmin, Barry. (1990). *Exploring and Understanding the Findings of the 1990 National*

Jewish Population Survey. Unpublished research paper in University of Judaism. Los Angeles: CA.

Kuyper, A. (1956). *The Work of the Holy Spirit*, trans. Henri De Vries, Grand Rapids: Wm. B. Eerdmans Publishing Company.

LaHaye, Beverly. (1978). *The Spirit Controlled Woman*. Translated by Eun-Soon Yang. Seoul: Word of Life Press.

Lamm, Maurice. (1969). *The Jewish Way in Death and Mourning*. New York: Jonathan David Publishers.

_____. (1980). *The Jewish Way in Love and Marriage*. Middle Village, NY: Jonathan David Publishers, Inc.

_____. (1991). *Becoming a Jew*. Middle Village, NY: Jonathan David Publishers, Inc.

_____. (1993). *Living Torah in America*. West Orange, NJ: Behrman House, Inc.

Lampel, Zvi. trans. (1975). *Maimonides' Introduction to the Talmud*. New York, NY: Judaica Press.

Lange, J. p. (1979). *The Book of Genesis I & II*. Translated into Korean by Jin-Hong Kim. Seoul: Packhap.

Lee, Nam-Jong. (1992). *Christ in the Pentateuch*. Seoul: Saesoon Press.

Lee, Sang-Keun. (1989). *Genesis, the Lee's Commentary*. Seoul: Sungdung-sa.

_____. (1989). *Exodus, the Lee's Commentary*. Seoul: Sungdung-sa.

Lee, Sung Eun. (1985). *Conflict Resolution Styles of Korean-American College Student*. Ann Arbor, MI: University Microfilms International, A Bell & Howell Information Company.

Leedy, p. D. (1980). *Practical Research*. New York, NY: Mcmillan.

Leri, Sonie B. & Kaplan, Sylvia R. (1978). *Guide for the Jewish Homemaker*. New York, NY: Schocken Books.

Leupold, H. C. (1942). *Exposition of Genesis, Vol. I*. Grand Rapids: Baker.

_____. (1974). *Exposition of the Psalms*. Grand Rapids: Baker.

Levinson et al., (1978). *The Season's of Man's Life*. New York, NY: Alfred A. Knopf.

Lipson, Eric-Peter. (1986). *Passover Haggadah*. USA: Thomas Nelson, Inc.

Los Angeles Times, Police Link Slain Honor Student to Theft Scheme. 1993, January 6, A1, 13.

_____. *Slaying of Honors Student Detailed*. 1994, April 8, A3.

_____. *2 Rabbis Accused of Molesting Girl*, 15, June 2, B1.

_____. *Hostage Drama in Moscow*, 1995, Oct. 15, A1, 4.

Lowman, Joseph. (1984). *Mastering the Techniques of Teaching*. San Francisco, CA: Jossey-Bass.

Luther, Martin. (1962). *On the Jews and Their Lies, trans. Martin H. Bertram, in Martin Luther's Works*, 47:268-72(1543). Philadelphia, Pa: Muhlenberg.

Luzzatto, Moshe Chaim. (1989). *The Ways of Reason*. Jerusalem, Israel: Feldheim Publishers Ltd.

MacArthur, John. (2001). *Successful Christian Parenting*. Translated into Korean by Ma Young Rae, Seoul: Timothy Publishing House.

Martin, Doris & Boeck, Karin. (1996). *E.Q. Munchen*, Translated into Korean by Myong Hee Hong. Germany: Wilhelm Heyne, Veriag Gmbtt & Co.

Matzner-Bekerman, Shoshana. (1984). *The Jewish Child: Halakhic Perspectives*. New York, NY: KTAV Publishing House, Inc.

McGavran, Donald. (1980). *Understanding Church Growth*. Grand Rapid, MI: Zondervan.

Meier, Paul. (1988). *Christian Child-Rearing and Personality Development*. Translated into Korean by Jeoung Hee-Young. Seoul: Chongshin College Press.

Miller, Basil. (1943). *John Wesley*. Grand Rapid, MI: Zondervan Publishing House.

Miller Yisroel. (1984). *Guardian of Eden*. Spring Valley, NY: Feldheim Publishers.

Moment, No. 10, 8, 1985.

_____. January and February 1988.

_____. No. 9, 1988.

Morris, V. C. & Pai, Y. (1976). *Philosophy and American School*. Boston: Houghton Mifflin.

Munk, Meir. (1989). *Sparing the Rod*. Brooklyn, NY: Mishor Publishing Co., Ltd.

Nachman Cohen. (1988). *Bar Mitzvah and Beyond*, Yonkers, NY: Torah Lishmah Institute, Inc.

Narramore, Clyde M. (1979). *A Woman's World*. Grand Rapids, MI: Zondervan Publishing House.

The New Compact Bible Dictionary. (1967). Editor; Alton Bryant. Grand Rapids, MI: Zondervan.

The New International Dictionary of New Testament Theology Vol. 1. Edited by Collin Brown, 1975, Grand Rapids, MI; Regency Reference Library, Zondervan.

Nye, Joseph Jr. (1990). *Bound to Lead: The Changing Nature of America Power*. Translated in Korean by No-Woong Park, *(21세기 미국파워)*. Seoul: The Korea Economic Daily.

Orlowek, Rabbi Noach. (1993). *My Child, My Disciple*. Nanuet, NY: Feldheim Publishers.

Oxford Advanced Learner's Dictionary of Current English as Hornby(혼비영영한사전). (1987). 서울: 범문사.

The Outlook, Rabbi's Aide Gets 22 Months in Prison. 1996, Jan. 20. B1.

Payne, J. B. (1954). *An Outline of Hebrew History*. Grand Rapid, MI: Baker Book House.

Piaget, Jean. (1972). *Biology and Knowledge*. Chicago, IL: The University of Chicago Press and Edinburgh: Edinburgh University Press.

Pilkington, C. M. (1995). *Judaism*. Lincolnwood, Il: NTC Publishing Group.

Paloutzian, R. F., & Ellison, C. W. (1982). *Loneliness, Spiritual Well-Being and Quality of Life. In L. A. Peplau and D. Perlman (Eds). Loneliness: A Sourcebook of Current Theory*, Research and Therapy. New York: Wiley Interscience.

Rashi. (2003). *Commentary on the Torah Vol. V Devarim*. Brooklyn, NY: Mesorah Publications Inc.

Radcliffe, Robert J. Bloom's Taxonomy-Cognitive Domain Levels of Critical Thinking. *Peabody Journal of Education*, 3/70.

Radcliffe, Sarah Chana. (1988). *Aizer K'negdo: The Jewish Woman's Guide to Happiness in Marriage*. Southfield, MI: Targum Press Inc.

Radcliffe, Sarah Chana. (1989). *The Delicate Balance*. Southfield, MI: Targun Press Inc.

Rashi. (1996). *The Metsudah Chumash, vol. V*. Hoboken, NJ: KTAV Publishing House.

Rashi. (2003). *Commentary on the Torah Vol. 5 Devarim*. Brooklyn, NY: Mesorah Publications Inc.

Ratner, J. (1928). *The Philosophy of John Dewey*. New York, NY: Henry Holt and Co.

Rausch, David A. (1990). *A Legacy of Hate: They Christians Must Not Forget the Holocaust*. Grand Rapids: Baker.

Reuben, Steven Carr. (1992). *Raising Jewish Children In A Contemporary World*. Rocklin, CA: Prima Publishing.

Sanders, E. P. (1995). Paul, *the Law, and the Jewish People*. Translated by Jin-Young Kim, Seoul: Christian Digest.

Scherman, Nosson. (1992). *The Complete ArtScroll Siddur*. NY: Mesorah Publication, Ltd.

Scherman, Nosson & Zlotowitz, Meir. Editors (2004). *The Complete ArtScroll Siddur*.

Brooklyn, NY: Mesorah Publication, Ltd.

Scherman, Nosson & Zlotowitz, Meir. Editors (1994). *The Chumash*. Brooklyn, NY: Mesorah.

Schlessinger, B. & Schlessinger, J. (1986). *The Who's Who of Nobel Prize Winners*. Oryx Press.

Seitz, Ruth. (1991). *Amish Ways*. Harrisburg, PA: RB Books.

_____. (1989). *Pennsylvania's Historic Places*. Intercourse, PA: Good Books.

Seymour Sy Brody, Art Seiden(Illustrator). (1996). *Jewish Heroes and Heroines of America: 150 True Stories of American Jewish Heroism*. New York, NY: Lifetime Books.

Shapiro, Michael. (1995). *The Jewish 100*. Secaucus, NJ: Carol Publishing Group.

Shilo, Ruth. (1993). *Raise A Child As A Jew*. Translated and edited by Hyun-Soo Kim, Gae-Sook Bang. Seoul: Minjisa.

Singer, Shmuel. (1991). *A Parent's Guide to Teaching*. Hoboken, NJ: Ktav Publishing House, Inc.

Skinner, B. F. (1969). *Contingencies of Reinforcement*. Meredith.

Solomon, Victor M. (2005). *Sell Clothes and Buy Books(옷을 팔아 책을 사라. Original book title: The Secret of Jewish Survival)*. Translated and re-edited into Korean by Yong Soo Hyun, Seoul: Shema Books.

Stalnaker, Cecil. (1977). *The Examination and Implications of Hebrew Children's Education Through A. D. 70. A Unpublished ThM Thesis*, Biola University, Talbot School of Theology.

Stevenson, William. (1977). *90minutes at Entebbe Airport*. Translated into Korean by Yoon Whan Jang. Seoul: Yulwhadang.

Swift, Fletcher H. (1919). *Education in Acient Israel from Earliest Times to 70 A. D*. The Open Court Publishing Company.

Talmud, Babylonian Edition.

_____, Jerusalem Edition.

TANAKH, *The Jewish Bible*, The Holy Scriptures by JPS, 1985.

Telushkin, Joseph. (1991). *Jewish Literacy*. New York, NY: William Morrow and Company, Inc.

_____. (1994). *Jewish Wisdom*. New York, NY: William Morrow and Company, Inc.

Theological Dictionary of the Old Testament Vol. 1. Edited by Botterweck & Ringgren, 1977, Grand Rapids, MI: Eerdman Publishing Company.

Thurow, Lester. (1985). *The Zero Sum Solution: "Is America a Global Power in Decline? Boston Globe*, 20 March 1988, p. A22. New York, NY: Simon & Schuster.

Tillich, Paul. (1950). *Der Protestantismus: Prinzip und Wirklichkeit*. Stuttgart: Evangelisches Verlagswerk.

Times, *Armed & Dangerous*, April 27, 1998.

Tokayer, Marvin. (1979). 탈무드. 서울: 태종출판사. 김상기 역.

_____. (1989a). 탈무드. 서울: 기독태인문화사. 김상구 역.

_____. (1989b). *유대인의 처세술*. 서울: 민성사. 신기선 역.

_____. (1989c). 탈무드의 도전. 서울: 태종출판사. 지방훈 역.

_____. (1991). 탈무드. 서울: 을지출판사. 강인학 역.

_____. (2003). *나는 자녀교육에서 인생을 배웠다*. 김선영 역, 서울: 민중출판사.

Tokayer, 탈무드 1, 2007, pp. 444-447.

Tokayer, 탈무드 1: 탈무드의 지혜, 2007, 동아일보, 쉐마, 2013, p. 263.

_____, 탈무드 2: 탈무드와 모세오경, 2013, 쉐마, 쉐마, 2013, pp. 372-374.

_____, 탈무드 3: 탈무드의 처세술, 2009, 동아일보, 쉐마, 2013, pp. 161-166.

_____, 탈무드 4: 탈무드의 생명력, 2009, 동아일보, 쉐마, 2013, p. 161.

_____, 탈무드 5: 탈무드 잠언집, 2009, 쉐마, 2013, p. 384.

_____, 탈무드 6: 탈무드의 웃음, 동아; 2009, 쉐마 2017.

Touger, Malka. (1988a). *Sefer HaMitzvot Vol. 1.* New York, NY: Moznaim Publishing Corporation.

_____, (1988b). *Sefer HaMitzvot Vol. 2.* New York, NY: Moznaim Publishing Corporation.

Tournier, Paul. (1997). *The Gift of Feeling.* 서울: 한국기독학생회출판부(IVP).

Towns, Elmer. L. Editor (1984). *A History of Religious Education.* Translated into Korean by Young-Kum Lim. Seoul: The Presbyterian Church of Korea, Department of Education.

Toynbee, Arnold J. (1958a). *A Study of History.* New York, NY: Oxford University Press.

_____, (1958b). *A Study of History.* New York, NY: Oxford University Press.

Twerski, Abraham J. (1992). *Living Each Week.* Brooklyn, NY: Mesorah Publications, Ltd.

Twerski, Abraham & Schwartz, Ursula. (1996). *Positive Parenting: Developing Your Child's Potential.* Brooklyn, NY: Mesorah Publications, Ltd.

Unger, M. F. (1957). *Unger's Bible Dictionary.* Chicago: Moody Press.

Unterman, Isaac. (1973). *The Talmud.* New York, NY: Bloch Publishing Company.

US Today, *Working Mom to Home for Baby Nurturing*, May 4, 2004).

Vilnay, Zev. (1984). *Israel Guide.* Jerusalem: Daf-Chen.

Vine, W. E. (1985). *An Expository Dictionary of Biblical Words*; Nashville: Thomas Nelson Publishers.

Wagschal, S. (1988). *Successful Chinuch*. Jerusalem, Israel: Feldheim Publishers Ltd.

Walder, Chaim. (1992). *Kids Speak Children Talk About Themselves*. Jerusalem, Israel: Feldheim Publishers.

Walker, . et al. (1985). *A History of the Christian Church*. New York, NY: Charles Scribner Sons.

Washington Post, *Dole Plan on Shutdown*. 1996, Jan. 3.

_____. *Malaysia Prime Minister Warns Jews' Influence*, 2003.

Webster New Twentieth Century Dictionary. (2nd ed.). (1983). New York, NY: Simon & Schuster.

Wilson, Marvin R. (1993). *Our Father Abraham, Jewish Roots of the Christian Faith*. Grand Rapid, MI: William B. Eerdmans Publishing Company.

World Book Encyclopedia Vol. 2. (1986). Chicago: Field Enterprises Educational Corp.

World Book Encyclopedia Vol. 11. (1986). Chicago: Field Enterprises Educational Corp.

Young, R. (1982). *Young's Analytical Concordance to the Bible*. Nashville: Thomas Nelson.

Zlotowitz, Meir. (1989). *Pirkei Avos Ethic of the Fathers*. Brooklyn, NY: Mesorah Publications, Ltd.

Zuck, Roy B. (1963). *The Holy Spirit in Your Teaching*. Scripture Press.

한국 자료

국민일보, *의무는 NO! 권리는 OK!…간 큰 '얌체족 남편' 늘어난다*, 2006년 2월 2일.

김석환, *범죄 소굴로 변한 러시아 대도시*. 중앙일보, 1995년 10월 16일, p. 3.

김성호, *도서구입비 제로*, 문화일보, 2006년 1월 4일.

김용진, *광복 50주년 축전 음악회 왜 우리 작품 하나도 없나*. 중앙일보, 1995년 8월 17일, p. 5.

김정우. (1995). 1995년, 희년으로 호칭하는 것이 성경적인가. *목회와 신학*. 3월호, 통권 68호, pp. 152-155. 서울: 두란노서원.

김종권. (1986). *한국인의 내훈*. 서울: 명문당.

김지수, *도산 안창호와 애국가*, 코리언드림, 2004년 10월호, pp. 36-38.

동아 메이트 국어사전. (2002). 서울: 두산동아.

동아일보, *싱글맘, 홀로 남은 자의 슬픔*, 2005년 10월 10일.

_____, *한나라 최연희 사무총장, 본보 여기자 성추행*. 2006년 2월 27일.

dongponews.com, *13세가 언어의 정년*, 2001, 제2호(1, 2월호), p. 36, USA.

데지마 유로. (1988). *유대인의 사고방식*. 고계영, 이시준 역, 도서출판 남성.

아라지 루스. (2005). *탈무드식 탐구정신*, 미주복음신문, 2005년 1월 23일.

매일경제, *오늘 세계 책의 날 책 안 읽는 한국이 걱정된다*, 2016년 4월 23일.

미주복음신문, *메아리 칼럼 연재*, 1994년 12월 11일.

_____, *캠퍼스 기도 부활 움직임*. 1994년 5월 15일.

_____, *미국, 세계 최대의 채무국으로 전락*. 1996년 1월 7일.

_____, *탈무드식 탐구정신*, 루스 아라지. 2005년 1월 23일.

미주크리스천신문, *아이들 TV 너무 많이 본다*. 1996년 12월 21일.

미주크리스챤신문, 이민 교회 성장 둔화 우려. 1995년, 1월 17일, p. 4.

_____, 세계 속 한인의 어제와 오늘을 조명한다. 1995년 10월 7일, p. 5.

_____, 모유와 우유의 차이점. 윤삼혁 건강 칼럼, 1996년 2월 3일, p. 6.

_____, 개신교 인구 21.6% 1,050여만명. 2005년 1월 29일, p. 2.

_____, 미주크리스천 신문, 미국내 한인교회 총 3437, 2005년 1월 29일, p. 1.

박미영. 아이 기르기를 즐기는 이스라엘식 육아법을 아세요? 라벨르(labelle), 1995년 8월 호, pp. 381-393.

_____, (1995). 유대인 부모는 이렇게 가르친다. 서울: 생각하는 백성.

박우희. 현대 교육의 문제점. 중앙일보, 1994년 10월 14일.

박윤선 (1980). 성경주석, 창세기 출애굽기. 서울: 영음사.

_____, (1980). 성경주석, 레위기 민수기 신명기. 서울: 영음사.

_____, (1980). 성경주석, 마태복음. 서울: 영음사.

_____, (1980). 성경주석, 공관복음. 서울: 영음사.

박태수(Thomas Park, MD). (1994). 미국은 과연 어디로 가고 있는가? 서울: 하나의학사

박형룡. (1988). 박형룡 박사 저작전집 I. 서론, 교의신학. 서울: 한국기독교교육연구소.

박희민. (1996). 'IQ는 아버지 EQ는 어머니 몫이다.' 서평에서. 1997년 10월 26일.

변태섭. (1994). 한국사 통론. 서울: 도서출판 삼영사.

성경: (1984). 현대인의 성경. 생명의 말씀사.

성경: (1956). 한글판 개혁. 대한성경공회.

SBS 스페셜. 젖과 꿀 흐르는 땅, 유대인의 미국, 2005년 9월 26일.

솔로몬(Solomon), Victor M. (2005). 옷을 팔아 책을 사라(Sell Clothes and Buy Books,

Original book title: The Secret of Jewish Survival). 현용수 편저, 서울: 도서출판 쉐마.

스포츠 서울, 청소년 *16% 책 안 읽는다.* 1994년 5월 23일.

스포츠조선, *싱글마더라면 가장 기증받고 싶은 정자는 누구의 것인가요.* 2000년 6월 11일.

신용하(1995). *구 조선총독부 청사는 하루 속히 철거해야 한다.* 월간조선, 1995년 1월호, p. 606.

심상권, *목회자의 열등감, 그 쓴뿌리의 심리적 이해.* 목회와 신학, 두란노, 1996년 2월호, pp. 48-56.

양춘자. *세상 과외공부 대신 성경 과외공부.* 신앙계, 1993년. 7월호, p. 51.

엣센스 국어사전. (1983). 서울: 민중서림.

유의영. *2세의 눈에 비친 1세의 모습.* 한국일보(미주판), 1991년 9월 8일.

US News, *유대인 학살 추도 박물관 개관, 독일선 의도 무엇이냐 항의,* 1993년 5월 10일.

윤종호, 크리스챤포스트, *망국 백성의 슬픈 노래.* 1995년 8월 12일.

이기백. (1983). *한국사 신론.* 서울: 일조각.

이상근. (1990). *갈 히브리 주석(8).* 서울: 성등사.

_____. (1989). *창세기 주석.* 서울: 성등사.

_____. (1990). *출애굽기 주석.* 서울: 성등사.

_____. (1990). *레위기 주석(상).* 서울: 성등사.

_____. (1994). *잠언 전도 아가서 주석.* 서울: 성등사.

_____. (1994). *옥중서신 주석.* 서울: 성등사.

이야기 신한국사. (1994). 신한국사연구회, 서울: 태을출판사.

이영일 칼럼 (2005). *그 끝나지 않은 애국가 작사자 논란,* http://wnetwork.hani.co.kr/ngo201/133 2005년 11월 23일.

이원설. 한국인의 병리 현상. 총신목회신학원 특강, 1995년 1월 9-20일, 서울: 한강호텔.

이형용. 책 안 읽는 나라. 국민일보, 2005년 6월 29일.

이회창, 정치가 법을 만들지만 법치는 정치의 위에 있다. 월간조선, 1995년 1월호.

일요신문, 사랑 못받으면 세포 손상. 1997년 11월 8일, p. 8.

林建彦(하야시 다께히꼬). (1989). 남북한 현대사. 서울: 삼민사.

전인철. 책읽기 운동이 생활로 바뀌어야. 크리스챤 신문(USA), 1995년 8월 19일, p. 12.

정훈택. (1993). 열매로 알리라. 서울: 총신대학 출판부.

조선일보, 이혼시 편부 부양 증가. 1996년 11월 19일, p. 32.

조선일보, 복지부, 초고속 이혼 방지 추진, 2003년 11월 23일.

중앙일보, 박한상 군 부모 살해 및 방화. 1994년 5월 19일.

_____, '뒤집힌 윤리' 꼬리 물어. 1994년 11월 2일.

_____, 용서의 심리학 발표. 1994년 11월 19일.

_____, TV가 범죄꾼 만든다. 1994년 12월 15일, 미주판.

_____, 한인 대학생 미국 직장 취업 미국 학생 절반 수준. 1995년 2월 9일, 미주판.

_____, 국립 서울대학교 수재 뽑아 범재 만드는 교육 실상, 대학촌. 1995년 3월 20일.

_____, 제2박한상, 교수인 아들이 범행. 1995년 3월 20일.

_____, 잇단 친부 살해 사건 이후. 1995년 3월 20일, p. 3.

_____, 서강대 신입생 조사. 1995년 3월 24일.

_____, 박석태 전 제일은행 상무 자살. 1995년 4월 29일, pp. 1, 3, 21.

_____, 신촌 유흥가 무기한 단속. 1995년 6월 3일, p. 22.

_____, 1천만명이 전과자였다니. 1995년, 8월 14일.

_____, 구 일본총독부 중앙돔 첨탑 철거. 1995년, 8월 15일.

_____, 지존파 살인. 1995년 9월 19일.

_____, 한국인 인질 9시간만에 구출. 1995년 10월 16일, p. 1.

_____, (김석환). 범죄 소굴로 변한 러시아 대도시. 1995년 10월 16일, p. 3.

_____, 독서 빈리락(위진록). 1995년 10월 17일, 미주판.

_____, 모유 먹여야 산모, 아기 모두 건강. 1995년 10월 18일.

_____, 치안 공백 동구권 곳곳에 위험. 1995년 10월 23일, p. 4.

_____, 반드시 결혼할 필요 없다. 1995년 11월 14일, 미주판.

_____, 반성하는 독일, 궤변 반복 일본. 1996년 1월 16일.

_____, '남편 외도' 앞질러… 작년 52%. 1996년 2월 9일.

_____, 20대 흑인 40%가 전과자. 1996년 2월 13일, p. 3, 미주판.

_____, 미국의 정직도 이젠 옛말. 1996년 2월 24일, 미주판.

_____, 메넨레스 형제 유죄 평결. 1996년 3월 21일, 미주판.

_____, '슈퍼 맨 흉내 어린이 2명 사망. 1996년 3월 26일.

_____, 대학 캠퍼스 범죄 온상화. 1996년 4월 23일, 미주판.

_____, '한 유대인 어머니,' 전서영 칼럼. 1996년 4월 29일, 미주판.

_____, 여성 46%·남성 28% 종교 집회 참석. 1996년 5월 9일.

_____, 美서 '한국 자료' 찾는 현실 안타까와. 1996년 5월 15일, 미주판.

_____, 세대차 세계 최고. 1996년 10월 4일, p. 8.

_____, 미국에도 3대 부자 드물다. 1996년 10월 22일.

_____, 올브라이트 美국무 유대인이란 사실, 이스라엘 2년간 숨겼다. 1996년 12월 31일.

_____, 한인 2세 여성 66.5%, 타인종과 결혼. 1997년 2월 14일.

_____, 중년 離婚 10년새 2倍. 1997년 2월 21일.

_____, 세탁기 교체 주기 비교해 보니… 한국 6년 美선 13년 사용. 1997년 12월 2일.

_____, 먼저 용서하니 기쁨이 충만, 1998년 2월 13일, 미주판.

_____, 나이들수록 남자 뇌 여자보다 더 축소. 1998년 2월 13일, 미주판.

_____, 술집 댄서 춤에 천주교 신부 심장마비, 1998년 2월 14일.

_____, 권영빈 칼럼, 역사 文盲이 늘고 있다. 1998년 4월 24일.

_____, 박세리의 승리 비결, 1998년 5월 19일, 7월 7일.

_____, 세리야, "잘했다, 아빠가 그동안 너무 모질었지…," 1998년 5월 19일.

_____, 말 말 말, 1998년 5월 19일.

_____, 이기준 칼럼, 집으로 돌아간 장관, 2004년 5월 5일. (미주판).

_____, 워킹 맘 '육아 위해 집으로', 2004년 5월 5일. (미주판).

_____, 통계청 조사 '한국인의 하루 생활', 2005년 5월 26일.

_____, 아빠는 너무 멀리 있어요. 2006년 2월 2일.

_____, 책 안 읽는 한국인, 2006년 1월 4일.

최찬영. 이민 목회와 21세기 기독교 선교의 방향. 크리스챤 헤럴드 USA, 1995년 9월 29일, pp. 10-11.

크리스쳔 신문, 아이들 TV 너무 많이 본다. 1996년 12월 21일.

크리스챤 저널(미주). 3. 1 운동과 기독교. 1995년 2월 23일.

크리스천 투데이, 인본주의 교육의 특징. 1998년 2월 20일.

_____, 복음을 14세 전(5-13살)에 심어야, 1999년 12월 4일.

_____, 미국 목회자들 67%는 13세 이전에 예수 영접, 2000년 11월 4일.

크리스챤 포스트, Single Mother의 문제들(Henry Hong), 1993년 2월 16일.

크리스챤 헤럴드, USA, 장로 교단이 집계한 교세 현황. 1995년 9월 29일, p. 11.

_____, 상하의원 개신교 293, 카톨릭 151, 유대교 35명. 1997년 2월 2일.

_____, 엄마 옛날 얘기해 주세요(수잔 정) 2001년 9월 23일).

피종진, 1995년 2월 26일, 한국 교회의 미래. 나성영락교회 대예배 설교에서 발췌.

한국일보. 흑인 20대 초반 절반이 갱. 1992년 5월 22일, 미주판.

_____, '돈-행복' 상관지수론. 1992년 6월 14일, 미주판.

_____, 강도 모의 중 갈등 테이군 유인 살해. 1993년 1월 7일, p. 1, 미주판.

_____, 섹스 미디어 범람 가장 큰 요인. 1993년 3월 23일, 미주판.

_____, 남녀 성격 유전적으로 다르다. 1993년 5월 11일, 미주판.

_____, 6. 25 기념관 꼭 지어야 하는가. 1993년 6월 22일.

_____, 실록 청와대, "지는 별 뜨는 별" 제34회. 1993년 8월 24일.

_____, 친부모와 사는 미성년자, 백인 56.4, 흑인 25.9%. 1994년 8월 30일, 미주판.

_____, 장교 40% 사명감 없이 입대. 1995년 1월 11일.

_____, 佛 마지막 戰犯 모리스 파퐁. 1996년 9월 20일.

_____, 범람하는 유흥업소. 1996년 11월 10일.

_____, 무엇이 한국적인가. 1997년 1월 27일.

_____, 해외토픽, 러 10대 女 25% '매춘부 희망.' 1997년 12월 8일.

한동철. (2005년). 불꺼라, 전기 값 나간다, 월간 탑클래스, 8월호, 서울: 월간조선

한숭홍. (1991). 한국신학 사상의 흐름. 서울: 한국신학사상 연구원

허문영, 정주영의 뚝심, 동아일보, 2005년 10월 15일.

현용수. (1993). 문화와 종교 교육. 서울: 쿰란출판사.

혼비영영한 사전(Oxford Advanced Learner's Dictionary of Current English as Hornby). (1987). 서울: 범문사.

홍인규. (1994). 바울은 율법을 잘못 전하고 있는가. 목회와 신학. 12월호. 통권 66호. pp. 287-301. 서울: 두란노서원.

홍일식. (1996). 한국인에게 무엇이 있는가. 서울: 정신세계사.

인터넷 자료

Bible Hub; http://biblehub.com/hebrew.

Hezki Arieli, 글로벌 엑셀런스 화상, 부족함이 최고의 산물이다, 2013년 3월 14일, http://blog.daum.net/kk1990/6356〉.

링컨 대통령 예화. http://www.comedybank.com/comicboard/board.php3?table=news02&query=view&l=28&p=1&go=1.

http://www.m-letter.or.kr/mail/1000/letter1283_1.asp.

www.hani.co.kr/section-009000000/2000/p00900000200001281920011.html.

Pew Research Center(퓨리서치센터, 2014) 결손가정 통계.

www.pewsocialtrends.org/2015/12/17/1-the-american-family-today.

Strong's Concordance, in http://biblehub.com/hebrew/6175.htm.

배움과 행위, 유대인의 두 가지 가치의 관계와 조화(Learning and Doing; The relationship and reconciliation of two Jewish values), https://www.myjewishlearning.com/article/learning-amp-doing/.

세계 아이큐 1위 한국인, 2012년 8월 18일, http://bbs1.agora.media.daum.net/gaia/do/debate/read?bbsId=D003&articleId=4775035.

쉐마교육연구원 홈페이지, www.shemaigeq.org.

도산 안창호 참고 사이트, http://www.ahnchangho.or.kr/index.asp, http://edupoint.co.kr/inmul/index1.html.

유대인정보, www.jinfo.org.

정주영 사이트, http://www.ahnchangho.or.kr/index.asp, http://edupoint.co.kr/inmul/index1.html.

탈무드를 배우는 청소년들의 집단촌, https://www.youtube.comwatch?v=IfqTDKkKPzw.

본서에 사용한 사진의 출처

- Shema Education Institute, ⓒ Yong-Soo Hyun, 3446 Barry Ave Los Angeles, CA 90066 USA. (각 사진에 출처가 표기 안 된 모든 사진들).

- Solomon, Victor M. ⓒ (1992). 옷을 팔아 책을 사라. Translated into Korean by Yong Soo Hyun, Seoul: Shema Books(각 사진에 출처가 표기돼 있음).

- Wiesenthal Center Museum of Tolerance, ⓒ Jim Mendenhall, 9786 West Pico Blvd. Los Angeles, CA USA. 90035-4792 Tel. (310)553-8403 제공(각 사진에 출처가 표기돼 있음).

- Yad Vashem, P.O. Box 3477, Jerusalem, Israel. Tel. 751611 (각 사진에 출처가 표기돼 있음).

- 교육학 교과서(고등학교, 서울시 교육감 인정): 교학사(1998).

참고 사항

1. 본 책자에 사용된 사진의 불법 복사 및 사용을 금합니다.

2. 만약 독자가 본서에 포함된 사진을 사용하기를 원할 때에는 반드시 사진 작가의 허가를 받아야 합니다.

3. 본 책자의 저자 이외의 사진은 저자가 권한을 갖고 있지 않으므로 직접 연락하시기 바랍니다.

교육 혁명이 시작되었습니다!
- 가정교육 · 교회교육 · 교회성장 위기의 대안 -

자녀교육 + 교회성장 고민하지요?

Q1: 왜 현대 교육은 점점 발달하는 데 인성은 점점 더 파괴되는가?
Q2: 왜 자녀들이 부모와 코드가 맞지 않아 갈등을 빚는가?
Q3: 왜 대학을 졸업하면 10%만 교회에 남는가? 교회학교의 90% 실패 원인은?
Q4: 왜 해외 교포 자녀들이 남은 10%라도 부모교회를 섬기지 않는가?
Q5: 왜 현대인에게 전도하기가 힘든가?

근본 대안은 유대인의 인성교육과 쉐마교육에 있습니다

- 어떻게 유대인은 위의 문제를 4,000년간 지혜롭게 해결하고 세계를 지배하고 있는가?
- 어떻게 유대인은 아브라함 때부터 현재까지 세대차이 없이 자손 대대로 말씀을 전수 하는데 성공했는가?

■ 쉐마교육연구원은 무슨 일을 하나?

1. 2세 종교교육 방향제시
혼돈 속에 있는 2세 종교교육의 방향을 성경적이고 과학적인 연구에 의해 옳은 방향으로 제시해 준다.

2. 성경적 기독교교육 재정립
유대인의 자녀교육과 기존 기독교교육 자료를 중심으로 백년대계를 세울 수 있도록 한국인에 맞는 기독교교육 방법을 재정립한다.

3. 한국인에 맞는 기독교교육 자료(내용) 개발
현 한국 및 전 세계 한국인 디아스포라를 위해 한국인의 자녀교육에 맞는 기독교교육 내용을 개발한다.

4. 해외 및 기독교교육 문제 연구
시대와 각 지역 문화의 변화에 대처하기 위해 계속 연구하고 대안을 제시한다.

5. 교회교육 지도자 연수교육
각 지교회에 새로운 교회교육 지도자를 양성 보충하며 기존 지도자의 필요를 충족시켜준다.

6. 청소년 선도 교육 실시
효과적인 청소년 교육 프로그램을 개발하여 선도교육을 실시한다.

7. 효과적 성서 연구 및 보급
성경을 교육학적으로 보다 깊이 연구하고 효과적인 전달 방법을 개발하여 이를 보급한다.

8. 세계 선교 교육
본 연구원의 교육 이념과 자료가 세계 선교로 이어지게 한다.

■ '쉐마지도자클리닉'이란 무엇인가?

쉐마교육연구원은 세계 최초로 현용수 교수에 의해 설립된, 인간의 인성과 성경적 쉐마교육을 가르치는 인성교육 전문 교육기관이다. 본 연구원에서 가르치는 핵심 교육의 내용 역시 현 교수가 하나님이 주신 지혜로 계발한 것들이며, 거의 모두가 세계 최초로 소개된 인성교육의 원리와 실제를 함께 가르치는 성경적 지혜교육이다. 본 연구원은 바른 인성교육 원리와 쉐마교육신학으로 가정교육·교회교육·교회성장 위기의 대안을 제시해 준다.

쉐마교육연구원에서 주관하는 '쉐마지도자클리닉'은 전체 3학기로 구성되어 있다. 1주 집중 강의로 3차에 걸쳐 제1학기는 '유대인을 모델로 한 인성교육 노하우', 제2학기는 '유대인의 쉐마교육'이 국내에서 진행된다. 제3학기는 '유대인의 인성 및 쉐마교육 미국 Field Trip'으로 미국에서 진행되며 현용수 교수의 강의는 물론 L.A.에 소재한 유대인 박물관, 정통파 유대인 회당 및 안식일 가정 절기 견학 등 그들의 성경적 삶의 현장을 견학하고, 정통파 유대인 랍비의 강의, 서기관 랍비의 양피지 토라 필사 현장 체험을 한 후 현지에서 졸업식으로 마친다.

3학기를 모두 마친 이수자에게는 졸업 후 쉐마를 가르칠 수 있는 'Teacher's Certificate'를 수여하여 자신이 섬기는 곳에서 쉐마교육을 가르칠 수 있도록 도와준다.

■ 누가 참석해야 하는가?

- 기존 교육에 한계를 느끼고 자녀교육과 교회학교 문제로 고민하시는 분.
- 한국 민족의 후대 교육을 고민하며 그 대안을 간절히 찾고자 하시는 분.
- 하나님의 말씀을 자손에게 물려줄 수 있는 비밀을 알고자 하시는 분.
- 유대인의 효도교육의 비밀과 천재교육+EQ교육의 방법을 알고자 하는 분.

미국 : 3446 Barry Ave. Los Angeles, California 90066 USA
　　　쉐마교육연구원 (310) 397-0067
한국 : 02)3662-6567, 070-4216-6567, Fax. 02)2659-6567
　　　www.shemaiqeq.org shemaiqeq@naver.com

IQ·EQ 박사 현용수의 유대인 교육 총서

총론	인성교육론 + 쉐마교육론의 총론: IQ는 아버지 EQ는 어머니 몫이다 전3권		
인성교육 시리즈	현용수의 인성교육 노하우 1 - 인성교육이란 무엇인가 -	현용수의 인성교육 노하우 2 - 인성교육의 본질과 원리 -	현용수의 인성교육 노하우 3 - 인성교육과 EQ + 예절 교육 -
	현용수의 인성교육 노하우 4 - 다문화 속 인성·국가관 -	문화와 종교교육 - 박사 학위 논문을 편집한 책 -	IQ·EQ 박사 현용수의 쉐마교육 개척기 - 자서전 -
	가정해체로 인한 인성교육 실종 대재앙을 막는 길 - 논문 -	이스라엘을 모델로 좌파 논리 쪼개기 〈기독교인의 바 른국가관과 정치관〉- 논문 -	
쉐마교육 시리즈	쉐마교육을 아십니까 - 쉐마목회자클리닉 간증문 -	실패한 다음세대 교육, 왜 유대인 교육이 답인가 - 부모여 자녀를 제자 삼아라 1 -	세계선교의 한계, 왜 유대인 교육이 답인가 - 부모여 자녀를 제자 삼아라 2 -
	잃어버린 구약의 지상명령 쉐마 전3권 - 교육신학의 본질 -	하브루타, 왜 아버지가 나서야 하는가 - 아버지 신학 (제1권) -	유대인 아버지의 4차원 영재교육의 비밀 - 아버지 신학 (제2권) -
	자녀들아, 돈은 이렇게 벌고 이렇게 써라 - 경제 신학 -	자녀의 효도교육 이렇게 시 켜라 전3권 - 효신학 -	신앙명가 이렇게 시켜라 전2권 - 가정 신학 -
	성경이 말하는 남과 여 한 몸의 비밀 - 부부·성 신학 -	성경이 말하는 어머니의 EQ 교육 전2권 - 어머니 신학 -	한국형 주일가정식탁예배 예식서 + 순서지 - 가정예배 -
	하나님의 독수리 자녀교육 - 고난교육신학 1 -	유대인의 고난의 역사교육 - 고난교육신학 2 -	승리보다 패배를 더 기억하는 유대인 - 고난교육신학 3 -
	고난을 기억하는 유대인 절기교육의 파워 - 고난교육신학 4 -	유대인의 고난의 역사현장교육 - 고난교육신학 5 -	제2의 이스라엘 민족 한국인 - 한국인과 유대인의 유사점 107가지 -
탈무드 시리즈	탈무드 1: 탈무드의 지혜 (원저 마빈 토카이어, 편저 현용수)	탈무드 2: 탈무드와 모세오경 (원저 마빈 토카이어, 편저 현용수)	탈무드 3: 탈무드의 처세술 (원저 마빈 토카이어, 편저 현용수)
	탈무드 4: 탈무드의 생명력 (원저 마빈 토카이어, 편저 현용수)	탈무드 5: 탈무드 잠언집 (원저 마빈 토카이어, 편저 현용수)	탈무드 6: 탈무드의 웃음 (원저 마빈 토카이어, 편저 현용수)
	옷을 팔아 책을 사라 (원저 빅터 솔로몬, 편저 현용수, 쉐마)		

이런 순서로 읽으세요 〈전 40여권〉

- 인성교육론과 쉐마교육론 -

- 전체 유대인 자녀교육에 대한 총론을 알려면
  - 《IQ는 아버지 EQ는 어머니 몫이다》 (전3권)
- 유대인을 모델로 한 인성교육의 원리를 이해하려면
  - 《현용수의 인성교육 노하우》 (전4권)
- 인성교육론이 나오게 된 학문적 배경을 이해하려면
  - 《문화와 종교교육》 (현용수의 박사학위 논문)
  - 《IQ · EQ 박사 현용수의 쉐마교육 개척기》 (현용수의 자서전)
- 왜 기독교교육에 유대인 교육이 필요한지를 알려면
  - 《실패한 다음세대교육, 왜 유대인 교육이 답인가》
  - 《세계선교의 한계, 왜 유대인 교육이 답인가》
- 쉐마교육론(교육신학)이 나오게 된 성경의 기본 원리를 알려면
  - 《잃어버린 구약의 지상명령 쉐마》 (전3권)
- 가정 해체와 인성교육과의 관계를 알려면
  - 《가정 해체로 인한 인성교육 실종 대재앙을 막는 길》
- 대한민국 자녀의 이념교육 교재
  - 《이스라엘을 모델로 좌파 논리 쪼개기》 (기독교인의 바른 국가관과 정치관)
- 쉐마교육에 대하여 자세히 알고 싶으시면
  - 《쉐마교육을 아십니까》

각 쉐마교육론을 더 깊이 연구하려면 다음 책들을 읽으세요

- 아버지 신학 《하브루타, 왜 아버지가 나서야 하는가》 (제1권)
- 아버지 신학 《유대인 아버지의 4차원 영재교육의 비밀》 (제2권)
- 경제 신학 《자녀들아, 돈은 이렇게 벌고 이렇게 써라》
- 효 신학 《자녀의 효도교육 이렇게 시켜라》 (전3권)
- 가정 신학 《신앙명가 이렇게 세워라》 (전2권)
- 부부 · 성 신학 《유대인의 성교육》
- 어머니 신학 《성경이 말하는 어머니의 EQ 교육》 (전2권)
- 가정예배 《한국형 주일가정식탁예배 예시서》 (별책부록: 순서지)
- 고난교육신학 1 《하나님의 독수리 자녀교육》
- 고난교육신학 2 《유대인의 고난의 역사교육》
- 고난교육신학 3 《승리보다 패배를 더 기억하는 유대인》
- 고난교육신학 4 《고난을 기억하는 유대인 절기교육의 파워》
- 고난교육신학 5 《유대인의 고난의 역사현장교육》

앞으로 더 많은 교육 교재가 발간될 예정입니다. 계속 기도해 주세요.